Aloys Winterling (Hg.)
Historische Anthropologie

Basistexte

Herausgegeben von
Aloys Winterling

Band 1

Aloys Winterling (Hg.)

Historische Anthropologie

Franz Steiner Verlag 2006

Bibliografische Information der Deutschen Bibliothek
Die Deutsche Bibliothek verzeichnet diese Publikation
in der Deutschen Nationalbibliografie; detaillierte
bibliografische Daten sind im Internet über
<http://dnb.ddb.de> abrufbar.

ISBN-10: 3-515-08905-5
ISBN-13: 978-3-515-08905-0

ISO 9706

Jede Verwertung des Werkes außerhalb der
Grenzen des Urheberrechtsgesetzes ist unzulässig
und strafbar. Dies gilt insbesondere für Übersetzung,
Nachdruck, Mikroverfilmung oder vergleichbare
Verfahren sowie für die Speicherung in Datenver-
arbeitungsanlagen.
© 2006 by Franz Steiner Verlag GmbH. Gedruckt
auf säurefreiem, alterungsbeständigem Papier.
Druck: Printservice Decker & Bokor, München
Printed in Germany

VORWORT

Diese Auswahl von Basistexten zur Historischen Anthropologie verfolgt drei Ziele: Sie will die unterschiedlichen begrifflichen und theoretischen Prämissen der vorhandenen Konzeptionen von Historischer Anthropologie vorstellen. Sie will dadurch größere Klarheit für künftige Forschung schaffen. Sie will als praktische Zusammenstellung verstreut publizierter, aber zentraler Texte in der akademischen Lehre dienen.

Mit den Studierenden des Freiburger Studiengangs „Historische Anthropologie" wurden die Texte vielfach diskutiert. Dabei nahm die Auswahl ihre nun vorliegende Form an. Onur Erdur und Florian Spannagel haben Korrektur gelesen. Fabian Goldbeck hat die Register angefertigt. Mit ihm und Dirk Schnurbusch habe ich Theorieprobleme der Historischen Anthropologie diskutiert. Ricarda Berthold hat kundig und mit großem Engagement die Druckvorlage erstellt. Katharina Stüdemann und der Franz Steiner Verlag haben das Buchprojekt durch ihr Interesse und ihren Zuspruch schließlich real werden lassen. Ihnen allen gilt mein herzlicher Dank.

Freiburg im Breisgau, im Juni 2006   Aloys Winterling

INHALT

Vorwort 5

Einleitung

ALOYS WINTERLING
Begriffe, Ansätze und Aussichten Historischer Anthropologie 9

I. Grundfragen der Anthropologie

JÜRGEN HABERMAS
Philosophische Anthropologie [1958] 31

CLIFFORD GEERTZ
Kulturbegriff und Menschenbild [1966] 47

II. Biologische Perspektiven

BERND HERRMANN
Zwischen Molekularbiologie und Mikrohistorie.
Vom Ort der Historischen Anthropologie [2001] 67

III. Konstanten, Variablen und variable Konstanten in der Geschichte

THOMAS NIPPERDEY
Bemerkungen zum Problem einer historischen Anthropologie [1967] 81

ALFRED HEUSS
Zum Problem einer geschichtlichen Anthropologie [1973] 101

OSKAR KÖHLER
Versuch einer „Historischen Anthropologie" [1974] 137

JOCHEN MARTIN
Der Wandel des Beständigen. Überlegungen zu einer
historischen Anthropologie [1994] 143

IV. Menschennahe Sittengeschichte

ANDRÉ BURGUIÈRE
Historische Anthropologie [1978] 159

V. Ethnologische Historie und Historische Ethnologie

HANS MEDICK
„Missionare im Ruderboot"? Ethnologische Erkenntnisweisen
als Herausforderung an die Sozialgeschichte [1984] 183

THOMAS SOKOLL
Kulturanthropologie und Historische Sozialwissenschaft [1997] 211

WOLFGANG SOFSKY
Systematische und historische Anthropologie. Adnoten zu
Hans Medicks „Quo vadis Historische Anthropologie" [2001] 239

ANDRE GINGRICH UND WERNER ZIPS
Ethnohistorie und Historische Anthropologie [2003] 245

VI. Historizität kulturwissenschaftlicher Anthropologie

CHRISTOPH WULF
Grundzüge und Perspektiven Historischer Anthropologie.
Philosophie, Geschichte, Kultur [2002] 265

Nachweis der Druckorte 291

Bibliographie 293

Register 297

EINLEITUNG

BEGRIFFE, ANSÄTZE UND AUSSICHTEN HISTORISCHER ANTHROPOLOGIE

von Aloys Winterling

Dem seit mehreren Jahrzehnten anhaltenden Interesse an Anthropologie als einem besonderen Feld historischer Forschung dürften neben wissenschaftsinternen Entwicklungen auch aktuelle gesellschaftliche Reflexionsbedürfnisse, Fragen der Gesellschaft an die Wissenschaft also, zugrundeliegen. Immer mehr menschliche Gegebenheiten, die lange Zeit für „natürlich" und invariant gehalten wurden, haben sich als kontingent, als so und auch anders möglich herausgestellt. Einerseits sind es die Prägungen der einzelnen Menschen durch ihre Zeit, durch ihre soziale und kulturelle Umgebung, die immer deutlicher vor Augen treten – man denke nur an den Wandel von Familienstrukturen und Geschlechterrollen in den letzten Jahrzehnten oder an die im Gefolge von globaler Kommunikation, Tourismus und Migration immer stärker bewußt werdenden Differenzen der „Kulturen" der Welt. Andererseits haben die medizinisch-technischen Entwicklungen eine Situation geschaffen, die scheinbar unwandelbare Grundbedingungen wie Anfang und Ende menschlichen Lebens sowie seine genetische Programmierung zur Disposition stellt und die damit auch Unterlassungen zu Handlungen und Entscheidungen macht – so etwa bei den heute gegebenen Möglichkeiten der medizinischen Lebensverlängerung. Schließlich werden für die naturwissenschaftliche Erforschung des Menschen, insbesondere für die Gehirnforschung, durch neue Beobachtungstechniken zunehmend die organischen Repräsentationen sinnhafter Vorgänge erkennbar,[1] was eine neue Konjunktur von Psychosomatik und Sozialpsychologie – oder auch der Pharmaindustrie zur Folge haben könnte.

Orientierung der Gegenwart durch Differenzerfahrung bei der Untersuchung der Vergangenheit könnte der Beitrag sein, der von einer Historischen Anthropologie in dieser Situation erwartet wird. Dem Bedürfnis nach historisch-anthropologischer Aufklärung steht allerdings eine – euphemistisch gesprochen – begrifflich-konzeptionelle Vielfalt der Forschungsansätze entgegen, die die Bezeichnung „historische Anthropologie" für sich beanspruchen. Die Einleitung die-

---

1 JOACHIM BAUER, Das Gedächtnis des Körpers. Wie Beziehungen und Lebensstile unsere Gene steuern, München ^{6}2006.

ser Zusammenstellung von Basistexten zum Thema hat daher von einer begrifflichen Klärung ihren Ausgangspunkt zu nehmen.

I

Definiert man entsprechend dem üblichen deutschen Sprachgebrauch „Anthropologie" als „Wissenschaft vom Menschen",[2] so ergeben sich für den Begriff „historische Anthropologie" drei Bedeutungsfelder:

(1.) Eine historische Anthropologie läßt sich verstehen als eine Anthropologie, die nicht gegenwärtig, sondern vergangen ist. In diesem theoriegeschichtlichen Sinne kann man z.B. von der Anthropologie des Aristoteles als einer historischen Anthropologie sprechen.

(2.) Unter einer historischen – im Gegensatz z.B. zu einer biologischen oder philosophischen – Anthropologie kann man eine besondere Art von Anthropologie verstehen, die ihre Erkenntnisse über Menschen nicht aus biologischen oder philosophischen, sondern aus historischen Analysen bezieht.

(3.) Ebenso wie unter Historischer Sozialwissenschaft die Erforschung vergangener Gesellschaften oder unter Historischer Psychologie die Erforschung der Psyche in der Vergangenheit verstanden wird, kann man unter Historischer Anthropologie eine Spezialisierung der Geschichtswissenschaft fassen, die sich *mit Menschen* vergangener Zeiten beschäftigt.

Dabei wird deutlich, daß sich die historischen Anthropologien zweiter und dritter Bedeutung hinsichtlich ihres Erkenntnisinteresses klar voneinander unterscheiden: Bei der zweiten Bedeutung handelt es sich um eine systematische Wissenschaft, die ihre Aussagen über Menschen zwar an historischem Beispielmaterial entwickelt, die aber gerade nicht an den jeweiligen Besonderheiten der einzelnen historischen Fälle, sondern umgekehrt an den an ihnen deutlich werdenden allgemeinen, nicht wandelbaren Phänomenen interessiert ist. Demgegenüber handelt es sich bei der dritten Bedeutung um eine historische Wissenschaft, die nicht auf allgemeine Aussagen, sondern auf Erkenntnis der jeweiligen Besonderheiten von Menschen der Vergangenheit zielt und nach dem fragt, was die Menschen einer bestimmten Zeit von denen anderer Zeiten unterscheidet. Trotz der grundsätzlichen Differenz der Erkenntnisinteressen sind beide Anthropologien aber offensichtlich auch aufeinander bezogen und voneinander abhängig: Bei einer

---

2   Siehe: Duden. Fremdwörterbuch (Der Duden Bd. 5), Mannheim u.a. [7]2001, 71 s.v. Anthropologie: „Wissenschaft vom Menschen, bes. unter biologischen, philosophischen, pädagogischen und theologischen Aspekten"; Duden. Das große Fremdwörterbuch. Herkunft und Bedeutung der Fremdwörter, 3. überarb. Aufl., Mannheim u.a. 2003, 109 s.v. Anthropologie: „a) Wissenschaft vom Menschen und seiner Entwicklung in natur- u. geisteswissenschaftlicher Hinsicht; b) Geschichte der Menschenrassen"; Brockhaus Enzyklopädie in 30 Bänden, 21. Aufl., Bd. 2, Leipzig, Mannheim 2006, 128–132: Anthropologie wird definiert als „die Wissenschaft vom Menschen unter biologischen, verschiedenen geisteswissenschaftlichen und theologischen Aspekten"; der Artikel unterscheidet biologische Anthropologie, philosophische und pädagogische, sowie theologische Anthropologie.

systematischen historischen Anthropologie wird man immer bemerken können, daß sie ihre allgemeinen Aussagen nur durch Abstraktion von der realhistorischen Vielfalt ihres Materials, also durch einseitige Hervorhebung von Gemeinsamkeiten des tatsächlich Verschiedenen gewinnt. Umgekehrt muß die geschichtswissenschaftliche Untersuchung der Besonderheit vergangener anthropologischer Gegebenheiten notwendigerweise, erkennbar an ihren Begriffen, überzeitliche Gemeinsamkeiten voraussetzen, denn sie kann die Besonderheiten historischer Menschen ja nur bestimmen und beschreiben, wenn sie Begriffe vom Allgemeinen hat, gegen die sie ihre Phänomene jeweils absetzt.

(4.) Der Begriff „historische Anthropologie" wird nun aber keineswegs immer so verwandt, wie es die Sprache nahelegt. Schon 1984 wies August Nitschke auf einen Befund hin, durch dessen Berücksichtigung begriffliche und sachliche Mißverständnisse und Verwirrungen in der Folgezeit hätten vermieden werden können:

> „Wer heute über eine historische Anthropologie spricht, meint nicht immer dasselbe. Einige Historiker verwenden das Wort Anthropologie im angelsächsischen Sinn. Sie denken dabei an die Wissenschaft, die in Deutschland früher Ethnologie genannt wurde. Diese Historiker richten somit an historische Quellen diejenigen Fragen, die Ethnologen zu stellen pflegen. So untersuchen sie das Alltagsleben, die Familienstruktur, die Erziehung der Kinder, die Eheform, die Arbeitsgewohnheiten. ... Andere Historiker gehen von dem früher in Deutschland verbreiteten Sinn des Wortes Anthropologie aus. Sie verstehen unter Anthropologie eine Lehre vom Menschen. Sie benutzen historische Quellen in der Absicht, etwas über die Eigenart vom Menschen zu erfahren. So achten sie auf physiologische Gegebenheiten, die die Mediziner interessieren, auf Mentalitäten, mit denen sich immer schon Historiker befaßten, und auf die Art, wie Menschen aufeinander wirken und in der sie wahrnehmen, womit sich bisher vorwiegend Soziologen beschäftigten." [3]

In dem neuen Sprachgebrauch, den Nitschke konstatiert, heißt also Anthropologie das, was im angelsächsischen Sprachraum (neben anderem) durch das Wort *anthropology* bezeichnet wird: Ethnologie oder Völkerkunde. Unter historischer Anthropologie wird entsprechend eine mit den Fragestellungen und Methoden der Ethnologie arbeitende Geschichtswissenschaft verstanden. Außerhalb der Historie kann der Begriff dann im ähnlichen Sinne eine sich auf die historischen Dimensionen ihrer Gegenstände konzentrierende Ethnologie bezeichnen (historische Ethnologie).

Im Blick auf sprachliche Genauigkeit und mehr als zwei Jahrzehnte später wird man allerdings gegen Nitschkes höfliche Unterscheidung von angelsächsischem und früherem deutschem Sinn des Wortes Anthropologie einwenden müssen: Der „frühere" Wortgebrauch, der u.a. eine Unterscheidung von Anthropologie und Ethnologie ermöglicht,[4] ist nach wie vor in der Forschung üblich,[5] und die

---

3 AUGUST NITSCHKE, Fragestellungen der historischen Anthropologie. Erläutert an Untersuchungen zur Geschichte der Kindheit und Jugend, in: HANS SÜSSMUTH (Hg.), Historische Anthropologie. Der Mensch in der Geschichte, Göttingen 1984, 32–42, hier 32.
4 Vgl. z.B. KARL JETTMAR, Die anthropologische Aussage der Ethnologie, in: HANS-GEORG GADAMER, PAUL VOGLER (Hg.), Neue Anthropologie, Bd. 5, München 1973, 63–87.
5 Vgl. als unverdächtiges Beispiel etwa: Wörterbuch der Völkerkunde, begr. von WALTER HIRSCHBERG, grundlegend überarb. und erw. Neuausg., Berlin 1999, 5 (zur Auswahl der be-

„neue Bedeutung" von Anthropologie ist bis heute weder in die gängigen deutschen Fremdwörter- noch in Konversationslexika vorgedrungen.[6] Da die germanistische Sprachforschung dem deutschen Wort „Anthropologie" mit angelsächsischer Bedeutung auch den Status eines Anglizismus vorenthält,[7] müßte man aus ihrer Perspektive feststellen: Bei der Wiedergabe von engl. *anthropology* durch das deutsche „Anthropologie" handelt es sich um einen Übersetzungsfehler, den im übrigen auch englischsprachige Wissenschaftler bemerken können.[8]

Aus wissenschaftsgeschichtlicher Perspektive braucht man das nicht zu monieren, wohl aber ist die Tatsache zu erwähnen, daß auf diese Weise die Mehrdeutigkeit von *anthropology* in die deutsche Forschungssprache übernommen und durch die zusätzlichen ursprünglichen deutschen Bedeutungen noch verstärkt wurde. Der Begriff deckt im amerikanischen Universitätssystem nämlich in der Regel vier Bereiche ab: *physical anthropology* (was annähernd der in Deutschland als Biologische Anthropologie bezeichneten Disziplin entspricht), *cultural anthropology* (Ethnologie, Völkerkunde), sowie *archaeology* und *linguistics*. Die britische *social anthropology* wiederum wird davon traditionell geschieden als ein Zweig der Soziologie, der sich mit frühen Gesellschaften befaßt und der in etwa der deutschen Ethnosoziologie entspricht.[9] Zusätzliche Komplikationen ergeben sich dadurch, daß im Deutschen traditionell mit „Kultur-" sowie „Sozialanthropologie" wiederum andere Forschungsrichtungen bezeichnet wurden, die aus Kultur- und Gesellschaftsanalysen (nicht nur außereuropäischer „Völker") auf menschliche Grundbedingungen zurückschlossen und somit kaum etwas mit *cultural* und *social anthropology* gemein haben.[10] Anders als beim Begriff Anthropologie selbst

---

handelten Stichwörter in der Neuausgabe): Es „wurden Begriffe aus anderen Disziplinen – insbesondere der Anthropologie und der Verhaltensforschung – ausgeschieden ..."

6   Siehe die in Anm. 2 zitierten Belege.
7   Siehe Anglizismen-Wörterbuch. Der Einfluß des Englischen auf den deutschen Wortschatz nach 1945, begr. von BRODER CARSTENSEN, fortgef. von ULRICH BUSSE, Bd. 1, Berlin, New York 1993 (vgl. 39).
8   Vgl. JOSEPH H. GREENBERG, s.v. Anthropology I., in: International Encyclopedia of the Social Sciences, Bd. 1, 1968, 304–345, hier 304–313, Zit. 306: über „the truly fundamental division within anthropology as practiced in the United States ... between the physical study of man (physical anthropology) and the sociocultural study of man (the remaining branches)": „The basic nature of this division is reflected in the fact that outside of the United States the term ‚anthropology' or its translational equivalents (e.g., German *Anthropologie*) corresponds to American ‚physical anthropology', while ‚ethnology' designates the sociocultural study of mankind." (Das ist für die deutsche Terminologie nicht ganz präzise, belegt aber die deutlich wahrgenommene Differenz von *anthropology* und Ethnologie.)
9   Vgl. ebd., 306; WILHELM E. MÜHLMANN, ERNST W. MÜLLER (Hg.), Kulturanthropologie, Köln, Berlin 1966, 9–12; vgl. WILHELM E. MÜHLMANN, Geschichte der Anthropologie, 2. verb. Aufl., Frankfurt am Main, Bonn 1968.
10 Vgl. WOLF LEPENIES, Soziologische Anthropologie. Materialien. Um d. Beitr. „Gibt es eine ‚neue Anthropologie'?" erw. Ausg., Frankfurt am Main u.a. 1977 [erste Ausg. 1971], 11 f. Zur französischen Begriffstradition vgl. ebd. und: CLAUDE LÉVI-STRAUSS, Die Stellung der Anthropologie in den Sozialwissenschaften und die daraus resultierenden Unterrichtsprobleme [1954], in: DERS., Strukturale Anthropologie I, Frankfurt am Main 1967, 369–408, bes. 348–384.

scheinen sich bei diesen Spezifizierungen in der letzten Zeit die angelsächsischen Bedeutungen neben den ursprünglichen etabliert zu haben, so bei „Kultur-" und „Sozialanthropologie", gelegentlich auch bei „Physischer Anthropologie" (statt bzw. neben Biologischer Anthropologie)[11] – und bei Historischer Anthropologie.

Generell ist zur vierten Bedeutung von Historischer Anthropologie einerseits zu sagen, daß durch sie die Differenzierungsmöglichkeit zwischen Anthropologie und Ethnologie beseitigt[12] und die Unterscheidung zwischen der zweiten bzw. dritten und der vierten Bedeutung historischer Anthropologie erschwert wird. Da sich Anthropologie und Ethnologie ihrerseits vielfältig überschneiden können (und die Spezifizierung „anthropologische Anthropologie" schlecht vorstellbar ist), kann beider Bezeichnung durch denselben Wortkörper zu Mehrfachkonnotationen führen.

Andererseits ist die Kontamination der Bedeutungen Anthropologie und Ethnologie im Wort Anthropologie ein begriffsgeschichtlich kurioser Vorgang: Der Bezeichnung der Erforschung außereuropäischer Ethnien durch den Begriff „Anthropologie" seit dem späteren 18. Jahrhundert, die sich im englisch-amerikanischen Wort *anthropology* erhalten hat, liegt eine längst obsolete Wahrnehmung jener „Völker" zugrunde: Man hielt sie für kulturlose „Naturvölker" und sah in ihnen (ähnlich wie in den nur archäologisch und sprachgeschichtlich greifbaren urgeschichtlichen Völkern Europas und der übrigen Welt) eine frühe Entwicklungsstufe der Menschheitsgeschichte ohne die späteren zivilisatorischen „Überformungen", an der man daher das „natürliche" Wesen des Menschen bzw. die eigene Frühgeschichte studieren zu können glaubte.[13] In Deutschland war noch 1869 die „Berliner Gesellschaft für Anthropologie, Ethnologie und Urgeschichte"

---

11 1982 registriert von: dtv-Brockhaus, Bd. 10, München 1982, 182: „Kulturanthropologie, engl. Cultural Anthropology, in Nordamerika etwa gleichbedeutend mit Völkerkunde, neuerdings auch in Deutschland in diesem Sinne verwendet. – I.e.S. ist Kulturanthropologie eine von Wilhelm E. Mühlmann vertretene Spezialwissenschaft, die aus der vergleichenden Betrachtung der Gesamtheit der empirisch verwirklichten Möglichkeiten der Kulturgestaltung zu gültigen Aussagen über den Menschen als kulturfähiges Wesen zu gelangen sucht." – Im amerikanischen Sinne als Buchtitel verwandt wird Kulturanthropologie im geschichtswissenschaftlichen Kontext z.B. bei WOLFGANG REINHARD, Lebensformen Europas. Eine historische Kulturanthropologie, München 2004. „Physische" im Sinne von „Biologischer" Anthropologie z.B. bei JAKOB TANNER, Historische Anthropologie. Zur Einführung, Hamburg 2004, bes. 55–60.
12 Vgl. oben Anm. 4.
13 Typisch für diese Sicht ist die schottische Aufklärung, z.B. JOHN MILLAR, Vom Ursprung des Unterschieds in den Rangordnungen und Ständen der Gesellschaft (1771), zit. nach der deutschen Übersetzung der 3. Aufl. 1779, Frankfurt am Main 1967, 48: „Werfen wir einen Blick auf die gegenwärtige Verfassung der Erde, so sehen wir, daß die Bewohner in vielen Gegenden so bar jeder Kultur sind, daß sie sich kaum über das Niveau wilder Tiere erheben. Und blättern wir überdies gleichsam in der fernen Geschichte der Kulturvölker, so treffen wir recht schnell auf deren Anfänge in eben solcher wilden Barbarei. Nun aber ist der Mensch mit einem Streben begabt, das ihn zur Höherentwicklung seiner Lebensverhältnisse befähigt." – Vgl. WILFRIED NIPPEL, Griechen, Barbaren und „Wilde". Alte Geschichte und Sozialanthropologie, Frankfurt am Main 1990, bes. 56–78 (mit Bezügen zur griechisch-römischen Antike); WERNER PETERMANN, Die Geschichte der Ethnologie, Wuppertal 2004, 246–248.

mit dem vergleichbaren Ziel einer ganzheitlichen „Menschenkunde" gegründet worden.[14] Die in jüngster Zeit erfolgte Angleichung von „Anthropologie" an den angelsächsischen Sprachgebrauch in Deutschland, wo sich im Laufe des 20. Jahrhunderts – wie in der internationalen Wissenschaftslandschaft überhaupt – die an der alten „Menschenkunde" beteiligten Wissenschaften längst zu eigenständigen Disziplinen mit ganz anderen Deutungsparadigmen entwickelt haben, bedeutet somit einen semantischen Reimport längst überwundener evolutionistischer Bedeutungsreste.

II

(1.) Die Basistexte beginnen mit zwei zentralen Stellungnahmen zu Grundfragen der Anthropologie aus philosophisch-soziologischer und aus ethnologisch-kulturwissenschaftlicher Sicht. *Jürgen Habermas'* Übersicht über *Philosophische Anthropologie* von 1958[15] dokumentiert einerseits den Gedankenreichtum und das – auch für historische Fragestellungen – teilweise noch ungenutzte Potential dieser spezifisch deutschen Forschungsrichtung der Zwischenkriegszeit, die v.a. mit den Namen Max Scheler, Helmuth Plessner und Arnold Gehlen verbunden ist. Andererseits wird ihr reaktiver Charakter hervorgehoben. Nach und trotz der Temporalisierung des Menschen in Zuge der Evolutionstheorie des 19. Jahrhunderts, nach und trotz der Dekomponierung des Menschen als biologisches, psychisches, soziales und kulturelles Lebewesen in den neuen Einzelwissenschaften jener Zeit war die Philosophische Anthropologie der Versuch, noch einmal zu einer zusammenfassenden Bestimmung des invarianten „Wesens" „des" Menschen zu gelangen.

Habermas' Analyse zeigt, daß die – prinzipiell ja legitime – Konzentration auf metahistorische, sich (zumindest bezogen auf den *Homo sapiens*) nicht wandelnde Grundkonstellationen und Konstanten, sofern sie mit ontologischem Anspruch versehen wird, problematisch, weil politisch mißbrauchbar ist. Die Beschreibung universeller anthropologischer Phänomene, die sich nicht als so und auch anders mögliche, beobachterabhängige Denkoperation zu erkennen gibt (wie dies z.B. Anfang des 20. Jahrhunderts die „idealtypische" universalhistorische Herrschaftssoziologie Max Webers tat), die vielmehr den Anspruch hat, überzeitliches Sein zu schildern, wird nicht nur unplausibler, je länger sie zurückliegt; sie ist ideologieanfällig, weil sie sich den Anschein gibt, zur Handlungsanweisung zu taugen.

Die wissenssoziologische Dekonstruktion ontologischer Anthropologie, die Habermas vorführt, verweist (auch wenn man seine eigene gesellschaftspolitische Position nicht teilt) auf eine Grundunterscheidung, die man auf jede Anthropologie, auch auf jede historische, anwenden kann: die Unterscheidung von „wesenhaft" und „konstruktiv". Sie betrifft die Frage, ob den jeweiligen eigenen Fragestellungen, theoretischen Konzepten und damit auch Ergebnissen Seinscharakter

---

14 Ebd., 398.
15 Unten S. 31–46.

zugesprochen wird oder ob diese in ihrer zeit- und gesellschaftsabhängigen Konstruktivität reflektiert werden. Die Beobachterabhängigkeit jeder wissenschaftlichen Erkenntnis mag wissenschaftstheoretisch heutzutage banal erscheinen. Es ist jedoch darauf hinzuweisen, daß „ontologische Rückfälle" gerade in der Anthropologie aufgrund der Scheinplausibilität des Gegenstandes („Menschen" kann jeder sehen, jeder ist einer) durchaus üblich sind, ja daß die (Selbst-) Charakterisierungen mit dem Adjektiv „anthropologisch" oft den Anspruch signalisieren, Erkenntnisse zu präsentieren, die – wie „der Mensch als solcher" – den Zeitströmungen des Wissenschaftsbetriebs gerade enthoben sind.

Clifford Geertz zeigt in seinem Aufsatz *Kulturbegriff und Menschenbild* von 1966[16] die Wichtigkeit des interkulturellen Vergleichs für anthropologische (anthropologische!) Fragestellungen und damit die Bedeutung der Ethnologie für die Anthropologie. Methodisch in genauem Gegensatz zur Philosophischen Anthropologie deutscher Prägung – und ebenso natürlich zur Strukturalen Anthropologie eines Claude Lévi-Strauss – erklärt er angesichts der Vielfalt der Formen menschlicher Gesellschaften und Kulturen in der Welt die Frage nach anthropologischen Invarianzen für unangemessen, weil sie in der Regel nur zu Banalitäten führe und dem eigentlichen Problem, eben der Vielfalt des für Menschen Möglichen, gerade ausweiche. Gegen eine von ihm als „stratigraphisch" bezeichnete, auf Gedankengut des 18. Jahrhunderts zurückgehende Konzeption des Menschen, die von der Hierarchie der Ebenen Biologie – Psyche – Gesellschaft – Kultur ausgeht, fordert er eine „synthetische" Konzeption, die die Ebenen in ihrer gegenseitigen Verbindung und Wechselwirkung erforscht.

Gegen die stratigraphische Konzeption, die im Sinne der Aufklärung von einem biologisch gegeben Naturzustand ausging, an dem sich das Wesen des Menschen zeige und demgegenüber die Kultur als nur schmückendes, beim Streben nach Wesenserkenntnis zu entfernendes Beiwerk sei, führt er die Ergebnisse der neueren Evolutionstheorie an: Biologische und soziokulturelle Evolution des Menschen erfolgten nicht nacheinander, sondern zeitgleich in unmittelbarer Wechselwirkung, als Koevolution könnte man im Anschluß an spätere Forschungen sagen.[17] „Kultur" ist somit Teil der menschlichen „Natur", und ein „kulturloser" Mensch ist nicht denkbar, es sei denn als Monstrum. Kultur erscheint so als ein Programm, das die Vielfalt des für jedes einzelne menschliche Wesen Möglichen auf das reduziert, was es schließlich geworden sein wird.

Die Aufgabe der anthropologischen Analyse besteht nach Geertz darin, die physische Entwicklung, die Funktionsweise psychischer Prozesse, der sozialen Organisation und kultureller Muster zu untersuchen und „insbesondere die Wechselwirkung zwischen diesen Aspekten in Rechnung" zu stellen.[18] Geertz hat damit ein Programm für eine anthropologisch forschende Ethnologie entworfen, das – auf synchroner Ebene der Erforschung gegenwärtiger Gesellschaften und Kultu-

---

16 Originaltitel: *The Impact of the Concept of Culture on the Concept of Man.* Unten S. 47–66.
17 Vgl. z.B. JÜRG HELBLING, Koevolution und die Sozialwissenschaften, in: Vierteljahrsschrift der Naturforschenden Gesellschaft in Zürich 147/3, 2002, 115–124.
18 Unten S. 65.

ren – weitgehend dem diachronen Programm entspricht, das Thomas Nipperdey ein Jahr später erstmals als Aufgabe für eine anthropologische Geschichtswissenschaft formuliert hat (oder umgekehrt): die Erforschung der Wechselwirkungen von Person, Gesellschaft und Kultur (vgl. das Folgende).

Geertz zeigt so die Wichtigkeit der unterschiedlichen Konzeptionen des „Menschen" für historische wie für alle anderen Anthropologien. Was jeweils als „Mensch" angesehen wird, kann keineswegs als selbstverständlich vorausgesetzt werden: Wird unter „Mensch" nur das einzelne Gattungswesen für sich verstanden oder gehören dazu auch die soziokulturellen Systeme, die den individuellen Menschen geprägt haben und ohne die er nicht existieren würde? Und im ersten Fall: Wird unter „Mensch" (nur) ein biologischer Organismus oder auch (oder nur) die psychisch-mentale Einheit gefaßt, die eine in sozialen und kulturellen Zusammenhängen stehende Person erst ausmacht?

(2.) Aus biologischer Perspektive ist Historische Anthropologie kein neues Phänomen, sondern etwa seit dem Anfang des 20. Jahrhunderts die in Deutschland übliche Bezeichnung einer Teildisziplin der Biologischen Anthropologie.[19] Geht es letzterer in diachroner Perspektive u.a. um die Stammesgeschichte, die Entstehung der Gattung des anatomisch modernen Menschen insgesamt, d.h. um Paläoanthropologie und Prozesse der Hominisierung, so ist die Historische Anthropologie in diesem Kontext „die zuständige biologische Disziplin für die Menschheit der letzten 40 000 Jahre" (*Bernd Herrmann*). Sie untersucht mit naturwissenschaftlichen Methoden überwiegend Skelettfunde, um so Aufschluß über menschliche Populationen und ihre Veränderungen von der Vor- und Frühgeschichte bis zur Gegenwart zu erzielen.

In seinem 2001 erschienenen Aufsatz *Zwischen Molekularbiologie und Mikrohistorie. Vom Ort der Historischen Anthropologie*[20] zeigt Herrmann, daß die Probleme einer modernen Historischen Anthropologie aus der Perspektive der Biologie denen aus der Sicht der Kultur- und Sozialwissenschaften strukturell ähnlich sind. Auch hier hat man sich von der Vorstellung verabschiedet, Natur und Kultur des Menschen seien voneinander trennbare Sachverhalte. So zeigt die naturwissenschaftliche Analyse von Skeletten, daß diese als Archiv biographischer Daten und Ereignisse – Ernährung, Krankheiten, Verletzungen, soziale Rolle – erscheinen, daß sie keineswegs auf ihre biologische Dimension reduzierbar, vielmehr nur in ihrem soziokulturellen Kontext interpretierbar sind: „Der Mensch im Naturzustand der Biologie ist eine Fiktion."[21]

Der Biologische Anthropologe propagiert also eine Konzeption – ganz im Sinne von Geertz –, die die Wechselbeziehungen und strukturellen Kopplungen

---

19 Siehe z. B. G. DE LAPOUGE, Grundfragen der historischen Anthropologie, in: Politisch-Anthropologische Revue 3, 1904/05, 220–229; vgl. GABRIELE WEISS, Zur Klärung des Begriffes „Historische Anthropologie" [1985], in: KARL R. WERNHARDT (Hg.), Ethnohistorie und Kulturgeschichte. Ein Studienbehelf, Wien, Köln 1986, 69–87. (Der Aufsatz löst seinen Anspruch nur bedingt ein.)
20 Unten S. 67–80.
21 Unten S. 73.

zwischen biologischen und soziokulturellen menschlichen Bedingungen in Rechnung stellt. Gewissermaßen zwischen den Fronten stehend kritisiert Herrmann einerseits den Verzicht kulturwissenschaftlicher Forschung, die meist nur nach der Kultur in der Natur frage, auf biologische Daten, andererseits die (sonst übliche) Ignoranz der biologischen Forschung gegenüber der kulturwissenschaftlichen Dimension ihrer Gegenstände und plädiert eindringlich für eine Historische Anthropologie als ein transdisziplinäres Gemeinschaftsprojekt von Natur- und Sozial- bzw. Kulturwissenschaften.

(3.) Unter der Überschrift „Konstanten, Variablen und variable Konstanten in der Geschichte" sind in diesem Band Beiträge zur Historischen Anthropologie aus der deutschen Geschichtswissenschaft v.a. der späten 60er und frühen 70er Jahre versammelt. 1967 wurde der Begriff von *Thomas Nipperdey* in seinen *Bemerkungen zum Problem einer historischen Anthropologie* erstmals in einem neuen Sinne verwandt: zur Bezeichnung eines neuen geschichtswissenschaftlichen Programms.[22] Nipperdey unterschied grundsätzlich zwischen einer systematischen und einer historischen Anthropologie. Während es ersterer darum gehe, in allen Gesellschaften und Kulturen feststellbare anthropologische Konstanten zu bestimmen, ziele eine Historische Anthropologie auf „geschichtliche Antriebs-, Bewußtseins und Verhaltensstrukturen"[23] von Menschen gerade unter dem Aspekt ihrer Wandelbarkeit. Ziel einer Historischen Anthropologie sei also nicht die Erweiterung der vorhandenen Anthropologien – etwa der philosophischen – durch historische Fragen und Materialien, sondern die Integration anthropologischer Fragen in die Geschichtswissenschaft. Nipperdey wählt also die dritte der oben dargelegten möglichen Bedeutungen von Historischer Anthropologie und distanziert sich ausdrücklich von der zweiten, einer historisch erweiterten Anthropologie.

Neben der Fragestellung stellt er auch mögliche Themenfelder einer solchen Historischen Anthropologie vor. Zentralen Stellenwert mißt er einerseits der Untersuchung des Wandels von „Affektstrukturen geschichtlicher Menschengruppen", der Art und Bedeutung von Angst, Aggressionen oder Hemmungen, d.h. insgesamt einer „historischen Psychologie" zu. Andererseits betont er die Wichtigkeit des Phänomens der „En-Kulturation", der Formung geschichtlicher Menschen durch Gesellschaft und Kultur ihrer Zeit, z.B. durch Moral, Erziehung und Familienstrukturen. Historische Anthropologie hat es also mit Menschen der Vergangenheit im Wechselspiel von Person, Gesellschaft und Kultur zu tun, und zu ihrer Untersuchung wird die Geschichtswissenschaft aufgefordert, Anregungen aus der philosophischen Anthropologie, der Ethnologie, der Soziologie und der Psychoanalyse heranzuziehen. Historische Anthropologie solle aber weder Hilfswissenschaft zu systematischen Wissenschaften, noch gar eine besondere neue

---

22 Unten S. 81–99. Vgl. auch THOMAS NIPPERDEY, Kulturgeschichte, Sozialgeschichte, historische Anthropologie, in: VSWG 55, 1968, 145–164; DERS., Die anthropologische Dimension der Geschichtswissenschaft [1973], in: DERS., Gesellschaft, Kultur, Theorie. Gesammelte Aufsätze zur neueren Geschichte, Göttingen 1976, 33–58, 418 f.
23 Unten S. 82.

Wissenschaft, vielmehr ein legitimer Bestandteil, eine „Dimension" der Geschichtswissenschaft sein.

Bei der Nipperdeyschen Neukonzeptualisierung des Menschen als Thema der Geschichtswissenschaft lassen sich verschiedene wissenschaftsgeschichtliche Hintergründe annehmen. Die Wiederentdeckung von Norbert Elias spielt zweifellos eine Rolle,[24] ebenso, wie die Parallelen bei Geertz zeigen, die amerikanische Ethnologie, sicher auch die Mentalitätengeschichte der französischen Historie.[25] Im deutschen Kontext dürfte das verstärkte Interesse an Anthropologie durch das Werk Arnold Gehlens, durch Gadamers und Voglers großes Projekt einer „Neuen Anthropologie"[26] sowie durch aktuelle Diskussionen der anthropologischen Voraussetzungen gesellschaftskritischer Ansätze der Neuen Linken[27] die Aktualität des Themas bewirkt haben. Vor allem aber erscheint Nipperdeys „Historische Anthropologie" als Konkurrenzprojekt zur „Historischen Sozialwissenschaft" Bielefelder Prägung, der entscheidenden theoretischen Innovation in der deutschen Geschichtswissenschaft jener Zeit. Hatte diese die relative Autonomie gesellschaftlicher Strukturen und Prozesse zum Thema gemacht und damit die alte Vorstellung, Menschen (genauer: große Männer) würden Geschichte „machen", erfolgreich destruiert, so ging Nipperdey gewissermaßen schon einen Schritt weiter: Mit der Frage nach Enkulturationsphänomenen machte er die Relation der sich historisch wandelnden Gesellschaftsstrukturen zu den sie bildenden Menschen und das kulturgeschichtliche Problem der Bedeutung der Selbstdeutungen der Menschen der jeweiligen historischen Gesellschaften zum Thema.[28] In den deutschen geschichtswissenschaftlichen Debatten der 80er Jahre jedoch, die v.a. zwischen der Sozialgeschichte und einer (sich z.T. ebenfalls als Historische Anthropologie bezeichnenden, s.u.) ethnologisch geprägten Alltags- und Kulturgeschichte ausgefochten wurden, scheint Nipperdeys Konzeption, die zu keiner der Seiten paßte, unter den Tisch gefallen zu sein: Seine historisch-anthropologischen Aufsätze wurden von nachfolgenden, dasselbe Thema behandelnden Autoren kaum aufgegriffen, häufig ignoriert, gelegentlich in merkwürdiger Weise mißverstanden,[29] vielleicht auch verschwiegen, um eigene Originalitätsansprüche nicht in Frage zu stellen.

Im problemgeschichtlichen Zusammenhang jedenfalls ist festzuhalten, daß Nipperdey die historische Variabilität des Menschen zum Thema der Historischen Anthropologie erklärt und diesen selbst (nicht in seiner biologisch-organischen Dimension, sondern) als psychisch-mentales, in soziokulturellen historischen Kontexten stehendes Wesen konzipiert. In geschichtswissenschaftlichem Zusammenhang war er damit der erste – und er war auch der erste, der die Bezeichnung „Historische Anthropologie" für dieses Forschungsprogramm wieder in Frage

---

24 NORBERT ELIAS, Über den Prozeß der Zivilisation. Soziogenetische und psychogenetische Untersuchungen [1939], 2 Bde., 2. Aufl., Bern 1969.
25 Vgl. dazu den Beitrag von Burguière in diesem Band, unten S. 159–182.
26 GADAMER, VOGLER, Neue Anthropologie (wie Anm. 4).
27 Dazu LEPENIES, Soziologische Anthropologie (wie Anm. 10).
28 Vgl. auch NIPPERDEY, Kulturgeschichte (wie Anm. 22).
29 Vgl. HEUSS (unten S. 111), KÖHLER (unten S. 140) und SOKOLL (unten S. 214).

stellte: Vermutlich aufgrund der Doppeldeutigkeit des Begriffs, der ja auch eine metahistorisch arbeitende Anthropologie bezeichnen kann und, wie das Folgende zeigt, dann auch bezeichnete, propagierte er in seiner letzten Stellungnahme zum Thema von 1973 die Untersuchung der „anthropologischen Dimension der Geschichtswissenschaft".

Der Aufsatz von *Alfred Heuß* (*Zum Problem einer geschichtlichen Anthropologie* von 1973[30]) mutet den Lesern einiges zu, nicht nur durch die Komplexität der Gedankenführung, sondern auch wegen der Schwierigkeiten der verwandten Sprache. Es handelt sich jedoch – soweit ich sehe – um den einzigen Beitrag neueren Datums, der ernsthaft das zu betreiben versucht, was oben als historische Anthropologie im zweiten Sinne beschrieben wurde (und was damit Nipperdeys Intentionen genau entgegensteht): aus der Sicht der Geschichtswissenschaft zu fragen, was die Erforschung der menschlichen Vergangenheit zu einer allgemeinen Anthropologie – der es selbst um metahistorische Aussagen über Menschen geht – beitragen kann.

Heuß weist zunächst die Vorstellung zurück, die Verbindung von Historie und Anthropologie könne so erfolgen, daß – wie im Falle der Rassenlehre der Zeit des Nationalsozialismus – empirische („naturale") anthropologische Daten zur Erkenntnis historischer Zusammenhänge herangezogen werden könnten. Hinsichtlich der Frage nach dem, was „für jegliches Humanum, ohne Rücksicht auf Raum und Zeit, gilt,"[31] beschreibt er im Anschluß an Dilthey bestimmte „Sinndimensionen", in denen menschliches Handeln stets erfolge und die er als konstitutiv für Menschen überhaupt ansieht. Konkret nennt er „Kunst", „Erkenntnis", „Ordnung" (mit Einschluß von Herrschaft, Recht, Sitte, Ethik) und „Wirtschaft" (Produktion, Technik, Handel, Konsum). Diesen Sinndimensionen seien jeweils spezifische menschliche Handlungssysteme zugeordnet, die wiederum in Institutionen ihren Niederschlag fänden.

Der Historiker Heuß bedenkt auch die Grundfrage, die sich jeder historischen Anthropologie stellt, die auf überzeitliche Invarianzen zielt: die Frage, wie denn dann Veränderungen zu erklären sind. Veränderungen auf der Ebene von Strukturen und Zuständen charakterisiert Heuß als Spezialisierung und Verselbständigung einzelner Sinndimensionen, im Falle der Ausbildung früher Hochkulturen z.B. der der Herrschaft, die dann wiederum andere Ausdifferenzierungen, etwa der Wirtschaftsformen, möglich oder nötig machten. Hinsichtlich des Veränderungspotentials individuellen menschlichen Handelns sieht er einerseits Limitierungen – durch Erziehung und andere Einflüsse „wachse" die Umwelt in den einzelnen hinein, die elementaren Lebensverhältnisse seien von Beständigkeit gekennzeichnet –, andererseits sieht er in günstigen historischen Konstellationen und besonders im Bereich politischen Handelns Spielräume der Veränderung. Als Grundsituation der „‚Geschichtlichkeit' des Menschen" bestimmt er jedoch die Paradoxie, daß menschliches Handeln meist die Dauer der Verhältnisse intendiere, tatsächlich aber Wandel hervorrufe und daß die strukturellen Veränderungen

---

30 Unten S. 101–135.
31 Unten S. 111.

etwa im Bereich der Herrschaftsorganisation im Ergebnis – obwohl unabhängig voneinander – vielfach auf ähnliche Strukturen hinausliefen, wozu er auf Max Webers universalhistorische soziologische Typologie verweist.

Heuß' „Sinndimensionen" und ihre Veränderungen ähneln bestimmten Vorstellungen von Gesellschaft als System sinnhafter Kommunikation und von soziokultureller Evolution als einer Ausdifferenzierung gesellschaftlicher Funktionsbereiche.[32] Indem er also anthropologische Konstanten in der Geschichte aufsucht, kommt Heuß – ähnlich wie Nipperdey, der das Gegenteil versucht – zu einem Konzept des Menschen als sinnhaft handelndem Wesen, das für sich alleine nicht gedacht werden kann, sondern in seiner Existenz stets an Gesellschaft und Kultur gebunden ist.

1974 publizierte *Oskar Köhler*, der damalige Freiburger Herausgeber der Zeitschrift Saeculum, in eben dieser Zeitschrift einen mehr als 100seitigen Aufsatz, der den Titel *Versuch einer „Historischen Anthropologie"* trägt.[33] Er enthält neben eigenen Überlegungen die Ergebnisse mehrerer Tagungen der Mitherausgeber des Saeculum, deren Ausgangspunkt die gegenwartskritische Frage war, „was bleiben muß, damit der Mensch menschlich bleibt".[34] Köhler unterscheidet zwischen „anthropologischer Historie" und „Historischer Anthropologie" einerseits, zwischen „Historischer Anthropologie" und „systematischer Anthropologie" andererseits. Einer anthropologisch fundierten Geschichtswissenschaft, wie sie Nipperdey gefordert hatte (von Köhler „anthropologische Historie" genannt), erteilt er eine Absage. Aber auch einer systematischen Anthropologie, die, wie bei Heuß, auf der Basis historischen Wissens überzeitliche Invarianzen des menschlichen Daseins ermitteln wollte, enthält er die Bezeichnung vor. Er propagiert also einen Begriff von Historischer Anthropologie, der keiner der drei oben herausgestellten Grundbedeutungen der Bezeichnung entspricht. Die Dichotomie vom Menschen als einem beständigen Naturwesen einerseits und einem wandelbaren geschichtlichen Wesen andererseits solle vielmehr „überholt" werden, indem „Beständigkeit selbst als geschichtliche Leistung ... begriffen wird, welche Leistung jedoch nur im Wandel erbracht werden kann, der nicht adiaphorisch um das Beständige herum geschieht ..., sondern gerade als Wandel das Beständige in seiner Beständigkeit erhält."[35] Die Frage der Historischen Anthropologie gilt somit der Zeitlichkeit und Prozessualität der sich in der geschichtlichen Wiederholung zeigenden Strukturen menschlichen Lebens.

Die Phänomene, die als Gegenstände der Historischen Anthropologie anzusehen seien, wurden nun nicht auf psychisch-mentale (wie bei Nipperdey und Heuß)

---

32 Vgl. NIKLAS LUHMANN, Geschichte als Prozeß und die Theorie sozio-kultureller Evolution [1978], in: DERS., Soziologische Aufklärung, Bd. 3, Opladen 1981, 178–197.
33 OSKAR KÖHLER, Versuch einer „Historischen Anthropologie", in: Saeculum 25, 1974, 129–246. Ein kurzer Auszug dieses Aufsatzes unten S. 137–141.
34 Ebd., 156. Zum Hintergrund dieser Forschergruppe siehe JOCHEN MARTIN, Das Institut für Historische Anthropologie, in: Saeculum 33, 1982, 375–380; DERS., Probleme historisch-sozialanthropologischer Forschung, in: SÜSSMUTH, Historische Anthropologie (wie Anm. 3) 43–48.
35 Unten S. 137 f.

beschränkt, vielmehr sollte sie auch biologienahe Sachverhalte wie z.B. Körper, Geburt, Tod oder Sexualität[36] und darüber hinaus auch grundsätzlich alle vom Menschen hervorgebrachten gesellschaftlichen und kulturellen Leistungen betreffen. Historische Anthropologie zielt somit auf „eine Lehre vom Menschen in seiner Sozialität". Daraus folgt eine Methode des universalen kultur- und epochenübergreifenden Vergleichs.

Köhler steht gewissermaßen quer zu den bisher vorgestellten historisch-anthropologischen Unternehmungen: Die erkenntnistheoretische Unterscheidung ontologisch/konstruktiv unterläuft er durch normative Vorstellungen von der Menschlichkeit des Menschen; die methodische Unterscheidung Konstanten/Variablen unterläuft er durch die Beobachtung der Variabilität der Konstanten; die sachliche Differenzierung von Körper, Psyche und Gesellschaft/Kultur hebt er auf durch die Universalität seiner Gegenstände. Vor allem Letzteres birgt allerdings Probleme in sich: Wenn alle Dinge, an denen Menschen beteiligt sind – also auch soziale, politische, wirtschaftliche, kulturelle Strukturen überindividuellen Charakters –, als solche (und nicht hinsichtlich ihrer Sinndimensionalität oder ihrer Sozialisations- und Enkulturationsfunktion) Gegenstände der Historischen Anthropologie sind, dann gibt es kein historisches oder gegenwärtiges soziokulturelles Phänomen, das nicht unter ihren Bereich fällt. Dann wäre Historische Anthropologie einfach nur vergleichende Geschichts- und Kulturwissenschaft.

Jochen Martin hat in dem 1994 erschienenen Aufsatz *Der Wandel des Beständigen. Überlegungen zu einer historischen Anthropologie*[37] an die Überlegungen Köhlers anschließend für eine grundsätzliche Multidisziplinarität der Historischen Anthropologie plädiert. Sie solle die Ergebnisse systematischer Anthropologien – natur- wie kulturwissenschaftlicher Provenienz, so der Biologischen, Medizinischen, Philosophischen, aber auch der Strukturalen Anthropologie – aufgreifen, um auf diese Weise menschliche „Grundphänomene" (wie z.B. Körperlichkeit, Emotionalität, soziale Organisation) sowie „Grundsituationen" und „Herausforderungen" zu bestimmen und sodann unter dem Gesichtspunkt ihrer Zeitlichkeit zu untersuchen. Zu den wichtigen Fragebereichen zählt Martin die Verhältnisse des Menschen zu sich selbst, zu anderen Menschen, zu seiner natürlichen Umwelt und zum Bereich des Göttlichen.

Das methodische Postulat des möglichst umfassenden epochenübergreifenden und interkulturellen Vergleichs und die Annahme von menschlichen Grundphänomenen, die in ihrem Wandel und ihrer Variabilität untersucht werden sollen, einerseits, und die Hinweise auf die notwendige Konstituierung von Menschenbildern durch unterschiedliche Anthropologien andererseits stehen in einer gewissen Spannung zueinander: Es bleibt offen, ob es sich bei den sich wandelnden Konstanten um zu heuristischen Zwecken konstruierte anthropologische Idealty-

---

36 Vgl. zu diesem Themenspektrum einer Historischen Anthropologie auch WOLF LEPENIES, Geschichte und Anthropologie. Zur wissenschaftshistorischen Einschätzung eines aktuellen Disziplinenkontakts, in: Geschichte und Gesellschaft 1, 1975, 325–343; DERS., Probleme einer historischen Anthropologie, in: REINHARD RÜRUP (Hg.), Historische Sozialwissenschaft. Beiträge zur Einführung in die Forschungspraxis, Göttingen 1977, 126–159.
37 Unten S. 143–157.

pen (im Weberschen Sinne[38]) oder um realhistorische, sich „besonders langsam verändernde Strukturen" handelt.[39]

Für die Forschungspraxis scheint diese Offenheit produktiv gewesen zu sein. Das 1975 in Freiburg im Kontext der Zeitschrift Saeculum und der Saeculum Weltgeschichte gegründete „Institut für Historische Anthropologie e.V."[40] konzentriert sich – so Jochen Martin – auf „‚biologienahe' Themen" und auf Gegenstände wie die „Ausbildung der menschlichen Person und die Sinnfrage",[41] um in Abgrenzung zur Historischen Sozialwissenschaft, die die überindividuellen Strukturen und Prozesse historischer Gesellschaften untersucht, den Gegenstand der Historischen Anthropologie zu profilieren. Das Institut veranstaltet seit seiner Gründung regelmäßige Konferenzen zu kultur- und epochenübergreifenden Themen wie Krankheit und Heilung, Recht, Geschlechtsreife und Legitimation zur Zeugung, Kindheit, Geschlechterrollen, Töten im Krieg sowie Tod und Identität, aus denen eine Zahl beeindruckender interdisziplinärer Sammelbände hervorgegangen ist.[42] Zudem wurde 1995 an der Universität Freiburg ein interdisziplinärer Studiengang „Historische Anthropologie" eingerichtet.

(4.) Der Beitrag von *André Burguière*, der in dem 1978 von Le Goff, Chartier und Revel herausgegebenen Sammelband „La nouvelle histoire" die *Historische Anthropologie* vorstellt,[43] zeigt, wie die französische Forschung in ganz anderen Traditionen als die deutsche steht. Burguière deutet sein Thema als Wiedergeburt der Geschichte der Sitten und Gebräuche seit der Zeit des 18. Jahrhunderts und als bruchlose Fortsetzung der Historiographie der Annales-Schule. Als „Geschichte der Gewohnheiten" („histoire des habitudes")[44] hat Historische Anthropologie ein breites Spektrum an Themen wie Ernährung, Körper, Krankheit, Sexualität, Emotionalität, Mentalität, Familie und Demographie zum Gegenstand, wobei als be-

---

38 MAX WEBER, Die „Objektivität" sozialwissenschaftlicher und sozialpolitischer Erkenntnis [1904], in: DERS., Gesammelte Aufsätze zur Wissenschaftslehre, Tübingen ⁷1988, 146–214.
39 Vgl. JÜRGEN KOCKA, Historisch-anthropologische Fragestellungen – ein Defizit der Historischen Sozialwissenschaft? in: SÜSSMUTH, Historische Anthropologie (wie Anm. 3) 73–83, hier 76.
40 MARTIN, Institut für Historische Anthropologie (wie Anm. 34).
41 Ebd., 376 f.
42 Vgl. die bislang neun Bände der „Veröffentlichungen des Instituts für Historische Anthropologie e. V.": Krankheit, Heilung, Heilkunst, hg. HEINRICH SCHIPPERGES u.a., Freiburg 1978; Entstehung und Wandel rechtlicher Traditionen, hg. von WOLFGANG FIKENTSCHER u.a., Freiburg 1980; Geschlechtsreife und Legitimation zur Zeugung, hg. v. ERNST W. MÜLLER, Freiburg 1985; Zur Sozialgeschichte der Kindheit, hg. v. JOCHEN MARTIN und AUGUST NITSCHKE, Freiburg 1986; Aufgaben, Rollen und Räume von Mann und Frau, hg. v. JOCHEN MARTIN und RENATE ZOEPFFEL, Freiburg 1989; Töten im Krieg, hg. v. HEINRICH V. STIETENCRON, Freiburg 1994; Tod, Jenseits und Identität. Perspektiven einer kulturwissenschaftlichen Thanatologie, hg. v. JAN ASSMANN und ROLF TRAUZETTEL, Freiburg 2002; Grenzen des Menschseins. Probleme einer Definition des Menschlichen, hg. v. JUSTIN STAGL, Wien u.a. 2005; Wirtschaftsanthropologie. Geschichte und Diskurse, hg. v. WOLFGANG REINHARD und JUSTIN STAGL, Köln 2006.
43 Originaltitel: *L'anthropologie historique*. Unten S. 159–182.
44 Unten S. 166.

vorzugt solche erscheinen, bei denen das Ineinandergreifen biologischer, sozioökonomischer und kultureller (Sinn-) Zusammenhänge sichtbar wird. In Deutschland hat jüngst Wolfgang Reinhard in ähnlicher Weise unter dem Oberbegriff „Lebensformen" die gelungene Synthese einer solchen neuen „Geschichte der Sitten, des kulturell geregelten menschlichen Verhaltens" vorgelegt, in der unter den Überschriften „Körper", „Mitmenschen" und „Umwelten" eine Vielfalt menschennaher Themen behandelt wird.[45] Burguière selbst hebt in theoretischer Hinsicht die Bedeutung z.B. von Norbert Elias, Philippe Ariès, Lucien Febvre und Michel Foucault hervor, läßt aber Differenzen unerörtert und plädiert implizit für methodische Offenheit einer neuen menschennahen Sittengeschichte, als die man sein Konzept der Historischen Anthropologie charakterisieren kann.

(5.) Unter der Überschrift „Ethnologische Historie und Historische Ethnologie" sind in diesem Band Aufsätze abgedruckt, in denen es um Versuche interdisziplinärer Zusammenarbeit zwischen Geschichtswissenschaft und Ethnologie sowie in umgekehrter Richtung geht – um Versuche, die die Bezeichnung Historische Anthropologie für sich reklamieren. Klassischer Text auf Seiten der Geschichtswissenschaft ist der 1984 zuerst erschienene Aufsatz von *Hans Medick* mit dem Titel *„Missionare im Ruderboot"? Ethnologische Erkenntnisweisen als Herausforderung an die Sozialgeschichte*.[46] Er stand für die Kritik einer damals jungen Generation von Historikerinnen und Historikern an der Sozialgeschichte Bielefelder Prägung, die aus einer Makroperspektive anonyme gesellschaftliche Strukturen und Prozesse erforschte und daraus geschichtliche Verläufe zu erklären versuchte. Medick weist darauf hin, daß die Konzentration auf „große" Veränderungen zu einer „zentristischen" Sichtweise führe, die die soziokulturelle Vielfalt außerhalb des modernen Europa tendenziell ebenso einebne wie sie fremd oder unverständlich anmutende Gegebenheiten auch in der Geschichte Europas selbst marginalisiere. Er plädiert statt dessen in methodischer Hinsicht für einen „ethnologischen Blick" des Historikers, der es ihm erlaubt, gerade aus der wahrgenommenen Fremdheit der untersuchten Vergangenheit Informationen über die eigene Zeit zu gewinnen. Bevorzugte Themenfelder sollen statt großer Strukturen kleine Leute und Randgruppen, Volks- statt Elitenkultur, Handlungsmöglichkeiten einzelner Subjekte statt der Macht anonymer Prozesse, individuelle Weltdeutungen von Lebenswirklichkeiten statt okzidentaler Rationalisierung sein.

Für eine solche Alltags-, Mikro- oder Kulturgeschichte erscheint ihm die „Teilnehmende Beobachtung" der Ethnologie als methodisches Prinzip, eine gewissermaßen simulierte Teilnehmende Beobachtung, denn der Historiker kann ja die kleinräumigen sozialen Gebilde, für die er sich interessiert, nicht mehr persönlich aufsuchen wie der Ethnologe (es früher konnte). Medick verweist besonders auf die kulturtheoretischen ethnologischen Arbeiten von Clifford Geertz. Dieser

---

45 REINHARD, Lebensformen Europas (wie Anm. 11); DERS., Der Erde Kind und des sternenglänzenden Himmels. Neue Anthropologie als Focus der Wissenschaften, in: Freiburger Universitätsblätter 158, 2002, 65–73, Zit. 66.
46 Unten S. 183–210.

hatte – so in seiner berühmten Untersuchung des balinesischen Hahnenkampfes – eine Theorie der Kultur als einem von Menschen „selbstgesponnenen Bedeutungsgewebe" entwickelt, das es durch die Methode der „dichten Beschreibung" in seinen verschiedenen Dimensionen zu analysieren und zu verstehen gelte.[47]

Insgesamt waren Geertz' Forschungen angetan, die Bedeutung von Bedeutungen herauszustellen,[48] d.h. die Wichtigkeit der Art, wie Zeit- und Kulturgenossen ihre Welt deuten, für die Funktionsweise dieser Welt, auch wenn ein externer Beobachter zu anderen Deutungen kommt. Es ging ihm dabei nicht um ein Wiederbeleben alter Vorstellungen, daß der handelnde Mensch seine Gesellschaft durch bewußtes Handeln steuert oder daß seine Ideen die bestimmenden Kräfte sind, vielmehr um etwas, das man als „Beobachtung zweiter Ordnung"[49] bezeichnen könnte: Die Selbstdeutungen vergangener oder fremder Gesellschaften sollten nicht unter dem Aspekt, ob sie aus heutiger wissenschaftlicher Sicht richtig oder falsch sind, sondern in Hinsicht auf ihre Funktion für die Handlungsorientierung der beteiligten Gesellschaftsmitglieder beachtet und untersucht werden. Diese auf Kulturanalyse zielende Stoßrichtung der Medickschen Historischen Anthropologie kann zweifellos als wichtige methodische Innovation und Ergänzung der gesellschaftsstrukturellen Analysen der Sozialgeschichte gelten. Denn diese hatte auf die Ebene der Selbstdeutungen der untersuchten Gesellschaften zunächst verzichtet und damit zugleich auch die eigenen Untersuchungskategorien tendenziell überzeitlich gesetzt und der Selbstreflexion entzogen.

In unserem Zusammenhang ist allerdings noch folgendes festzuhalten. Medick führt den Begriff Ethnologie zwar im Titel seines Aufsatzes, er nennt den propagierten „historisch-ethnologischen Ansatz",[50] die geforderte „ethnographische Geschichtsschreibung"[51] aber nicht Ethnohistorie oder Historische Ethnologie (diese Begriffe waren – s.u. – seitens der Ethnologie selbst schon belegt), er nennt sie vielmehr „anthropologische Geschichtsschreibung".[52] Genauer gesagt: Er benutzt die Begriffe Ethnologie, Anthropologie (in der deutschen Übersetzung englischer Zitate) sowie Kultur- und Sozialanthropologie durchweg synonym (in der Bedeutung „Völkerkunde"). Dies hat u.a. zur Folge, daß seine kurze Auseinandersetzung mit einigen der oben besprochenen Vertreter der Historischen Anthropologie von Mißverständnissen geprägt ist. Er scheint nicht zu merken, daß deren Fragestellung ihm fremd und eine völlig andere als seine ist.[53]

---

47 CLIFFORD GEERTZ, Dichte Beschreibung. Beiträge zum Verstehen kultureller Systeme, Frankfurt am Main 1983.
48 Vgl. dazu UTE DANIEL, Kompendium Kulturgeschichte. Theorien, Praxis, Schlüsselwörter, Frankfurt am Main 2001.
49 Vgl. dazu NIKLAS LUHMANN, Dekonstruktion als Beobachtung zweiter Ordnung [1993], in: OLIVER JAHRAUS (Hg.), Niklas Luhmann, Aufsätze und Reden, Stuttgart 2001, 262–296.
50 Unten S. 201 f.
51 Unten S. 202.
52 Unten S. 200.
53 Unten S. 189 ff. Zumindest der Vorwurf des eurozentrischen Geschichtsbildes erscheint bei den interkulturell vergleichenden Arbeiten des Freiburger Institutes auch sachlich wenig angemessen.

Der Name Historische Anthropologie zur Bezeichnung von Kultur-, Alltags- und Mikrogeschichte hat sich in der deutschen Geschichtswissenschaft seit den späteren 80er Jahren weitgehend durchgesetzt. Es wurde eine Zeitschrift „Historische Anthropologie. Kultur, Gesellschaft, Alltag" gegründet, die seit 1993 erscheint und in deren Bänden Aufsätze vereint sind, die dem Untertitel entsprechend einem weiten Spektrum an kultur-, alltags- und mikrogeschichtlichen Ansätzen zuzuordnen sind – mal mehr mal weniger durch ethnologische Theorie inspiriert, manchmal auch an anthropologischen Phänomenen interessiert.

Im Jahre 1997 hat *Thomas Sokoll* unter der Überschrift *Kulturanthropologie und Historische Sozialwissenschaft*[54] die mittlerweile etablierte neue Richtung einer kritischen Revision unterzogen. Seine kenntnisreiche Übersicht über die Aufnahme ethnologischer Theorien in der (deutschen) Geschichtswissenschaft ruft in Erinnerung, daß es nur ein kleiner Ausschnitt war, der rezipiert wurde: Große Teile der Ethnologie waren seinerzeit bekanntlich strukturfunktionalistisch orientiert und standen damit der deutschen Historischen Sozialwissenschaft bedenklich nahe. Auch weist er darauf hin, daß Geertz, was man bei jenem selbst nachlesen kann, in seinen Kulturanalysen eine methodische Position vertritt, die weitgehend der Hermeneutik Wilhelm Diltheys entspricht. Es handelte sich also um den Reimport deutscher Geisteswissenschaft des späteren 19. Jahrhunderts via amerikanischer Ethnologie. Und Sokoll zeigt, daß Geertz selbst für seine mikrohistorischen „dichten Beschreibungen" Strukturkenntnis der jeweiligen Gesellschaft und Kultur als selbstverständlich voraussetzte. Schließlich weist er nach, daß berühmte, als „anthropologisch" geltende Arbeiten gar nicht an „dichter Beschreibung" oder ethnologischer Theorie orientiert waren, andere dagegen, die dies waren, nicht als solche angesehen wurden, was auf grundlegende Unklarheiten der methodisch-theoretischen Selbstbestimmung der „historischen Kulturanthropologie" deutet.

Insgesamt ist Sokolls Arbeit ein Ausdruck des Unbehagens gegenüber „Historischer Anthropologie". Zumindest Teile der Alltags-, Mikro- und Kulturgeschichte fielen aufgrund von impliziter oder expliziter Theoriefeindlichkeit zurück auf das antiquarische Niveau der Geschichtswissenschaft vor der gesellschaftsgeschichtlichen Wende. Man glaubte gelegentlich, mit der Freilegung der Selbstauslegung der handelnden Menschen die historische Wahrheit entdeckt zu haben. In einem sind sich allerdings Sokoll und die von ihm kritisierten Ansätze einig: Unter „Anthropologie" wird konsequent „Ethnologie" verstanden und daher mit Historischer Anthropologie etwas anderes als das, was Nipperdey, Heuß, Köhler und Martin darunter verstehen.

Die 2001 erschienene kurze Stellungnahme von *Wolfgang Sofsky* trägt den Titel *Systematische und historische Anthropologie. Adnoten zu Hans Medicks: „Quo vadis Historische Anthropologie"*, sie hat für Medicks Aufsatz und die Richtung der Historischen Anthropologie, für die er steht, jedoch nur einen Satz übrig.[55]

---

54 Unten S. 211–237.
55 Unten S. 239–244. Siehe S. 240: „Will die historische Anthropologie nicht nur einfach die bewährte Mikro-, Kultur- oder Alltagsgeschichte umetikettieren und sich mit einer speziellen

Statt dessen konfrontiert er die ‚ethnologische Anthropologie' mit ‚anthropologischer Anthropologie' (im Sinne der Bedeutung „Lehre vom Menschen"). Dies wird jener somit nicht gerecht, weil es ihrem Begriff von Anthropologie gar nicht entspricht, es ist aber insofern nicht abwegig, als jene ja doch meist „menschennahe" Themen behandelt und die Bedeutung (der Selbstdeutung) von Akteuren und Subjekten hervorhebt. Und nicht nur das: Sofsky propagiert eine systematische Anthropologie, die (als real, nicht als beobachterabhängig vorgestellte) Universalien ermittle, die stets und immer wieder in Erscheinung träten. Er polemisiert gegen einen politisch korrekten Kulturrelativismus, rennt dabei auch einige offene Türen ein und skizziert selbst eine systematische Anthropologie, die von drei zentralen Themen bestimmt werde und der gegenüber eine Historischen Anthropologie lediglich in der Erforschung der Zeitdimension ein ähnliches Vetorecht habe wie die Ethnologie in der räumlichen Dimension.

Damit setzt sich die Historische Anthropologie gegenüber der historischen *anthropology* wieder ins Recht – allerdings in einer nach metahistorischen Konstanten fragenden Bedeutung (ähnlich dem Heußschen Ansatz), mit einem (vergleicht man Geertz oder Herrmann) problematischen Menschenbegriff, der auf den alten Natur-Kultur-Gegensatz zurückgreift, und mit einem Wissenschaftsverständnis, das man (mit Blick auf die Überlegungen von Habermas) als „ontologischen Rückfall" bezeichnen könnte: insgesamt also in einer antiquierten Form.

Andre Gingrich und *Werner Zips* sind – soweit ich sehe – die ersten seitens der Ethnologie, die in ihrem 2003 erschienenen Artikel *Ethnohistorie und Historische Anthropologie* den Titel Historische Anthropologie für eine historisch arbeitende Ethnologie verwenden.[56] Nach dem Abklingen der „ohne Geschichte" – bzw. gegen gewisse, als „kulturhistorisch" bezeichnete Richtungen – argumentierenden britischen *social anthropology* scheinen in der Völkerkunde historisch arbeitende Richtungen in den letzten Jahren zunehmend an Bedeutung zu gewinnen. Dies hängt sicher auch mit dem Verlust an „vormodernen" Gesellschaften als Untersuchungsobjekten zusammen. Gingrich und Zips skizzieren die v.a. mit der Quellenlage zusammenhängenden methodischen Probleme der *ethnohistory*, Ethnohistorie oder Historische Ethnologie genannten Richtungen. Sie selbst propagieren einen methodisch-theoretischen Ansatz, der an der Praxis historischer Akteure orientiert ist und der sich stark der „Historischen Anthropologie" im Sinne der deutschen Alltagsgeschichte annähert. Sie optieren damit (ohne dies freilich deutlich zu machen) für die Aufnahme der ethnologisch geprägten Geschichtsschreibung in die Ethnologie.

(6.) Die Historizität aller kulturwissenschaftlichen Anthropologie ist das zentrale Thema einer weiteren Forschungsrichtung, die sich den Namen Historische Anthropologie gegeben hat. Der Aufsatz *Grundzüge und Perspektiven Histori-*

Lesart der Ethnologie begnügen, aus der die funktionale Sozialanthropologie ebenso ausgespart bleibt wie die strukturale Anthropologie, wird sie schwerlich umhinkommen, sich der konzeptuellen Grundlagen zu versichern, die sie unbefragt voraussetzt."
56 Unten S. 245–263.

scher Anthropologie. Philosophie, Geschichte, Kultur des Erziehungswissenschaftlers *Christoph Wulf* faßt die zentralen Fragen, Themen und Konzepte dieser Richtung zusammen,[57] die in einem „Interdisziplinären Zentrum für Historische Anthropologie" in Berlin organisiert ist und die (seit 1992) eine Zeitschrift mit dem Titel „Paragrana. Internationale Zeitschrift für Historische Anthropologie" sowie seit 1988 eine Buchreihe unter dem Titel „Historische Anthropologie" herausgibt.

Wulf grenzt sich von der Philosophischen Anthropologie deutscher Prägung ebenso ab wie von der Mentalitäten- und Alltagsgeschichte im Gefolge der französischen Annales-Schule, auch werden die Unterschiede zur angelsächsischen Kulturanthropologie bzw. Ethnologie, betont, obwohl Problemstellungen aller dieser Richtungen aufgenommen werden sollen. Biologische Anthropologie erscheint dagegen nicht als Thema. Historische Anthropologie stehe „für vielfältige transdisziplinäre Bemühungen, nach dem Ende der Verbindlichkeit einer abstrakten anthropologischen Norm, weiterhin Phänomene des Menschlichen zu erforschen".[58] Die daran beteiligten Forschungsunternehmungen bildeten „heute das Zentrum der Kulturwissenschaften ... Im Kern ihrer Bemühungen herrscht eine Unruhe des Denkens, die nicht stillgestellt werden kann".[59] Von ihren Gegenständen her sei Historische Anthropologie weder auf bestimmte kulturelle Räume, noch auf einzelne Epochen beschränkt. Aufgrund der Reflexion der eigenen kulturellen und historischen Bedingtheit und damit Relativität sei sie in der Lage „sowohl den Eurozentrismus der Humanwissenschaften als auch das lediglich antiquarische Interesse an Geschichte hinter sich zu lassen und offenen Problemen der Gegenwart wie der Zukunft den Vorzug zu geben."[60]

Blickt man auf die als bevorzugt angegebenen Themen – Körper, Mimesis (verstanden als Prozesse kulturellen Lernens), Performativität, Ritual, Sprache, Imagination, Tod und Alterität –,[61] so könnte man diese Richtung der Historischen Anthropologie folgendermaßen charakterisieren: Es handelt sich um eine post-ontologische Kulturwissenschaft, die v.a. die performative Seite von Interaktionsbeziehungen, d.h. der Kommunikation von Anwesenden untersucht und die insofern „menschen-" oder „akteursnah" ausgerichtet ist. Sie konzentriert sich nicht auf geschichtliche, eher auf gegenwärtige Themen und zukünftige Probleme als Arbeitsfeld. Sie reflektiert schließlich ihre eigene Historizität.

Hervorzuheben ist bei dieser kulturwissenschaftlichen Richtung v.a. die Historisierung und Relativierung aller Anthropologie, die dieser die Aura des Überzeitlichen, aller Reflexion Enthobenen nimmt. Der Begriff „Mensch" selbst wird allerdings nicht relativiert oder dekonstruiert. Dies scheint damit zusammenzuhängen, daß biologische Dimensionen des Menschen lediglich in ihrer kulturellen

---

57 Unten S. 265–290. Vgl. auch CHRISTOPH WULF (Hg.), Vom Menschen. Handbuch Historische Anthropologie, Weinheim, Basel 1997; DERS., Anthropologie. Geschichte, Kultur, Philosophie, Reinbek bei Hamburg 2004.
58 Unten S. 270.
59 Ebd.
60 Ebd.
61 So die Gliederung der „Themenfelder" bei WULF, Anthropologie (wie Anm. 57).

Repräsentation in Rechnung gestellt werden. Das „Historische" dieser kulturwissenschaftlichen Anthropologie[62] ist v.a. also im Sinne der Reflexion der anfangs herausgestellten ersten Bedeutung von „historischer Anthropologie" zu sehen.

III

Aus der konzeptionellen und thematischen Vielfalt der hier vorgestellten Ansätze[63] Historischer Anthropologie ergeben sich einige Fragen, nach denen man zukünftige Forschungen auf diesem Gebiet wird beurteilen können.

(1.) Die erste wird zweifellos die nach dem Begriff von Anthropologie sein. Sie lautet ganz einfach: Wird unter Historischer Anthropologie eine spezifische Wissenschaft von Menschen in der Vergangenheit verstanden oder eine ethnologisch inspirierte Alltags- oder Kulturgeschichte, die sich auf kleinräumige, v.a. auf Interaktionsbeziehungen basierende Gesellschaften und deren Weltsicht konzentriert? Daß beide Möglichkeiten aufschlußreiche und vielversprechende Forschungsfelder eröffnen, sei lediglich am Rande betont. Nur im ersten Fall jedoch schließen sich die folgenden Fragen an.

(2.) Welche Konzeption des Begriffs „Mensch" liegt den jeweiligen historischen Forschungen zugrunde? Wird „der Mensch" – in der Tradition der Philosophischen Anthropologie – primär als Einzelwesen in Betracht genommen, oder wird in Rechnung gestellt, daß organische *und* psychisch-mentale *und* sozialkulturelle Zusammenhänge von jeweiliger Eigengesetzlichkeit für Menschen konstitutiv sind. Der zweite Fall hat eine – nach wie vor ungewohnte – Dekomposition des Begriffs „Mensch" zur Folge, auch eine Dekonstruktion von Dichotomien wie Natur/Kultur und Individuum/Gesellschaft. Er erfordert Multidisziplinarität und legt es nahe, neben der historischen Erforschung der einzelnen menschlichen Dimensionen – Körpergeschichte, Psychohistorie, Sozialgeschichte, Kulturgeschichte – v.a. die strukturellen Kopplungen und Wechselbeziehungen zwischen den verschiedenen Ebenen zu betrachten. Aufschluß verspricht, weil spezifisch anthropologisch, dabei die Frage, wie soziale Strukturen und kulturelle Deutungsmuster an die nachwachsenden (und an die erwachsenen) Menschen weitergegeben, ihnen „eingeschrieben" werden und wie umgekehrt soziokulturelle Systeme auf (weder sozialkulturell, noch biologisch-organisch vollständig determinierte) handelnde Menschen zurückgreifen können. Historische Psychosomatik und Historische Sozialpsychologie dürften als Bezeichnungen solcher Forschung in Frage kommen. Nipperdey hat mit seinem Begriff der „Enkulturation" in diese

---

62 In seinem Buch von 2004 hat Wulf das Wort „Historisch" im Obertitel weggelassen (wie Anm. 57).

63 Zum Vergleich heranzuziehen sind die in den letzten Jahren erschienenen Monographien zum Thema: GERT DRESSEL, Historische Anthropologie. Eine Einführung, Wien u.a. 1996; RICHARD VAN DÜLMEN, Historische Anthropologie. Entwicklung, Probleme, Aufgaben, Köln u.a. ²2001 [1. Aufl. 2000]; TANNER, Historische Anthropologie (wie Anm. 11): Sie geben Zusammenfassungen der Forschung (Dressel und Tanner) oder/und beziehen selbst Position (van Dülmen für die Alltagsgeschichte; Tanner für eine „symmetrische Anthropologie").

Richtung gewiesen. Berühmte andere Forscher, die – wenn man es so versteht – ‚Historische Anthropologen avant la lettre' waren, haben bereits wichtige Arbeiten dazu vorgelegt: Norbert Elias, Michel Foucault, Pierre Bourdieu mit seinem Konzept des Habitus und Niklas Luhmann im Kontext seiner Gesellschaftstheorie.

(3.) Unabhängig von der genauen Fassung des Begriffs „Mensch" wird jeweils zu fragen sein, ob das Interesse historisch-anthropologischer Forschung der Ermittlung gleichbleibender Strukturen und Phänomene gilt oder ob die historischen Besonderheiten und Abweichungen vom Typischen in den Blick genommen werden sollen. Max Weber hat einmal gesagt, Historiker sollten nicht dazu tendieren, sich selbst überflüssig zu machen durch den Nachweis, daß alles schon einmal da gewesen ist. Er hat aber zugleich mit seiner Methode der universalhistorischen Typenbildung gezeigt, daß die Dichotomie von Konstanten und Variablen keine absolute ist. Gerade um historische Individualität zu ermitteln ist man auf Wissen vom Allgemeinen angewiesen. Beide Fragestellungen der Historischen Anthropologie sind somit legitime wissenschaftliche Strategien. Jedenfalls wenn man sich – wie Weber – für die zweite Antwort auf die folgende Frage entscheidet.

(4.) Glaubt die Forschung, daß die Ergebnisse, die sie durch Historische Anthropologie erzielt, den Status metahistorischer, von den Forschenden selbst unabhängiger „Wahrheit" haben, oder gilt auch für anthropologische Aussagen, daß sie zeit-, gesellschafts- und kulturabhängig sind und somit keine „Seinsbestände" beschreiben? Als Historiker wird man – mit Blick auf die Geschichte der anthropologischen Wissenschaften – die zweite Sichtweise bevorzugen. Die Frage betrifft jedoch nicht nur die Selbstreflexion historisch-anthropologischer Forschung, sondern auch ethische Probleme der Verantwortung der Forschung für möglichen Mißbrauch ihrer Ergebnisse. Wer sich hier vorschnell für eine „humane" Sichtweise entscheidet, sollte jedoch daran denken, daß „ontologische" Menschenbegriffe – wie die Geschichte gezeigt hat – keineswegs weniger anfällig für Mißbrauch waren, als es eine Dekonstruktion des Begriffs „Mensch" im Sinne der zweiten Frage vielleicht sein wird.

I. GRUNDFRAGEN DER ANTHROPOLOGIE

PHILOSOPHISCHE ANTHROPOLOGIE

von Jürgen Habermas

1

Anthropologie ist zunächst der Name einer bestimmten Einzelwissenschaft, und zwar jener naturwissenschaftlichen Disziplin, die es unter biologischen Gesichtspunkten mit dem Menschen zu tun hat. In gewisser Weise darf sie als Teil der Zoologie gelten: ihr Gegenstand ist der Mensch als eine Art, die sie morphologisch und physiologisch mit anderen Tierarten vergleicht und mit ihnen auch genetisch in Zusammenhang bringt. Sie beschäftigt sich mit der Naturgeschichte des Menschen, seiner „Abstammung" von den sog. Anthropoiden, den Menschenaffen. Ein weites Feld findet diese Wissenschaft sodann im Vergleich der einzelnen Menschenrassen, gemessen an Rassenmerkmalen wie Schädelform und -größe, Körperbau, Haar- und Hautfarbe usw.

Anthropologie nennt man freilich nicht nur diese biologische Wissenschaft vom Menschen; auch was hierzulande Ethnologie heißt, begegnet in den angelsächsischen Ländern und in Frankreich unter jenem Namen. Hierher gehören die Untersuchungen primitiver Kulturen, wie sie in Deutschland im Anschluß an L. Frobenius und R. Thurnwald getrieben werden. Einen Überblick über den Stand der Forschungen in den USA gibt G. P. Murdock, in Frankreich C. Lévi-Strauss. Ein Beispiel für anthropologische Feldstudien geben die drei Kulturschemata (*Patterns of Culture*), mit denen Ruth Benedict auch bei uns breiteren Kreisen bekannt geworden ist.

2

Die *philosophische Anthropologie* bezieht sich nun auf die Forschungsergebnisse dieser biologischen und ethnologischen Anthropologie; sie verarbeiten Resultate aller Wissenschaften, die wie Psychologie, Soziologie, Archäologie, Sprachwissenschaft usw. irgend mit Mensch und Menschenwerk zu tun haben; aber sie ist selber keine Einzelwissenschaft in diesem Sinn. Philosophische Anthropologie ist sehr wohl noch Teil der Philosophie, sie hat sich von deren Kernbestand, der Logik, der [|90] Ethik und Metaphysik, noch nicht abgelöst, sie ist noch nicht zu einer eigenen Wissenschaft geworden. Denn ihr Gegenstand ist etwas, das nicht geradewegs zum Gegenstand werden kann: das „Wesen" des Menschen. Die Naturwissenschaften sind von dem vorgängigen Wissen um das „Wesen" der Natur unabhängig; so gibt uns beispielsweise der physikalische Ausdruck für Elektrizität einen Begriff davon, wie sich die Natur unter bestimmten experimentellen Bedingungen verhält und gesetzmäßig immer wieder so verhält; wir verfügen über diese bestimmte Reihe von Erscheinungen, sobald wir sie im Experiment feststellen. Allein, wo wir derart lernen, wie es sich mit der Natur verhält, erfahren wir nichts, nicht einmal andeutungsweise, darüber, was sie ist. Das Wesen der Elektrizität, wenn es so etwas gäbe, bleibt uns bei alledem ganz verschlossen. Anders beim Menschen; über das, wie es sich mit ihm verhält, erfahren wir ernsthaft nur in dem Maße, in dem wir wissen: wer er ist. Das Sein des Menschen ist nicht abzutrennen von dem Sinn, zu dem er sich versteht, oder auch: zu dem er sich objektiv zu verstehen hätte und den er subjektiv womöglich gar nicht trifft. Sprechen, Handeln, Gestalten heißt nicht nur, über bestimmte Organe verfügen, sondern über einen Sinn; so bestimmt Helmuth Plessner diesen Sachverhalt; sie sind nicht starre Vermögen, die hinterrücks ihr Werk tun, sie sind Vermögen nur insoweit, als der Mensch sie vermag, als er sich auf sie versteht und zu ihnen versteht. Und dieser Sinn ist nicht ein für allemal der gleiche. Menschen verstehen sich je in ihrer Gesellschaft und in ihrer geschichtlichen Lage auf eine andere Weise; und wenn es so ist, daß sie in diesem Sinnverständnis ihr Wesen erst feststellen, dann hat der Mensch viele Wesen; es sei denn, man sieht das Wesen des Menschen eben darin, daß er mitwirken muß, es jeweils zu finden. Der Mensch, sagt F. Nietzsche, ist das nicht-festgestellte Wesen. Darum, so fährt J.-P. Sartre fort, erfindet der Mensch den Menschen. Er macht sich allererst zu dem, was er ist.

Dem entspricht Kants Unterscheidung der Anthropologie in „physiologischer" und in „pragmatischer" Hinsicht: „Die physiologische Menschenkenntnis geht auf die Erscheinung dessen, [|91] was die Natur aus dem Menschen macht, die pragmatische auf das, was er als freihandelndes Wesen aus sich selber macht oder machen kann und soll." Philosophische Anthropologie muß, was die einzelnen Wissenschaften gegenständlich vom Menschen wissen (was die Natur aus den Menschen macht), sinnverstehend deuten (nämlich daraufhin, was der Mensch aus sich selber macht). Allein, auch diejenigen, die Anthropologie treiben, sind Menschen und selber darauf angewiesen, sich in ihrem Menschsein zu verstehen. Sie deuten das Wesen des Menschen in dem Maße, in dem sie ihr eigenes Wesen deuten; sie können von ihrem Gegenstand nur handeln, indem sie sich selbst, ihre Situation, in die Betrachtung mit einschießen lassen. Die Kategorien, unter denen sie die „Menschenkenntnis" der Wissenschaften verarbeiten, sind gleichzeitig Kategorien, unter denen sie auch die Gesellschaft, auch die geschichtliche Lage verstehen, der die Betrachter selber angehören. Eine kritische Anthropologie unterschlägt das nicht. Sie nimmt ausdrücklich das Selbstverständnis methodisch in ihren Ansatz auf und wendet das, was ein Nachteil scheinen möchte, zu ihrem Vorteil. Ihre Aussagen entbehren gewiß der Art Neutralität, die Wissenschaft erringt, weil diese ganz vom Erkennenden selber absehen, ganz in Objektivierung aufgehen kann. Ihre Aussagen haben andererseits den Vorzug aller philosophischen: indem sie zeigen, was ist, zeigen sie unvermeidlich auch etwas von dem, was sein kann. Sie sind keine Parolen, aber sie haben einen praktischen Sinn. Sie geben keine Anweisungen, aber sie weisen den Menschen hin auf das, was er mit sich anfangen kann, und womöglich versäumt.

3

Die philosophische Anthropologie ist in den Zwanziger Jahren unseres Jahrhunderts durch Untersuchungen von Max Scheler und Helmuth Plessner entstanden. Der Gedankenkreis der philosophischen Anthropologie ist zwar so alt wie die Philosophie selber (beispielsweise traf schon Anaxagoras – um 500 bis 428 v. Chr. – die typisch anthropologische Feststellung, daß der Mensch das klügste Tier sei, weil er Hände habe); aber die eigentümliche Stellung dieser Disziplin zwischen Theorie und Empirie, abzulesen an ihrer Aufgabe, wissenschaftliche [|92] Resultate philosophisch zu interpretieren, erlaubt eine genaue Datierung: erst mußten sich die Wissenschaften vom Menschen, von der biologischen Anthropologie bis zu Psychologie und Soziologie, entwickelt haben, damit ein Bedürfnis nach theoretischer Deutung ihrer empirischen Ergebnisse auftrat. Die philosophische Anthropologie ist, ähnlich der modernen Naturphilosophie (in Gestalt einer Theorie des Lebens) und der modernen Geschichtsphilosophie (in Gestalt einer Theorie der Gesellschaft), nicht etwa eine wissenschaftliche Ausgliederung aus dem Verband der Philosophie, sondern umgekehrt eine Reaktion der Philosophie auf jene herangereiften Wissenschaften, die ihr Gegenstand und Anspruch streitig machen. Solche reaktiven philosophischen Disziplinen treiben nicht mehr das Geschäft der prima philosophia: sie begründen die Wissenschaften nicht mehr, sie verarbeiten sie; sie lassen Wissenschaften nicht mehr „entspringen", sie müssen sie sich „geben" lassen. Philosophische Anthropologie stellt nicht mehr den Anspruch, „fundamental" zu sein. Das unterscheidet sie von aller sog. Fundamentalontologie (Ontologie, Existenzphilosophie). Diese handelt zwar auch von Kategorien des Menschen, den sog. Existentialien, aber sie fragt durch diese hindurch nach dem Sein, das alles Seiende begründen soll. Ähnlich benutzt auch die christliche Anthropologie die Kategorien des Menschen, um durch sie zum dreieinigen Gott hindurch zu fragen. Im einen Fall ist Anthropologie wesentlich Ontologie (Heidegger); im andern Fall wesentlich Christologie (Barth, Brunner, Bultmann, Gogarten); die Frage nach dem Menschen untersteht der Frage nach dem Geschick des Seins oder nach der Erlösung durch Gott.

Ein Anknüpfungspunkt der im strengen Sinne philosophischen Anthropologie sollte freilich erwähnt werden: *Johann Gottfried Herders Ideen zur Philosophie der Geschichte der Menschheit* (1784–1791) und seine Untersuchung *Über den Ursprung der Sprache* (2. Aufl. 1789). Herder steht noch nicht unter dem Systemzwang der großen Idealisten, andererseits rückt er seine empirischen Betrachtungen in die Weite natur- und geschichtsphilosophischer Perspektiven ein; er übte sich bereits in einer [|93] Betrachtungsweise, mit der die Philosophie heute so fruchtbar auf jene Wissenschaften antwortet, die sie seinerzeit gerade aus ihrem Schoße entließ. Herder begreift den Menschen als den ersten Freigelassenen der Natur. Jedes Tier ist in einen engen Kreis hineingeboren, in den es gleich eintritt, in dem es lebenslang bleibt und stirbt, gewissermaßen ein Gefangener, der sich in seiner Gefangenschaft freilich nur um so sicherer und kunstvoller bewegt. Der Mensch hingegen hat keine so einförmige und enge Sphäre. Seine Sinne sind offen, seine Organisation ist unspezialisiert. Im ganzen kommt der Mensch schwächer zur Welt als jedes Tier. Der Mensch steht den Tieren an Stärke und Sicherheit des Instinkts weit nach. Stattdessen ist ihm Vernunft, freilich nicht als Instinktersatz, angeboren; Vernunft ist überhaupt kein Vermögen, das der Mensch hat, sie ist vielmehr „das fortgehende Werk der Bildung des menschlichen Lebens". Der Mensch ist schwach auf die Welt gekommen, um Vernunft zu lernen; Vernunft ist das, was der Mensch aus seiner Lage macht, „eine gelernte Proportion und Richtung der Ideen und Kräfte". Der Mensch, schließt Herder, ist von Natur aus zur Freiheit organisiert; zu einer Freiheit, die ihn nötigt, „aus der Mitte seiner Mängel entstehenden Ersatz" zu finden. „Bei Tier und Pflanze" – so nimmt Schiller den alten kabbalistischen Gedanken auf – „gibt die Natur nicht nur die Bestimmung an, sondern führt sie auch allein aus. Dem Menschen aber übergibt sie bloß die Bestimmung und überläßt ihm selbst die Erfüllung derselben".

Darin meldet sich freilich schon der spekulative Zug eines Idealismus, der die eigentlich anthropologische Problematik nur in Funktion zur Fundamentallogik eines transzendentalen Bewußtseins oder eines absoluten Geistes abhandeln konnte. Erst von den Junghegelianern, Feuerbach und Marx voran, wird ein neuer Problemboden gewonnen; zusammen mit Kierkegaard arbeiten sie die Situationsbezogenheit des Menschen heraus: sie erkennen, daß der Mensch die „Welt" des Menschen ist. Feuerbach, der seine Philosophie bezeichnenderweise eine Anthropologie nennt, erfaßt den Menschen „in seiner Existenz, in der Welt als ein Mitglied derselben, nicht im [|94] Vakuum der Abstraktion, als eine vereinzelte Monade, als einen absoluten Monarchen, als einen teilnahmslosen außerweltlichen Gott". Der Mensch in seiner Welt ist eine endliche, und das heißt einfach eine bedürftige Existenz; weil der Mensch immer schon „leidet", erfährt er die Wirklichkeit „sinnlich", in Liebe und Schmerz: „nur die Leidenschaft ist Wahrzeichen der Existenz". Feuerbach grenzt wie Herder den Menschen vom Tiere ab: dieses ist so partikular, wie jener universell. Die Freiheit ist daher kein Vermögen für sich; sie gründet vielmehr darin, daß die menschlichen Sinne, die Organe seiner Leidenschaft, nicht wie die der Tiere mit spezifischen Bedürfnissen gekoppelt und nur mit spezifischen Dingen in Zusammenhang stehen. Marx knüpft an diese Universalität des Menschen mit der bedeutsamen Wendung an: „Das Tier formiert immer nach dem Maß und dem Bedürfnis der Spezies, der es angehört, während der Mensch nach dem Maß jeder Spezies zu produzieren und überall das inhärente Maß den Gegenständen anzulegen weiß; der Mensch formiert daher auch nach dem Gesetz der Schönheit." Marx indes sieht, daß der Mensch anthropologisch, in seiner sinnlich-leiblichen Existenz allein, nicht begriffen werden kann. Der Mensch ist von Natur aus gezwungen zu handeln, nämlich durch gesellschaftliche

Arbeit sich am Leben zu halten; mehr noch, in dieser Arbeit erzeugt er seine Welt und sich selbst in ihr. Der Mensch ist, was er geschichtlich aus sich macht. Marx rühmt als das Große an Hegel, daß er das Wesen der Arbeit erfaßt und den wirklichen Menschen als das Resultat seiner eigenen Arbeit begriffen habe. In einer zugespitzten Formulierung bezeichnet Marx die Geschichte der Industrie (in dem allgemeinen Sinn gesellschaftlicher Arbeit überhaupt) als „das aufgeschlagene Buch der menschlichen Wesenskräfte, die sinnlich vorliegende menschliche Psychologie". Arbeitend verdankt der Mensch sein Dasein sich selbst, seine Geschichte ist die Geschichte seiner Arbeit.

Mit alledem sind die großen Motive der gegenwärtigen Anthropologie bereits vorgebildet: die Instinktschwäche des Menschen gegenüber dem Tier und die Unspezialisiertheit seiner organischen Ausstattung; seine bedürftige Existenz in einer [|95] vergleichsweise offenen Welt; die Nötigung zu handeln, nämlich buchstäblich durch der Hände Arbeit sein Leben zu reproduzieren; schließlich der geschichtliche Charakter der gesellschaftlichen Arbeit, in der die menschliche Gattung sich nicht nur erhält, sondern fortlaufend selber erst herstellt: der Mensch erfindet den Menschen.

4

Max Scheler (1874–1928) konnte, als die verschiedenen Wissenschaften vom Menschen in unserem Jahrhundert weit genug fortgeschritten waren, einen Teil jener Motive aufgreifen, um die Fülle des empirischen Materials zu deuten: er wird in den Jahren 1922 bis 1928 mit verschiedenen Untersuchungen zum eigentlichen Begründer der philosophischen Anthropologie. Einen knappen, sehr konzentrierten Abriß dieser umfangreichen Studien bietet die 1927 erschienene Schrift *Die Stellung des Menschen im Kosmos*. Danach nimmt der Mensch inmitten aller Natur eine Sonderstellung ein, die zunächst als „Weltoffenheit" charakterisiert wird. Der Mensch distanziert die „Umwelt" zur „Welt". Die Forschungen Jakob von Uexkülls (1864–1944) hatten experimentell die Bestätigung für Herders geniale Vermutung gebracht, daß Tiere in einem artspezifischen, unzerbrechbaren Umweltgehäuse leben; ihre angeborenen, instinktiven Bewegungsschemata werden durch eine geringe Anzahl von Signalen ausgelöst; ihre Wahrnehmung ist darum hochselektiv; die Sinnesorgane wirken wie Filter, die nur das unmittelbar Lebensrelevante durchlassen. Das Standardbeispiel des Zeckenweibchens, das nur drei Sinne hat, ist inzwischen zu Weltruhm gelangt. Mit Hilfe des Lichtsinns findet dieses Tier den Weg zu einem Ast, Geruchs- und Temperatursinn melden, wenn unter dem Ast ein Warmblütler herstreicht; auf den läßt es sich dann fallen, um Blut zu saugen. „Die ganze reiche, die Zecke umgebende Welt", so schließt Uexküll, „schnurrt demnach zusammen und verwandelt sich in ein ärmliches Gebilde, das der Hauptsache nach aus drei Merkmalen und drei Wirkmalen besteht: ihre Umwelt." Scheler hebt davon ab, wie sich der Mensch umweltfrei verhalten kann. Für ihn gibt es einen Weltraum, abgelöst vom eigenen Leib; während sich das Tier seinen Leib und dessen Bewegungen niemals zum Gegenstand [|96] machen kann. So etwa mag ein Hund jahrelang in einem Garten leben, er wird sich niemals ein Gesamtbild des Gartens, der von seinem „Leibschema" unabhängigen Anlage der Wege, Bäume usw. machen können. Entsprechend verfügt der Mensch über so etwas wie eine Substanzkategorie; nur er kann ein Ding als dasselbe wiedererkennen. Er kann das Nächste und Dringlichste, er kann das unmittelbar Lebensrelevante übersteigen, er „transzendiert"; denn er ist dem blinden Lebensdrang nicht mehr bloß unterworfen, er kann sich vom Trieb- und Instinktdiktat lösen. Scheler nennt darum den Menschen auch einen Neinsagenkönner, einen Asketen des Lebens. Er glaubt als Subjekt der Triebhemmung, des „konstitutionellen Neins zum Triebe", ein Prinzip einführen zu müssen, das allem Leben schlechthin entgegengesetzt ist – den Geist. Der muß sich zwar alle Macht, Kraft und Tätigkeit vom Lebensdrang geben lassen, aber er allein kann die Impulse lenken: der Geist hält gleichsam den Triebmächten Ideen vor, um sie mit Leben füllen und verwirklichen zu lassen. Als Sinn der Geschichte resultiert daraus eine gegenseitige Durchdringung des ursprünglich ohnmächtigen Geistes und des ursprünglich blinden Dranges durch die Vergeistigung der Drangsale und die Verlebendigung des Geistes. Die Sonderstellung des Menschen wird metaphysisch begründet. Alle Stufen des Lebens, vom Gefühlsdrang über Instinkt und assoziatives Gedächtnis bis gar zur praktischen Intelligenz, hat der Mensch grundsätzlich mit anderen Lebewesen gemeinsam; was ihn allein auszeichnet, seine Instinkte schwächt, seine Triebe hemmt, Umwelt zu Welt öffnet, ist der Geist – ein Prinzip außerhalb alles dessen, was Leben heißt.

Helmuth Plessner, der nach den Vorarbeiten einer Ästhesiologie des Geistes 1928 sein grundlegendes Buch *Die Stufen des Organischen und der Mensch* vorlegt, löst die Anthropologie aus der metaphysischen Klammer: nicht mehr ein Gegensatz von Geist und Leben, nicht mehr das christliche Schema von Seele und Leib, nicht das cartesische von Bewußtsein und Körper sind maßgebend für den Begriff des Menschen. Die Anthropologie wird vielmehr in doppelter Hinsicht neutral: sie [|97] handelt nicht mehr von Prinzipien oder Substanzen, sondern von Strukturen. Pflanze, Tier und Mensch werden jeweils im Verhältnis zu ihrer „Sphäre", zu Umfeld, Umwelt und Welt untersucht; ihre Positionsform, das Verhältnis nämlich, in dem Leib und Umwelt zueinander stehen, wird zum Schlüssel einer Anthropologie. Auf die so bezeichneten Stufen des Organischen selber läßt sich dann aber ein Stufenschema nicht wiederum anwenden: als sei die höhere Lebensform jeweils nur eine Überlagerung der niederen Schichten, als trete, nach aristotelischem Vorbild, im Tier zur anima vegetativa die anima sensitiva, und zu dieser wiederum im Menschen die *anima rationalis* hinzu. Die Fragestellung der neuen Anthropologie wird darum auch neutral gegenüber dem psychophysischen Dualismus: die exzentrische Position des Menschen bestimmt seine Organisation von den intellektuellen bis zu den vegetativen Zonen gleichermaßen, und gleichermaßen eigentümlich. Sie gibt den Begriff, unter dem alle menschlichen Monopole in ihrer unauflöslichen Verbundenheit erscheinen, gleichgültig, ob man sie objektivierend dem Körperlichen, Seelischen oder Geistigen zurechnet. Werkzeuggebrauch und aufrechter Gang sind durch die freigewordene Greifhand zur Einheit vermittelt; die Aufrichtung des Körpers wiederum verweist auf die Offenheit des Wahrnehmungsfeldes, auf die Emanzipation von artspezifischer Umgebung, auf die Entwicklung des Großhirns; Weltoffenheit wiederum ist verknüpft mit der instrumentalen Auffassung des eigenen Körpers und der Fähigkeit zu sprechen. Körperliches und Geistiges, beides Weisen, wie der Mensch leibhaftig in seiner Welt lebt, sind gleichursprünglich, ja, sie sind auf der Ebene des Verhaltens, der Sprache, der Gestaltung und Gebärde eins.

Was hat es nun mit der Exzentrizität, die allen menschlichen Äußerungen ihr spezifisch Menschliches mitteilt, auf sich? Das Tier lebt aus seiner Mitte heraus, in seine Mitte hinein, aber es lebt nicht als Mitte; es bildet ein auf sich selbst rückbezügliches System, aber es erlebt nicht sich. Ist das Leben des Tieres zentrisch, so fällt das Leben des Menschen, ohne die Zentrierung als solche aufheben zu können, doch auch aus ihr heraus. [|98] Die Nötigung, zugleich Leib zu sein und Körper zu haben, ist ein wirklicher Bruch der menschlichen Natur; der Mensch ist dieser Bruch, „das leere Hindurch der Vermittlung". Die Unverhältnismäßigkeit zwingt zu einem steten Ausgleich. Jede Beanspruchung verlangt eine gekonnte Vermittlung zwischen Leibsein und Körperhaben, Draußen und Drinnen. In der Verlegenheit, sich gleichzeitig zuständlich und gegenständlich gegeben zu sein, muß sich der Mensch zu dem, was er schon ist, erst machen. Er lebt nur, indem er sein Leben führt; er ist von Natur aus künstlich. Der Mensch ist nicht einfachhin, er gilt sich und anderen etwas; nur durch Vermittlung eines geführten Körpers ist der Mensch leibhaft unmittelbar. Menschliches Verhalten, menschlicher Ausdruck sind Weisen, damit fertig zu werden, daß man einen Leib bewohnt und zugleich über einen Körper verfügt.

5

Auch Plessner erkennt, daß Instinktschwäche, Triebüberschuß und Organprimitivität für die biologische Ausstattung des Menschen und seine exzentrische Stellung charakteristisch sind. Scheler freilich hatte gegenüber den negativen Theorien, die in der Nachfolge Herders das Menschliche am Menschen gerade in Zusammenhang mit seinen biologischen Mängeln begreifen, Einwände erhoben. Man könne den Geist nicht als Improvisation in biologisch hoffnungsloser Lage (Theodor Lessing), man könne ihn nicht als Surrogat für mangelnde Organanpassung (Alsberg), als eine Art Überkompensation konstitutioneller Organminderwertigkeit (Alfred Adler) auffassen, denn – warum starb die Gattung Mensch nicht aus wie alle anderen Arten, wer ist Subjekt jener Improvisation des Überlebens?

Auf dem gegenwärtigen Stand der Forschung hat indes Arnold Gehlen gezeigt, daß die Voraussetzung des Geistes als eines metaphysischen Prinzips unnötig ist, um zu begreifen, wie der Mensch „aus der Mitte seiner Mängel" sein Leben führen lernt. Früh schon entdeckten die Biologen beim Menschen eine Reihe von Organen, die eigentümlich unspezialisiert sind und, genetisch betrachtet, als Primitivismen erscheinen. Zumal die wichtigsten Primitivismen: Schädelwölbung, untergestelltes Gebiß, [|99] freigelegte Hand und Standfuß zusammengenommen machen die auffälligste biologische Auszeichnung, den aufrechten Gang des Menschen, aus. Alle diese Merkmale treten nun bei den hochspezialisierten Großaffen, unseren nächsten Verwandten unter den lebenden Tieren, in sehr frühen, meist fötalen Entwicklungsstadien auf. Was bei ihnen Durchgangsstadium ist, hält der Mensch fest. Darum begreift der Anatom Bolk[1] den Menschen als einen „embryonischen höheren Säuger", der unter dem Einfluß einer Entwicklungsverzögerung, einer Retardation, gewisse, den Anthropoiden gemeinsame Fötalmerkmale fixiert. Der Zoologe Adolf Portmann hat diesen Gedanken differenziert.[2] Ein morphologischer Vergleich mit höheren Wirbeltieren zeigt, daß der Mensch seiner Naturgeschichte nach zu den Nestflüchtern gehört, daß er aber ungefähr ein Jahr früher auf die Welt kommt, als seinem Zerebralisationsgrad angemessen wäre und folglich zu einem sekundären Nesthocker wird – darin einzigartig unter allen Tieren. „Nach einem Jahr erlangt der Mensch den Ausbildungsgrad, den ein seiner Art entsprechendes Säugetier zur Zeit der Geburt verwirklichen müßte." Das ungewöhnliche Längen- und Massenwachstum des ersten Lebensjahres hat fötalen Charakter; erst dann tritt die Retardation ein. Dieses „extrauterine Frühjahr" bringt es mit sich, daß naturgesetzliche Abläufe, die sich sonst unter generellen Bedingungen der Art im Mutterleib vollziehen, bereits in lebensgeschichtlich individuellen Verhältnissen und unter dem „frühen Kontakt mit dem Reichtum der Welt" geschehen. Der „Hiatus" zwischen Trieb und Trieberfüllung muß nicht erst, wie Scheler meinte, durch einen asketischen Willensakt hergestellt werden – der Mensch findet sich von Natur aus in seiner gebrochenen Natur vor.

Eine zweite Reihe von Forschungsergebnissen, die ebenfalls die Einführung des Geistes als eines metaphysischen Prinzips in die Anthropologie überflüssig macht, liefert die zoologische Verhaltensforschung (K. Lorenz, K. v. Frisch, O. Heinroth, N. Tinbergen). O. Storch faßt sie dahingehend zusammen, daß die tie- [|100] rische Erbmotorik beim Menschen weitgehend durch eine Erwerbsmotorik ersetzt ist. Und die schon bei Tieren vorhandene Erwerbsrezeptorik wird aus den Fesseln der Instinktbewegungen gelöst; die Sinnesorgane gewinnen damit erst die Möglichkeit, ihre ganze Empfänglichkeitsstruktur auch auszunutzen.

Arnold Gehlen verarbeitet die Fülle der Ergebnisse dieser und ähnlicher Forschungen mit Motiven Schelers, Plessners und G. H. Meads, eines amerikanischen Anthropologen,[3] zu einer systematischen Anthropologie. Die Eindrucksoffenheit gegenüber Wahrnehmungen, die keine angeborene Signalfunktion haben, ist eine Belastung. Der Mensch findet sich, reizüberflutet, in einem Überraschungsfeld, das in Vorsicht durchgearbeitet werden muß: „aus eigenen Mitteln und eigentätig muß der Mensch sich entlasten, d.h. die Mängelbedingungen seiner Existenz eigentätig in Chancen seiner Lebensfristung umarbeiten". Gehlen analysiert alle, von den elementarsten, scheinbar rein „organischen" bis zu den sublimsten, scheinbar rein „spirituellen" Leistungen unter diesem Gesichtspunkt der Entla-

---

1   L. Bolk, Das Problem der Menschwerdung, Jena 1926.
2   A. Portmann, Biologische Fragmente zu einer Lehre vom Menschen, Basel ²1951.
3   G. H. Meads, Mind, Self and Society, Chicago 1934; deutsch: Geist, Identität und Gesellschaft, Frankfurt am Main 1968.

stung. „Die Dinge werden der Reihe nach in Umgang gezogen und abgestellt, im Zuge dieses Verfahrens aber unvermerkt mit einer hochgradigen Symbolik angereichert, so daß endlich das Auge allein, ein müheloser Sinn, sie übersieht und in ihnen zuletzt Gebrauchs- und Umgangswerte mitsieht." Der unbegrenzten Fülle von „Tatsachen" entspricht die unbegrenzte Plastizität der menschlichen Bewegungsfiguren, die alle von Grund auf erlernt sind. Von Natur aus unspezialisiert, ist der Mensch auf kontrollierte Bewegungen angewiesen, die an beliebigen Sachverhalten nach verschiedenen Hinsichten variabel sein müssen; Weltorientierung und Handlungsführung sind eins – der Mensch baut sich seine Welt und das In-der-Welt-Sein auf. Den Bestimmungen Gehlens entsprechen, auf phänomenologischer Basis, Zug um Zug Bestimmungen der Heideggerschen Daseinsanalytik. Was V. v. Weizsäcker im Anschluß an Heidegger als den *Gestaltkreis*, die Leistungseinheit von Wahrnehmungen und Bewe- [|101] gung, bezeichnet, das demonstriert Gehlen in minutiösen Analysen am „Handlungskreis", am Zusammenspiel von Hand, Auge, Tastsinn und Sprache. In der Sprache nämlich vollendet sich der sensomotorische Aufbau der menschlichen Welt. Sie erst ermöglicht die Entlastung vom Druck des Hier und Jetzt, von der Unmittelbarkeit der Sinnessuggestionen und Sofortreaktionen; sie erst macht das Überraschungsfeld vorhersehbar und beherrschbar, denn sprechend und bedeutend kann sich der Mensch über die gegenwärtige Situation hinweg auf Sachverhalte richten, die nicht anschaulich gegeben sind. Dieses ganze vom Instinktdruck befreite System von Verhaltensweisen beruht auf dem „Hiatus" zwischen Handlung und Antriebsleben. Die Antriebe sind, im Unterschied zu den tierischen Trieben, diffus. Sie sind hemmbar und können zurückbehalten werden; ihre Ziele sind verschiebbar. Die Antriebsenergie entfaltet sich im Aufbau der Erfahrung selber, sie kann „den Handlungen nachwachsen"; ein konstitutioneller Antriebsüberschuß stellt den Menschen geradezu unter Verarbeitungszwang. Gehlen glaubt daher, den Menschen als ein „Zuchtwesen" verstehen zu müssen.

6

Gehlens Versuch, die Natur des Menschen, und das schließt seine „Kultur" mit ein, ausschließlich aus der praktischen Lebensbewältigung abzuleiten, stößt allerdings auf Schwierigkeiten. Theodor Litt hat in seiner Anthropologie[4] auf das dialektische Verhältnis hingewiesen, daß die höchsten Schöpfungen des Geistes dem Leben dienen, indem sie den Kreis der bloßen Reproduktion des Lebens gerade durchbrechen. Dem wird die anthropobiologische Reduktion des Geistes in allen seinen Momenten aufs unmittelbar Lebensdienliche nicht gerecht. In diesem Sinne waren Gehlen die „wichtigsten Erscheinungen alles höheren geistigen Lebens" als ein „biologisch-anthropologisch notwendiges Führungssystem" erschienen. Offensichtlich reicht aber der Maßstab biologischer Zweckmäßigkeit nicht aus, um den Sinn gesellschaftlichen Verhaltens ganz zu erschöpfen. Eine blinde Re-

---

4 TH. LITT, Mensch und Welt, Heidelberg ²1961.

produktion des Lebens, rein um ihrer selbst willen, ist gleichgültig gegen Barbarei und Humanität, gegen die Bestim- [|102] mung einer Existenz, die von der Natur gleichsam auf der Risikoschwelle zwischen Wahrheit und Unwahrheit ausgesetzt worden ist. Gehlen hat sich denn auch in seinen neueren Versuchen teilweise korrigiert. Er analysiert neben der instrumentellen, das Leben verfügbar machenden Handlungsform nun eine zweite, mimetische: das darstellende Verhalten. Entwicklungsgeschichtlich läßt es sich mit dem Instinktverhalten auf eine Linie bringen. Die sog. „Auslöser", auf die Tiere instinktiv reagieren, sind in der Regel durch Auffälligkeit und Unwahrscheinlichkeit ausgezeichnet; es sind vorzugsweise geometrische Muster, provokative Farben, symmetrische Gestalten, rhythmische Bewegungen usw. Im Zuge der Instinktreduktion gewinnt der Mensch diesen Signalen gegenüber ein neues Verhältnis: einerseits streuen sie jetzt, nicht mehr auf wenige artspezifische Merkmale beschränkt, über die ganze Breite des weltoffenen Wahrnehmungsfeldes (Blitz, Vollmond, Regenbogen, Gold, alles Unwahrscheinliche, das die Mythen als Symbole und die tägliche Wahrnehmung als „Gestalten" mit sich führen); andererseits lösen sie beim Menschen nicht mehr angeborene Bewegungsschemata aus, sondern nur eine Erregung, einen ungerichteten Gefühlsstoß – einen „instinktresidualen Reaktionsdruck". Der nun wird umgesetzt in Nachahmung. Die unbestimmte Verpflichtung, etwas zu tun, wird in der Darstellung des „Ausdrucks", des Appelldatums, erfüllt. Das geschieht in darstellenden Riten, das geschieht in der bildlichen Darstellung, das geschieht auch in der Benennung; die physiognomischen Elemente der Sprache, überhaupt das stark physiognomisch geprägte Weltbild bei Naturvölkern und Kindern dürften damit zusammenhängen.

Die Erkenntnis, die wesentlich in den Umgangserfahrungen des gesellschaftlichen Handelns, wie Hegel und Marx bereits wußten, durch Arbeit vermittelt ist, hat offenbar auch eine „theoretische" Grundlage, die „praktisch" freilich entfaltet wird – Mimesis. Technognome Erkenntnis bleibt auf physiognomische Kenntnis angewiesen. Wie sehr diese Zwiespältigkeit bis in die extremen Zonen des Geistes, in Kunst und Philosophie hereinreicht, hat Oskar Becker in mehreren Arbeiten gezeigt. Er [|103] macht etwa auf den Unterschied aufmerksam, daß wir Geschichtliches „erfahren", daß uns aber Leibhaftiges „begegnet". Das ursprünglich mimetische Moment wird in Magie, Mythos und Metaphysik immer schwächer; in Wissenschaft, deren Zeichen auf Ähnlichkeit mit dem Bezeichneten verzichten, verschwindet es ganz. Auch die Arbeitsteilung von Wissenschaft und Kunst rettet es nicht. „Als Zeichen soll Sprache zur Kalkulation resignieren, um Natur zu erkennen, den Anspruch ablegen, ihr ähnlich zu sein. Als Bild soll sie zum Abbild resignieren, um ganz Natur zu sein, den Anspruch ablegen, sie zu erkennen."[5] Mimesis, eine frühe Einheit von Theorie und Praxis, fällt durch die Sparten gleichsam hindurch, aber noch an den Sparten ist die doppelte Wurzel von physiognomischer Darstellung und technognomischer Verfügung zu erkennen.

Dem entspricht die Trennung von Ausdrucksgebärde und Handlung; die eine ist nicht aus der anderen abzuleiten. Plessner hat nachgewiesen, daß sich Aus-

---

5 M. HORKHEIMER, TH. W. ADORNO, Dialektik der Aufklärung, Amsterdam 1947.

druck beim Menschen nicht als Residuum einer funktionslos gewordenen Handlung (Darwin); nicht als Handlung mit fiktivem Ziel (Piderit); nicht als Gleichnis einer Handlung (Klages) begreifen läßt. Daher hat der Ausdruck in einer Anthropologie, die, wie bei Gehlen, ausschließlich auf Handlung abstellt, keinen Ort. Die Ausdrucksgebärde ist unwillkürlich, unvertretbar und ohne Intention. In diesem expressiven Gebaren, das sich freilich beim bekleideten Menschen wesentlich auf die Ausdrucksorgane des Gesichts zusammenzieht (obschon Mimik von Pantomimik nicht zu trennen ist), steht der Mensch dem Tiere nah. Allein, nur der Mensch kann sprechen und jede seiner Gebärden an Stelle der Sprache einsetzen. „Wenn wir ein Auge zukneifen, die Nase rümpfen, eine Handbewegung machen, dann geben wir jemandem in einer bestimmten Situation etwas zu verstehen, weil wir unter Menschen voraussetzen dürfen, daß sie die Stellvertreterschaft dieser Zeichen für Sätze verstehen. Wo aber, wie beim Tier, die Möglichkeit überhaupt verschlossen ist, Sinn als Sinn, d.h. auf Grund von Sachverhalten, zu meinen und aufzufassen, kann es auch keine Gesten geben" (Plessner). [|104] Die Gebärde hat eine Bedeutung, mit einer Geste bringt der Mensch etwas zur Bedeutung.

Wichtig sind für den Anthropologen die Ausdrucksgebärden, die unverwechselbar nur dem Menschen eigen sind; zu diesen „Monopolen" gehören auch Lachen und Weinen. Plessner, der ihnen eine tiefgründige Untersuchung widmet,[6] begreift sie als Ausdrucksformen der Krise. Der Mensch muß jeweils den Körper, den er hat, und den Leib, in dem er wohnt, zum Ausgleich bringen; er setzt den Körper entweder als Instrument ein, in Handlung und Geste, oder er gibt ihn als Resonanzboden frei, in der Ausdrucksgebärde; die Sprache steht in der Mitte zwischen beiden. Was aber, wenn die Lage unerfüllbare Ansprüche stellt, wenn der Mensch zur Mehrdeutigkeit seines Daseins nicht mehr ein eindeutiges Verhältnis finden, wenn er sich nicht mehr, im genauen Sinn, verhalten kann? Desorientierung, Desorganisation ist die Folge. Sinnvoll nicht mehr zu beantwortende Lagen dieser Art erregen, wo sie bedrohlich sind, Schwindel, wo sie das nicht sind, Lachen oder Weinen. Lachen und Weinen sind weder Gesten noch Gebärden und haben doch Ausdruckscharakter: der außer Verhältnis geratene Körper übernimmt für den Menschen die Antwort, nicht mehr als Instrument und Resonanzfläche in Handlung, Sprache, Geste oder Gebärde, sondern als Körper, der den Verlust der Beherrschung im Ganzen selber noch beherrscht. „Im Verlust der Herrschaft über seinen Körper, im Verzicht auf ein Verhältnis zu ihm bezeugt der Mensch noch sein souveränes Verständnis des Unverstehbaren, noch seine Macht in der Ohnmacht ... er weiß auch da noch eine Antwort zu finden, wo es nichts mehr zu antworten gibt: angesichts einer unausgleichbaren Mehrsinnigkeit in komischen Phänomenen, in Witz, Verlegenheit und Verzweiflung; angesichts andererseits einer Übermacht, der wir uns unvermögend ausgeliefert fühlen." Lachen und Weinen „antworten" auf das Unbeantwortbare.

Ausgezeichnete Analysen spezifisch menschlicher Ausdrucksgebärden, des Ekels, der Scham, der Verlegenheit usw. verdanken wir Hans Lipps (1889–1941). Er führt am konkreten Fall [|105] immer wieder den Nachweis, daß im menschli-

---

6   H. PLESSNER, Lachen und Weinen, Arnheim 1941, München ³1961.

chen Ausdruck nicht einfach Inneres nach außen tritt. Ausdrucksformen sind vielmehr Formen des Verhaltens. Und der Mensch verhält sich zu sich selbst. Affekte setzen sich nicht unmittelbar in Gebärden um, sie werden gleichsam durch die Haltung, die der Mensch „einnimmt", übersetzt, geschaltet. Im Erröten des Verlegenen kommt nicht sein Inneres nach außen, es mißlingt vielmehr sein „Auftreten". Im Verhältnis von Geste und Gebärde, im Phänomen der Haltung meldet sich wiederum die Eigentümlichkeit: daß der Mensch von Haus nicht einfach ist, was er ist. Es gibt unter Menschen keine Bewegung, kein Verhalten, genau genommen nicht einmal einen Ausdruck, der „natürlich" ist. Immer schießt in sein Gebaren etwas von dem ein, was der Mensch nicht von Natur aus schon ist, wozu er sich selber vielmehr erst macht. Die „Natur" des Menschen, das, was als menschlich gilt, ist nicht einfach „gegeben" wie die Natur von Dingen oder Lebewesen. Sie begegnet als eine „Bestimmung" in des Wortes doppelter Bedeutung: sie beansprucht sehr wohl Objektivität, ist dem Belieben des Menschen entzogen; und doch bedarf sie der Subjekte, ihrer Anstrengung und ihrer Einsicht, um wirklich zu werden. Das, was am Menschen den Menschen ausmacht, Humanität, hat diesen doppelten Charakter: dem Menschen selbst in die Hand gegeben, zugleich gegeben und aufgegeben zu sein. So etwas wie „Echtheit" wird erst beim Menschen problematisch, dort nämlich, wo von Haus aus die Möglichkeit gegeben ist, sich selbst zu verfehlen. Der Mensch steht auch in seinen glücklichsten Stunden zwischen Echtheit und Unechtheit, zwischen Wahrhaftigkeit und Unwahrhaftigkeit, denn noch in die „Bestimmung", die den Maßstab angibt für das Gelingen oder Mißlingen einzelner oder ganzer Gesellschaften, ihr Leben zu führen, noch in diese Bestimmung geht etwas von Selbstbestimmung ein. Hier wird sie so gedeutet und dort anders, je nach der geschichtlichen Lage und der gesellschaftlichen Verfassung, in der die Menschen leben, nach der Art und Weise, in der sie ihr Leben reproduzieren.

7

Damit hängt am Ende eine Schwierigkeit zusammen, die [|106] den Rahmen der Anthropologie sprengt: „den" Menschen gibt es sowenig wie „die" Sprache. Weil Menschen sich erst zu dem machen, was sie sind, und das, den Umständen nach, je auf eine andere Weise, gibt es sehr wohl Gesellschaften oder Kulturen, über die sich, wie über Pflanzenarten oder Tiergattungen, allgemeine Aussagen machen lassen; aber nicht über „den" Menschen. Erich Rothacker vor allem hat zeigen können,[7] daß die Rede von einer „Weltoffenheit" des Menschen im Gegensatz zur „Umweltgebundenheit" des Tiers zu abstrakt ist: Menschen leben sowenig in *der* Welt, wie sie *die* Sprache sprechen oder *die* Kunst hervorbringen; sie leben jeweils in den fast umwelthaft beschränkten Welten ihrer konkreten Gesellschaft. Hochselektive und traditionsfeste Interessen, Gewohnheiten und Haltungen, das, was Rothacker „Lebensstil" nennt, auf der einen, und ein entsprechendes, mutter-

---

7   E. ROTHACKER, Probleme der Kulturanthropologie, Bonn 1948.

sprachlich vorformuliertes Weltbild auf der anderen Seite; beides eingelassen in ein bestimmtes „System" gesellschaftlicher Arbeit, in Produktionsverhältnisse mit entsprechenden Institutionen politischer Herrschaft; alles das, was bei Hegel unter dem Titel des „objektiven Geistes" erschien; was im Gefolge der Historischen Schule zur Kultur, im Gefolge von St. Simon und Marx richtiger zur Sphäre der „Gesellschaft" gerechnet wird – hat tatsächlich Züge einer Umwelt, die zwar weitaus reicher ist als die Umwelten aller Tierarten zusammengenommen, aber doch auch in gewisser Weise geschlossen ist, eben nicht „objektiv", nicht offen für beliebig viele, grundsätzlich für alle möglichen Fakten. An Stelle der „angeborenen Lebensweise" tierischer Arten treten die geschichtlich erworbenen „Lebensstile" menschlicher Gesellschaften. „Auf diese ist die Bedeutsamkeit des jeweils apperzipierbar gewordenen Weltinhalts streng kontrapunktisch bezogen. Was immer die Wirklichkeit sein mag, jedenfalls bietet sie unbegrenzt mehr Möglichkeiten, Inhalt von Wahrnehmungen und Feststellungen zu werden, als tatsächlich geschieht. Unter diesem Gesichtspunkt betrachtet, ist die Wirklichkeit weit reicher als ein auf sie bezogenes bestimmtes Weltbild. Andererseits hat das Weltbild weit zahlreichere gehaltvol- [|107] le, d.h. lebensbezügliche Inhalte aus der Wirklichkeit heraus erdeutet, als dieselbe an sich enthalten kann." Erst der Mensch macht aus einer Erderhöhung einen Berg, aus einem Erdloch eine „Wohnhöhle", aus einer Grenzlinie zwischen Wasser und Festland eine „Bucht". Ohne Schiffe gibt es keine Buchten.[8]

Die Menschen leben und handeln nur in den konkreten Lebenswelten je ihrer Gesellschaft, niemals in „der" Welt. Die Sprache des Gauchos kennt mehrere hundert Wörter für Pferde und das, was im Umgang mit ihnen bedeutsam ist, aber nur vier Pflanzennamen: ihr Weltbild entspricht den Formen, in denen sie ihr Leben reproduzieren. Was ihre Umwelt von der des oben erwähnten Zeckenweibchens unterscheidet, ist freilich wesentlich: die Menschen können im Prinzip ihre Lebenswelt überschreiten, sie können sie erweitern und in andere Welten übersetzen (eine Fähigkeit, die erst mit dem Aufkommen der historischen Wissenschaften im 19. Jahrhundert *systematisch* ausgebildet wird); aber sie können sie nicht eigentlich ausstreichen oder einklammern, solange aus ihnen Motive fürs Handeln gezogen werden.

Die Menschen leben in einer eigentümlichen Verschränkung von Umweltbindung und Weltoffenheit. Das eine oder andere, für sich genommen, träfe nur für Tiere oder Engel zu; der Mensch aber steht zwischen beiden. Die Lebenswelt der Menschen ist gewiß einseitig in ihren Interessen und beschränkt in den Perspektiven, aber sie ist niemals eine nur natürliche, sondern stets auch eine künstlich stilisierte. Was hier mit dem dialektischen Verhältnis von Umweltverhaftung und Weltoffenheit, der Immanenz und Transzendenz des gesellschaftlichen Lebenszusammenhangs, der Lebenswelten, formal angezeigt wird, ist noch einmal die Tatsache: daß der Mensch Geschichte hat und geschichtlich erst wird, was er ist. Eine beunruhigende Tatsache für eine Anthropologie, die es mit der „Natur" des Menschen, mit dem, was allen Menschen jederzeit gemeinsam ist, zu tun hat. Lebten

---

8   E. ROTHACKER, Philosophische Anthropologie, Bonn 1964.

die Menschen wie Tiere in erbfest montierten Umwelten, gäbe es keine Geschichte; lebten [|108] sie in ein und derselben Welt, Engeln gleich, gäbe es wiederum keine Geschichte. In beiden Fällen wären unveränderliche Strukturen festzustellen, ein Katalog anthropologischer Konstanten. So aber verhält es sich nicht. Wenn Anthropologie trotzdem daran festhält, gewissermaßen ontologisch zu verfahren, nämlich nur das Wiederkehrende, das Immergleiche, das Zugrundeliegende an Mensch und Menschenwerk zum Gegenstand zu machen, wird sie unkritisch und führt am Ende gar zu einer Dogmatik mit politischen Konsequenzen, die um so gefährlicher ist, wo sie mit dem Anspruch wertfreier Wissenschaft auftritt.

Als Beispiel sei hier eine Untersuchung Gehlens genannt.[9] Deren Grundgedanke ist etwa folgender: der Überschuß plastischer Antriebe, die Mannigfaltigkeit erlernbarer Bewegungen, die Reizüberflutung der Sinne, die Offenheit der Intelligenz nötigen den Menschen zum Handeln, nämlich dazu, sein Verhalten beherrschen zu lernen. Nun könnte daraus sehr wohl mit Herder gefolgert werden, daß der Mensch zur Freiheit organisiert, zur Autonomie bestimmt ist. Gehlen hingegen verallgemeinert ein historisch frühes Stadium menschlicher Entwicklung, in dem die überpersönliche Gewalt archaischer Institutionen das fundamentale Verhältnis von Instinkt und Auslöser auf der höheren Ebene des willkürlichen, erlernbaren Verhaltens wiederherzustellen scheint. Unversehens wird das, was für primitive Kulturen sehr wohl gelten mag, der menschlichen Natur schlechthin zugerechnet; so entsteht der Anschein, als sei der Mensch auf Repression angewiesen, ein für allemal; aus der Natur des Menschen springt die Notwendigkeit einer autoritär verfaßten Gesellschaft heraus. Gehlens anthropologische Invariantenlehre erhebt die Zucht und Härte archaischer Institutionen, die Strenge der auferlegten Versagungen, die Gewalt des erzwungenen Triebverzichts über den historischen Befund hinaus zum Rang des Natürlichen und darum Wünschbaren. Überhaupt sollen irrationale Zwangs- und Zuchtanstalten die Individuen derart subsumieren, daß ihnen Bestimmung und Neigung, Subjekt zu sein, vergeht: [|109] „Wer so mit Haut und Haaren in seinen Status hineingeht, hat keine andere Wahl, als sich von den geltenden Institutionen konsumieren zu lassen, er findet außerhalb ihrer überhaupt keinen Punkt, wo er hintreten könnte. Diese Würde ist es, die unserer Zeit so weitgehend fehlt, wo die ‚Subjekte' in dauernder Revolte gegen das Institutionelle sind." Gewiß, der Mensch muß sein Verhalten lernen. Aber wie es Verhältnisse gegeben hat und gibt, unter denen Institutionen jener Art als Lehrmeister unabdingbar sind, können doch andere Verhältnisse geschichtlich ebenso möglich und vielleicht schon wirklich sein, unter denen der Mensch in dem Maße, in dem er Triebenergien sublimiert und sich selbst gleichsam in die Hand bekommt, gerade unabhängig wird von den großen „Zuchtsystemen", deren Gewalt und Würde Gehlen für unveräußerlich hält. Von daher fehlt auch der Behauptung die Stringenz, daß im Falle ihres Abbaues, im Falle einer Ersetzung blinder Herrschaft durch rationale Autorität die Menschheit „ausartet".

---

9   A. GEHLEN, Urmensch und Spätkultur, Bonn 1956, 2. neubearbeitete Aufl. Frankfurt am Main 1964.

8

Rothackers Ansatz einer allgemeinen vergleichenden Menschheitswissenschaft entgeht der Neigung Gehlens, bestimmte historische Kategorien schlicht als anthropologisch notwendig zu unterstellen. Eine solche Kulturanthropologie stellt sich nämlich mit historischem Takt, mit der Sensibilität und der Tradition der deutschen Historischen Schule der ganzen Breite empirisch zugänglicher Kulturen und Epochen. Sie schließt im morphologischen Vergleich eine Fülle kultursoziologischer Regelmäßigkeiten und Typen. Freilich darf mit „Gesetzen" dieser Art nicht um einer falschen Logik willen der Natur des Menschen zugeschlagen werden, was mit den gesellschaftlichen Verhältnissen einer bestimmten Epoche, einer bestimmten Stufe seiner geschichtlichen Entwicklung hinfällig werden könnte. Mit Sicherheit lassen sich in dieser Dimension anthropologische Konstanten von historischen Variablen überhaupt nicht trennen, ja, die Frage danach scheint falsch gestellt. Denn was die Menschen aus sich und ihrer Gesellschaft machen können und was nicht; was sie in gegebener Lage gar, allen Traditionen zum Trotz, daraus machen müssen, um an [|110] deren Widersprüchen nicht zugrunde zu gehen – das ist eine theoretische und praktische Frage zugleich.

Die Anthropologie, soweit sie eine philosophische ist, muß die Verschränkung von Umweltgebundenheit und Weltoffenheit, die sie generell glaubt feststellen zu dürfen, auch auf sich selber anwenden. Wer Anthropologie treibt, kann nicht für sich die Position der Engel, des „Bewußtseins überhaupt", beanspruchen, die er allen anderen abspricht; auch er lebt in einer konkreten Gesellschaft, fragt insofern aus einem „dogmatischen" Ansatz (Rothacker), läßt seinen Begriff vom Menschen anleiten durch die objektiven Interessen seiner Lebenswelt, durch Interessen, die aus den geschichtlichen Tendenzen der gesellschaftlichen Entwicklung hervorgehen. Nichts ist durchsichtiger als der Zusammenhang zwischen dem heute führenden Begriff des Menschen, als eines arbeitenden und handelnden, mit der Welt bürgerlicher Arbeit: er entsteht über Herder und Hegel bei Marx mit dem Beginn der industriellen Gesellschaft, und mit deren Entfaltung wird er zur Grundlage einer neuen Disziplin – eben der philosophischen Anthropologie. Diese wird darum nur in dem Maße kritisch, wie sie sich im Wechselgespräch mit einer Theorie der Gesellschaft begreift. Soziologie kann sich nicht, wozu in Deutschland eine gewisse Neigung besteht, durch Anthropologie als eine Art Grundlagenwissenschaft die Maßstäbe vorgeben lassen; beispielsweise den, daß alle gesellschaftlichen Verhältnisse nach dem Grad ihrer Stabilität zu bemessen (und zu befürworten) seien. Vielmehr muß sich die Anthropologie grundsätzlich ihren Begriff von Menschen erläutern lassen durch den Begriff der Gesellschaft, in dem er entsteht und nicht zufällig entsteht – nur so entgeht sie der Versuchung, geschichtlich Gewordenes schlechthin als „Natur" auszugeben und als Norm zu suggerieren.

Es scheint für die neuen, reaktiv entstandenen Disziplinen, die das Material der Wissenschaften philosophisch deuten – im Gegensatz zu den alten, sich selbst genügenden Disziplinen der Logik, Ethik und Metaphysik –, ein eigentümlicher Zwang zu bestehen, untereinander zu kommunizieren, an ihren Rändern [|111] gleichsam ineinander überzugehen. So entfaltet sich Anthropologie zur einen Seite hin im Zusammenhang mit einer Theorie der Natur und zur anderen Seite hin im Zusammenhang mit einer Theorie der Gesellschaft und der Geschichte. Während die Verbindung nach dort von Anfang an bestand (Plessners Einführung in die philosophische Anthropologie trägt bezeichnenderweise den Titel *Der Mensch und die Stufen des Organischen*), ist mit der Verbindung von Anthropologie und Theorie der Gesellschaft noch kaum begonnen. Ein Modell dafür findet sich in manchen Untersuchungen, die, wie es in den USA heute üblich ist, Ansätze und Ergebnisse von Psychoanalyse und Soziologie aufeinander beziehen (H. Marcuse).

KULTURBEGRIFF UND MENSCHENBILD

von *Clifford Geertz*

1

Gegen Ende seiner Studie über das Denken von Stammesgesellschaften, *Das wilde Denken*, bemerkt der französische Anthropologe Lévi-Strauss, daß wissenschaftliche Erklärung nicht, wie man uns glauben machen wollte, in der Reduktion von Komplexem auf Einfaches besteht, sondern darin, eine besser verständliche Komplexität an die Stelle einer weniger verständlichen zu setzen. Was das Studium des Menschen betrifft, so meine ich, kann man noch einen Schritt weitergehen und behaupten, daß Erklärung hier oftmals darin besteht, kompliziertere Bilder an die Stelle von einfacheren zu setzen, während man gleichzeitig irgendwie darum bemüht ist, die überzeugende Klarheit der einfacheren Bilder zu erhalten.

Eleganz dürfte nach wie vor ein allgemeines wissenschaftliches Ideal sein; doch in den Sozialwissenschaften treten die wahrhaft kreativen Entwicklungen sehr oft dort auf, wo man sich von diesem Ideal entfernt. Wissenschaftlicher Fortschritt besteht häufig in der fortschreitenden Komplizierung einer Reihe von Ideen, die einst als berückend einfach galten, inzwischen jedoch unerträglich einfältig erscheinen. Gerade nach solchen Desillusionierungen hängt die Verständlichkeit und mithin die Erklärungskraft davon ab, ob es – wie bei Lévi-Strauss angedeutet – gelingt, das Komplizierte, aber Unbegreifliche durch das Komplizierte, aber Begreifliche zu ersetzen. Whitehead riet den Naturwissenschaften einmal zu der Maxime: „Strebt nach Einfachheit und mißtraut ihr"; den Sozialwissenschaften hätte er billigerweise empfehlen dürfen: „Strebt nach Komplexität und ordnet sie."

Die Kulturwissenschaften haben sich jedenfalls so entwickelt, als seien sie letzterer Maxime gefolgt. Der Aufstieg eines wissenschaftlichen Kulturbegriffs ging einher oder hing zumindest zusammen mit dem Untergang der aufklärerischen Auffassung von der menschlichen Natur, einer Auffassung, die – was immer sonst man dafür oder dagegen sagen kann – im Unterschied zum wissenschaftlichen Kulturbegriff wenigstens klar und einfach war. [|57] Das Bemühen um eine erneuerte Klarheit, das Ringen um eine verständliche Antwort auf die Frage „Was ist der Mensch?" lag seither jedem wissenschaftlichen Nachdenken über Kultur zugrunde. Die Ethnologen suchten nach größerer Komplexität und fanden sie in einem Ausmaß, das sie sich nicht hatten träumen lassen. Seither sind sie in das mühselige Unternehmen verstrickt, Ordnung in diese Komplexität zu bringen. Ein Ende ist nicht in Sicht.

Die aufklärerische Auffassung vom Menschen ging wie selbstverständlich davon aus, daß Mensch und Natur aus einem Guß sind und in ihrer Zusammensetzung denselben allgemeinen Gesetzmäßigkeiten unterliegen, welche die Naturwissenschaften nach Bacons Vorgabe und unter Newtons Anleitung entdeckt hatten. Demnach gibt es, kurz gesagt, eine menschliche Natur, die ebenso regelmäßig geordnet, durch und durch invariant und wunderbar einfach ist wie Newtons Universum. Möglicherweise folgt sie nicht ganz denselben Gesetzen, aber sie *folgt* Gesetzen; möglicherweise wird ihre Unwandelbarkeit durch das Tamtam lokaler Moden verdeckt, aber sie *ist* unwandelbar.

Lovejoy (dessen maßgeblicher Analyse ich hier folge) zitiert einen Historiker der Aufklärung, Mascou, der diese Position mit jener Unverblümtheit vertritt, die man häufig bei geringeren Autoren findet:

> Gewiß, das Bühnenbild ändert [je nach Zeit und Ort], die Schauspieler wechseln ihr Gewand und ihre Erscheinung; aber die inneren Bewegungen entstehen aus denselben menschlichen Wünschen und Leidenschaften und bringen in den Wirren der Königreiche und Völker ihre Wirkung hervor.[1]

Nun läßt sich diese Auffassung schwerlich ganz von der Hand weisen, und trotz meiner leichtfertigen Rede von ihrem „Untergang" kann man auch nicht behaupten, daß sie aus dem zeitgenössischen anthropologischen Denken verschwunden wäre. Die Vorstellung, daß der Mensch ein Mensch ist, ganz gleich in welcher Verkleidung und vor welchem Hintergrund er erscheint, ist noch lange nicht durch das Motto „andere Sitten, anderes Wesen" abgelöst.

Nichtsdestoweniger besitzt die aufklärerische Vorstellung von der Natur des Menschenwesens einige weit weniger annehmbare Implikationen, deren wichtigste – um diesmal Lovejoy selbst zu [|58] zitieren – besagt, daß „alles, was auf die Menschen nur eines Zeitalters, einer Rasse, eines Temperaments, einer Tradition oder nur auf spezielle Verhältnisse beschränkt zu verstehen, zu verifizieren oder de facto zu bestätigen ist, [an und für sich] weder Wahrheit noch Wert besitzt oder jedenfalls für einen vernünftigen Menschen ohne Bedeutung bleibt".[2] Die ganze unermeßliche Vielfalt der Unterschiede zwischen den Menschen, ihren Ansichten und Werten, ihren Bräuchen und Institutionen, sowohl über die Zeit wie über den Raum hinweg, hat für die Bestimmung der menschlichen Natur im wesentlichen keinerlei Bedeutung. Es handelt sich dabei vielmehr um Zusätzliches, Verzerrungen gar, die den Kern des wahrhaft Menschlichen im Menschen – das Dauerhafte, Allgemeine, Universelle – überlagern und verdecken.

So erblickte etwa Dr. Johnson in einer mittlerweile berüchtigten Passage das Genie Shakespeares in der Tatsache, daß „seine Charaktere nicht durch die Gebräuche bestimmter Gegenden geformt sind, die vom Rest der Welt nicht praktiziert werden; nicht durch die Eigenheiten von Studium oder Beruf, die nur auf eine kleine Anzahl wirken können; noch durch die Zufälle vergänglicher Moden oder vorübergehender Meinungen".[3] Und Racine betrachtete den Erfolg seiner Stücke über klassische Themen als Beweis dafür, daß „der Geschmack von Paris ... demjenigen Athens entspricht; meine Zuschauer sind durch dieselben Dinge

---

1 A. O. LOVEJOY, Essays in the History of Ideas, New York 1960, 173.
2 Ebd., 80.
3 „Vorwort zu Shakespeare", Johnson on Shakespeare, London 1931, 11.

bewegt worden, die in anderer Zeit den kultiviertesten Klassen Griechenlands die Tränen in die Augen trieben".[4]

Abgesehen davon, daß dergleichen Aussagen aus dem Munde eines so unverbesserlichen Engländers wie Johnson oder eines so französischen Autors wie Racine komisch klingen, liegt die Schwierigkeit einer solchen Auffassung darin, daß das Bild einer dauerhaften, von Zeit und Ort und Umständen, von Wissen und Beruf sowie von vergänglichen Moden und vorübergehenden Meinungen unabhängigen menschlichen Natur eine Chimäre sein könnte: Was der Mensch ist, könnte dermaßen damit verquickt sein, wo er ist, wer er ist und was er glaubt, daß sich das eine vom anderen nicht trennen läßt. Es war die Erwägung genau dieser Möglichkeit, welche zum Aufstieg des Begriffs der Kultur und zum Niedergang der einheitlichen Auffassung vom Menschen führte. Was immer die moderne Anthropologie sonst behaupten mag – und es scheint, als habe sie so gut wie alles irgendwann einmal [|59] behauptet –, sie ist fest davon überzeugt, daß es den Menschen, der nicht durch die Bräuche einer bestimmten Lokalität geformt ist, schlechterdings nicht gibt, nie gegeben hat und, was am wichtigsten ist, aufgrund der Natur der Sache auch gar nicht geben kann. Es gibt kein ‚hinter den Kulissen' und kann es gar nicht geben, keine Artistengarderobe, wo wir einen Blick auf Mascous Schauspieler erhaschen könnten, wie sie als „wirkliche Personen" in Straßenkleidern herumstehen und jenseits ihres Berufs in ungekünstelter Offenheit ihre spontanen Begierden und unsouffiierten Leidenschaften zur Schau stellen. Sie können ihre Rollen wechseln, ihren schauspielerischen Stil, ja sogar das Stück, in dem sie auftreten; aber – wie Shakespeare selbst bereits bemerkte – spielen tun sie immer.

Dieser Umstand macht es außerordentlich schwer, zwischen dem Natürlichen, Universellen und Dauerhaften im Menschen und dem Konventionellen, Lokalen und Veränderlichen eine Grenze zu ziehen. Ja mehr noch, er legt sogar nahe, daß eine solche Grenzziehung die menschlichen Verhältnisse verfälscht oder zumindest fehlinterpretiert.

Nehmen wir zum Beispiel die balinesische Trance. Die Balinesen fallen in extrem dissoziative Zustände, in denen sie alle möglichen aufsehenerregenden Dinge vollbringen – sie beißen lebenden Hühnern die Köpfe ab, stechen sich selbst Dolche ins Fleisch, werfen sich wild herum, reden, als seien sie von Geistern besessen, bestehen erstaunliche Gleichgewichtsübungen, imitieren den Geschlechtsverkehr, essen Fäkalien und so fort –, und das alles mit einer größeren Leichtigkeit als unsereins in den Schlaf fällt. Trancezustände sind dort ein entscheidender Bestandteil einer jeden Zeremonie. Manchmal fallen nacheinander fünfzig oder sechzig Leute in Trance („wie eine Reihe Knallfrösche, die hintereinander losgehen", meinte ein Beobachter) und erwachen zwischen fünf Minuten und mehreren Stunden später ohne jede Erinnerung daran, was sie inzwischen getrieben haben, und trotz ihrer Amnesie fest davon überzeugt, daß sie soeben die außergewöhnlichste und befriedigendste Erfahrung gemacht haben, die ein Mensch nur machen kann. Was lernen wir aus dieser und den tausend anderen Eigenartigkeiten, die

---

4 Aus dem Vorwort zu Iphigenie.

von Ethnologen entdeckt, untersucht und beschrieben werden, über die menschliche Natur? Daß die Balinesen sonderbare Wesen sind, eine Art Südseemars- [|60] menschen? Daß sie im Grunde genau so sind wie wir, aber nebenbei einige absonderliche Bräuche pflegen, für die wir uns zufälligerweise nicht so recht erwärmen können? Daß sie bestimmte angeborene Talente besitzen oder sich instinktiv eher in bestimmte Richtungen getrieben fühlen als in andere? Oder daß es keine menschliche Natur gibt und die Menschen schlicht und einfach das sind, was ihre Kultur aus ihnen macht?

Durchs Dickicht solcher, allesamt unbefriedigender Interpretationen hat die Anthropologie einen tauglicheren Begriff vom Menschen zu finden versucht, welcher die Kultur und die Veränderlichkeit von Kultur einbezieht, statt sie als bloße Laune und Vorurteil zu verwerfen, und in dem dennoch das Grundprinzip unserer Disziplin, nämlich „die fundamentale Einheit des Menschengeschlechts", nicht zur hohlen Phrase verkommt. Sich vom Einheitspostulat der menschlichen Natur zu verabschieden, käme, zumindest was die Humanwissenschaften betrifft, einem freiwilligen Auszug aus dem Paradies gleich. Für wen die Vielfalt der Sitten über Zeit und Raum nicht bloß eine Frage von Gewand und Erscheinung ist, von Bühnenbild und Maskerade, für den liegt der Gedanke nahe, daß das Menschengeschlecht in seinem Wesen ebenso vielfältig ist wie in seinen Äußerungen. Und mit dieser Überlegung wiederum lichtet man unversehens einige philosophische Anker, und es beginnt eine unbehagliche Drift in bedrohliches Gewässer.

Bedrohlich, weil, wenn wir die Vorstellung verabschieden, daß *der Mensch* „hinter", „unter" oder „jenseits" seiner jeweiligen Sitten zu finden sei, und ihn statt dessen „in" ihnen suchen, wir Gefahr laufen, ihn ganz aus den Augen zu verlieren. Entweder er löst sich ohne Rest in seine Zeit und seinen Raum auf, ein Kind und ein Gefangener seiner Epoche, oder er wird zum Rekruten eines gewaltigen Tolstojschen Heeres, vom einen oder anderen jener schrecklichen historischen Determinismen verschlungen, mit denen wir seit Hegel geschlagen sind. Es gab – und gibt bis zu einem gewissen Grade noch immer – beide dieser extremen Positionen in den Sozialwissenschaften, die eine marschiert unter dem Banner des Kulturrelativismus, die andere unter dem des Kulturrevolutionismus. Aber es gab und vor allem gibt auch Versuche, zwischen Skylla und Charybdis hindurchzusteuern und in den Kulturformen selbst die bestimmenden Elemente des menschlichen [|61] Daseins ausfindig zu machen, Elemente, die, obschon in ihrem Ausdruck veränderlich, dennoch für den Menschen charakteristisch sind.

2

Man hat auf verschiedene Weise und mittels unterschiedlicher Taktiken versucht, den Menschen inmitten seiner Bräuche zu lokalisieren; aber alle oder doch so gut wie alle diese Versuche sind nach Maßgabe ein und derselben übergreifenden intellektuellen Strategie verfahren, die ich, um einen geeigneten Prügelknaben zu haben, die „stratigraphische" Auffassung vom Zusammenhang der biologischen, psychischen, sozialen und kulturellen Faktoren im menschlichen Leben nennen werde. Dieser Auffassung zufolge besteht der Mensch aus „Schichten", die die jeweils darunter liegenden Schichten überlagern und die darüber liegenden stützen. Wenn man den Menschen untersucht, entfernt man nacheinander die Schichten, um jeweils eine neue, ganz andere Schicht offenzulegen, die wiederum in sich vollständig und irreduzibel ist. Unter dem Narrengewand der Kultur stößt man auf die strukturellen und funktionalen Regelmäßigkeiten der sozialen Organisation. Unter diesen wiederum findet man die psychischen Faktoren – sogenannte Grundbedürfnisse oder was auch immer –, welche jene sozialen Regelmäßigkeiten möglich machen und tragen. Und unter den psychischen Faktoren stößt man auf die biologischen Fundamente – anatomischer, physiologischer oder neurologischer Art –, die Grundsteine des ganzen Gebäudes menschlichen Lebens.

Neben der Tatsache, daß die etablierten akademischen Disziplinen so ihre Unabhängigkeit und Souveränität bewahren konnten, lag der Reiz dieser Art von Vorstellung darin, daß sie den Spatzen und die Taube zu versprechen schien. Man mußte nicht behaupten, daß der Mensch ein rein kulturelles Wesen sei, und konnte trotzdem daran festhalten, daß die Kultur einen wesentlichen und irreduziblen, ja sogar übermächtigen Bestandteil seiner Natur ausmachte. Kulturelle Tatsachen konnten vor dem Hintergrund nichtkultureller Tatsachen interpretiert werden, ohne daß sie sich in diesem Hintergrund oder der Hintergrund in ihnen auflöste. Der Mensch war ein horizontal gegliedertes Tier, eine Art evolutionäre Schichttorte, bei deren Definition eine jede Lage – sei sie organisch, psychisch, sozial oder kulturell – ihren unverrückbaren [|62] Platz zugewiesen bekam. Um das Wesen des Menschen zu erhellen, mußte man die Ergebnisse der verschiedenen beteiligten Wissenschaften – Anthropologie, Soziologie, Psychologie und Biologie – übereinanderlegen wie die Muster eines Moirés; und wenn das erreicht war, würde die zentrale Bedeutung der kulturellen Schicht, die den Menschen vom Tiere unterscheidet, wie von selbst zutage treten und uns zugleich darüber Aufschluß geben, was der Mensch in Wirklichkeit ist. Anstelle des Bildes aus dem 18. Jahrhundert, demzufolge sich der Mensch als nackter Vernunftträger offenbart, sobald er sein kulturelles Gewand ablegt, trat in der Anthropologie des ausgehenden 19. und beginnenden 20. Jahrhunderts das Bild vom Menschen als einem verwandelten Tier, das sich zuallererst in eben jenem Gewande offenbarte.

Auf der Ebene konkreter Forschung und spezieller Untersuchungen führte diese großartige Strategie erstens zu einer Jagd auf kulturelle Universalien, d.h. empirische Gleichförmigkeiten, die, bei aller Verschiedenheit der Bräuche in aller Welt, einschließlich der Vergangenheit, in ungefähr derselben Form überall aufgefunden werden konnten, und zweitens zu dem Bemühen, die so entdeckten Universalien mit den bereits bekannten Konstanten der Humanbiologie, Psychologie und der sozialen Organisation in Beziehung zu setzen. Wenn sich im wirren Sammelsurium der Weltkulturen einzelne Bräuche aufstöbern ließen, die allen lokalen Kulturvarianten gemein waren, und wenn diese dann auf geordnete Weise mit bestimmten invarianten Bezugspunkten in den subkulturellen Schichten verknüpft werden konnten, dann ließe sich womöglich entscheiden, welche kulturellen Merkmale für das menschliche Dasein wesentlich sind und welche bloß zufällig, nebensächlich oder reine Verzierung, und man wäre einen großen Schritt weiter. Die Anthropologie würde auf diese Weise kulturelle Dimensionen unseres Begriffs vom Menschen ermitteln, die mit den von der Biologie, der Psychologie und der Soziologie gelieferten Dimensionen verträglich wären.

Im Grunde ist dieser Gedanke nicht ganz neu. Die Vorstellung eines *consensus gentium* (eines Konsenses der gesamten Menschheit) – die Vorstellung also, daß es bestimmte Dinge gibt, die alle Menschen für richtig, wirklich, gerecht oder angenehm halten, und die daher tatsächlich richtig, wirklich, gerecht oder angenehm sind – war bereits in der Aufklärung vorhanden, und es gab sie [|63] wohl in der einen oder anderen Form in allen Zeiten und Breiten. Es ist eine jener Vorstellungen, auf die früher oder später jeder einmal kommt. Ihre Entwicklung innerhalb der modernen Anthropologie – angefangen mit Clark Wisslers Ausführungen zu sogenannten universellen Kulturmustern in den 1920ern über Bronislaw Malinowskis Liste „universeller Institutionstypen" in den frühen 1940ern, bis hin zu G. P. Murdocks Herausarbeitung einiger „gemeinsamer Nenner von Kultur" während und nach dem Zweiten Weltkrieg – fügte dieser Vorstellung jedoch etwas Neues hinzu: den Gedanken, daß, in den Worten Clyde Kluckhohns, des vielleicht überzeugendsten Verfechters der *Consensus-gentium*-Theorie, „gewisse Aspekte der Kultur ihre besondere Form ausschließlich historischen Zufällen verdanken; andere wiederum sind durch Kräfte gestaltet, die man zu Recht als universell bezeichnen darf".[5] Damit fiel das kulturelle Leben des Menschen in zwei Teile auseinander: Der eine Teil ist, wie Mascous Schauspielergewand, von den „inneren Bewegungen" der Newtonschen Natur unabhängig, der zweite Teil ist nichts anderes als eine Emanation eben dieser Bewegungen. Und alsbald stellt sich die Frage, ob dieses auf halbem Weg zwischen dem 18. und dem 20. Jahrhundert errichtete Gebäude auch wirklich standhält?

Ob es hält oder nicht, hängt davon ab, ob sich der behauptete Dualismus zwischen empirisch universellen Aspekten der Kultur, die in subkulturellen Sachverhalten verwurzelt sind, und empirisch variablen Aspekten der Kultur, die nicht dergestalt verwurzelt sind, bestätigen und aufrechterhalten läßt. Zu diesem Zwecke müßten die vorgeschlagenen Universalien (1) einen substantiellen Gehalt besitzen und nicht nur leere Kategorien sein; (2) auf nachvollziehbare Weise in bestimmten biologischen, psychischen oder sozialen Prozessen begründet sein und nicht nur vage mit „zugrundeliegenden Realitäten" in Verbindung gebracht werden; und die Universalien müßten (3) überzeugend als der Kern einer Definition des Menschseins ausgewiesen werden, im Vergleich zu dem die viel zahlreicheren kulturellen Eigenheiten offenkundig zweitrangig wären. In allen drei Punkten, so scheint mir, hat der *Consensus-gentium*-Ansatz versagt; statt sich aufs Wesentliche der menschlichen Verhältnisse zuzubewegen, entfernt er sich davon.

Der Grund, weshalb die erste dieser Bedingungen – daß die vorgeschlagenen Universalien substantielle und nicht leere oder bei- [|64] nahe leere Kategorien sein müssen – nicht erfüllt worden ist, liegt ganz einfach darin, daß sie nicht erfüllt werden kann. Es besteht ein logischer Konflikt zwischen der Behauptung, daß Dinge wie „Religion", „Heirat" oder „Eigentum" empirische Universalien sei-

---

5 A. L. KROEBER (Hg.), Anthropology Today, Chicago 1953, 516.

en, und dem Bemühen, ihnen einen möglichst spezifischen Gehalt zu geben; denn mit der Behauptung, daß es sich dabei um empirische Universalien handelt, besagt man, daß sie überall denselben Gehalt besitzen, und mit der Behauptung, daß sie denselben Gehalt besitzen, setzt man sich über die unbestreitbare Tatsache hinweg, daß ebendies gerade nicht der Fall ist. Wenn man Religion allgemein und unbestimmt definiert – als die grundlegendste Orientierung des Menschen gegenüber der Realität, zum Beispiel –, dann kann man nicht zugleich dieser Orientierung einen konkreten Gehalt geben; denn offensichtlich ist die grundlegendste Orientierung entrückter Azteken, die pulsierende Herzen aus der Brust lebender Menschenopfer reißen und gen Himmel heben, nicht ohne weiteres mit derjenigen der behäbigen Zuñi identisch, die in großartigen Massentänzen das Wohlwollen der Regengötter erflehen. Der zwanghafte Ritualismus und freizügige Polytheismus der Hindus drückt eine andere Auffassung davon aus, was das „wirklich Wirkliche" wirklich ist, als etwa der kompromißlose Monotheismus und strenge Legalismus des sunnitischen Islam. Selbst wenn man sich um weniger abstrakte Aussagen bemüht und, wie Kluckhohn, die Vorstellung von einem Leben nach dem Tode oder, wie Malinowski, ein Gefühl der Vorsehung für universell erklärt, der Widerspruch bleibt einem auf den Fersen. Damit eine derartige Generalisierung über das Leben nach dem Tode für Konfuzianer und Calvinisten, für Zen-Buddhisten und tibetische Lamaisten gleichermaßen gültig ist, muß sie sehr allgemein formuliert werden – so allgemein, daß ihre Aussagekraft sich förmlich in nichts auflöst. Ganz ähnlich verhält es sich mit Malinowskis Begriff eines Gefühls der Vorsehung, der sowohl die Vorstellungen der Navajos als auch diejenigen der Trobriander über die Beziehungen zwischen Göttern und Menschen unter einen Hut bringt. Und was für Religion gilt, das gilt ebenso für „Heirat", „Handel" und all die anderen „Pseudouniversalien", wie A. L. Kroeber treffend bemerkte, bis hin zu anscheinend so handfesten Dingen wie „Behausung". Daß die Menschen sich überall paaren und Kinder produzieren, eine Auffassung von [|65] Mein und Dein haben und sich auf die eine oder andere Weise gegen Regen und Sonne schützen, ist weder falsch noch – in jeder Hinsicht – trivial; aber derlei Feststellungen helfen uns schwerlich, ein Porträt des Menschen zu zeichnen, das ihm wirklich ähnlich sieht und nicht im bloßen Klischee steckenbleibt.

Wie bereits deutlich geworden sein dürfte und im folgenden noch deutlicher werden wird, bestreite ich nicht die Möglichkeit von Verallgemeinerungen über den Menschen als Menschen, die über Aussagen vom Schlag „er ist ein äußerst vielfältiges Tier" hinausgehen; noch behaupte ich, daß das Studium der Kultur nichts zur Aufdeckung solcher Verallgemeinerungen beitragen könne. Mir geht es vielmehr darum, daß solche Verallgemeinerungen nicht durch eine Baconsche Suche nach kulturellen Universalien entdeckt werden, daß der gesuchte *consensus gentium*, der in Wirklichkeit gar nicht existiert, nicht durch eine Art Meinungsumfrage bei allen Völkern der Welt zutage gefördert wird, und daß darüber hinaus das Bemühen darum zu eben jenem Relativismus führt, den man mit dem ganzen Ansatz ausdrücklich vermeiden will. „Die Kultur der Zuñi schätzt die Zurückhaltung", schreibt Kluckhohn; „die Kultur der Kwakiutl ermutigt das Individuum zum Exhibitionismus. Das sind gegensätzliche Werte, aber indem sie beide daran festhalten, beweisen sowohl Zuñi wie Kwakiutl einem universellen Wert ihre Gefolgschaft: daß man die besonderen Normen seiner eigenen Kultur wertschätzt."[6] Das ist blanke Augenwischerei, aber sie ist nicht spitzfindiger, sondern nur unverblümter, als es gemeinhin in Diskussionen über Kulturuniversalien der Fall ist. Was nützt es uns, mit Herskovits festzustellen, daß „Moralität ein Universale ist, und ebenso die Freude am Schönen und bestimmte Kriterien für Wahrheit", wenn wir uns, wie er, schon in der nächsten Zeile zu dem Zusatz genötigt sehen, daß „die vielen Formen, welche diese Begriffe annehmen, einzig und allein das Ergebnis der besonderen historischen Erfahrung jener Gesellschaften sind, in denen sie vorkommen"?[7] Sobald man das Gleichheitspostulat aufgibt, und sei es nur teilweise und halbherzig, wie die *Consensus-gentium*-Theoretiker, wird der Relativismus zu einer echten Gefahr; sie kann nur abgewendet werden, indem man sich der Vielfältigkeit der menschlichen Kultur, der Zurückhaltung der Zuñis ebenso wie dem Exhibitionismus der Kwakiutl, voll und ganz stellt und sie in den Begriff vom Men- [|66] schen aufnimmt, statt mittels vager Tautologien und kraftloser Banalitäten haarscharf an ihnen vorbeizusteuern.

Die Unmöglichkeit, substantielle Kulturuniversalien zu benennen, erschwert auch die Erfüllung der zweiten Bedingung, der sich der *Consensus-gentium*-Ansatz zu stellen hat, nämlich die Begründung solcher Universalien in bestimmten biologischen, psychischen oder sozialen Prozessen. Es geht jedoch nicht nur darum, daß man nicht begründen kann, was es nicht gibt, sondern daß das „stratigraphische" Verständnis der Beziehungen zwischen kulturellen und nichtkulturellen Faktoren eine solche Begründung wirksam behindert. Wenn man Kultur, Psyche, Gesellschaft und Organismus erst einmal auf verschiedene wissenschaftliche Ebenen gebracht hat, die völlig autonom für sich stehen, dann fällt es außerordentlich schwer, diese „Schichten" wieder zusammenzubringen.

Am häufigsten wird dies durch Einführung sogenannter invarianter Bezugspunkte zu bewerkstelligen versucht. Solche Bezugpunkte finden sich, laut einer der berühmtesten Formulierungen dieser Strategie – einem in den frühen 40er Jahren von Talcott Parsons, Kluckhohn, O. H. Taylor und anderen verfaßten Memorandum –

> „… in der Natur sozialer Systeme, in der biologischen und psychischen Natur der Individuen, aus denen sie sich zusammensetzen, in den äußeren Umständen, in denen diese Individuen leben und handeln, in der notwendigen Koordination innerhalb sozialer Systeme. In [der Kultur] … werden diese ‚Fixpunkte' niemals ignoriert. Sie müssen auf irgendeine Weise ‚einbezogen werden', die Kultur muß sich daran ‚adaptieren'."

Kulturelle Universalien sind also gleichsam die kristallisierten Reaktionen auf solche unausweichlichen Sachverhalte, es sind institutionalisierte Versuche, mit diesen Vorgaben zu Rande zu kommen.

Eine sozialwissenschaftliche Analyse besteht infolgedessen darin, die angenommenen Universalien mit den postulierten grundlegenden Notwendigkeiten in Beziehung zu setzen und zu zeigen, daß beides leidlich zusammenpaßt. Auf der

---

6 C. KLUCKHOHN, Culture and Behaviour, New York 1962, 280.
7 M. J. HERSKOVITS, Cultural Anthropology, New York 1955, 364.

sozialen Ebene beruft man sich auf solch unwiderlegbare Tatsachen, wie daß sämtliche Gesellschaften um ihrer Selbsterhaltung willen ihre [|67] Mitgliedschaft reproduzieren oder ihre Güter und Dienstleistungen verteilen müssen; von daher die Universalität von so etwas wie Familie oder Handel. Auf der psychologischen Ebene flüchtet man sich zu Grundbedürfnissen wie demjenigen des persönlichen Wachstums – von daher die Allgegenwart erzieherischer Institutionen – oder zu allgemein menschlichen Problemen wie etwa der ödipalen Konstellation – von daher die Allgegenwart strafender Götter und nährender Göttinnen. Biologisch gesehen gibt es Stoffwechsel und Gesundheit, was kulturell auf Eßsitten und Heilverfahren hinausläuft. Und so fort. Der Trick besteht darin, sich grundlegende Bedingungen des menschlichen Daseins auszugucken und dann zu zeigen, daß die mutmaßlich universellen Aspekte von Kultur durch diese Bedingungen „geformt" sind, um uns noch einmal Kluckhohns Ausdrucks zu bedienen.

Auch hier wiederum liegt das Problem weniger darin, ob es derartige Übereinstimmungen überhaupt gibt, als darin, ob sie über lockere und unbestimmte Assoziationen hinausgehen. Es fällt nicht allzu schwer, einzelne menschliche Institutionen mit dem in Beziehung zu setzen, was die Wissenschaft (oder der gesunde Menschenverstand) für Bedingungen menschlichen Daseins hält; viel schwieriger ist es, diese Beziehungen in eine eindeutige Form zu bringen. Nicht nur dient beinahe jede menschliche Institution einer Vielzahl von sozialen, psychischen und organischen Bedürfnissen (so daß man mit Aussagen, wie Heirat spiegele das gesellschaftliche Reproduktionsbedürfnis wider oder Eßsitten spiegelten Stoffwechselnotwendigkeiten wider, eine Parodie geradezu herausfordert); nein, es gibt darüber hinaus kein Verfahren, mittels dessen sich die mutmaßlichen Beziehungen zwischen den verschiedenen Schichten präzise und überprüfbar feststellen ließen. Trotz des ersten Anscheins wird hier nicht ernsthaft versucht, die Begriffe und Theorien der Biologie, der Psychologie oder auch nur der Soziologie für die Kulturanalyse fruchtbar zu machen (von einer möglichen Umkehrung ganz zu schweigen), sondern man beschränkt sich darauf, vermeintliche Tatsachen aus kulturellen und den subkulturellen Schichten nebeneinander zu stellen, um einem das vage Gefühl zu suggerieren, daß zwischen ihnen irgendeine Beziehung – eine mysteriöse Form von „Formung" – bestehe. Von theoretischer Integration kann hier überhaupt keine Rede sein, bestenfalls von einer noch dazu intuitiven Korrelation zwi- [|68] schen einzelnen Ergebnissen. Mit Hilfe des Schichtmodells lassen sich niemals, auch nicht durch Heraufbeschwören „invarianter Bezugspunkte", echte funktionale Zusammenhänge zwischen kulturellen und nichtkulturellen Faktoren konstruieren; es bleibt vielmehr bei bloßen, mehr oder minder überzeugenden Analogien, Parallelitäten, Anspielungen und Ähnlichkeiten.

Doch selbst wenn ich (wie zugegebenermaßen viele Ethnologen behaupten würden) mich darin irren sollte, daß der *Consensus-gentium*-Ansatz weder substantielle Universalien hervorbringt noch Zusammenhänge zwischen kulturellen und nichtkulturellen Phänomenen, die für eine Erklärung hinreichend spezifisch wären, so bleibt doch die Frage, ob denn solche Universalien zu zentralen Elementen einer Definition des Menschen taugen, ob eine Ansicht vom Menschen, die sich auf den kleinsten gemeinsamen Nenner beschränkt, das ist, was wir wollen. Das ist natürlich weniger eine wissenschaftliche als eine philosophische Frage; aber die Vorstellung, daß das Wesen des Menschlichen sich eher in den universellen Merkmalen menschlicher Kultur offenbart als in denjenigen, welche diese oder jene Kultur von anderen unterscheiden, ist ein Vorurteil, das wir nicht zwangsläufig teilen müssen. Ist es das Erfassen allgemeiner Tatsachen – daß der Mensch überall eine Art „Religion" besitzt –, oder ist es das Erfassen des Reichtums dieses oder jenes religiösen Phänomens – der balinesischen Trance oder des indischen Ritualismus, des aztekischen Menschenopfers oder des Regentanzes der Zuñi –, in dem wir den Menschen zu greifen bekommen? Trägt die Tatsache, daß „Heirat" universell ist (wenn sie's denn ist), ebenso Erhellendes zum Verständnis unserer selbst bei wie die Erkenntnisse über die Polyandrie im Himalaya, über die phantastischen australischen Heiratsregeln oder die ausgeklügelten Brautpreissysteme der Bantu in Afrika? Das Bonmot, Cromwell sei der typischste Engländer seiner Zeit gewesen, weil er der absonderlichste war, ist hier gar nicht so fehl am Platze: Es könnten gerade die kulturellen Eigenheiten der Menschen sein – ihre Absonderlichkeiten eben –, die uns am ehesten Aufschluß über das Gattungsspezifische an unserem Menschendasein geben; und der eigentliche Beitrag der anthropologischen Wissenschaft zur Konstruktion – oder Rekonstruktion – eines Begriffs vom Menschen läge dann darin, uns den Weg zu diesen Besonderheiten zu weisen. [|69]

3

Der Hauptgrund, weshalb die Ethnologen in der Frage der Definition des Menschen vor kulturellen Besonderheiten zurückschreckten und statt dessen in blutleeren Universalien Zuflucht suchten, besteht darin, daß sie sich angesichts der enormen Vielfalt menschlichen Verhaltens vom Gespenst des Historismus bedroht fühlen; daß sie fürchten, sich in einem kulturrelativistischen Wirbel zu verlieren, der sie aller Fixpunkte beraubt. Und dies nicht ohne guten Grund: Ruth Benedicts *Patterns of Culture*, das vermutlich populärste anthropologische Buch, das je in Amerika veröffentlicht wurde, kommt zu dem seltsamen Schluß, daß alles und jedes, was eine bestimmte Menschengruppe zu tun geneigt ist, den Respekt anderer Gruppen verdient: Es ist damit vielleicht das bemerkenswerteste Beispiel für die ungemütlichen Positionen, denen man anheimfällt, wenn man sich allzu hemmungslos „dem Kitzel der Erforschung von Einzeldingen" verschreibt, wie Marc Bloch es einmal nannte. Allein, das Gespenst des Relativismus ist nur ein Popanz. Die Ansicht, ein kulturelles Phänomen spiegele nur dann etwas über die Natur des Menschen wider, wenn es empirisch universell sei, ist ungefähr ebenso schlüssig wie die Ansicht, daß wir aus der Sichelzellenanämie nichts über genetische Prozesse beim Menschen lernen können, weil sie nicht universell ist. Ob ein Phänomen für die Wissenschaft von Bedeutung ist, hängt nicht von der Häufigkeit seines empirischen Vorkommens ab – warum sonst interessierte sich Becquerel so stark für das eigenartige Verhalten von Uran? –, sondern davon, ob das Phänomen uns Aufschluß über die dauerhaften Naturprozesse gibt, die ihm zugrunde liegen. Den Himmel in einem Sandkörnchen zu sehen, ist kein Privileg der Dichter.

Kurzum, wir müssen nach systematischen Beziehungen zwischen unterschiedlichen Phänomenen Ausschau halten, statt nach substantiellen Identitäten zwischen ähnlichen. Und um dies zu erreichen, müssen wir die „stratigraphische" Auffassung der Beziehungen zwischen den verschiedenen Aspekten des menschlichen Daseins durch eine synthetische Auffassung ersetzen; eine Auffassung, in der biologische, psychische, soziale und kulturelle Faktoren als Variablen innerhalb eines einheitlichen analytischen Systems behandelt werden können. Die Einführung einer gemeinsamen Sprache innerhalb der Sozialwissenschaften ist keine Sache bloßer terminologischer Koordination oder, schlimmer noch, der [|70] Einführung künstlicher neuer Terminologien; noch kann es uns darum zu tun sein, dem gesamten Bereich eine Reihe einheitlicher Kategorien überzustülpen. Es geht vielmehr darum, die unterschiedlichen Typen von Theorien und Begriffen so zu integrieren, daß sich aufgrund der Ergebnisse heute voneinander abgeschotteter Forschungsbereiche sinnvolle Aussagen formulieren lassen.

Um diese Integration von anthropologischer Seite aus ein Stück voranzutreiben und dadurch zu einem schärferen Bild vom Menschen zu gelangen, möchte ich zweierlei vorschlagen. Erstens, daß man Kultur besser nicht als einen Komplex von Verhaltensmustern – Sitten, Bräuchen, Traditionen, Bündeln von Gewohnheiten – ansieht, wie es bislang der Fall war, sondern als eine Menge von Kontrollmechanismen – Plänen, Rezepten, Regeln, Anweisungen (was Informatiker ein „Programm" nennen) – zur Regelung von Verhalten. Der zweite Gedanke lautet, daß gerade der Mensch dasjenige Tier ist, das zur Ordnung seines Verhaltens am meisten auf solch extragenetische, äußerliche Kontrollmechanismen oder kulturelle Programme angewiesen ist.

Keiner dieser Gedanken ist völlig neu; doch haben neuere Entwicklungen, sowohl innerhalb der Anthropologie als auch in anderen Wissenschaften (Kybernetik, Informatik, Neurologie und Molekulargenetik), ihre präzisere Formulierung ermöglicht und ihnen eine gewisse empirische Grundlage verschafft, die sie zuvor nicht besaßen. Und aus solchen Neufassungen des Kulturbegriffs und der Rolle von Kultur für das menschliche Leben ergibt sich wiederum eine Definition des Menschen, welche weniger die empirischen Gemeinsamkeiten seines von Ort zu Ort und Zeit zu Zeit so unterschiedlichen Verhaltens hervorhebt als vielmehr die Mechanismen, mittels derer die ganze Bandbreite und Unbestimmtheit seiner angeborenen Vermögen auf das eng begrenzte und hochspezifische Repertoire seiner tatsächlichen Leistungen reduziert wird. Eine der bedeutsamsten Feststellungen über uns Menschen könnte letztlich darin bestehen, daß wir alle mit dem natürlichen Rüstzeug für tausend verschiedene Leben antreten, aber am Ende nur eines gelebt haben.

Die Auffassung von Kultur als einer Vielzahl von „Kontrollmechanismen" geht von der Voraussetzung aus, daß das menschliche Denken grundsätzlich sowohl sozial als auch öffentlich ist – daß sein angestammter Ort der Hof, der Marktplatz und der Stadt- [|71] park ist. Denken besteht nicht aus „Ereignissen im Kopf" (obschon Ereignisse dort und anderswo eine notwendige Voraussetzung dafür sind), sondern aus dem Verkehr „signifikanter Symbole", wie G. H. Mead und andere es nannten; dazu zählen hauptsächlich Worte, aber auch Gesten, Zeichnungen, musikalische Geräusche, selbst mechanische Artefakte wie Uhren oder natürliche Gegenstände wie Edelsteine – kurzum alles, was aus seiner bloßen Faktizität herausgelöst und dazu verwendet wird, unserer Erfahrung Sinn zu geben. Vom Standpunkt eines beliebigen Individuums aus betrachtet, sind solche Symbole weitgehend vorgegeben. Sie sind schon bei seiner Geburt in der Gemeinschaft geläufig und werden, mit einigen Zusätzen, Abzügen und teilweisen Veränderungen, an denen das Individuum beteiligt gewesen sein mag oder nicht, auch nach seinem Tode noch in Umlauf sein. Zeit seines Lebens macht es – zumindest von einigen – von ihnen Gebrauch, manchmal sehr bewußt und gezielt, meist spontan und ohne darüber nachzudenken, immer jedoch mit demselben Ziel: den Ereignissen, die es durchlebt, eine Deutung zu geben, sich im „fortlaufenden Gang der erfahrenen Dinge" zu orientieren, um ein plastisches Bild John Deweys zu benutzen.

Der Mensch bedarf für seine Orientierung in der Welt in so besonderem Maße dieser symbolischen Lichtquelle, weil seine nichtsymbolischen, körperlichen Anlagen nur eine äußerst diffuse Helligkeit spenden. Die Verhaltensmuster von Tieren sind ihnen zumindest in viel größerem Ausmaß mit ihrer physischen Struktur gegeben; genetische Informationsquellen steuern ihr Verhalten innerhalb viel engerer Bahnen; je niedriger ihre Evolutionsstufe, desto enger und durchgreifender die Vorgaben. Dem Menschen hingegen sind lediglich äußerst allgemeine Reaktionsvermögen angeboren, die einerseits eine weit größere Plastizität, Komplexität und, falls ausnahmsweise einmal alles so läuft, wie es laufen soll, Effektivität seines Verhaltens ermöglichen, es andererseits jedoch viel weniger präzise regeln. Das führt uns zur zweiten Seite unseres Arguments: Ohne die Orientierung durch Kulturmuster – organisierte Systeme signifikanter Symbole – wäre das Verhalten des Menschen so gut wie unbezähmbar, ein vollkommenes Chaos zielloser Handlungen und eruptierender Gefühle, seine Erfahrung nahezu formlos. Kultur, die akkumulierte Gesamtheit solcher Muster, ist demnach nicht bloß schmückendes Beiwerk, sondern – [|72] insofern sie die Grundlage seiner Besonderheit ist – eine notwendige Bedingung menschlichen Daseins.

Die überzeugendsten Belege für eine solche Position liefern innerhalb der Anthropologie die jüngsten Erkenntnisse zur sogenannten Abstammung des Menschen, das heißt zur Entwicklung des *Homo sapiens* aus dem Stamm der Primaten. Hier sind insbesondere drei Entdeckungen von entscheidender Bedeutung: (1) die Verabschiedung einer sequentiellen Auffassung von der physischen und kulturellen Evolution des Menschen zugunsten einer Auffassung, derzufolge sich die beiden Prozesse überschneiden und interagieren; (2) die Entdeckung, daß der Großteil der biologischen Veränderungen zwischen dem modernen Menschen und seinen unmittelbaren Vorläufern im Zentralnervensystem und insbesondere im Gehirn stattfand; (3) die Erkenntnis, daß der Mensch, physisch gesehen, ein unfertiges, mängelbehaftetes Tier ist; daß, was ihn am deutlichsten vom Nichtmenschen unterscheidet, weniger seine Lernfähigkeit ist (so groß die auch sein mag) als vielmehr seine Lernbedürftigkeit, will heißen: wie viele und welche besonderen

Dinge er erst lernen *muß*, um überhaupt funktionieren zu können. Betrachten wir diese drei Punkte der Reihe nach.

Die traditionelle Ansicht vom Zusammenhang zwischen der biologischen und der kulturellen Entwicklung des Menschen besagte, daß erstere im wesentlichen bereits abgeschlossen war, bevor letztere begann. Mit anderen Worten, man folgte auch hier der stratigraphischen Vorstellung: Die physische Natur des Menschen entwickelte sich durch die üblichen Mechanismen der genetischen Variation und der natürlichen Selektion bis zu dem Punkt, an dem seine Anatomie in etwa das Niveau erreicht hatte, auf welchem sie sich heute noch befindet; dann setzte die kulturelle Entwicklung ein. In einem bestimmten Stadium seiner phylogenetischen Geschichte versetzte irgendeine marginale genetische Veränderung den Menschen in die Lage, Kultur zu produzieren und weiterzugeben, und von Stund an bestanden seine Anpassungsreaktionen auf Umweltbelastungen praktisch ausschließlich aus kulturellen anstelle genetischer Veränderungen. Als der Mensch sich über den Globus ausbreitete, hüllte er sich in kalten Klimazonen in Felle, in warmen Gegenden begnügte er sich mit einem Lendenschurz (oder gar nichts); seine angeborene Reaktionsweise [|73] auf die Umwelttemperatur veränderte sich jedoch nicht. Er fertigte Waffen an, um seine angeborenen Jagdfähigkeiten zu erweitern, und begann zu kochen, um das Spektrum an genießbarer Nahrung zu vergrößern. Der Mensch wurde schließlich vollends zum Menschen, so geht die Geschichte weiter, als er eine Art geistigen Rubikon überschritt und dazu fähig wurde, „Wissen, Glauben, Gesetz, Moral und Sitten" lehrend an Nachkommen und Nachbarn weiterzugeben, beziehungsweise sie lernend von seinen Vorfahren und Nachbarn zu erwerben (um Sir Edward Tylors klassische Definition von Kultur zu zitieren). Nach diesem magischen Augenblick hing der Fortschritt des Menschengeschlechts fast ausschließlich von der Akkumulation von Kultur ab, vom allmählichen Zuwachs an konventionellen Praktiken und nicht, wie seit unvordenklichen Zeiten, von physisch-organischen Veränderungen.

Der einzige Haken besteht darin, daß es einen solchen Augenblick offenbar nie gegeben hat. Nach den letzten Schätzungen benötigte die Gattung *Homo* für den vollständigen Übergang zur kulturellen Lebensweise mehrere Millionen Jahre; und über einen solchen Zeitraum hinweg waren daran nicht nur eine oder einige wenige marginale genetische Veränderungen beteiligt, sondern eine lange, komplexe und enggeknüpfte Reihe solcher Veränderungen.

Nach der heutigen Auffassung begann die Evolution des modernen Menschen – *Homo sapiens* – aus den Wurzeln seines unmittelbaren Vorläufers vor fast vier Millionen Jahren mit dem Erscheinen der inzwischen berühmten *Australopithecinae* – der sogenannten Affenmenschen des südlichen und östlichen Afrika – und kulminierte mit dem Auftreten des *sapiens* selbst vor nur ein- oder zwei- oder dreihunderttausend Jahren. Da zumindest rudimentäre Formen kultureller oder, wenn man so will, protokultureller Aktivitäten (einfaches Werkzeug, Jagd und so weiter) bereits für einige *Australopithecinae* nachweisbar scheinen, ergibt sich zwischen dem Beginn von Kultur und dem Erscheinen des Menschen, wie wir ihn heute kennen, ein Überschneidungszeitraum von gut einer Million Jahren. Die genauen Daten sind hier nicht entscheidend; es handelt sich dabei um Annahmen, welche die weitere Forschung vielleicht in die eine oder andere Richtung korrigieren wird. Entscheidend ist, daß es eine Zeit der Überschnei- [|74] dung gab und daß sie sehr lange dauerte. Die letzten (zumindest bis dato die letzten) Phasen der phylogenetischen Geschichte des Menschen fallen in dieselbe geologische Epoche – die sogenannte Eiszeit – wie die Anfangsphasen seiner Kulturgeschichte. Menschen haben Geburtstage, der Mensch hat keinen.

Was bedeutet, daß Kultur nicht gleichsam als Beigabe zu einem fertigen oder beinahe fertigen Tier hinzukam, sondern daß sie selbst an der Hervorbringung dieses Tiers beteiligt war, und zwar ganz entscheidend. Das langsame, ja gletscherhafte Wachstum der Kultur während der Eiszeit veränderte die Selektionsmechanismen für den sich entwickelnden *Homo* so, daß die Kultur selbst zu einem der bestimmenden Faktoren seiner Evolution wurde. Die Verbesserung der Werkzeuge, der Übergang zu organisiertem Jagen und Sammeln, die Anfänge einer echten Familienorganisation, die Entdeckung des Feuers und, obschon bislang im Detail äußerst schwer nachzuvollziehen, von entscheidender Bedeutung, die zunehmende und systematische Verwendung signifikanter Symbole (Sprache, Kunst, Mythos, Ritual) zur Orientierung, Kommunikation und Selbstkontrolle schufen dem Menschen eine neue Umwelt, der er sich dann wiederum anzupassen hatte. Indem sich Kultur in unendlich vielen, kleinen Schritten akkumulierte und entwickelte, erhielten diejenigen Individuen der Population einen Selektionsvorteil, die den größten Vorteil daraus zu ziehen wußten – der erfolgreiche Jäger, der ausdauernde Sammler, der geschickte Werkzeugmacher, der gewitzte Anführer –, bis schließlich aus dem kleinhirnigen Vorläufer *Australopithecus* ein großhirniger und voll entwickelter *Homo sapiens* geworden war. Zwischen dem Kulturmuster, dem Körper und dem Gehirn entstand ein System positiver Rückmeldungen, in dem jeder Teil den Fortschritt der je anderen formte; ein System, für das die Wechselwirkung zwischen zunehmendem Werkzeuggebrauch, der sich verändernden Anatomie der Hand und der sich ausdehnenden Repräsentation des Daumens innerhalb des Kortex nur eines der augenfälligeren Beispiele ist. Indem der Mensch zur Herstellung von Artefakten, zur Organisation seines gesellschaftlichen Lebens oder zum Ausdruck seiner Gefühle den Regeln symbolisch vermittelter Programme folgte, entschied er, wenngleich unbewußt, über sein eigenes biologisches Schicksal. Wenn auch unbeabsichtigterweise, der Mensch schuf sich buchstäblich selbst. [|75]

Obwohl, wie gesagt, während dieser Kristallisationszeit in der Grobanatomie der Gattung *Homo* eine ganze Reihe von wichtigen Veränderungen stattfand – so etwa in der Schädelform, der Gebißform, der Daumengröße und in anderem mehr –, waren doch die mit Abstand bedeutendsten und dramatischsten Veränderungen jene im Zentralnervensystem, insofern nämlich in jener Epoche das menschliche Gehirn, und insbesondere das Vorderhirn, seine gegenwärtigen, kopflastigen Proportionen erreichte. Die technischen Einzelheiten sind kompliziert und kontrovers; der wesentliche Punkt jedoch ist: Wiewohl sich Torso und Armhaltung der *Australopithecinae* nicht drastisch von unseren unterschieden und Becken und Beinstellung sich der unseren zumindest sehr angenähert hatten, so waren doch ihre Schädelvolumen kaum größer als dasjenige der heute lebenden

Affen – es betrug etwa ein Drittel bis die Hälfte des unsrigen. Was den echten Menschen von seinen Vorläufern unterscheidet, ist offenbar nicht die Körperform insgesamt, sondern die Komplexität des Nervensystems. Während der Überschneidungszeit zwischen kultureller und biologischer Veränderung scheint sich die Entwicklung vornehmlich auf das Nervensystem konzentriert zu haben, verbunden vielleicht mit verschiedenen Verfeinerungen im Verhalten – der Hände, des aufrechten Gangs und so weiter –, für welche die rudimentären anatomischen Grundlagen – bewegliche Schultern und Handgelenke, verbreiterte Beckenschaufeln und so weiter – jedoch bereits gelegt waren. Das ist an und für sich vielleicht nicht besonders überraschend; aber in Verbindung mit dem oben Gesagten ergeben sich daraus einige Folgerungen über die Natur des Menschen, die sich nicht nur, wie ich meine, recht weit von den Vorstellungen des 18. Jahrhunderts, sondern auch von denjenigen der Anthropologie noch vor zehn oder fünfzehn Jahren entfernen.

Um die Sache auf den Punkt zu bringen: Es gibt keine von Kultur unabhängige menschliche Natur. Kulturlose Menschen wären mitnichten jene pfiffigen, auf die grausame Klugheit ihrer tierischen Instinkte zurückgeworfenen Wilden aus Goldings *Herr der Fliegen*; noch wären sie die Edelleute der Natur, wie es der Primitivismus der Aufklärung wollte; und schon gar nicht jene an und für sich talentierten Affen, die irgendwie ihre Selbstfindung versäumt haben, wie es die klassische anthropologische Theorie nahelegt. Es wären vielmehr untaugliche Monstrositäten, die nur [|76] sehr wenige nützliche Instinkte besäßen, noch weniger erkennbare Empfindungen und keinerlei Intellekt: Es wären Idioten. Da unser Zentralnervensystem – und insbesondere sein Fluch und seine Krönung, die Großhirnrinde – zu einem großen Teil in Wechselwirkung mit Kultur entstand, ist es schlechterdings unmöglich, ohne Anleitung durch Symbolsysteme unser Verhalten zu steuern oder unsere Erfahrung zu organisieren. Während der Eiszeit sahen wir uns genötigt, auf die Regelmäßigkeit und Präzision einer detaillierten genetischen Kontrolle unseres Verhaltens zugunsten der Flexibilität und Anpassungsfähigkeit einer allgemeineren, deshalb jedoch nicht weniger realen genetischen Verhaltenskontrolle zu verzichten. Um die zum Handeln notwendigen Zusatzinformationen zu erhalten, waren wir mehr und mehr auf kulturelle Quellen angewiesen – den akkumulierten Fundus signifikanter Symbole. Bei diesen Symbolen handelt es sich mithin nicht um bloße Ausdrucksformen, Hilfsmittel oder Korrelate unserer biologischen, psychischen und sozialen Existenz; sie sind vielmehr deren Voraussetzung. Ohne Menschen keine Kultur, daran besteht kein Zweifel; aber ebenso und noch bedeutungsvoller: ohne Kultur keine Menschen.

Kurzum, wir sind unvollständige und unfertige Tiere, die sich mittels Kultur vervollständigen oder vollenden – und zwar nicht durch Kultur im allgemeinen, sondern durch hochspezifische Formen von Kultur: Dubo- und javanische, Hopi- und italienische, bürgerliche und Arbeiter-, akademische und kommerzielle Kultur. Es ist schon vielfach auf die große Lernfähigkeit des Menschen, seine Formbarkeit, hingewiesen worden, allein noch entscheidender ist seine ganz spezifische Lernbedürftigkeit: seine extreme Abhängigkeit von Begriffsbildungen, vom Verständnis und der Anwendung konkreter Systeme symbolischen Sinns. Biber bauen

Dämme, Vögel bauen Nester, Bienen orten Nektar, Paviane bilden soziale Verbände und Mäuse paaren sich – all dies geschieht auf der Grundlage einer Form des Lernens, das überwiegend auf genetisch kodierten Anweisungen beruht und durch passende äußere Reizmuster wachgerufen wird: physikalische Schlüssel, die in ein organisches Schloß gesteckt werden. Menschen dagegen bauen Dämme oder Behausungen, orten Nahrung, organisieren ihre sozialen Gruppen oder suchen sich ihre Sexualpartner unter Anleitung von Instruktionen aus, die in Flußdiagram- [|77] men und Plänen, in Jägergeschichten, Moralsystemen und ästhetischen Urteilen kodiert sind: in konzeptuellen Strukturen, welche ihren formlosen Vermögen erst Gestalt verleihen.

Wir leben, wie ein Autor treffend sagte, in einer „Informationslücke". Zwischen dem, was uns unser Körper sagt, und dem, was wir wissen müssen, um zu funktionieren, klafft eine Lücke, die wir selbst füllen müssen, und wir füllen sie mit den Informationen (und Fehlinformationen), die uns unsere jeweilige Kultur liefert. Die Grenze zwischen dem, was durch angeborene Mechanismen kontrolliert wird, und demjenigen, was durch die Kultur kontrolliert wird, ist nur unklar definiert und schwankend. Manche Dinge werden praktisch vollständig von innen gesteuert: Man braucht uns ebensowenig das Atmen beizubringen wie einem Fisch das Schwimmen. Andere Dinge sind höchstwahrscheinlich weitgehend kulturell: Wir bemühen nicht die Genetik, um zu erklären, warum manche Leute eher der Planwirtschaft vertrauen, während andere auf den freien Markt schwören – obschon ein solcher Versuch durchaus amüsant sein könnte. Selbstverständlich ist beinahe jedes menschliche Verhalten das Ergebnis einer nicht additiven Wechselwirkung dieser beiden Faktoren. Unser Sprachvermögen ist gewiß angeboren; unsere Fähigkeit, deutsch zu sprechen ist gewiß kulturell bedingt. Auf angenehme Reize hin zu lächeln und auf unangenehme Reize hin die Stirn zu runzeln, ist sicher bis zu einem bestimmten Grad genetisch determiniert (selbst Affen werfen ob übler Gerüche ihre Stirn in Falten); aber ein sardonisches Lächeln oder ein ironisches Stirnrunzeln sind ebenso sicher überwiegend kulturell, wie sich vielleicht am besten an einer balinesischen Definition veranschaulichen läßt, derzufolge ein Verrückter jemand ist, der (wie ein Amerikaner) dauernd lächelt, wo es gar nichts zu lachen gibt. Zwischen den durch unsere Gene festgelegten Grundplänen für unser Leben – unserem Sprachvermögen oder der Fähigkeit zu lächeln – und dem präzisen Verhalten, das wir tatsächlich an den Tag legen – mit bestimmtem Tonfall deutsch zu sprechen oder in einer heiklen Lage rätselhaft zu lächeln –, liegt ein komplexes Ensemble signifikanter Symbole, unter deren Anleitung wir erstere in letzteres, die Grundpläne in konkrete Handlung umsetzen.

Unsere Ideen, unsere Werte, unsere Handlungen, ja sogar unsere Gefühle sind wie unser Nervensystem selbst Kulturpro- [|78] dukte – hergestellt zwar aus angeborenen Neigungen, Vermögen und Dispositionen, aber nichtsdestoweniger hergestellt. Die Kathedrale von Chartres wurde aus Stein und Glas gebaut. Aber sie erschöpft sich nicht in Stein und Glas; sie ist eine Kathedrale und nicht nur dies, sie ist eine ganz besondere Kathedrale, die zu einer bestimmten Zeit von bestimmten Mitgliedern einer bestimmten Gesellschaft erbaut wurde. Um ihre Bedeutung zu verstehen, um sie als das wahrzunehmen, was sie ist, reicht es nicht aus, die spezifischen Eigenschaften von Stein und Glas oder die allen Kathedralen gemeinsamen Prinzipien zu kennen. Man muß darüber hinaus – und, meiner Ansicht nach, vor allem – die spezifischen Vorstellungen über die Beziehungen zwischen Gott, dem Menschen und der Architektur begreifen, die den Bau dieser Kathedrale bestimmt haben und sich infolgedessen in ihr verkörpert finden. Mit den Menschen verhält es sich nicht anders: Auch sie, bis hin zum letzten Exemplar der Gattung, sind kulturelle Artefakte.

4

Worin auch ihre Unterschiede bestehen mögen, der aufklärerische und der klassisch anthropologische Versuch einer Definition der menschlichen Natur haben eines gemeinsam: Beide verfahren grundsätzlich idealtypisch. Sie versuchen, ein Bild vom Menschen als einem Modell zu konstruieren, einem Archetypus, einer platonischen Idee oder einer aristotelischen Form, im Vergleich zu denen die real existierenden Menschen – Sie, ich, Churchill, Hitler und der Kopfjäger aus Borneo – bloße Spiegelungen, Verzerrungen oder Annäherungen sind. In der Aufklärung dachte man, der Elemente dieses Wesenstypus habhaft zu werden, indem man den real existierenden Menschen seiner kulturellen Hüllen entkleidete und dann zusah, was übrigblieb – der Naturmensch. In der klassischen Anthropologie suchte man, diesen Wesensmerkmalen auf die Spur zu kommen, indem man aus den verschiedensten Kulturen die Gemeinsamkeiten herausdividierte und sich das Resultat betrachtete – den Konsensmenschen. In beiden Fällen gleicht das Ergebnis dem, was bei idealtypischen Ansätzen in den Wissenschaften üblicherweise herauskommt: Die Unterschiede zwischen einzelnen Individuen oder Gruppen von Individuen erscheinen als sekundär. Individualität wird zu Exzentrizität, unterscheidende Charakteristika werden zu zufälligen Abweichungen vom einzig legitimen Forschungsgegenstand eines jeden [|79] wahren Wissenschaftlers: dem ihnen zugrundeliegenden, unveränderlichen Normtypus. Wie raffiniert sie auch formuliert und wie einfallsreich sie auch verteidigt werden mögen, in solchen Ansätzen geht das lebendige Detail stets im toten Stereotyp unter: Wir befinden uns auf der Suche nach einer metaphysischen Entität, nach *dem* Menschen im Singular, in dessen Namen die empirische Entität, wie wir sie tatsächlich antreffen, nämlich Menschen im Plural, bereitwillig geopfert wird.

Das Opfer ist jedoch ebenso unnötig wie unnütz. Zwischen allgemeinem theoretischen Verständnis und konkretem Verstehen, zwischen synoptischem Überblick und dem scharfen Auge fürs Detail besteht kein Gegensatz. Ja, der Wert einer wissenschaftlichen Theorie – um nicht zu sagen, der Wissenschaft als solcher – muß gerade nach ihrer Fähigkeit beurteilt werden, aus einzelnen Phänomenen allgemeine Schlüsse zu ziehen. Wenn wir herausfinden wollen, was den Menschen ausmacht, so nur indem wir untersuchen, wie die Menschen sind: Und die Menschen sind, zuerst und zuvörderst, verschieden. Nur durch das Verständnis dieser Vielfalt – ihrer Bandbreite, ihres Wesens, ihrer Grundlagen und ihrer Implikationen – werden wir zu einem Begriff von menschlicher Natur gelangen, der über einen statischen Schatten hinausgeht und sich nicht in primitivistischen Tagträumen verliert, einem Begriff, der sowohl substantiell als auch wahr ist.

Und damit komme ich schließlich auf den Titel dieses Aufsatzes zurück, den Einfluß des Kulturbegriffs auf den Begriff vom Menschen. Als Ansammlung symbolischer Hilfsmittel zur Verhaltenskontrolle oder als System extrasomatischer Informationsquellen ist Kultur die Vermittlerin zwischen dem, was an und für sich aus jedem Menschen werden könnte, und dem, was tatsächlich aus jedem einzelnen von ihnen wird. Mensch zu werden, heißt nichts anderes, als Individuum zu werden, und zu Individuen werden wir nur unter Anleitung von Kulturmustern, von historisch geschaffenen Bedeutungssystemen, mit deren Hilfe wir unserem Leben Gestalt, Ordnung, Richtung und Ziel geben. Aber diese Kulturmuster sind nicht allgemein, sondern hochspezifisch: Es handelt sich dabei nicht einfach um „Heirat", sondern um ein bestimmtes Konglomerat von Vorstellungen darüber, wie Männer und Frauen sind, wie Eheleute einander behandeln sollen oder wer wen heiraten soll; es geht nicht einfach nur um „Religion", sondern um den [|80] Glauben an den Kreislauf des Karma, die Einhaltung eines Fastenmonats oder die Praktik des Büffelopfers. Der Mensch läßt sich weder allein durch sein angeborenes Vermögen definieren, wie die Aufklärung glaubte, noch ausschließlich durch sein tatsächliches Verhalten, wie ein Großteil der gegenwärtigen Sozialwissenschaften meint, sondern nur durch die Verbindung zwischen beidem: die Art und Weise, wie erstere in letzteres überführt werden, wie seine gattungsmäßigen Möglichkeiten in spezifische Lebensvollzüge umgesetzt werden. Der *Lebenslauf* eines Menschen ist sein Charakteristikum, nur hier läßt sich, wie verschwommen auch immer, seine Natur erkennen, und obschon Kultur nur einer unter mehreren Faktoren ist, welche diesen Lebenslauf bestimmen, sie ist gewiß nicht deren geringster. Ebenso wie die Kultur uns als Spezies formte – und zweifellos weiterhin formt –, so formt sie uns auch als einzelne Individuen. Hier, und nicht in irgendeinem subkulturellen Selbst oder herrschenden transkulturellen Konsens, liegt unser aller Gemeinsamkeit.

Es ist merkwürdig – oder vielleicht auch nicht so merkwürdig –, daß viele unserer Forschungssubjekte dies viel deutlicher zu erkennen scheinen als wir Anthropologen selbst. In Java, zum Beispiel, wo ich ein Großteil meiner Forschungen betrieb, erklären einem die Leute ohne Umschweife: „Mensch sein heißt Javaner sein." Kleinkinder, Flegel, Einfaltspinsel, Wahnsinnige und Leute, die ganz eklatant gegen die Moral verstoßen, gelten als *ndurung djawa*, „noch nicht javanisch". Ein „normaler" Erwachsener dagegen, welcher das hochkomplizierte System der Etikette zu befolgen weiß, sich in Hinsicht auf Musik, Tanz, Schauspiel und Textildesign durch feinsinnige ästhetische Wahrnehmung auszeichnet und in der Stille seines nach innen gewandten Bewußtseins die leise Stimme des Göttlichen erhört, ein solcher Erwachsener ist *sampun djawa*, „bereits javanisch", was soviel heißt wie: zum Menschen geworden. Mensch zu sein, heißt nicht bloß zu atmen, sondern seine Atmung mittels yogaähnlicher Techniken so zu beherrschen, daß beim Ein- und Ausatmen buchstäblich die Stimme Gottes erklingt, die ihren eigenen Namen ausspricht – „hu Allah". Mensch zu sein, heißt nicht nur sprechen, sondern in der richtigen sozialen Situation mit dem gebotenen Tonfall und der nötigen ausweichenden Umständlichkeit die angemessenen Worte und Ausdrücke von sich zu geben. Mensch zu sein, bedeutet nicht [|81] nur zu essen, sondern bestimmte, auf besondere Weise zubereitete Nahrungsmittel anderer Nahrung vorzuziehen und sich bei deren Verzehr an strenge Tischmanieren zu halten. Ja, der Mensch ist nicht nur ein fühlendes, sondern ein typisch javanisch fühlendes Wesen, dessen Empfindungen – so etwas wie „Duldsamkeit", „Distanziertheit", „Resignation", „Respekt" – sich im Grunde nicht übersetzen lassen.

Mensch sein heißt hier also nicht jedermann sein, sondern eine ganz bestimmte Art Mensch zu sein, und selbstverständlich sind die Menschen verschieden: „Andere Wiesen, andere Heuschrecken", sagen die Javaner. Auch innerhalb der Gesellschaft werden Unterschiede anerkannt: Ein Reisbauer wird auf andere Weise zum Menschen und Javaner als etwa ein Beamter. Es ist dies jedoch keine Frage der Toleranz oder des ethischen Relativismus, denn nicht alle Formen des Menschseins gelten auch nur entfernt als gleich bewundernswürdig; die Form des Menschseins zum Beispiel, welche die ortsansässigen Chinesen pflegen, wird mit äußerster Geringschätzung betrachtet. Es geht schlicht und einfach darum, daß es verschiedene Formen *gibt*. Und um damit in die Perspektive des Anthropologen zurückzuschwenken: Nur durch seine systematische Analyse dieser verschiedenen Formen des Menschseins – der Bravour des Prärieindianers, der Zwanghaftigkeit des Hindu, des Rationalismus des Franzosen, des Anarchismus des Berbers und des Optimismus des Amerikaners (um eine Reihe von Zuschreibungen aufzuführen, die ich nicht unbedingt als solche verteidigen möchte) – werden wir herausfinden, was es heißt (oder heißen kann), ein Mensch zu sein.

Kurzum, wir müssen uns unter den irreführenden Etiketten, metaphysischen Typen und leeren Ähnlichkeiten hindurch in die Niederungen des Details begeben, um die wesentlichen Charakterzüge sowohl der verschiedenen Kulturen als auch der verschiedenen Arten von Individuen innerhalb jeder Kultur zu begreifen; nur so können wir dem Menschengeschlecht von Angesicht zu Angesicht gegenübertreten. Der Weg zum Allgemeinen, zur bestechenden Einfachheit der Wissenschaft, führt in diesem Bereich über die Beschäftigung mit dem Besonderen, dem einzelnen, dem Konkreten; eine Beschäftigung, die indes von jener Art theoretischer Analysen geordnet und angeleitet wird, wie ich sie oben angedeutet habe – Analysen der physischen Evolution, des Funk- [|82] tionierens des Nervensystems, der sozialen Organisation, der psychischen Prozesse, der kulturellen Strukturierung und so weiter – und die insbesondere die Wechselwirkung zwischen diesen Aspekten in Rechnung stellt. Mit anderen Worten, der Weg führt, wie bei jeder ordentlichen Gralssuche, durch eine erschreckende Komplexität.

„Laß ihn den einen Augenblick", schreibt Robert Lowell, nicht, wie man vermuten könnte, über den Anthropologen, sondern über jenen anderen exzentrischen Erforscher der menschlichen Natur, Nathaniel Hawthorne:

Laß ihn den einen Augenblick
und mir gebeugtem Haupt
siehst du ihn grübelnd brüten,
die Augen starren auf einen Splitter,
auf einen Stein, ein ganz gewöhnlich Kraut,

> auf das Gewöhnlichste der Dinge,
> als wäre es die Lösung.
> Die wirren Augen heben sich
> verstohlen, getäuscht und unbefriedigt
> von der Betrachtung des Wahren
> und Bedeutungslosen.[8]

Über seine eigenen Splitter, Steine und gewöhnlichen Kräuter gebeugt, brütet auch der Anthropologe über das Wahre und Bedeutungslose und erhascht darin, so jedenfalls wähnt er, flüchtig und ungewiß das verwirrende, vergängliche Bild seiner selbst.

---

8 Das englische Original zitiert nach R. LOWELL, „Hawthorne", in: For the Union Dead, London 1964.

II. BIOLOGISCHE PERSPEKTIVEN

ZWISCHEN MOLEKULARBIOLOGIE UND MIKROHISTORIE. VOM ORT DER HISTORISCHEN ANTHROPOLOGIE

von Bernd Herrmann

Mein Beitrag verfolgt eine epistemologische Absicht. Nicht nur, weil die Leopoldina auch die Behandlung erkenntnistheoretischer Voraussetzungen der in ihr versammelten Disziplinen anerkennt, sondern allererst, weil ich die Verringerung des unförderlichen Gegensatzes zwischen natur- und kulturwissenschaftlichen Anthropologien für dringlich halte. Hierfür greife ich auf Beispiele aus meinem Arbeitsgebiet zurück.[1] Der Beitrag zielt am Ende auch darauf, gegen den fachlichen Abbau der Anthropologie in der akademischen Landschaft zu argumentieren. Aus meiner Sicht verdankt sich dieser Abbau auch ganz wesentlich[2] einer wissenschaftssystematisch unglücklichen Ressortierung der Anthropologie. Ihre alleinige Verortung in der Biologie legt sie einseitig auf Erkenntnisinteressen fest und grenzt sie von Fragestellungen aus, die über biologische Sachverhalte hinausführen, wenn es um Fragestellungen mit kultur- bzw. sozialwissenschaftlichen Inhalten geht. Die gängige wissenschaftssystematische Zuordnung muß zwangsläufig auch zu Enttäuschungen bei Fachfremden führen, die ein Verwertungsinteresse an den Resultaten und Einsichten der Anthropologie haben. Die nach 1945 fehlende zukunftsweisen- [|392] de Neukonzeption und die sorglos fortgeschriebene korporative Ansiedlung des Faches hatten zur Folge, daß eine Selbstbestimmung des

---

1   Zur Vermeidung unnötiger Wiederholungen vgl. B. HERRMANN, S. HUMMEL, B. BRAMANTI u.a., Genealogische Rekonstruktionen durch DNA-Analysen an historischen Skelettserien, in: B. BRINKMANN, S. POLLAK (Hg.), Gerichtsmedizin im Spannungsfeld zwischen Naturwissenschaft und Recht (Nova Acta Leopoldina N. F. 83=Nr. 320), Heidelberg 2001, 21–33.
2   Die Belastungen der Anthropologie mit vielfältigen Hypotheken sollen hier keinesfalls bestritten werden. Im Gegenteil, hierzu habe ich wiederholt Stellung bezogen. Abbau und Hypotheken sind die beiden Seiten der Münze, mit der die Anthropologie letztlich noch immer für ihre fachlichen Verfehlungen bezahlt. Die Hoffnung auf wenigstens partielle Renaissance einer deutschen Anthropologie durch Förderung wissenschaftlicher Spezialbereiche in einem Max-Planck-Institut (Leipzig, seit 1997) kann nicht übersehen, daß diese Einrichtung bisher keine programmatische Selbstbestimmung im Hinblick auf ihre zum Teil erheblich verstrickte institutionelle Vorläufereinrichtung hervorgebracht hat. Die Vergangenheit darf hier aber nicht einfach sich selbst überlassen bleiben.

metatheoretischen Konzeptes kaum diskutiert wurde und unterwarf die Anthropologie angesichts ihrer geringen Selbstbesinnung überwiegend den Vorurteilen des restaurativen Fremdverständnisses in der Wiederaufbauphase der deutschen Hochschulen nach dem Zweiten Weltkrieg. Mit meinem Beitrag plädiere ich für die Anerkennung der Vermittlerposition einer biologischen Anthropologie zwischen den Naturwissenschaften, den Kulturwissenschaften und der Soziologie.

1. Historische Anthropologie: ein komplexer Begriff

Nach gängigem fachlichen Selbstverständnis schließt die Historische Anthropologie die wissenschaftspraktische Lücke zwischen der Stammesgeschichte, deren inhaltliche Erörterungen sich auf die Zeit bis zum Auftreten des anatomisch modernen Menschen konzentrieren, und der geographischen Populationsdifferenzierung des zeitgenössischen Menschen. Pointiert gesprochen ist sie die zuständige biologische Disziplin für die Menschheit der letzten 40 000 Jahre.[3] Das empirische Substrat der Historischen Anthropologie sind überwiegend Skelette (neben den numerisch weniger bedeutenden anderen Überlieferungsformen) vor- und frühgeschichtlicher und historischer Bevölkerungen.

Mit der geläufigen Verwendung des bestimmten Artikels im Singular (*der* Mensch der Vorzeit bzw. *der* rezente Mensch) scheint das Forschungsprogramm formuliert und zugleich auf das historisch bedeutendste Zeitfenster der menschlichen Stammesgeschichte bezogen.

Das allgemeine Interesse an biologischer Anthropologie verdankt sich der Hoffnung nach Aufdeckung dessen, „was der Mensch von Natur aus ist". Es ist die Hoffnung auf eine empirisch belegbare, naturwissenschaftlich „objektivierte" ontologische Zuweisung, welche „die Natur des Menschen", gleichsam in einem archimedischen Punkt der Biologie, verorten würde. Wäre dieser endlich gefunden, wäre das „nicht festgestellte Wesen" Mensch naturwissenschaftlich erklärt, wäre der Traum aller Sozialingenieure, Pädagogen, [|393] aber auch der gesellschaftspolitische Traum mancher Biologen erfüllbar. Die Biologie hätte im teleologischen Entwurf der Evolution endlich die Krone (auch aller Wissenschaften) errungen, der sofortige Eintritt in ein Zeitalter wäre zwangsläufig, in dem die sozialen Institutionen den naturgegebenen Bedürfnissen des Menschen entsprächen.

Die Unsinnigkeit dieser Hoffnung auf Aufklärung durch biologische bzw. biologistische Betrachtung bedarf keiner Vertiefung. Soziale Normen haben bisher kaum Notiz von stammesgeschichtlichen Zwängen genommen, warum sollte also künftig ein höherer Rationalismus herrschen? Und selbst die molekularbiolo-

---

3 Mit dieser Zuschreibung ist das Dilemma offenbar, wenn der Sachverhalt akzeptiert wird, daß in diesem Zeitraum emergente Phänomene die biologische Entwicklung der Menschheit beeinflußt haben, deren heutige Erscheinungsformen von zahlreichen Disziplinen untersucht werden, die keinesfalls der Biologie zuzurechnen sind. Die historische Entwicklung der modernen Menschheit ist nicht nur ein Produkt biologischer Abläufe im Genotyp und Phänotyp von *Homo sapiens*. Gemeint sind hier alle sozial- und kulturwissenschaftlichen Disziplinen, welche die sogenannte zweite Natur (Kulturfähigkeit und Kultur) des Menschen untersuchen.

gische Forschung richtet sich ja nicht auf die bloße Aufdeckung des Natürlichen, sondern zielt direkt auf die Überwindung der Natur durch sozial festgelegte genetische Melioration. Nach übereinstimmender Einsicht von Philosophen und mancher Evolutionsbiologen gibt es in der Natur keine Moral. Für die Existenz von Pflanzen- und Tiergemeinschaften scheint die Deckung eines übergesellschaftlichen Sinnbedarfs keine Voraussetzung, für die [|394] Existenz menschlicher Gemeinschaften aber eine offenbare *conditio sine qua non*.

Die Herausforderung der Biologie besteht daher nicht in der hoffnungslosen Suche nach den evolutiven Äquivalenten von Freiheit, Gleichheit und Brüderlichkeit in der menschlichen Stammesgeschichte oder der seiner tierlichen Verwandten. Sie besteht vielmehr darin, zu klären, ob die systemischen Anteile der Biologie Einsichten zu der Frage *beizusteuern* vermögen, unter welchen Rahmenbedingungen menschliche Gemeinschaften absolut und relativ erfolgreiche Sozialverbände sind. Denn in der Bereitstellung von Daten über die physische Beschaffenheit des Menschen ist die biologische Anthropologie zahlreichen anderen Biowissenschaften von je her hoffnungslos unterlegen gewesen.

Mit der Vorlage heuristischer oder verifizierter Begründungen erfolgt dann bei der Betrachtung des Verwertungszusammenhanges biologiebasierter Erkenntnis der Eintritt in das oben genannte ontologische Dilemma: akzeptieren wir z.B. Macht als Ausdruck naturgegebener sozialer Dominanz oder ist Macht vielmehr Ausdruck eines gesellschaftlich verhandelten Konsenses? Darf konsensuale Machtausübung biologisches Erbe stillschweigend instrumentalisieren (z.B. Körperhöhe gezielt als Signal sozialer Stellung einsetzen oder in der kommerziellen Werbung durch Appelle an das biologische Erbe den Konsum unterschwellig manipulieren) oder müßte sich der Prozeß der Zivilisation um die Domestizierung der Macht durch Demokratisierung bemühen? Oder noch radikaler gefragt: beruht etwa der heutige weltweite Erfolg der europäischen Kultur auf intrinsischen (also genetischen) Faktoren der Europäer oder auf dem von ihnen zufällig (?) gefundenen Weg der politischen Selbstorganisation *und* der sozial moderierten Aneignung der Natur? Dieses Fundamentalproblem ist zuletzt von Diamond, der in solchen Denkzusammenhängen gegenwärtig große Popularität genießt, in der Tradition des kulturellen Determinismus nur neu beschrieben, nicht aber erklärt worden.[4]

Selbst bei endgültiger Aufklärung „*der* menschlichen Natur" werden Fragen dieser Art nicht durch die Biologie allein entschieden werden, und die Biologie wird gut daran tun, sich nicht als Entscheidungsinstanz aufzubauen oder anzubieten. Was bei der Transformation der Naturgeschichte des 18. Jahrhunderts durch die Einführung von Verzeitlichungskonzepten schließlich erfolgreich in die Naturwissenschaften des 19. und 20. Jahrhunderts mündete, wurde in der Anthropologie und Teilen der Evolutionsbiologie mit der Frage [|395] nach „*der* menschli-

---

4   J. DIAMOND, Guns, Germs, and Steel, New York, London ²1999. Im Gegenteil, Diamond liefert, indem er sein ökologisches Konzept nicht durchhalten kann, unbeabsichtigt eine wiederholte Bestätigung dafür, daß ein biologischer (hier ökosystemarer) Ansatz allein die Unterschiede zwischen menschlichen Gemeinschaften nicht erklären kann, sofern die je spezifisch kulturelle Bevölkerungsweise nicht der ökologischen Anpassung zugerechnet wird.

chen Natur" entweder nicht vollzogen oder wieder rückgängig gemacht. Was sich im langen Evolutionsprozeß der Geschichte nicht auflöst, nicht verloren geht, nicht ersetzt wird, sondern auch in späteren Kulturstufen mit Beharrlichkeit wiederkehrt, soll danach aus sich selbst Argument gegen die eigene Geschichtlichkeit sein. Was dazu disponiert sei wiederzukehren, so die Folgerung, stehe außerhalb und über der Zeit.

Die Anthropologie wurde mit diesem Ansatz in Wahrheit geschichtsfeindlich, sie wandte sich dem Studium dessen zu, was dem Wandel in der Zeit explizit widerstehe. Diese Diagnose gilt für die biologische Anthropologie praktisch seit ihrer akademischen Fundierung, die kulturwissenschaftliche Anthropologie folgte ihr seit dem Beginn dieses Jahrhunderts bis hin zu den Strukturalisten und Kulturdeterministen.[5]

Bei dieser Betrachtung registrieren wir außerhalb der biologischen eine zweite „Historische Anthropologie", diejenige der Kultur- und Gesellschaftswissenschaften, eine von der DFG[6] als besonders förderungswürdig anerkannte *gesellschaftswissenschaftliche* Unternehmung, die „aus dem Niemandsland der Konstanten und Universalien zurück in die Geschichte in ihren verschiedenen Epochen und in die spezifischen Kulturen [führe]". Die Existenz der „Historischen Anthropologie" der Biologie wird dabei nicht einmal erwähnt. Der Anspruch jener gesellschaftswissenschaftlichen Historischen Anthropologie sei es, nicht ein Wissen vom Menschen schlechthin zu erarbeiten, das in seiner Abstraktion eine gutgemeinte Erfindung der Aufklärung gewesen sei, sondern von Menschen in der besonderen Ausprägung ihrer sozialen und historischen Umwelt. Gegenüber einer historisch-materialistischen Forschungsausrichtung (unter der wir eingestandenermaßen den biologischen Ansatz subsumieren müßten) käme die entscheidende Voraussetzung hinzu, nämlich die von der kulturellen Form der Welt. Alles, womit Menschen umgehen, womit sie konfrontiert sind, was sie prägt und bestimmt, einschließlich ihres Geschlechts, unterliege danach kultureller Formung. Historische Anthropologie frage deshalb nicht mehr nach unveränderlichen und unvergänglichen Mustern (nach Natur in Kultur), sondern nach spezifischen Weisen der Zurichtung, Disziplinierung und technischen Implementierung des Körpers (nach Kultur in Natur). Dieser Körper sei niemals reine Natur, sondern immer schon geformt, [|396] markiert und klassifiziert. Dieselbe Einsicht wird aber auch von biologischen Anthropologen vertreten, für die das menschliche Skelett die historische Quelle ist (Tab.1).

---

5 Die Gedanken des vorstehenden und nachfolgenden Absatzes übernehmen, teilweise wörtlich, Ausführungen eines Autorenkollektivs (A. ASSMANN, J. FRIED, H. WENZEL) der DFG über die Historische Anthropologie in: „Perspektiven der Forschung und ihrer Förderung. Aufgaben und Finanzierung 1997–2001", Weinheim 1997, 93 f., mit denen ich hinsichtlich der Diagnose übereinstimme. Der dort verwendete Begriff der „Gesellschaftswissenschaften" schließt die Kulturwissenschaften fraglos mit ein. Nur daraus erhält die Argumentation ihr Gewicht.
6 Siehe Anmerkung 3.

Biologisch-historischer Gegenstand	Sozialgeschichtlicher Gegenstand	methodenorientiert	erkenntnisorientiert
Körperlicher Überrest ↔	Individuum ↔	biographische Daten ↔	Lebensweise
↓	↓	↓	↓
Gräberfeld ↔	Gemeinschaft ↔	demographische Daten ↔	Lebensbedingungen
↓	↓	↓	↓
Gräberfelder ↔	Bevölkerung ↔	Bevölkerungsvergleich ↔	Determinanten der Bevölkerungsentwicklung

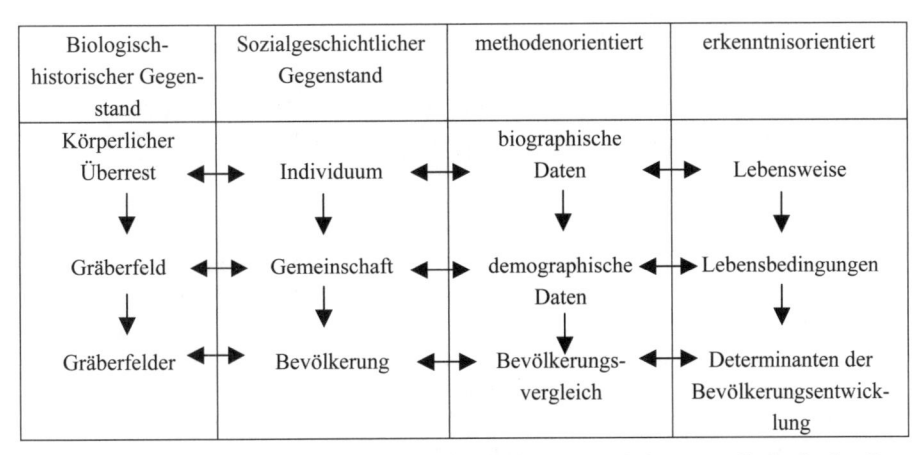

Tab. 1 Wege der Ergebnis- und Erkenntnisgewinnung bei der Bearbeitung von Skelettfunden. Der körperliche Überrest (das Skelett) läßt sich mit biologischen Methoden auf seine biographischen Daten hin untersuchen. Diese werden für die Rekonstruktion der Lebensweise der sozialgeschichtlichen Eigenschaften (des Individuums) verwendet. Die Skelette eines Gräberfeldes erlauben, zusammen mit den demographischen Daten, die Rekonstruktion einer Sozialgemeinschaft und ihrer Lebensbedingungen in der je spezifischen Umwelt, soweit dies mit den Methoden der naturwissenschaftlichen Materialanalyse möglich ist. Diese stellt jedoch das einzige verfügbare methodische Inventar für die Hermeneutik der Quellengattung *Skelett* zur Verfügung. Im Vergleich führen die Befunde mehrerer Gräberfelder zu großräumigen Bevölkerungsvergleichen und damit zur Aufdeckung verhaltensökologischer Differenzen. Diese haben beim Menschen sozialgeschichtliche Eigenschaften.[7]

Das Defizit des kulturwissenschaftlichen Entwurfes der DFG besteht nicht in seiner grundsätzlichen Denkfigur, sondern in seiner ausschließenden Wahrnehmung, obwohl die jüngere biologisch orientierte Historische Anthropologie gerade die empirisch-faktische Fundierung für die These vom Menschen in seiner besonderen Ausprägung seiner sozialen und historischen Umwelt liefert. Eine strikt gesellschaftswissenschaftlich konzipierte Historische Anthropologie kann die historische Quelle der Sachüberreste nicht hermeneutisch erschließen. Beide Historische Anthropologien zielen auf das gleiche, sie könnten ein Paradebeispiel transdisziplinärer Erkenntnisförderung liefern. Dies gilt es zu verdeutlichen. [|397]

2. Skelette erzählen Geschichte(n)

Das Grimmsche Märchen vom „Singenden Knochen"[8] enthält eine Botschaft, die Historischen Anthropologen geläufig ist. Das Skelett oder seine Überreste erzäh-

---

7   Matrix nach B. HERRMANN (Hg.), Archaeometrie. Naturwissenschaftliche Untersuchung von Sachüberresten, Heidelberg 1994, 117.
8   „Der singende Knochen", in: Kinder- und Hausmärchen gesammelt durch die Brüder Grimm, Frankfurt am Main 1975, 184–187. Ein listig, hochmütiger Bruder erschlägt seinen unschuldig, dummen Bruder, um ihn um die Frucht seiner Mühe zu bringen, die ihm die Königstochter eingebracht hätte. Statt seiner heiratet der Mörder die Prinzessin. Nach Jahren spült der

len die Geschichte des Individuums. Das Skelett wird damit zur zentralen Geschichtsquelle, in ihm sind nicht nur die individuellen genetischen Informationen als DNA enthalten, sondern auch zahlreiche biographische Ereignisse makroskopisch, mikroskopisch und molekular eingeschrieben (siehe weiter unten).

Biologen werden nicht müde, in Antragsprosa und Nachbardisziplinen für ihre Sicht zu werben, sie würden mit der Untersuchung von Skelettresten „die Biologie" des Individuums oder gar der Bevölkerung erschließen. Tatsächlich aber gehen die real generierten Daten selten über Basisinformationen und skelettwirksame Zufälle hinaus: Geschlecht, Alter, Körperhöhe, hier eine Karies, dort vielleicht eine Osteomyelitis. Das, was unter „Biologie" erst im Sinne von durch komplexen Datenverbund produzierten metaindividuellen Ergebnissen verstanden werden kann, ist auf jener Ebene der Primärdaten nicht angesiedelt. Nach meiner Einsicht ist die Mehrzahl aller präsentierten Skelettbearbeitungen eher den Voraussetzungen zum Erreichen der Metaebene als dieser selbst zuzurechnen. Vorstellungen darüber, was dann letztlich mit der wie auch immer rekonstruierten und qualifizierten „Biologie" angefangen werden solle, sind bestenfalls zurückhaltend entwickelt worden. Das so oft zitierte „Bevölkerungsparadigma" ist bei Lichte besehen ein zirkuläres Erklärungsmodell, weil es als Bevölkerungskonzept voraussetzt, was es doch selbst erst hervorbringen soll.[9] Es existiert in der biologischen Anthropologie kein [|398] Wettbewerb für Angebote wissenschaftstheoretisch befriedigender Begründungen auf metaindividueller Ebene.[10]

    Fluß, in den die Leiche versenkt wurde, einen Knochen des Skeletts frei. Aus diesem schnitzt sich ein Schäfer das Mundstück für sein Horn, das in seinem Lied Hinweis auf das Verbrechen gibt. Das Instrument gelangt vor den König, der natürlich sofort die Zusammenhänge erkennt und seinen Schwiegersohn der gerechten Strafe zuführt. Das Skelett wird schließlich in ein schönes Grab gelegt.

9 Die biologische Anthropologie hat sich, zumindest in Deutschland und auf dem Kontinent, in den vergangenen zwei, drei Dekaden gern auf ein „Bevölkerungsparadigma" als forschungstheoretischen Ansatz bezogen. Dabei wurde der Bevölkerungsbegriff bis hinunter auf dysfunktionale kleinste Individuenzahlen verwendet und so zu einer diffusen, inhaltslosen Hülse. Statt kausaler Aufdeckung von Selektionsprozessen in solchen Gruppen und ihrer Verfolgung durch historische Prozesse hindurch und über sie hinweg steht nach wie vor die deskriptive Stoffsammlung im Vordergrund. Dabei werden jene Aspekte, deren Gesamtheit erst eine Bevölkerung zu einer sozial-ökologischen Gemeinschaft mit spezifischer Unterscheidungsqualität von einer anderen Bevölkerung macht, fast ausnahmslos nicht thematisiert. Der Beleg dafür, daß eine Gruppe von vielleicht 20 bis 30 Skeletten eines Gräberfeldes tatsächlich eine biologisch und sozial interagierende Gemeinschaft war, wird nicht aus dem Material erarbeitet, sondern als „Paradigma" unterstellt.

10 Der Hinweis, einen solchen Wettbewerb könne und brauche es deswegen nicht zu geben, weil Generalkonsens über die Zielsetzung von Metaebenen für die Bearbeitung von Skelettfunden bestehe und eine Ausformulierung der verpflichtenden Leitidee lediglich das Selbstverständnis wiedergäbe, ist untauglich. Diese Position ist diejenige der Aufgabe einer selbstbestimmten Forschung, weil sie sich völlig auf die Zulieferfunktion zurückzieht, die ihre ideenmäßigen Vorgaben letztlich den Ansprüchen späterer Nutzer ausliefert. Ist der spätere Nutzer physischer Anthropologe, kann wegen der Ideengleichheit von Produzent und Nutzer nur eine selbstreferentielle Nutzung der Daten erfolgen. Dies ist die Festschreibung jeglicher ideenmäßiger Fortschrittsvermeidung.

Alles hängt daran, was unter „Biologie" verstanden werden soll. Dabei ist doch vor jeder wissenschaftlichen Erörterung offensichtlich: der Mensch im Naturzustand der Biologie ist eine Fiktion, die es nicht geben kann, weil er ohne Kultur nicht denkbar ist. Sie gehört zur menschlichen Naturausstattung. Interessanterweise verstellen ausgerechnet biologische Anthropologen einer Sichtweise den Weg, welche „Biologie" und biologische Phänomene auch gesellschaftlich vermittelt sieht. Vielfältig sind die Gründe, warum es im Bereich der biologischen Anthropologie so wenig diskursive Entwicklung ihrer Erkenntnisinteressen gab und diese daher in den letzten Jahrzehnten weitestgehend in der handwerklichen Selbstbeschränkung agierte. Hierfür sind die theoretischen wie methodischen Aufsätze des eingestellten Handbuches der Anthropologie Beleg.[11] Und das meistverbreitete deutschsprachige Lehrbuch ist in seinen Anleihen bei gesellschafts- respektive kulturwissenschaftlich vermittelten Aussagen Denkfiguren verhaftet, welche die Entwicklung der einschlägigen Fachdiskurse neuerer Zeit nicht wiedergeben.[12]

Bei dem, was Historische Anthropologen aus Skelettserien vorlegen, gehen die Bezugsebenen von Kollektiv- und Individualbefunden durcheinander, eine methodische Unsauberkeit, vielleicht aber vertretbar, wenn die Metaebenen anderes Wissen bereitstellen als die Basisdaten. Wird aber in einer solchen Arbeit mehr geliefert als z.B. die Absterbeordnung nach Alter und Geschlecht, indem diese mit der anderer Populationen verglichen wird, ist bereits die Basis „des Biologischen" verlassen. Denn die Begründungen für je zwei Absterbeordnungen oder für Verhaltensunterschiede, wie sie sich z.B. bei der Krankheitsbewältigung in historischer Zeit niederschlagen, ergeben sich kaum noch aus der Biologie, schon gar nicht aus ihr allein.

Entscheidend ist dabei die Unterscheidung von unmittelbaren und mittelbaren Ursachen, die in der Biologie etabliert ist.[13] Für meine Betrachtung ist [|399] wesentlich, daß *unmittelbare* Ursachen z.B. von Absterbeordnungen, Verhaltensunterschieden oder epidemiologischen Ereignissen noch biologisch sein *können, die mittelbaren* Ursachen es jedoch *keinesfalls* sind, weder überwiegend noch etwa in nennenswerten Teilen. Die mittelbaren Ursachen, welchen sich die Historische Anthropologie zuwendet, sind im Grundsatz sozial vermittelt und können daher nicht mehr induktiv und nach dem Muster kausaler Naturwissenschaften gefunden werden. Sie müssen *konstruiert* werden. Ernst Mayr hat darauf verwiesen, daß dies auch eine erkenntnisschaffende Vorgehensweise der Biologie ist. Damit ist eine entscheidende Feststellung getroffen: die Biologie der Anthropologen ist in erklärenden Anteilen konstruktivistisch. Auch sie konstruiert historische Darstel-

---

11 In den 80er Jahren begann der Fischer Verlag Stuttgart mit einer Neuauflage des Martinschen Handbuches der Anthropologie, das zu Beginn der 90er Jahre, nach dem Erscheinen des ersten Bandes, eingestellt wurde. R. MARTIN, R. KNUSSMANN, Anthropologie, Bd. 1/1 und 1/2: Wesen und Methoden der Anthropologie, Stuttgart (jetzt Heidelberg) 1988 ff.

12 R. KNUSSMANN, Vergleichende Biologie des Menschen. Lehrbuch der Anthropologie und Humangenetik, 2. völlig neu bearb. Aufl., Stuttgart 1996.

13 Die von mir gewählten Bedeutungsinhalte von unmittelbaren und mittelbaren Ursachen folgen E. MAYR, Das ist Biologie, Heidelberg, Berlin 1998, insbesondere Kapitel 4.

lungen, Mayr nennt sie „historical narratives".[14] Er nähert sich damit einem Erklärungsprinzip, das inhaltsgleich auch in den Kulturwissenschaften praktiziert wird.[15] Und mit dem Rückgriff auf die Denkfigur der historischen Erzählung als Erklärungsprinzip, ist die Überwindungsfigur für die Aufhebung der Parallelexistenz zweier Historischer Anthropologien gefunden.

3. „Biologisch" oder „historisch"?

Anthropologische Themen erzielen u.a. aus der eingangs erläuterten mißverstandenen Suche nach ontologischer Aufklärung populär hohe Aufmerksamkeit, wobei aber die Aufmerksamkeit weniger denjenigen Themen geschenkt wird, die von biologischen Anthropologen professionell erörtert werden. Welches populäre Interesse käme auch den Mitteilungen über einen Überaugenwulst beim Neandertaler oder über Kariesfrequenzen oder Absterbeordnungen beliebiger historischer Bevölkerungen zu? Nicht das naturwissenschaftliche Faktum als solches begründet öffentliches Interesse und Anschluß an weiterführende Verwertungszusammenhänge. Dieses Erkenntnisinteresse der Biologen ist für die nichtbiologischen Disziplinen oft kaum vermittelbar, und umgekehrt sehen sich Vertreter anderer Disziplinen oft genötigt, ihre Fragen an die Biologie mangels Gesprächspartner gleich selbst zu beantworten. Das gesellschaftliche Interesse und nachbarwissenschaftliche Fachinteresse richtet sich nicht auf die mögliche Tatsache, daß der Neandertaler in sei- [|400] ner mtDNA einen höheren Sequenzpolymorphismus als der anatomisch moderne Mensch aufweist, sondern darauf, daß biologische Daten letztlich für die Bildung von Urteilen über bzw. Erklärungen von Selektionsvorgängen und damit von sozialen Abläufen und Differenzen in menschlichen Gemeinschaften dienen (sollen). Kein Biologe hat z.B. das Potential anthropometrischer Datensammlungen gesehen, die außerordentlich ergiebige wirtschafts- und sozialhistorische Quellen darstellen und zu verblüffenden sozial-ökologischen Szenarien verarbeitet werden können,[16] obwohl sie nach dem „Bevölkerungsparadigma" von Anthropologen in genau dieser Richtung hätten ausgewertet werden müssen.

---

14 Mayr verwendet zwar nicht das Substantiv Konstruktivismus, aber das Verb konstruieren. Ebd., 99. Seine Ausführungen lassen keinen Zweifel, daß er den gleichen erkenntnistheoretischen Apparat nutzt, den naturwissenschaftlicher Konstruktivismus (Heinz von Foerster; vgl. L. SEGAL, Das 18. Kamel oder die Erfindung der Welt. Zum Konstruktivismus Heinz von Foersters, München, Zürich 1986) und gesellschaftswissenschaftlicher Konstruktivismus (P. BERGER, T. LUCKMANN, Die gesellschaftliche Konstruktion der Wirklichkeit, Frankfurt am Main 1992) teilen, obwohl sie ihre Episteme offenbar parallel entworfen haben.
15 Der Begriff könnte geradezu einem geschichtstheoretischen Aufsatz entnommen sein, der einen sehr erheblichen Teil der modernen Geschichtsforschung, von den „Annales" bis Arno Borst, von den Mikrohistorikern bis Barbara Tuchman abdeckt.
16 Vgl. H. FREUDENBERGER, Human energy and work in a European village, in: Anthrop. Anz. 56, 1998, 239–249; J. KOMLOS, Modernes ökonomisches Wachstum und biologischer Lebensstandard, in: Anthrop. Anz. 58, 2000, 357–366; H. MEDICK, Weben und Überleben in Laichingen vom 17. bis 19. Jahrhundert, Göttingen 1995.

Damit sind wir beim Kernproblem. Unbestreitbar sind Historische Anthropologen zuständig für das Erschließen des Skeletts als Quelle. Welcher Art ist diese Quelle, ist sie nun „biologisch" oder „historisch"?

Heutige „Biologie" interessiert sich für die Exemplare einer Spezies vor dem Hintergrund des Gesamten ihrer Lebensbedingungen und -umstände. Das Interesse organismischer Forschung orientiert sich (also jenseits der Partikularthemen Genetik, Anatomie, Physiologie und Neuro-Disziplinen) auf die Ökologie, die Verhaltensökologie und die Evolutionsbiologie.[17] Wenn man so will, handelt es sich um einen gemeinsamen Großbereich, der metaindividuelle Qualitäten erforscht. Da man von den Tieren nicht weiß, ob sie über Institutionen oder andere kulturelle Äquivalente verfügen, sind diese Bereiche ausgespart bzw. werden von Verhaltensforschern erörtert, die ebenfalls der ökologischen Forschung zurechenbar sind. In menschliche Seinszusammenhänge übersetzt, würden selbst puristische Biologen zunächst einmal die kulturellen Äußerungen des Menschen in einer biologischen Systematisierungshierarchie unterbringen. Nur so erklärt sich ja, daß Biologen wie z.B. Hubert Markl sozialhistorische und philosophische Fragestellungen aus (biologisch) anthropologischen Befunden ableiten.[18] Festzuhalten ist also, daß Biologen zumindest bei zoologischen Themen den Biologie-Begriff weiter ausdehnen, als es biologische Anthropologen im Hinblick auf die Behandlung ihrer Objekte tun.

Die Skelett-Quelle wird unter dem Gesichtspunkt biologischer Quellenerschließung gerade *nicht* im Hinblick auf den vergleichbaren Leistungsumfang biologischer Disziplinen erschlossen. Das Leistungsdefizit der Historischen Anthropologie ist unter der Annahme, bei einem Skelett handele es sich um eine „historische" Quelle von vornherein offenbar. Das fängt bei der Quellenkunde und vor allem Quellenkritik an, die doch ernsthaft erst seit den Erfolgen der avancierten analytischen Untersuchungstechniken betrieben werden kann. Nur in Fragmenten und sehr wenig elaboriert existiert so etwas wie eine [|401] Zeichenlehre (Semiotik) des Skelettfundes. Dabei war das Konzept des „Zeichens" doch gerade zur Zeit der Etablierung der Anthropologie im 19. Jahrhundert eine produktive wissenschaftliche Annäherungsweise.[19] [|402]

Die Arm- und Handhaltung des Skeletts, seine Positionierung, kann in der Mehrzahl aller Fälle nur kulturell erklärt werden (z.B. Gebetshaltung), nur in Einzelfällen dagegen aus Eigenschaften der Leiche oder aus Abläufen des Leichengeschehens. Die Skelettelemente als solche werden zur morphognostischen Individualdiagnose herangezogen. Was an diesem Beispiel demonstriert werden kann, beruht völlig auf der unmittelbaren Evidenz der Phänomene, sie springen ins Auge. Es gibt jedoch keine Systematik über die Bedeutung resp. Bedeutungslosigkeit

---

17 Auch hierzu insbesondere MAYR, Biologie (wie Anm. 13) Anm. 4.
18 Zum Beispiel H. MARKL, Wie unfrei ist der Mensch? Von der Natur in der Geschichte, in: DERS., (Hg.), Natur und Geschichte, München 1983, 11–50; DERS., Mensch und Umwelt. Frühgeschichte einer Anpassung, in: H. RÖSSNER (Hg.), Der ganze Mensch, München 1986, 29–66.; aber auch jüngere Beiträge, überwiegend zum Feuilleton.
19 So hatte z.B. A. W. Volkmann (zuletzt in Halle tätig, †1877) zwischen 1837 und 1843 einen Lehrstuhl für Physiologie und *Semiotik* an der Universität Dorpat inne.

kleinerer Positionsverschiebungen oder allgemein unspektakulärer Abweichungen vom „Normalen" am Skelettfund, einschließlich der skelettwirksamen Zufälle. Diese Zeichen können makroskopischer Art sein, aber auch, wie bei den Linien sistierenden Wachstums im Knochenquerschnitt mikroskopischer Art.

Auftreten und Anzahl dieser Linien bei Kleinkindern und Jugendlichen in mittelalterlichen Bevölkerungen Mitteldeutschlands zeigen keine saisonalen Rhythmen oder Häufungen, wie sie sich bei „natürlichen" Abläufen einstellen müßten. Sie finden ihre plausible Erklärung nur in der Annahme soziokultureller Einflußfaktoren.[20]

Schließlich gibt es die Zeichen in der molekularen und molekularbiologischen Zusammensetzung, deren sozialgeschichtlicher Informationsgehalt immens ist. Eine molekulargenetische Geschlechtsbestimmung an perinatal verstorbenen Kindern des frühneuzeitlichen Aegerten (Kanton Bern, Schweiz) korrigierte z.B. das Geschlechterverhältnis morphognostischer Bestimmungen. Ergab sich für die 121 Kinder nach dem Schauprinzip noch ein Mädchenüberschuß unter den Bestattungen, was beispielhaft eine konforme sozialgeschichtliche Vorsteuerung belegt, so beweist die molekulare Geschlechtsfeststellung eindeutig ein ausgewogenes Geschlechterverhältnis.[21] Dies zwingt, über diesen Einzelfall hinaus, zum Überdenken der sozialgeschichtlichen Hypothese, wonach agrarische Gesellschaften ein differentielles Investment bezüglich beider Geschlechter praktizieren und Knaben präferieren würden.

Die Weiterentwicklung der Analysen an alter DNA (aDNA) ermöglicht mittlerweile die Rekonstruktion von Verwandtschaftsverhältnissen in prähistorischen Gemeinschaften. Gingen die Archäologen für die 36 Individuen des bronzezeitlichen Fundplatzes Lichtensteinhöhle (Harz) noch von Opfern in einer Kulthöhle aus, so belegt die molekulare Analyse eindeutig einen mindestens drei Generationen und zwei Großfamilien umfassenden kontinuierlich genutzten Bestattungskomplex. Interessanterweise ist die patrilineare Variabilität der molekularen Befunde geringer als die der Matrilinien. Erstmals kann [|403] nun auch die Frage von Patrilokalität bzw. Matrilokalität in der Vor- und Frühgeschichte angegangen werden. Für die Lichtensteinhöhle ist mit aller gebotenen Vorsicht Patrilokalität wahrscheinlich.[22]

Die Homogenitätsanalyse genetischer Marker konnte in einem anderen Beispiel für die Individuen des neuzeitlichen Gräberfeldes der Goslarer Bergleute zeigen, daß auswärtige Spezialisten, die in der historischen Montanwirtschaft [|404] als regelhaft unterstellt werden, für den untersuchten Bestattungsplatz kei-

---

20 B. HERRMANN, A. DANIELMEYER, Bone structures reflecting rhythm, seasonality, and lifestyle of past human populations, in: Naturwissenschaften 81, 1994, 399–401.
21 HERRMANN u.a., Genealogische Rekonstruktionen (wie Anm. 1); ausführlicher in C. LASSEN, Molekulare Geschlechtsdetermination der Traufkinder des Gräberfeldes Aegerten (Schweiz), Göttingen 1998.
22 HERRMANN u.a., Genealogische Rekonstruktionen (wie Anm. 1); ausführlicher in T. SCHULTES, Typisierung alter DNA zur Rekonstruktion von Verwandtschaft in einem bronzezeitlichen Skelettkollektiv, Göttingen 2000.

ne Rolle gespielt haben. Die Bergleute rekrutierten sich aus der ortsansässigen Goslarer Bevölkerung.

Noch völlig ergebnisoffen sind Bestrebungen, aus dem Skelettspeicher auch andere komplexe Biomoleküle nachzuweisen, wie es uns z.B. mit dem Nachweis des Wurmfarnwirkstoffs aus einem bronzezeitlichen Höhlenfund gelungen ist. Sollten sich solche Bemühungen als lohnend erweisen, ergibt sich die Perspektive auf ein großes Feld verhaltensökologischer Sachverhalte.

In den Beispielen wird deutlich, daß die molekularen Befunde erst und allein daraus ihre Bedeutung erhalten, wenn sie in einen sozialgeschichtlichen Kontext eingebunden sind. In diesem Bereich gibt es keine erkenntnisförderliche Trennung des biologischen vom sozialwissenschaftlichen Ansatz. Es existiert dort aber auch nicht das behauptete Denken in Konstanten (vgl. Anm. 5), denn ein molekularbiologisches Ergebnis unterliegt, anders als ein morphologischer Befund, nicht der Gefahr der Vorsteuerung. Dies macht den biologischen Ansatz geeignet, das sozialhistorische Modell zu verifizieren bzw. zu falsifizieren, eine Option, über die die Sozialgeschichte mit ihrem Instrumentar nicht verfügt. Ich hätte keine Bedenken, die spezifisch biologische Methode zu einem sozialhistorischen Werkzeug zu erklären, wie umgekehrt eine sozialgeschichtliche Hypothese zum Ausgang biologischer Analyse genommen werden kann. Die Gleichheit des Erkenntnisinteresses sollte wahrgenommen werden.

Ähnlich verwischen sich die Grenzen der Fachsystematik, wenn durch Spurenelementanalysen an Skelettpopulationen etwa für den frühmittelalterlichen deutschen Südwesten sich aus den nahrungsabhängig in das Skelett eingetragenen chemischen Elementen Sozialgruppen differenzieren lassen.[23] Im Blindversuch erwiesen sich diese überraschend übereinstimmend mit den Sozialgruppen, welche die Archäologen auf der Grundlage der Grabinventare einteilten. Daß aber die „lange Leine der Evolutionsbiologie" (Markl), an der menschliche Kultur geführt würde, durchaus auch kurz sein kann, zeigen Spurenelementanalysen an Skelettpopulationen, die sich auf die Nutzung naturräumlicher Vorgaben im frühen Mittelalter konzentrieren: in Tallagen wurde eine gemischte Landwirtschaft praktiziert, während in Höhenlagen Gartenbau und Milchwirtschaft dominierten. Die Abhängigkeit von den lokalen naturräumlichen Vorgaben und sich aus diesen ergebenden basalen Energieflüssen und Stoffströmen im Sinne ökosystemarer Grundprinzipien ist hier realisiert.[24] Für einen Siedlungsplatz, Kirchheim/Teck, ist die Leine länger gelassen: hier weicht das Ernährungsmuster klar von den energetisch-stofflichen Determinanten des Umlandes ab, indem eine Nutzungspräferenz für Viehzucht nachweisbar wird, obwohl diese in jeder Hinsicht für den landwirtschaftlich genutzten Raum ökologisch „zu teuer" sein sollte. Die Pufferkapazität des sozio-kulturellen Systems Kirchheims, das zu dieser [|405] Zeit einen reichen

---

23 H. SCHUTKOWSKI, What you are makes you eat different things – interrelations of diet, status, and sex in the early Mediaeval population of Kirchheim unter Teck, FRG, in: Human Evolution 10, 1995, 119–130.
24 H. SCHUTKOWSKI, B. HERRMANN, Geographical variation of subsistence strategies in early Mediaeval populations of southwestern Germany, in: Journal of Archaeological Science 23, 1996, 823–831.

Marktort darstellt, reicht jedoch offensichtlich aus, die ökologischen Vorgaben des Naturraumes kulturell zu überwinden.[25]

Wie anders ließen sich die Lehren aus diesen Beispielen zusammenfassen, als daß die verborgenen Zeichen des Skelettfundes sich in biologischer Richtung erheben und bewerten lassen, sie ihr Interesse und ihre Bedeutung vor allem aber kulturellen Phänomenen verdanken? Damit ist ein weiterer Hinweis auf die unförderliche Aufteilung in biologische und kultur- und gesellschaftswissenschaftliche Qualitäten gegeben.

4. Das Skelett als mikrohistorische Quelle

Eine Zusammenführung der so genannt biologischen mit den kulturellen Quellendaten ist aus meiner Sicht mit Hilfe verschiedener verfügbarer geschichtstheoretischer Positionen möglich, mit dem mikrohistorischen Ansatz von Carlo Ginzburg[26] oder in der von Hans Medick[27] modifizierten Form ebenso wie etwa mit den Konzepten der Annales-Tradition. Bei letzteren handelte es sich dann um Geschichte von Einzelereignissen bzw. der kleinen Leute, aus deren individuellen Lebensstrategien sich die „große" Geschichte ergibt. Dem Schichtenmodell der Annales-Tradition (*histoire événementielle*, *histoire structurelle* und *longue durée*) fügte sich die Betrachtung von Skeletten auf allen Ebenen zwanglos ein.

Skelette können meiner Einsicht nach durchaus den „fait divers" – den kleinen Tagesbegebenheiten – zugerechnet werden. Sie eignen sich auch, Biologen würden von Querschnittsuntersuchungen sprechen, für eine „histoire serielle", selbst unter der Gefahr der „Egalisierung der Individuen in ihrer Rolle als ökonomische und sozio-kulturelle Handlungsträger". Die von Ginzburg als selbstverständlich und implizit beschriebene Erstellung dokumentarischer Serien gilt auch für Skelettserien. Ebenso die Feststellung, daß jedes Dokument (Skelett) auch „Licht auf eine wesentlich umfassendere Serie werfen könne". Diese Einsicht gleicht der Sicht des naturwissenschaftlichen Konstruktivismus.[28] Sie deckt sich mit der Sichtweise moderner Biologie, die in der Biologie von Lebensläufen und der daraus resultierenden Aneignung der Natur unter jeweiligen sozialen Bedingungen adaptive Leistungen sieht,[29] parallel zu modernen Gesellschaftswissenschaftlern, die das Phänomen in ihren sozial-metabolischen Regimes analysie-

---

25 Ebd.
26 C. GINZBURG, Mikro-Historie. Zwei oder drei Dinge, die ich von ihr weiß, in: Historische Anthropologie 1, 1993, 169–192.
27 H. MEDICK, Mikro-Historie, in: W. SCHULZE (Hg.), Sozialgeschichte, Alltagsgeschichte, Mikro-Historie, Göttingen 1994, 40–53.
28 Wo sie sich auf die Theorie der logischen Typen Bertrand Russells gründet. Die Formulierung Ginzburgs ist natürlich eine gebildete Anspielung auf die bekannte Stelle bei Darwin, womit Ginzburg seine theoretische Position auch an das biologische Paradigma heranrückt. Vgl. GINZBURG, Mikro-Historie (wie Anm. 26).
29 Vgl. S. STEARNS, The Evolution of Life Histories, Oxford 1997.

ren.³⁰ Die ökonomischen und sozio-kulturellen Handlungs- [|406] träger Ginzburgs sind in der historischen Humanökologie ebenfalls längst zentrale Forschungsgegenstände (Beispiele Weingarten, Goslar, Kirchheim).

Es ergibt sich eine weitere inhaltliche Übereinstimmung mit der Sichtweise der Biologen, wenn Ginzburg (mit Blick auf die Geschichtswissenschaft) formuliert: „Wie wir gesehen haben, kann ein Gegenstand gewählt werden, weil er typisch ist ... oder weil er Wiederholungscharakter hat und damit serienmäßig untersucht werden kann (... mit Bezug auf die fait divers). Die italienischen mikrohistorischen Untersuchungen haben die Frage des Vergleichs auf eine andere und, wenn man so will, entgegengesetzte Weise gelöst: nämlich auf die Abweichung aufbauend, nicht die Analogie.³¹ Vor allem weil sie von der Hypothese ausgingen, daß die unwahrscheinlichere Quelle die potentiell reichere sei: ‚das außergewöhnlich Normale', wie es Edoardo Grendi in einem zurecht berühmt gewordenen Wortspiel genannt hat. Zweitens, indem sie gezeigt haben, daß jedes soziale Gefüge Resultat der Interaktionen zahlloser individueller Strategien ist, ein Geflecht, das man nur durch eine Beobachtung aus großer Nähe rekonstruieren kann. Es ist bezeichnend, daß die Beziehung zwischen dieser ‚mikroskopischen' Dimension auf der einen und der einen weiteren Zusammenhang berücksichtigenden Sehweise auf der anderen Seite in den beiden – so verschiedenen – Fällen zum Leitprinzip der Darstellung wurde. ... [und] ... Man kann nicht automatisch die in einem mikroskopischen Bereich gewonnenen Ergebnisse in einen makroskopischen übertragen (und umgekehrt)."

Das logische Problem, vor dem Ginzburg hier steht, ist in den Naturwissenschaften durch die Theorie der logischen Typen überwunden und auch der Perspektivenwechsel durch Mikro-Makrobetrachtungen seit langem als selbstverständlich etabliert.

Der mikrohistorische Ansatz, der mir sehr passend erscheint, bedeutet, wie Medick ausgeführt hat, nicht die „kleinen Dinge anschauen, sondern im Kleinen schauen".³² Das „außergewöhnlich Normale" findet sich in den Zeichen des Skeletts. In der abweichenden Lage des Schädels, der Hinweise auf Leichenerscheinungen wie auf Bestattungspraktiken geben mag, ebenso, wie in den pathologischen Zustandsbildern am Knochen, die zugleich auch in die Sozialgeschichte weisen, weil Krankheit neben der biologischen eben eine soziale Seite hat. Und es

---

30 Vgl. M. FISCHER-KOWALSKI, H. WEISZ, Gesellschaft als Verzahnung materieller und symbolischer Welten, in: K.-W. BRAND (Hg.): Soziologie und Natur. Theoretische Perspektiven (= Soziologie und Ökologie 2), Opladen 1998, 145–172; M. FISCHER-KOWALSKI, H. WEISZ, Society as hybrid between material and symbolic realms toward a theoretical framework of society-nature interaction, in: Human Ecology 8, 1999, 215–251.
31 GINZBURG, Mikro-Historie (wie Anm. 26). Das Analogie-Verbot teilt Ginzburg mit Ernst Mayr.
32 Wie Anm. 29. Vgl. MEDICK, Mikro-Historie (wie Anm. 27). Verwiesen sei auf die glänzenden Darstellungen Arno Borsts, der Beispiele für das Schauen im Kleinen mit anschlußfähiger Hinführung auf die großen historischen Abläufe liefert. Besonders hervorzuheben sind A. BORST, Das Erdbeben von 1348, in: Historische Zeitschrift 233, 1981, 529–569; DERS., Drei mittelalterliche Sterbefälle, in: DERS., Barbaren, Ketzer und Artisten, München, Zürich ²1990, 567–598.

findet sich in allen mikroskopischen und molekularen Zeichen, deren Reichtum als sozialgeschichtliche Quellen wir zu verstehen beginnen. Mit den mikrohistorischen Beispielen etwa der molekularen Ge- [|407] schlechtsbestimmungen der Traufkinder von Aegerten oder der genealogischen Rekonstruktion der Lichtenstein-Bevölkerung sind nur noch vordergründig biologische Daten produziert. Viel bedeutungsvoller ist die Einordnung der Ergebnisse als Teile der damaligen Jenseitsvorstellungen bzw. der sozialen Organisation. Die Ergebnisse werden geschichtstheoretisch zu strukturgeschichtlichen Elementen gewandelt. Diese können die Zeiten überdauern, sie können sich im Wandel der Zeit verändern. Die Verzeitlichung der Struktur ist nicht mehr eine Frage des wissenschaftlichen Paradigmas (wobei eingangs die mehr auf Universalien und Konstanten abzielende Anthropologie in den Gegensatz zur verzeitlichten Auffassung von kulturbedingter Natur gestellt wurde). Das Ergebnis ist grundsätzlich offen, niemand behält von vornherein Recht, weil das Resultat je so oder so ausfallen und entsprechend einmal universalhistorisch, ein anderes mal kulturell adaptiv erklärt werden kann.

Das außergewöhnlich Normale, das sich in der Existenz eines jeden Menschen zu seinen Lebzeiten abspielt, findet seinen Niederschlag auch im Skelett. Das Skelett ist ein Archiv biographischer Daten und Ereignisse. Dies ist keine ontologische Feststellung, sondern eine phänomenologische. Sonst wäre es sinnlos, Skelette zu begutachten, weil sie nur Abziehbilder der Stammesgeschichte wären, an denen die biologische wie soziale Ontogenese spurlos vorbei gingen.

Die Einstiegsmöglichkeit einer transdisziplinär orientierten Historischen Anthropologie könnte ihren Ausgang beim außergewöhnlich Normalen, in der mikrohistorischen Form der Skelettbearbeitung nehmen. Allerdings setzt sie voraus, daß es eine Betrachtung der Quelle gibt, welche sich den strukturellen Bedingungen menschlicher Existenz im historischen Kontext zuwendet. Hier dürfte auf beiden Seiten kein Dissens bestehen. Die Historische Anthropologie kann zu einem Gemeinschaftsprojekt der Biologen *und* Sozialwissenschaftler werden. Es sind zwei Seiten derselben Medaille, die nicht miteinander konkurrieren, sondern die nur gemeinsam den Erkenntnisfortschritt befördern können. Aber sie gehören zusammen.

III. KONSTANTEN, VARIABLEN UND VARIABLE KONSTANTEN IN DER GESCHICHTE

BEMERKUNGEN ZUM PROBLEM EINER HISTORISCHEN ANTHROPOLOGIE

von Thomas Nipperdey

1

Wir versuchen zunächst, uns ganz vorläufig einiger Begriffe zu vergewissern, mit denen wir in dieser Überlegung umgehen wollen. Anthropologie, sei sie philosophischer, sei sie ethnologisch-soziologischer Provenienz, fragt aufgrund empirischer Analyse danach, was den Menschen in seinem Dasein konstituiert, fragt nach den Kategorien, den Grundstrukturen und Grundrelationen dieses Daseins, also insbesondere z.B. nach den Formen und Weisen seines Verhaltens, seines Handelns, seines Bewußtseins und seiner Antriebe, fragt nach den sein Verhalten regelnden Modellen, die in sozialen Institutionen eine fixierte Realität gewonnen haben, und fragt schließlich nach dem Prozeß, in dem der einzelne Mensch durch diese sozial-kulturellen Institutionen konkret geprägt wird, im ganzen also nach der Interdependenz zwischen Institution und Person. Einer systematischen Anthropologie geht es dabei um die invarianten Konstanten in diesem Sachbereich, z.B. um das Verhältnis von Mensch und Tier, oder um ein Gefüge von Faktoren und Beziehungen, um Regelmäßigkeiten und Gesetze, die in allen Gesellschaften oder Kulturen das Verhalten des Menschen und das Verhältnis von Institutionen und Personen bestimmen; in der psychoanalytisch orientierten amerikanischen Kulturanthropologie etwa gelten Methoden der frühkindlichen Erziehung und Rolleneinübung oder primäre Frustrationen als solche Konstanten. Die Fülle der differenten und variablen Elemente der verschiedenen Gesellschaften und Kulturen dienen einer systematischen Anthropologie einmal zum Aufweis der außerordentlichen Plastizität und Variationsbreite der anthropologischen Strukturen, zum andern dem Nachweis eines Systems von Typen und von Grundmöglichkeiten des menschlichen Daseins. Dieses System ist zwar nicht geschlossen, aber die Varianten werden *als* Varianten angesprochen und damit auf anthropologische Konstanten und ein sie differenzierendes System bezogen. Das Phänomen der Zeit, die

Grundtatsache der Geschichte, spielt selbst in der rein deskriptiv vorgehenden kulturanthropologischen Ethnologie keine oder nur eine ganz geringe Rolle.

Eine historische Anthropologie, vorausgesetzt, sie sei als Wissensbestand oder Forschungsrichtung wirklich oder möglich, würde demgegenüber nach den vergangenen, den geschichtlichen Weisen fragen, in denen der Mensch sich als Mensch konstituierte, nach den Kategorien eines geschichtlichen Menschentums, nach geschichtlichen Antriebs-, Bewußtseins- und Verhaltensstrukturen und nach den Prozessen, in denen der Einzelne in solche Strukturen hineingebildet wird, und sie würde nach dem Wandel dieser Prozesse, Strukturen und Kategorien, z.B. nach [|351] dem Auftreten neuer anthropologischer Kategorien in bestimmten Zeitaltern und den Gründen und Bedingungen dafür fragen. Es käme einer solchen historischen Anthropologie nicht darauf an, Regelmäßigkeiten der Prozesse und Bedingungszusammenhänge oder ein Gefüge von Strukturvariationen herauszuarbeiten, und zwar auch dann nicht, wenn sie vergleichend vorgehen würde, sondern es käme ihr darauf an, das je Spezifische einer geschichtlichen Struktur oder eines bestimmten Wandels zu erfassen. Der chronologisch fixierte Ort bleibt auch einer anthropologischen Fragestellung konstitutiv für den geschichtlichen Gegenstand. Es ist evident, daß systematische und historische Fragestellungen dieser Art sich vielfältig berühren und überschneiden, daß aber die Verschiedenheit der Fragestellung eine Verschiedenheit der Objekte konstituiert, die sich zumal bei näherer Entfaltung und Differenzierung der Fragen, der Methoden und der zu befragenden Tatbestände konkretisiert. Eine historische Anthropologie würde nicht die historischen Fragen in die Anthropologie, sondern die anthropologischen Fragen in die Geschichtswissenschaft integrieren und damit der Aufgabe verpflichtet bleiben, die je spezifische Vergangenheit des Menschen und seiner Welt zu erforschen, insofern sie mit Gegenwart und Zukunft der Zeitgenossen in Beziehung steht.

Wir gehen nun davon aus, daß es diese hier nur ganz vorläufig charakterisierte historische Anthropologie innerhalb der Geschichtswissenschaft noch nicht eigentlich gibt, weder als ein Gebiet, in dem gesicherte Wissensbestände vorliegen, noch als eine methodisch reflektierte und genügend spezialisierte Fragerichtung; daß es vielmehr in der älteren Tradition der Geschichtswissenschaften nur unreflektierte, implizite oder gescheiterte Ansätze in dieser Richtung gegeben hat. Und wir fragen nach den Gründen für diese wissenschaftsgeschichtliche Lage. Sodann versuchen wir zu zeigen, warum die Lage in der Gegenwart eine andere geworden ist, warum es möglich erscheint, das Programm einer historischen Anthropologie der Realisierung näher zu bringen. Schließlich sind dann die Ziele und die besonderen, zumal methodischen Probleme einer solchen Forschungsrichtung noch näher zu erläutern. Dabei kann es sich an diesem Ort nur um die im Titel angekündigten Bemerkungen handeln, um einen Diskussionsbeitrag, der weder das Problemfeld ganz ausschreitet, noch einen Standort abschließend zu fixieren sucht. Insbesondere verzichte ich hier auf die explizite Auseinandersetzung mit der breiten älteren und neueren Literatur zu den angeschnittenen Fragen; wieviel ich ihr in Zustimmung, Anregung und Widerspruch verdanke, wird jedem deutlich sein, der sich mit ähnlichen Problemen wie den hier reflektierten beschäftigt.

2

Prinzipiell ist eine historische Anthropologie erst möglich, seitdem sich der Historismus etwa Ende des 19. Jahrhunderts vollendet hat, d.h. zu der Erkenntnis durchgedrungen ist, daß auch Grundstrukturen [|352] des menschlichen Daseins, des Bewußtseins, des Verhaltens, des Handelns, der Weltapperzeption geschichtlich bedingt und geschichtlich wandelbar sind oder jedenfalls sein können. Es ist selbstverständlich, daß diese Historisierung anthropologischer Strukturen nur relativ ist, entscheidend ist aber, wie sich die geschichtliche Betrachtungsweise in offensichtlich fundamentale und früher für konstant gehaltene anthropologische Schichten vorgeschoben hat. Nun war faktisch natürlich auch, solange man noch grundsätzlich eine historisch invariante breite Grundstruktur des Menschen annahm, die anthropologische Frage aus der Geschichtsforschung niemals ausgeschlossen, gerade weil die Grenze zwischen historisch variablem und metahistorisch konstantem Verhalten immer schon fließend war. Das neuzeitliche Interesse an der Geschichte hat in seinen reflektierten Vertretern, jedenfalls seit der Säkularisierung oder Enttheologisierung der Geschichte, vielleicht seit Voltaire, die anthropologische Dimension und Frage immer offengehalten. Hegels These von der Geschichte als dem Fortschritt im Bewußtsein der Freiheit, Burckhardts Ansatz, daß die Erkenntnis der Geschichte „auf das Innere der vergangenen Menschheit" gehe, Diltheys Versuch, Geschichte als Geschichte des menschlichen Selbstverständnisses und der in ihm eröffneten menschlichen Möglichkeiten zu verstehen – das sind Versuche, die das letzte Ziel der Historie anthropologisch charakterisieren und letzten Endes anthropologische Strukturen intendieren. Aber trotzdem gibt es konkrete anthropologische Untersuchungen eigentlich nicht; die anthropologische Fragestellung wird im wirklichen Tun der Historiker verdrängt oder verkürzt oder in konstruierte Philosopheme umgebogen. Das hat eine Reihe von Gründen, die mit der Ausgangslage des historischen Bewußtseins und der historischen Wissenschaften im 19. Jahrhundert zusammenhängen.

Zunächst: Die Geschichtswissenschaft ist an der Kategorie der Individualität orientiert, diese gilt als konstitutiv für ihre Gegenstände und Methoden. Von da her erscheint die Deskription als das angemessene Verfahren, die Anschaulichkeit als das Leitprinzip bei der wissenschaftlichen Wieder-Holung der Vergangenheit. Geschichtswissenschaft hat es z.B., wo nicht mit Ereignisreihen, mit der „Physiognomie" (Huizinga) vergangener Kulturen, Gesellschaften oder Staaten zu tun; Details sind nicht Fälle eines Allgemeinen, sie haben keine Beweisfunktion, sondern sie sind Elemente der von der Historie geformten Geschichtswirklichkeit. Erst so wird, so meint man, die absolute Zeitlichkeit des historisch Seienden, die absolute Hineinbindung in konkrete Zeit und konkreten Ort erhalten. Vom Standpunkt dieser individualisierenden Deskription hat sich daher die Geschichtswissenschaft lange gegen jede begriffliche Nach- und Durchkonstruktion der geschichtlichen Wirklichkeit zur Wehr gesetzt, gegen den Anspruch, so etwas wie eine Anatomie oder Physiologie einer [|353] vergangenen Wirklichkeit zu geben. Man kann geradezu von einer Angst der Historie sprechen, auf Begriffe zu kommen; der Begriff, so meint man, zergliedere die Anschauung und lasse das Einmalige und Individuelle, den „Geruch" der vergangenen Zeit in Formel und Schema verschwinden, die Tendenz zur Abstraktion transzendiere das Individuelle und damit den eigentlichen Gegenstand der Geschichtswissenschaft. Diese deskriptiv individualisierende Methode nun ist in der Wissenschaft vor allem deshalb fixiert worden, weil seit Hegel und Comte die Versuche zu begrifflicher Nachkonstruktion vergangener Wirklichkeit im Allgemeinen mit den Versuchen zu einer Konstruktion der Weltgeschichte im Sinne einer gesetzmäßigen Abfolge verbunden waren. Gegen solche vielfach gewaltsamen Konstruktionen, in denen die Einzigkeit und Einzelheit jedes Vergangenen im weltgeschichtlich philosophischen Prozeß verdampfte, setzte sich die Geschichtswissenschaft zur Wehr und verwarf darum überhaupt die Tendenz zur begrifflichen Abstraktion.

Für das Problem der Anthropologie ergab sich aus dieser Orientierung zweierlei. Einmal: Wo anthropologisch relevante Tatbestände auftauchten, aus später zu erörternden Gründen vor allem im Bereich der sogenannten Kulturgeschichte, blieben sie, wie bei Gustav Freytag oder W. H. Riehl, ganz in anschauliche Deskription eingebettet; da aber das Anthropologische als solches nur einer kategorialen und strukturellen begrifflichen Analyse zugänglich wird, die die nicht mehr sichtbaren Voraussetzungen eines zu verstehenden Verhaltens heraushebt, blieb es in solcher Deskription verborgen, in seiner spezifischen Art und seiner Bedeutung unerkannt. Zum anderen: Die außerordentlichen anthropologischen Einsichten, die in der konkreten Geschichtsdarstellung Hegels und in einem Teil seiner systematischen Vorlesungen, z.B. in seiner Ästhetik, enthalten sind und die gelegentlich auch bei seinen Schülern noch aufblitzen, z.B. in Gans' Weltgeschichte des Erbrechts, verfielen dem Verdikt der Wissenschaft über die Geschichtsphilosophie und sind darum bis heute unausgeschöpft geblieben. Auch der große Versuch einer anthropologischen Neubegründung der Geschichtswissenschaft, den Karl Lamprecht um 1900 mit den Mitteln der damaligen Sozialpsychologie unternommen hat, ist nicht nur an der zugrundegelegten Wundtschen Psychologie, die schon zu Lamprechts Zeit nicht mehr auf der Höhe der Forschung stand und überhaupt unzureichend war, gescheitert, sondern an seiner geschichtsphilosophischen Voraussetzung, an der Vermischung der historisch-psychologischen Zielsetzung mit dem positivistischen Ansatz, Gesetze des Geschichtsablaufes zu finden und nachzuweisen. Damit gerieten auch die historisch-anthropologischen Einsichten Lamprechts in den Strudel des unhistorisch generalisierenden Konstruktionszwangs, und in der Geschichtswissenschaft sind sie gerade deshalb nicht weiter verfolgt worden. [|354]

Die Kategorie der Individualität hat neben ihrer Erkenntnisfunktion gerade in ihrer Entstehungszeit eine polemische Funktion gehabt, zumal in Verbindung mit der ihr zugeordneten Kategorie der Entwicklung: sie diente der Abwehr der Klassifizierung des einzelnen Tatbestandes zum Fall eines Allgemeinen und der Abwehr von mono- oder plurikausalen Erklärungen historischer Phänomene, also der Erklärung aus einer begrenzten Zahl greifbarer Ursachen bei eindeutigem Verursachungsprozeß. Von daher gesehen ist es die Funktion des Begriffes der historischen Individualität gewesen, die prinzipielle Unendlichkeit der Bedingungen einer historischen Wirklichkeit zur Geltung zu bringen. Innerhalb einer Individualität, auch der eines Volkes oder eines Staates, kommt dabei anstelle des abgelehnten Kausalprozesses der Prozeß der universalen Interdependenz und Integration voll zur Geltung, ohne daß freilich eigens auf ihn reflektiert würde. Je stärker nun sich die auf dem Prinzip der Individualität beruhenden Wissenschaften durchsetzten, desto mehr gewann dieses Prinzip einen von seiner polemischen Funktion unabhängigen und selbstverständlichen Eigenwert. Dadurch ist die Geschichtswissenschaft in stärkerem Maße auf bestimmte Methoden, Darstellungsweisen und Gegenstände festgelegt worden, als es ihrem ursprünglichen Ansatz entsprach. Zwar hat man natürlich konkret immer gewußt, daß die Kategorie der Individualität eine relative oder relationale Kategorie ist, daß es überpersonale Individualitäten gibt, daß es jenseits der Ereignisse länger dauernde Prozesse und Strukturen gibt, die ebenfalls einen individuellen Charakter haben, daß ein Ereignis Teil oder Fall eines größeren Ereignisses sein kann. Völker und Staaten oder bestimmte Institutionen wie Recht oder Kirche und ihre Teilinstitutionen, z.B. das Papsttum, sind auch vom Historismus als Individualitäten höherer Ordnung angesehen worden, die vorwaltenden Tendenzen oder Ideen einer Zeit haben wiederum einen quasi-individuellen Zug gehabt, auch wenn sie nicht schärfer in den Blick genommen wurden. Aber das anschaulich-ganzheitliche, chronologisch fixierte Individuelle und zumal die menschliche Individualität standen doch im Vordergrund. Daher hat die Orientierung des Historismus an der – wie immer gefaßten – Individualität den Blick für anthropologische Phänomene und ihre Wandlungen lange Zeit zurückgedrängt, denn solche Phänomene sind von relativ hoher Allgemeinheit und zeitlich von relativ hoher Konstanz, sie treten nicht selbständig auf, sondern nur als Komponenten oder Grundelemente der die Historiker interessierenden Individualitäten und fallen damit aus seinem Forschungsbereich weitgehend doch heraus.

3

Der vornehmste und eigentliche Gegenstand der Geschichtswissenschaften war und blieb, zumindest in der deutschen historischen Tradition, die politische Geschichte der menschlichen Gemeinschaften, der Völker und Staaten. Die Geschichtsschreibung hat sich zwar vom Schema einer bloßen Ereignisgeschichte durchaus gelöst, sie hat die Geschehnis- [|355] se in ein Geflecht von Institutionen und Ideen eingebettet, sie hat in ihnen allmählich Tendenzen und Prinzipien erkannt, die Kontinuitäten stiften. Die anthropologischen Fragen aber blieben gemeinhin und zunächst ausgespart, Fragen nach der Struktur des Menschen, der jeweils Politik macht, und damit nach der anthropologischen Struktur solcher Politik selbst, Fragen nach dem Verhältnis von Motiv und Zweck im politischen Handeln, nach Art und Grad des politischen Planens und der politischen Prognose, nach dem Stellenwert der Machtantriebe bei den Trägern der Entscheidung, oder überhaupt Fragen nach dem Prozeß der Entscheidung. Die Historiker setzten implizit das Modell eines homo politicus als konstant voraus, und das schien zunächst zum Verständnis von politischem Handeln zu genügen, zumal seit man sich bewußt war, daß sich Inhalte und Ziele politischen Handelns durchaus änderten. Bemerkungen von anthropologischer Relevanz, z.B. über die Bedeutung des Ruhmes als Motiv politischen Handelns oder über wachsende Rationalität dieses Handelns in der frühen Neuzeit, blieben in der politischen Geschichte immer interessant, aber vereinzelt, sie wurden von den professionellen Historikern kaum je zu einem systematischen Fragezusammenhang erhoben.

4

Neben der politischen Geschichte stehen nun freilich andere Bereiche und Frageweisen der historischen Wissenschaften, die wir von Voltaire und Adelung über Burckhardt bis zu Huizinga unter dem Stichwort Kulturgeschichte zusammenfassen können; und diese Kulturgeschichte wurde von ihren Vertretern in langen methodischen Streitigkeiten zumeist im Gegensatz zur politischen Geschichte verstanden, zum Teil als Ergänzung, zum Teil aber geradezu mit dem Anspruch einer „Oppositionswissenschaft", die „eigentliche" Erkenntnis der hintergründigen geschichtlichen Wirklichkeit zu vermitteln. Die Kulturgeschichtsschreibung hat versucht, ein Gesamtbild menschlichen Schaffens und Wirkens und seiner Voraussetzungen zu erarbeiten, und dazu gehörten insbesondere die Denk- und Lebensformen des Menschen. Für unser Problem ist es nun wichtig, daß sie sich dabei vor allem an dem Phänomenbereich orientierte, den Hegel als den Bereich des „objektiven Geistes" beschrieben hat, wobei das, was bei Hegel „absoluter Geist" heißt, mit eingeschlossen wurde, d.h. sie orientierte sich an dem vom Menschen geschaffenen System von Werken und Institutionen, die ihm als „objektive Macht" gegenüberstehen und ihn prägen. Die anthropologische Frage tritt innerhalb der Kulturgeschichte dann insofern in Erscheinung, als es ihr darum geht, die Struktur eines geschichtlichen Menschentums aus den von ihm geschaffenen Systemen zu verstehen und zu erschließen. Burckhardt z.B. hat, vor allem in seiner „Kulturgeschichte Griechenlands", aber natürlich auch in der „Kultur der Renaissance", diese anthropologische Wendung durchaus explizit vollzogen, er suchte die Leidenschaften und Instinkte, die Not und die Arbeit der Menschen in den Bereich der Forschung hineinzubeziehen und ein Bild, und zwar ein begrifflich durch- [|356] drungenes Bild z.B. des griechischen Menschen, ja des griechischen Menschen in den einzelnen Zeitaltern der griechischen Geschichte zu geben. E. Gothein und Huizinga haben in anderen Bereichen Ähnliches geleistet.

Gerade bei Huizinga wird freilich besonders deutlich, daß die Einbeziehung des „Lebensgefühls" in die historische Frage, die Einbeziehung von Lebensidealen, Illusionen, Sehnsüchten und Träumen, sich wesentlich und einseitig an deren Gestaltungen in objektiven Werken, in der Kunst oder in festgelegten Stilformen des Lebens orientiert; und noch stärker wird das in der von Dilthey und seinen Schülern inaugurierten und durchaus anthropologisch orientierten Geistesgeschichte akzentuiert. Die Sache einer historischen Anthropologie ist gerade wegen dieser Einseitigkeit – entgegen dem Ansatz der Kultur- und Geistesgeschichte und trotz der reichen Ergebnisse dieser Forschungsrichtungen – nicht eigentlich weitergekommen. Während noch bei Hegel Kultur und Gesellschaft, Werk- und Sozialsysteme eng, und zwar dialektisch, miteinander verflochten sind, treten sie im Laufe der Einzelforschung des 19. Jahrhunderts immer mehr auseinander. Aus der Kulturgeschichte wird in großem Maße Geistesgeschichte, die die Selbstauslegung des Menschen in seinen Werken, zumal den ästhetischen und weltdeutenden Werken, thematisiert, aber die Bereiche des praktischen Handelns, der Wirtschaft oder der Politik oder auch die mitmenschlichen Umgangsweisen, die Sitten, die einfachen Formen der Welt- und Lebensbewältigung vernachlässigt. Auch der eigentliche Bereich der in Werken präsenten oder objektivierten Kultur wird nurmehr als Ausdruck eines bestimmten Menschentums verstanden, während die Frage, wie diese objektive Kultur den in sie hineinwachsenden Menschen prägt, – vom Biographischen abgesehen – nicht mehr eigens analysiert und reflektiert wird. Das Verhältnis von Kultur und Person wird kaum als Interdependenz, sondern fast einsinnig nach dem Modell des Ausdrucks verstanden. Schon das bedeutet eine wesentliche Verkürzung der anthropologischen Dimension.

Die eigentliche Geistesgeschichte gerät aber darüber hinaus sehr schnell in unlösbare Probleme: mit der zunehmenden Spezialisierung der einzelnen Kulturwissenschaft und der intensiveren Erforschung der Eigengesetzlichkeit der einzelnen Kulturbereiche und der Verschiedenartigkeit der Prozeßgeschwindigkeiten in diesen einzelnen Bereichen wird die Geistesgeschichte zu einer synthetischen Wissenschaft, die den Anspruch auf Synthese weder von der Methode noch vom Gegenstand, der Stileinheit eines Zeitalters her, erfüllen kann. Sie löst sich in Einzelwissenschaften auf. Zwar hat man weiterhin versucht, von diesen Wissenschaften aus oder mit ihrer Hilfe den epochalen Menschentyp eines Zeitraums zu erfassen, diese Versuche, etwa die Konstruktion eines barocken Menschen, konnten aber nicht zum Ziele führen, weil sie Einzelaspekte auf eine fast impressionistische Weise verabsolutieren. [|357]

Auch insoweit die Kulturgeschichte nicht zur Geistesgeschichte verengt ist, bleibt ihr Kulturbegriff an den großen Objektivationen des menschlichen Geistes orientiert, sie ist damit der Gefahr ausgesetzt und ihr vielfach verfallen, daß als Subjekte einer anthropologischen Geschichte eigentlich nur eine schmale Oberschicht von Menschen, die neue objektive Formen der Weltauslegung und allenfalls der Weltbewältigung geschaffen haben, in Frage kommt; die breite Unterschicht, ja selbst die Schicht der in hochstilisierten Formen Handelnden, die bei Burckhardt und Huizinga immerhin noch eine wichtige Rolle spielt, tritt ganz zurück. Diese Tendenzen, die vorwiegende Orientierung an den Objektivationen des Geistes und an der Oberschicht und die einsinnige Interpretation des Verhältnisses von Person und Kultur – haben innerhalb der Kultur- und Geistesgeschichte eine volle Entfaltung des anthropologischen Ansatzes verhindert. Trotzdem ist aber dieser Ansatz, der Versuch, den epochalen Typ des Menschen und seine anthropologische Struktur durch die Interpretation objektiver Gebilde und Institutionen zu erfassen, für den Fortgang der Wissenschaft unverlierbar.

5

Innerhalb der Kulturgeschichte hat freilich auch die Erforschung der Lebensweisen des „Volkes", der unbekannten, sich nicht sprachlich objektivierenden Zeitgenossen, ihrer materiellen Kultur, aber auch der Sitten und Verhaltensweisen, immer eine Rolle gespielt; Gustav Freytag und W. H. Riehl, J. Scherr und G. Steinhausen können als Repräsentanten dieser Richtung gelten. Vor allem war das die Zielsetzung der im 19. Jahrhundert ausgebildeten Wissenschaft der Volkskunde, die ihre anthropologische Intention zwar agrarromantisch und nationalistisch pervertieren oder positivistisch durch Häufung von Stoffen begraben, aber doch nie ganz verleugnen konnte. Es ist die romantische Wurzel des Historismus, aus der sich diese Richtung entwickelt hat: die Überzeugung von einem unbewußten schöpferischen Lebensstrom und die daraus entwickelte Theorie vom schöpferischen Volksgeist als dem zumal die älteren und ursprünglichen Formen der Kultur bestimmenden Faktor. Jacob Grimms Ansatz der germanischen Altertumskunde und Parallelerscheinungen in der klassischen Altertumswissenschaft sind dafür typisch: Sprachen, Sitten und Recht vor allem werden als Ausdruck eines spezifischen Menschentums, eines Weltverständnisses, einer Umweltbewältigung und eines sozialen Verhaltens gedeutet. Freilich hat die Metaphysik des unbewußten Lebensstromes und die religiöse Hinwendung zum Vergangenen als dem Ursprünglichen eine schärfere Reflexion des Verhältnisses von Kultur, Gesellschaft und Person gerade verhindert; nach Auflösung der romantischen Metaphysik verfielen solche Forschungen der puren Deskription und schließlich dem reinen Positivismus, der die beschriebenen Sitten nicht mehr oder nur mit Hilfe einer mechanischen Psychologie zu interpretieren wußte. [|358]

Die anthropologische Fragestellung ist also im 19. Jahrhundert nach Hegel weithin in politische Geschichte, Geistesgeschichte und Volkskunde, gelegentlich zur Kulturgeschichte kombiniert, auseinandergetreten, und auch deshalb konnte sie sich in den Einzelbereichen nicht wirklich durchsetzen. Andere geschichtliche Sondergebiete, die in einer ursprünglichen Nähe zur anthropologischen Frage stehen wie die Geschichte von Rechts- oder von Wirtschafts- und Klassensystemen, haben sich zu reinen Geschichten der objektiven Institutionen fixiert oder eben in Geistesgeschichte aufgelöst. Anthropologie erschien, soweit ihr Problem implizit überhaupt in den Blick kam, als Sache einer niemals oder doch gegenwärtig nicht möglichen Synthese. Sie blieb Außenseitern, Kulturphilosophen, -soziologen etc. überlassen – Spengler ist derjenige, der am großartigsten den Versuch solcher Synthese unternommen hat, aber damit trotz aller Anregung und trotz aller Anerkennung scheitern mußte.

6

Einer der wichtigsten Gründe für das Fehlen einer durchgebildeten historischen Anthropologie scheint mir in der die Geisteswissenschaften von ihrer Begründung an durch das ganze 19. Jahrhundert hin beherrschenden Ontologie zu liegen. Und zwar ist dafür einmal ausschlaggebend der Vorrang der Substanzkategorie vor den Relationskategorien, der auch dann noch beibehalten wurde, wenn Substanz im Gefolge des deutschen Idealismus als Subjekt verstanden wurde. Zum andern ist es die Selbstverständlichkeit, mit der Subjekt und Objekt, Innen und Außen, Eindruck und Ausdruck getrennt wurden. Gerade auf dieser Trennung beruhen letzten Endes die Kategorien der Individualität und der Entwicklung. Alle anthropologischen Probleme, die auf dem Ineinander von Person, sozial-kultureller Welt und Umwelt beruhen und daher allein in ihrem relationalen Charakter zugänglich werden können, werden durch die Hypothese eines substantiellen Inneren verstellt: entweder führt diese Hypothese in unlösbare Probleme der Innen-Außen-Beziehung, oder sie beantwortet anthropologische Fragen vorschnell mit dem Verweis auf jenes substantielle Innere, das als ein Letztes weiterer Erklärung nicht bedarf. Auch die großen kulturellen Objektivationen, ja die überpersonalen Tendenzen wurden vielfach, was im einzelnen zu zeigen hier nicht der Ort ist, unter diesem Schema angesehen; wo die Metaphysik des Geistes dominierte, ist der Geist als Subjekt, als Inneres, das sich ausdrückt, aufgefaßt worden. Die – dialektische oder undialektische – Konstitution dieses Inneren aus der universalen Interdependenz einer Welt ist zwar immer, unter dem Eindruck Hegels vor allem, als Problem gesehen worden, dieses Problembewußtsein hat aber die Grundhypothese nicht aufgehoben.

Die wichtigste Folge dieser Ontologie ist mindestens in den deutschen historischen Wissenschaften gewesen, daß bei dem Versuch, geschichtliches Handeln zu verstehen, die Selbstinterpretation der Handelnden einen auffälligen Vorrang hatte. Auch Institutionen und große [|359] überpersonale Tendenzen wurden vor allem von einer Selbstauslegung der Beteiligten her verstanden. Die Theorie vom Verstehen als der eigentlichen Erkenntnismethode der Geisteswissenschaften setzt ja gerade eine partiale Identität zwischen Verstehenssubjekt und Verstehensobjekt im Medium des sprachlichen Ausdrucks voraus. Die Philologie als Interpretation von Texten steht mit am Ursprung der modernen Geschichtswissenschaft, und ihr Verfahren ist in seiner universalen Anwendung durch jene Ontologie legitimiert worden; die methodische Grundwissenschaft der Geschichtswissenschaft war daher die Hermeneutik. Das Weltverhältnis der im Wort oder in der Diskussion die Außenwelt verarbeitenden und sich explizierenden Gelehrten des 19. Jahrhunderts wird vorgängig zum Interpretationsmodell der Welt überhaupt. Besonders deutlich wird das in der durch Dilthey geprägten Geistesgeschichte: hier wird das dem menschlichen Verhalten und der menschlichen Weltgestaltung zugrundeliegende Welt- und Selbst*verständnis* faktisch zum Selbst*bewußtsein* verengt; die Versuche des späten Dilthey, darüber hinaus zu kommen, haben zunächst keine nachhaltige Wirkung gehabt. Gegenstand der Forschung waren daher nicht die eigentlichen Verhaltensweisen, sondern Auslegungen von Verhaltensweisen, so etwa in dem bedeutenden Buch von G. Groethuysen über die „Entstehung der bürgerlichen Welt- und Lebensanschauung in Frankreich". Aber auch außerhalb der Diltheyschule verfuhr man ganz ähnlich. Franz Schnabel behandelt im 3. Band seiner Deutschen Geschichte im 19. Jahrhundert die Geschichte der Technik, seinerzeit für einen allgemeinen Historiker ein epochemachender Schritt, aber im Vordergrund steht dabei das sich sprachlich explizierende Verhältnis zur Technik. Einer der Vollender des Historismus im 20. Jahrhundert, Friedrich Meinecke, schreibt von der politischen Historie ausgehend politische Geistesgeschichte, er untersucht z.B. nicht das Phänomen der Staatsräson und das korrespondierende politische Verhalten, sondern die Idee der Staatsräson, die Reflexion und Diskussion des Phänomens. Wenn wirtschaftsgeschichtliche Probleme von Historikern mit anthropologischen Interessen angegangen wurden, so wurde wesentlich auf die Wirtschaftsgesinnung und ihren Wandel abgestellt.

Hinter solchen Ansätzen steht die berechtigte methodische Überlegung, daß es zuerst die Auslegungen sind, die uns die Überlieferung zur Verfügung stellt, und weiter die tiefe Einsicht, die den historischen Wissenschaften seit dem deutschen Idealismus unverlierbar eingeprägt ist, daß die menschlichen, gesellschaftlichen und kulturellen Wirklichkeiten in einen Auslegungshorizont eingefügt sind und nur durch diesen vermittelt überhaupt zugänglich sind. Aber: das dialektische Verhältnis von Auslegung und Phänomen und die Transzendenz des Phänomens gegenüber der Auslegung ist dabei nicht gebührend zur Geltung gekommen. Die Selbstverständlichkeiten der Menschen eines Zeitalters, die nur im Han- [|360] deln und im Sichverhalten, aber nicht mehr oder jedenfalls nicht explizit im sprachlichen Ausdruck in Erscheinung treten, konnten darum lange Zeit außerhalb des Gesichtskreises des Historikers bleiben. Diese Haltung hängt wohl geschichtlich damit zusammen, daß die historischen Wissenschaften in polemischer Position gegenüber Versuchen standen, objektive, funktionale Analysen historischer Phänomene vorzulegen, die von Motiven und Absichten, vom Selbstverständnis der Handelnden und der führenden Träger der Institutionen gerade absahen und die unbeabsichtigten Rückwirkungen absichtgeleiteten Handelns in den Mittelpunkt stellten: dem Versuch Hegels mit seiner Konstruktion des Weltgeistes, der erkennbar durch die Handelnden hindurch und über sie hinweg sein Werk treibt, dem Versuch von Marx, die Geschichte ideologiekritisch zu interpretieren, oder den Versuchen soziologischer Geschichtsdarstellung, die von sozialen Funktionen und Wirkungen geschichtlicher Geschehnisse und Systeme, nicht aber von ihrer Genese, ihrem phänomenologischen Charakter und ihrer Selbstauslegung ausgehen. Für die Erkenntnis anthropologischer Probleme ist die Orientierung der Geschichtsschreibung an Selbstauslegung und Selbstbewußtsein deshalb hinderlich gewesen, weil die Fixierung an den sprachlichen oder einen analog verstandenen, z.B. künstlerischen Ausdruck das Eigenartige der anthropologischen Struktur gerade nicht in den Blick kommen ließen. Zudem ist natürlich seit der Vollendung der ideologiekritischen und wissenssoziologischen Methoden eine Geschichte der Selbstauslegung und des als Selbstbewußtsein aufgefaßten und mißverstandenen Selbstverständnisses in ihrem Realitätswert wesentlich beeinträchtigt.

Die Methoden, ein Verhalten, das nicht in Ausdruck und Werken objektiviert ist, auf seinen Sinn und seine anthropologische Bedeutung hin zu befragen, wie sie in der Erforschung schriftloser Kulturen oder Subkulturen in der Ethnologie oder in der Volkskunde entwickelt worden sind, spielten für die eigentliche Geschichtswissenschaft kaum eine Rolle. Ihre vom Boden des Individualitätsprinzips geübte Kritik an den aufgrund der romantischen Metaphysik des unbewußten Lebensstroms sich ausbildenden Erkenntnisweisen hielt sich durch, auch als jene Wissenschaften diese Metaphysik aufgegeben hatten, und führte zu einer gewissen gegenseitigen Abkapselung.

7

Heute aber hat sich die Position der Geschichtswissenschaften gegenüber der Anthropologie und ihren Fragen wesentlich verschoben, so daß ein positiveres Verhältnis möglich scheint. Das Individualitätsprinzip ist in seiner konstitutiven Funktion für Gegenstand und Methode der Geschichtswissenschaften genauer erkannt und darum eingeschränkt worden. Insbesondere ist die Scheu vor Begriff und Abstraktion, die Alleingeltung von deskriptiven Methoden zurückgetreten; zur Erkenntnis der geschichtlichen Wirklichkeit erscheint der heutigen Wissenschaft gerade die begriffliche Analyse anstelle von anschaulicher [|361] Deskription unumgänglich. Nicht die Physiognomie, sondern die Anatomie und Physiologie einer geschichtlichen Erscheinung und eines geschichtlichen Prozesses steht, wenn man vergleichsweise einmal so sprechen darf, im Vordergrund der Forschung. Das hängt auch damit zusammen, daß die begriffliche Analyse im allgemeinen nicht mehr intendiert, einen systematischen Gang der Weltgeschichte oder geschichtliche Gesetzmäßigkeiten zu konstruieren und damit das Individualitätsprinzip als Bindung des geschichtlichen Phänomens an Zeit und Ort aufzulösen. Ebenso ist der relationale Charakter der Kategorie der Individualität anerkannt: die Versuche, Kollektivphänomene oder die Charakteristika von größeren Zeiträumen oder von Sozial- und Kultursystemen zu erfassen oder durch historischen Vergleich Typen herauszuarbeiten, widerstreiten dem individualisierenden Ansatz der Geschichtswissenschaften nicht mehr und gewinnen an Bedeutung; innerhalb einer solchen großen Individualität etwa mit typischen Prozeßabläufen können dann kleinere individuelle Institutionen, Ereignisse oder Prozesse geradezu die Funktion eines Falles des Allgemeinen übernehmen.

Mit der genaueren Erkenntnis des Individualitätsprinzips hat sich eine Änderung der Interessen- und Fragerichtung vollzogen. Die longue durée (F. Braudel), die Struktur, die einer Kultur oder einer Gesellschaft oder ihren Institutionen Konstanz in der Zeit gibt und erst die Sonderart der in ihr sich abspielenden Prozesse ermöglicht, ist eines der Hauptthemen der von Frankreich ausgehenden modernen Geschichtswissenschaft; auch in der amerikanischen Diskussion gibt es schon seit langem Gedanken, die sich in der hier vorgetragenen Richtung bewegen. Eine solche Struktur wird anthropologisch wesentlich durch die Verhaltensformen, die Attitüden, durch ihre institutionelle Fixierung und den Prozeß der Adaption oder En-Kulturation konstituiert. Die darauf gerichteten Untersuchungen fragen daher hinter die Prozesse des Bewußtseins, z.B. hinter die Vorgänge der Wertung, und hinter die Bewußtseinsinhalte zurück, indem sie die mögliche Diskrepanz zwischen Theorie und Auslegung einerseits, dem faktischen Verhalten andererseits mit in Betracht ziehen.

Sofern aber Bewußtseinsinhalte Gegenstand der Forschung sind, versucht man nicht mehr, sie in einer Oberschicht, einer Art kulturellen Avantgarde aufzusuchen, sondern sie gerade in breiten Schichten zu erforschen, versucht eine gewisse Repräsentanz für die untersuchte Gruppe zu erweisen. Nicht das erste Auftreten einer neuen Idee und ihre langsame Umbildung steht wie in der älteren Wissenschaft im Mittelpunkt der Forschung, sondern das Problem, wie sich Neues durchsetzt und zum herrschenden Prinzip, zu geschichtlicher Macht wird und welches die Bedingungen für solches Sichdurchsetzen sind. Die Ideengeschichte wird daher „Sozialgeschichte der Ideen" (Zmarzlik). [|362]

Endlich ist innerhalb der Geschichtswissenschaften auch in ganz anderen Zusammenhängen eine neue anthropologische Fragestellung entstanden: aus den traditionellen Aufgaben hat sich bei der Erforschung älterer Zeitabschnitte, etwa des Mittelalters, die Notwendigkeit ergeben, uns fremde Selbstverständlichkeiten im Bewußtsein und Verhalten der Menschen herauszuarbeiten, Selbstverständlichkeiten, die nicht in Texten greifbar sind, aber zum Verständnis der Texte und ihrer Inhalte vorausgesetzt werden müssen, Selbstverständlichkeiten, die sich z.B. in anschaulichen und zumal ritualisierten Verhaltensweisen oder in Symbolen niederschlagen können. Fragen, wie die nach der Bedeutung des Königsheils, nach den Herrschaftssymbolen oder nach den Lebensordnungen mönchischer Gemeinschaften, können als Beispiel solcher aus der Wissenschaft selbst erwachsener anthropologischer Forschung dienen.

8

Philosophie und philosophische Anthropologie haben inzwischen den Vorrang der Kategorie der Substanz vor den Kategorien der Relation abgebaut. Die Aufklärung der institutionellen Bedingtheit des Verhaltens und der seelischen Aktionen und Reaktionen, die Einsicht in die Institutionen als „Grammatik und Syntax", in denen sich Antriebe und Instinkte des Menschen bewegen, wie Gehlen formuliert, das Verständnis von Kultur als einem System von Bildern und Symbolen, in dem sich alles Handeln bewegt, geht über die substantielle Innen-Außen-Spaltung hinweg; Gehlens Anthropologie setzt darum am Konzept des handelnden Menschen oder an dem des intelligenten Verhaltens an. Eine Trennung von Kultur und Gesellschaft, wie sie noch im 19. Jahrhundert zumal in Deutschland praktiziert werden konnte, ist heute in keiner Wissenschaft mehr möglich. Kultur ist nicht mehr als System geschaffener Werke allein aufzufassen, sondern ist zugleich ein System, das direkt oder indirekt Verhalten schafft. In den USA zumal hat sich die ethnologisch-soziologische Kulturanthropologie herausgebildet, vor allem die sogenannte „Kultur- und Persönlichkeitsforschung", die gruppentypische Persönlichkeitsstrukturen, die Interdependenz zwischen Personen und sozialen Institutionen und den Prozeß der Formung der sozio-kulturellen Persönlichkeit untersucht. Solche Verfahren sind freilich zunächst an schriftlosen und wenig komplexen Kulturen entwickelt worden, wie weit sie auf komplexe Hochkulturen und zumal auf vergangene Hochkulturen angewandt werden können, ist noch fraglich, immerhin gibt es hier für gegenwärtige Gesellschaften wie für archaische Hochkulturen schon interessante Versuche (z.B. H. Frankfort).

Die Soziologie hat bei anderer, nämlich nicht historischer Intention, doch bestimmte Fragestellungen entwickelt, die für eine historische Anthropologie von Bedeutung sind. Sie erforscht soziale Institutionen, die über den Einzelnen Macht haben, das Geflecht von Verhaltensnormen und -formen, von Rollen und Rollenerwartungen, die Attitüden, sie versucht, die Struktur von Kollektiven und sozialen Prozessen über das sozial- [|363] kulturell-determinierte Handeln der Einzelnen und die Beziehungen zwischen den Einzelnen aufzuklären. Der ältere Gegensatz zur Sozialpsychologie ist geschwunden, so daß diese gelegentlich geradezu als ein Teilgebiet der Soziologie angesehen werden kann; die Theorie der Person und des sozialen Handelns steht auf der Tagesordnung oder dem Programm einer modernen soziologischen Theorie (Talcott Parsons). Sofern freilich die Soziologie sich der Geschichte zuwendet, verläßt sie noch zumeist ihre sorgfältig abgesicherten empirischen Methoden und verfährt einigermaßen impressionistisch: sie entwickelt einfache Kontrastmodelle zu ihrem sozialen und anthropologischen Modell, das an der industriellen Gesellschaft und an primitiven Gesellschaften gewonnen ist: das Modell des Menschen der vorindustriellen oder agrarischen Zivilisation oder die Modellvorstellungen von traditions- und innengeleiteten Menschen. Solche Modellvorstellungen haben, da sie auf hochgradigen Abstraktionen aus den Ergebnissen historischer Forschung beruhen, immer einen gewissen Wahrheitsgehalt, sie können zudem den heuristischen Wert projektiver Entwürfe gewinnen. Aber die Modelle und die in ihnen vorausgesetzten Auffassungen der großen universalgeschichtlichen Prozesse erscheinen dem Historiker, auch unter dem Aspekt der Sozialgeschichte, viel zu pauschal, sie sind für alle konkreten Fragen zu vage und zu hypothetisch. Schon die Feststellung, daß es verschiedene plausible Modelle gibt, etwa das zweigliedrige von vorindustrieller und industrieller Gesellschaft oder das Riesmansche von Traditions-, Innen- und Außenleitung, die sich nicht einfach parallelisieren lassen, führt zu einer Fülle von historischen Fragen. Auch innerhalb der Modelle bleiben zentrale Thesen zweifelhaft oder strittig, so wenn Gehlen den Subjektivismus als ein Korrelat des Abbaus von Institutionen in der industriellen Gesellschaft sieht, während viele Historiker, Geistes- und Kirchenhistoriker zumal, ihn gerade vor der Entstehung der industriellen Gesellschaft ansetzen würden. Wie dem auch sei, – die universalgeschichtlichen Exkurse von Soziologen und Anthropologen stellen für die Historiker eine Provokation dar, die sie zu Antworten mit den ihnen eigenen Forschungsmethoden veranlassen könnte und sollte. Zugleich bedeuten die soziologisch-anthropologischen Kategorien und Modellvorstellungen aber entscheidende methodische Hilfsmittel für die Durchführung der hier vorgeschlagenen historischen Anthropologie.

9

Eine historische Anthropologie, wie wir sie hier erörtern, kann sich nicht als Hilfswissenschaft systematischer Grundwissenschaften und keinesfalls als eine besondere neue Wissenschaft verstehen, sondern nur als legitimer Teil der Geschichtswissenschaft. Sie versucht, deren traditionelle Aufgaben, das Verstehen oder genauer: das Erkennen und Begreifen vergangener (und in dem neuen relationalen Sinn: einmaliger) Institutionen, Ereignisse und Prozesse, besser zu lösen, als das bisher geschehen ist, und versucht einige neue Aufgaben, die zwar im Ansatz [|364] des Historismus enthalten, aber aus den erwähnten Gründen nicht entfaltet worden sind, zu formulieren und zu bearbeiten.

Aus dem früher Gesagten ergibt sich zunächst, daß die anthropologische Fragerichtung sich nicht allein mit führenden und die Kultur prägenden einzelnen Menschen befassen kann, sondern mit sozialen Gruppen, und daß sie sich nicht auf die Oberschicht beschränken kann, sondern auch und gerade die Unterschichten behandeln muß. Innerhalb der Wissenschaft, die sich mit der neueren Geschichte beschäftigt, einem Zeitraum, in dem immer breitere Schichten in jeder Hinsicht geschichtsmächtig geworden sind, ist das eine Forderung von absoluter Dringlichkeit. Es muß eine Anthropologie des Bürgertums oder verschiedener bürgerlicher Schichten wie eine des Proletariats oder eine des Bauerntums im Zeitalter des Kapitalismus in Deutschland, in anderen Industrie-Ländern, in Europa etc. geschaffen werden. Es wäre z.B. für die Zeit, in der die Industriearbeiterschaft entsteht, von außerordentlicher Bedeutung, wenn wir die wirklichen Verhaltensweisen und Verhaltensmodelle der Landarbeiter genauer kennen würden; bei der Beurteilung der Frauen- und Kinderarbeit spielen agrarische Modellvorstellungen evidentermaßen eine bedeutende Rolle; die Bedeutung der (marxistischen) Doktrin gerade für die deutsche Arbeiterschaft führt auf die Frage nach den anthropologischen Voraussetzungen dieses Tatbestandes. Die Antwort auf die Frage, wie sich die sehr langsame Änderung der Familienstruktur, wie die Einführung der allgemeinen Schulpflicht und die damit gegebenen Verschiebungen innerhalb der nächsten Autoritäten des Kindes sich ausgewirkt haben, würde uns wirkliche Einsichten in die Veränderungen des Menschen durch die industrielle Revolution unter besonderen sozialkulturellen, nationalen und konfessionellen Bedingungen gewähren. Alle von Soziologen und Historikern benutzten, meist sozialpsychologischen Modellvorstellungen, z.B. über die Korrelation zwischen Bürgertum und Nationalismus, Kleinbürgertum oder Mittelstand und Antisemitismus oder Faschismus würden erst durch historisch-anthropologische Forschungen einen empirischen Boden erhalten, die Theorien der verhaltenprägenden Stereotype und ihre Genese würden damit erst eigentlich historisch fruchtbar. Wahlsoziologische Analysen könnten erst durch solche komplexe Erforschung der Verhaltensweisen einen universaleren Wert gewinnen: hier würde dann der in der Neuzeit so eminent wichtige Zusammenhang von privatem und öffentlichem, politischem und ökonomischem Verhalten, der sonst nur in den großen Zeitromanen aufscheint, wenigstens thematisiert. (Der Verfasser hat das sehr plastisch an zwei kürzlich erschienenen Arbeiten – von R. Heberle und G. Stoltenberg – über das politische Verhalten des Landvolks in Schleswig-Holstein zwischen 1918 und 1933 beobachtet, bei denen alle festgestellten Korrelationen zwischen ökonomischer und sozialer Lage und Wahlverhalten nur durch sozialpsychologische Anschauungen und entsprechende Modelle vermittelt werden [|365] könnten; die anthropologische Einsicht eines Romanciers wie Fallada, der dieselben Verhältnisse in „Bauern, Bonzen, Bomben" beschreibt, so fragmentarisch und subjektiv sie immer sein mag, haben die Historiker vorläufig noch nicht erreicht).

Neben der Einbeziehung der Unterschichten in den historischen Prozeß war es sodann die Frage nach den Verhaltensweisen selbst, die eine historische Anthropologie erfordert, und zwar, sofern man über die Objektivationen des reflektierten Verhaltens hinauskommen will; und diese Frage impliziert die Frage nach dem Zusammenhang der institutionalisierten Verhaltensmodelle mit der anthropologischen Struktur der Einzelperson innerhalb einer Kultur; erst aufgrund dieses Zusammenhangs wird es dann möglich sein, die Individualität des Einzelnen, das Ziel der älteren Geschichtswissenschaft, genauer zu erkennen. Eine solche historische Verhaltensforschung würde sich natürlich über bisher bekannte Sachverhalte hinaus vor allem mit psychischen Tatbeständen zu befassen haben und also die Aufgabe einer historischen Psychologie erfüllen, die historischen Variationen des Psychischen, der Strukturen, der Anomien usf., und ihrer Genese aufzuhellen suchen. Untersuchungen etwa über die Affektstruktur geschichtlicher Menschengruppen, von der wir gemeinhin nur flüchtige Impressionen aus zufälligen Quellen haben, oder – bei allen Schwierigkeiten, die psychoanalytische Modelle mit sich bringen – Untersuchungen über Art und Bedeutung der Angst oder der Aggressionen und Hemmungen würden in diese Richtung zielen. Gerade das letzte Thema würde aber nur im Zusammenhang mit dem den Menschen in einer konkreten Gesellschaft begegnenden Kampf- und Arbeitssituationen behandelt werden können und damit wäre der sozial-kulturelle, ja der anthropologische Charakter einer solchen Untersuchung evident. Gute Biographien haben Entsprechendes natürlich immer schon versucht, ohne es aber auf die Ebene einer gruppentypischen Repräsentanz zu erheben. Auf andere Probleme, wie eine anthropologische, d.h. analysierende Geschichte des moralischen Verhaltens, die ja von den häufigen Geschichten der moralischen Ansichten unterschieden werden muß, eine Geschichte der Familie, der Verbrechen oder des Verhaltens zum Tode soll hier eben nur hingewiesen werden. – Wenn wir z.B. lesen, wie Karl Ludwig Sand sich 1820 auf die „Feier" seiner Hinrichtung vorbereitete und wie die Menge der Anwesenden darauf reagierte, seine Blutstropfen auffing, sich um abgeschnittene Locken stritt, wie der Henker aus dem Schafott in seinem Weinberg in Heidelberg ein Haus baute, so ist es wohl zu wenig, wenn wir, wie üblich, dergleichen nur deskriptiv mitteilen oder von archaischen oder massenpsychischen Zügen im bürgerlichen 19. Jahrhundert sprechen. Hier hätte eine genauere Analyse dieser anthropologischen Struktur und des Problems der öffentlichen Hinrichtung – und auch ihres Verschwindens – gerade in der Übergangsphase der industriellen Revolution anzusetzen. [|366]

Endlich hat sich als Ziel einer historischen Anthropologie schon ergeben, daß es ihr darauf ankommt, den Prozeß der En-Kulturation, der Formung der Person durch die sozial-kulturellen Institutionen, zu erhellen; auch hier spielen natürlich psychische Realitäten: der Zusammenhang von Familienstruktur, Eltern-Kindbeziehung, Autoritäts- und Gewissensbildung usf., eine wesentliche Rolle. Die Soziologisierung und Historisierung der Psychoanalyse, jedenfalls für den Zeitraum unseres Jahrhunderts, hat hier schon wertvolle Hilfe geleistet. Eine historische Erziehungswissenschaft, die sich nicht mehr auf pädagogische Theorien und auf organisierte Erziehung beschränken würde, sondern die erziehende Wirkung einer sozial-kulturellen Welt überhaupt analysieren würde, wäre von außerordentlicher anthropologischer Bedeutung. Eines der wenigen Bücher, die in die angegebene Richtung weisen, J. H. van dem Bergs „Metabletica" (im deutschen Untertitel: „Über die Wandlung des Menschen. Grundlinien einer historischen Psychologie") ist nicht zufällig das Buch eines Pädagogen und stark an einer Jugendanthropologie orientiert, ähnlich wie jetzt H. H. Muchow in seiner Morphologie der Kulturpubertät („Jugend und Zeitgeist").

Soweit bisher erörtert, würden die anthropologischen Fragen und Ergebnisse die Ereignis- und Strukturgeschichte – mehr oder weniger wesentlich – ergänzen können, sofern wir jedenfalls die Zeit eines vermuteten anthropologischen Umbruchs im 18. und 19. Jahrhundert, vielleicht auch schon im 16. und 17. Jahrhundert im Auge behalten. Es ergibt sich nun aber die Frage, wie weit anthropologische Untersuchungen noch eine andere Funktion in der Geschichtswissenschaft übernehmen könnten, nämlich eine integrierende Funktion. Wir haben früher schon dargestellt, wie die ursprünglich anthropologische Frage, die auch hinter den geschichtlichen Geisteswissenschaften stand, sich aufgelöst hat in den Aufspaltungen dieser Wissenschaft, von denen wir die politische Geschichte, die Geistesgeschichte und ihre Einzelgebiete und die Volkskunde genannt haben. Die Frage ist, ob ein neuer anthropologischer Ansatz die divergierenden Gebiete zusammenschließen könnte, oder besser, ob ein solcher Ansatz eine Möglichkeit für eine realisierbare Integration bieten würde oder nur eine weitere Vermehrung von historischem Material bringen würde. Hält man eine Integration für möglich, so müßte z.B., wenn das Beziehungsgeflecht zwischen Kultur und Person untersucht wird, abgeschätzt werden, welchen Stellen- oder Funktionswert die primären und die sekundären, höheren Kultursysteme in der Konstitution der Person haben, und gefragt werden, ob sich genauere Begriffe über die Interdependenz einzelner Kultursysteme entwickeln lassen; es könnte sich aus dieser Fragestellung dann eine neue Synthese der Teilbereiche ergeben. Freilich wird das nur in bestimmten Zeitabschnitten und nur aufgrund der sehr komplexen Zusammenfassung schichtspezifischer Untersuchungen möglich sein; denn die [|367] einzelnen sozialen Schichten stehen natürlich zu den komplexen und abgehobenen Bereichen des institutionalisierten Handelns, etwa zur Politik oder zur künstlerischen Kultur, in einer sehr unterschiedlichen, wesentlich klassenbedingten Nähe oder Distanz, und diese Distanzen sind einem historischen Wandel unterworfen. Immerhin ließe sich vielleicht ein elementares Grundgefüge für einzelne Gruppen und Zeiträume doch ermitteln. Damit könnte eine anthropologische Geschichtsschreibung ohne synthetische Reihung der verschiedenen Lebens- und Kulturgebiete und ohne morphologischen Konstruktionszwang ihre Aufgabe erfüllen, vergangenes Dasein des Menschen in der Welt in seiner dialektischen Totalität oder Interdependenz zu begreifen.

10

Damit sind wir aber schon in der Erörterung der eminenten Schwierigkeiten, die der hier diskutierten Anthropologie entgegenstehen. Denn ihre Wünschbarkeit entscheidet natürlich so wenig über ihre Möglichkeiten wie der Nachweis, daß eine Reihe von Hindernissen, die ihr früher entgegenstanden, heute nicht mehr bestehen.

Die erste Schwierigkeit liegt darin, hinreichend aufschlußreiches Quellenmaterial für entsprechende Untersuchungen zu beschaffen. Der Historiker hat es nicht mit befragbaren und beobachtbaren Menschengruppen zu tun, sondern mit der fragmentarischen Überlieferung, und gerade in bezug auf das Selbstverständliche einer Zeit und auf gruppentypische Züge ist die Überlieferung schweigsam. Immerhin gibt es gerade in den komplexen Gesellschaften und den differenzierten Gesellschaftsschichten der europäischen Neuzeit ein reiches Material von Selbstzeugnissen und Fremdbeobachtungen, z.B. Reiseberichte und Berichte von Angehörigen anderer Klassen und Stände, etwa der Dorfpfarrer über die Bauern usf., die sich gegenseitig ergänzen und korrigieren; in der Überlieferung ist eine Fülle alltäglicher Sachverhalte, alltäglicher Verhaltensweisen des handelnden Zugriffs und des Umgangs mit Menschen und Sachen, der Lebens- und Erlebnisstrukturen gleichsam beiläufig aufbewahrt, die eine reflektierende Analyse aus dem Kontext der Anschauungen herauszuheben vermag. Gerade die Interpretation von Institutionen und von sprachlosen Verhaltensweisen auf das zugrunde liegende Weltverhältnis hin ist eine wesentliche Aufgabe, und die in anderen Bereichen der Historie dafür ausgebildeten Methoden lassen sich auch auf die Neuzeit anwenden. Die eigentliche Schwierigkeit besteht wohl darin, wie man die Repräsentanz eines gesammelten Materials sichern kann, um über die bloßen Impressionen hinauszukommen. Davon sind wir vorläufig noch weit entfernt und eine Sicherung der Repräsentanz ist erst von einer Fülle von Einzelstudien oder ihrer Zusammenfassung im Team-Unternehmen zu erwarten. Erst wenn Umfang und Repräsentanz des Materials hinreichen, kann man zum eigentlichen Geschäft der historischen Anthropologie übergehen, nämlich sinnvolle Korrelationen herzustellen, sinnvoll die Bedeutung der [|368] verschiedenen steuernden Faktoren im Aufbau einer anthropologischen Struktur und einer Lebenswelt zu untersuchen.

Ein zweites Problem besteht darin, daß bei der Interpretation, ja in gewisser Weise schon bei der Sammlung überlieferten Materials anthropologische Modelle angewandt werden, die sich aus Beobachtungen der Gegenwart und systematischen Theorien der Gegenwart ergeben haben und die die erfragten Bedingungen für eine festgestellte Korrelation von Verhaltensweisen oder von Verhalten und Umwelt angeben. Es ist bekannt, wie stark z.B. die amerikanische Kultur- und Persönlichkeitsforschung von psychoanalytischen Modellen geleitet ist, und wie sehr sie damit auch dem Wechsel der psychoanalytischen Theorien unterworfen ist. Die Anwendung solcher Theorien auf geschichtliche Überlieferung – neuerdings auch in biographischen Arbeiten, so in Büchern von E. Ericson über Luther und von L. Edinger über K. Schumacher – ist außerordentlich problematisch, weil das historische Material auf entsprechende Fragen keine ausreichenden Antworten ermöglicht und damit der Spekulation zuviel Raum läßt, und weil eine methodische Reflexion die sozial-kulturelle Bedingtheit dieser Theorien feststellt und ihre Anwendung auf vergangene Wirklichkeit einschränkt. Sofern man die Relativität von Modellvorstellungen und die besonderen Schwierigkeiten der Verifikation an historischem Material im Auge behält, sofern man daher mit verschiedenen möglichen Modellen arbeitet, wird man den heuristischen Wert solcher Modelle auch in der historischen Forschung wohl ausnutzen können. Erforderlich ist jedenfalls, da alle Einzelforschungen in der Geschichtswissenschaft bestimmte systematische Grundwissenschaften voraussetzen, um überhaupt Fragen und Begriffe zu ermöglichen, daß jetzt neben die älteren systematischen Hilfswissenschaften der Geschichtswissenschaft, Philologie, Jurisprudenz, Politik, Theologie und Nationalökonomie, die Anthropologie tritt und man sich systematisch mit ihr beschäftigt.

Wie weit für historisch-anthropologische Verhaltensforschung quantifizierende Methoden anzuwenden sind, ist noch offen; es ist aber innerhalb des herrschenden Trends zur quantifizierenden Methode notwendig, auch die Bedeutung etwa nicht quantifizierbarer Tatbestände für eine historische Anthropologie und die Darstellung einer historischen Welt exakt zu reflektieren, um ein einseitiges Überwiegen der quantifizierbaren Wirklichkeit in den gesicherten Resultaten der Wissenschaft abzuwehren. Auch ohne Quantifizierung wird aber die komparative Methode bei den hier diskutierten Untersuchungen eine entscheidende Rolle spielen: denn der Vergleich, und zwar der komplexe, mehrseitige Vergleich erst läßt eine Analyse der Bedeutung einzelner Faktoren in einer sozial-kulturellen Welt und ihren Verhaltensprinzipien zu.

Es bleibt natürlich die Frage, ob es überhaupt möglich ist, das Ganze einer komplexen Kultur begrifflich zu erfassen, ob ein solcher Ver- [|369] such sich nicht soweit von den Einzelbereichen löst, daß er abstrakt und unspezifisch wird oder nicht mehr zu verifizieren ist – aber diese Frage ist endgültig nur vom Ergebnis konkreter Untersuchungen her zu entscheiden. Besonders kompliziert ist hier das Problem der Phasenverschiebung in der Entwicklung einzelner Kulturbereiche, des cultural lag, des verschiedenen Tempos einzelner Entwicklungen und damit des Ungleichgewichts in einer Gesamtkultur, der Verfrühungen und Verspätungen. Neben dem häufig festgestellten Vorlaufen der Technik vor der Änderung sozialer Verhaltensweisen, einem Phänomen, das sich im Zeitalter der Entstehung der Technik wieder sehr anders, ja fast umgekehrt, darstellt, neben den Diskrepanzen zwischen privatem, z.B. familiärem, und politischem oder ökonomischem Verhalten, aber auch zwischen ökonomischem und politischem Verhalten selbst scheint mir hier besonders die Fortdauer älterer Normvorstellungen und Sprachfiguren, der Traditionalismus im Denk- und Sprachzwang einer Gruppe von Bedeutung, ein „Nachhinken" der Sprachgebung gegenüber den schon veränderten Vorstellungen, das dazu führt, daß die konkreten Verhaltensweisen in Selbstaussagen so häufig von traditionellen Vorstellungen überlagert und verdeckt werden.

Damit hängt schließlich zusammen das schon erwähnte Problem des Vorranges des Selbstverständnisses in der historischen Forschung. Eine historische Anthropologie wird die historische Methode des Verstehens, der Orientierung an der

Selbstinterpretation, dem Sinnverstehen und der Genese mit der soziologisch-ideologiekritischen, vergegenständlichenden Methode der funktionalen oder strukturellen Analyse verbinden müssen. Historische Forschung, die den Sinn einer gelebten Lebenswelt zu erschließen sucht, kann weder die dogmatische Fassung solchen Sinnes durch die Zeitgenossen einfach übernehmen, noch aber diesen subjektiv gemeinten Sinn ausschließen und die handelnden Menschen damit in den Zusammenhang gesetzmäßiger Beziehungen vergegenständlichen. Der Absatz an den Vorrang des als Selbstbewußtsein gedeuteten Selbstverständnisses kann darum keineswegs dazu führen, geschichtliches Verhalten von Menschen aus dem Horizont dieses Selbstverständnisses und der Selbstauslegung ganz herauszunehmen: geschichtliche Phänomene sind uns nicht nur lediglich in diesem Horizont überliefert, sondern sie haben auch ihr Sein immer in einem solchen Horizont. Die funktionale Analyse und alle ähnlichen Analysen haben daher zunächst eine wesentlich korrektive Bedeutung für die traditionellen historischen Methoden und müssen in einem dialektischen Zusammenhang mit der Methode des Verstehens gesehen werden.

11

Ich hoffe, daß diese Überlegungen sich überflüssig machen werden. Es gehört zur Signatur eines Zeitalters der Reflexion, daß die methodischen Überlegungen nicht im Nachhinein sich schon vollziehende wissenschaftliche Forschung verifizieren und tiefer begründen, sondern [|370] daß sie vorweg Wünsche und mögliche Wege in ein noch unbekanntes Land der Vermutungen entwerfen. Konkretion erhalten solche formalen Entwürfe aber erst, wenn durch wirkliche Arbeit an den Sachen die Möglichkeit und die Fruchtbarkeit von Postulaten mindestens in einem Teilbereich aufgezeigt ist. Erst in konkreten Untersuchungen wird über Möglichkeit und Wert historischer Anthropologie entschieden. Eine Reflexion wie die hier vorgetragene kann für solche Untersuchungen höchstens ein zusätzlicher Anstoß und ein Schritt der Selbstklärung sein.

ZUM PROBLEM EINER GESCHICHTLICHEN ANTHROPOLOGIE

von Alfred Heuß

1. Orientierung

Über „geschichtliche Anthropologie" kann man sich nur problematisch äußern. Es gibt keine Wissenstradition für sie, und noch weniger kann in bezug auf sie von irgendwelchen festen Ergebnissen die Rede sein. Angesichts der Existenzphilosophie und der von ihr beschworenen „Geschichtlichkeit" des Menschen mag dies ein wenig merkwürdig erscheinen, doch ist an der Tatsache wohl kaum vorbeizukommen. Wilhelm Dilthey zählt zwar zu den geistigen Ahnen von Heidegger, aber Diltheys (oft von ihm variierter) Satz: „Der Mensch erkennt sich nur in der Geschichte, nie durch Introspektion"[1] ist von der Existenzphilosophie nicht zu ihrer Grundlage gemacht worden. Denn eben, was hier von Dilthey negiert wird, die „Introspektion", ist die Methode existenzphilosophischer Überlegungen. Dilthey selbst dachte an die Erfahrung von der Geschichte in ihrem breitesten Umfang, an die „geschichtliche Welt", und es läge deshalb nahe, in dieser Behauptung den Verzicht auf eine spezifische Bestimmung des geschichtlichen Menschen, d.h. auf seine Bestimmung als eines Gegenstandes, der nicht einfach die mögliche Summe aller historischen Erkenntnisse im einzelnen wäre, ausgesprochen zu sehen. Der schlechten Erkenntnistheorie der Geschichte, welche sich damit begnügt, ihre Erkenntnis ausschließlich auf das Individuelle in ihr zu beziehen, also dem, was der südwestdeutsche Neukantianismus Windelbands und Rikkerts herausgestellt hat und was im Kreise der Historiker lange unbestrittene Geltung besaß (Meinecke in seinem Historismusbuch steht ganz auf dieser Grundlage), würde diese Auslegung entsprechen. Dilthey selbst hat hier wohl anders gedacht. Ihm schwebten generelle Aussagen über die Geschichte vor, Aussagen, welche sich auf einen bestimmten Gegenstand, „das Leben", bezogen und die in ihm eben den Stoff der Geschichte in seiner Gesamtheit erfaßten. Erkenntnismittel sollte die von ihm als eigenständig (d.h. unabhängig von der naturwissenschaftlichen Elementenpsychologie) gedachte, beschreibende und zergliedernde Psychologie sein. Diese weniger formale und vor allem den Bedeutungsgehalt psychischer Zusammenhänge einbeziehende Betrachtungsweise nennt er gelegentlich auch „konkrete Psychologie, Anthropologie".[2] Es ist zwar anzunehmen, [|151] daß diese Vorstellung ihm zusammenfließt mit seinem großen Projekt einer gei-

---

1 W. DILTHEY, Der Aufbau der geschichtlichen Welt in den Geisteswissenschaften. Ges. Schriften VII, 2. Aufl. hrsg. von B. GROETHUYSEN, Leipzig 1942; 5. Aufl. Stuttgart 1968, 279.
2 Ebd., 239.

steswissenschaftlichen – und das ist bei ihm immer zugleich auch eine geschichtliche – Erkenntnistheorie, aber auch diese stellte er sich ohne gewisse generelle und dabei doch auch inhaltlich auf die Geschichte bezogene Aufstellungen nicht vor, und so mag man denn ruhig der Sache nach eine geschichtliche Anthropologie in den ruhelosen und nie zum Ziel gelangten Überlegungen Diltheys um eine Grundlegung der Geisteswissenschaften angesetzt finden.

Diese Bemühungen sind über Dilthey kaum hinausgeführt worden, wie sie bei ihm selbst sich auch nicht richtig niedergeschlagen haben. So kommt man deshalb zur Bezeichnung der wissenschaftlichen Situation um das Geständnis nicht herum, daß sowohl wissenschaftsgeschichtlich wie logisch gesehen noch kein Weg von der Geschichtswissenschaft zu einer geschichtlichen Anthropologie führt. Der „Mensch in der Geschichte", die „Geschichtlichkeit des Menschen" bedeutet gewiß eine Anweisung zu beliebiger Reflexion, aber nicht einen systematischen Aufriß, der sich auf das empirische Substrat geschichtlicher Forschung bezöge.

Diese Mißlichkeit ist kein Zufall, denn „Anthropologie" ist nicht nur als eine systematische Disziplin Antipode der Geschichtsschreibung, sie ist es ebenso hinsichtlich ihres traditionellen Gegenstandes. Dieser besteht bekanntlich in erster Linie in der physischen Beschaffenheit des Menschen, also in seiner körperlichen Struktur, wozu dann auch die typischen Variationsformen, d.h. die menschlichen Rassen, gehören. Von da aus weitergehend hat man früher auch die Lebensverhältnisse der Naturvölker zur Anthropologie gerechnet. Beide Erscheinungswesen der Art waren dadurch miteinander verknüpft, daß sie Daten umfaßten, die gleichsam außerhalb der Zeit liegen. Für die Anatomie des Menschen war das vor Darwin selbstverständlich, bei den „Wilden" sorgte der Schein für den Eindruck, daß sie keinen geschichtlichen Wandel kennen und obendrein sich in ihren Gewohnheiten ziemlich ähneln. Läßt man für die Anthropologie den ethnologischen Bereich in diesem Sinn fallen, wie man spätestens seit Bastian es halten muß, so besteht auch heute noch bei der Anthropologie des Menschen als Naturwesen keine Möglichkeit, von ihm zum historischen Wesen Mensch zu gelangen, so unbekümmert dies vielleicht auch noch dieser oder jener Darwinist tun mag, wenn er die Phylogenese des Menschen nahtlos in seine Urgeschichte übergehen läßt.

Grundsätzlich geändert hat sich die Situation jedoch durch die moderne philosophische Anthropologie, welche sich als solche, [|152] d.h. als das Wissen vom Menschen als einem Totum konstituiert, und weder auf seinen physischen Habitus allein noch lediglich auf den Menschen als reines Geistwesen abzielt. Diese Grundlegung geschah unter merkwürdiger Gleichzeitigkeit durch Max Schelers „Stellung des Menschen im Kosmos" und Helmut Plessners „Die Stufen des Organischen und der Mensch", beide im Jahre 1928 erschienen. Die Auffassungen der zwei Autoren weichen in wichtigen Punkten voneinander ab, haben dies jedoch gemeinsam, daß sie den Menschen auf dem Hintergrund des Lebendigen überhaupt, also von Pflanze und Tier sehen und seine Gestalt durch Herausarbeitung und mannigfachen Unterschiede zu jenen beiden zu gewinnen suchen. Möglich geworden ist diese Wendung durch wichtige Beobachtungen der Naturwissenschaften selbst auf diesem Feld, und in Gang gehalten wurde sie durch eine weitere Intensivierung dieser Forschungsrichtung in den folgenden Jahrzehnten.

Die besondere Position Arnold Gehlens in der Philosophie ist unter anderem durch die bewundernswerte Energie bestimmt, mit der er dieses Material immer wieder bearbeitet und durchdacht hat.

Da es sich hier weder um eine Geschichte der philosophischen Anthropologie noch um eine Diskussion ihrer Ergebnisse handeln kann, braucht nur ins Auge gefaßt zu werden, wo ihre Kontaktstellen mit der Geschichte bestehen. Bei Plessner werden sie ausdrücklich bezeichnet, indem in seinem Aufriß die Produktivität des Menschen, welche nur eine geschichtliche, d.h. sich in der Zeit vollziehende, sein kann, von vorneherein eingebaut und dabei doch gegen die Ansprüche eines Bewußtseinsabsolutismus abgeschützt wird. Auch Rothacker hält seine von dieser Seite nicht unbeeinflußten Studien zur Anthropologie nach der geschichtlichen Seite offen. Gehlen teilt mit seinem Vorgänger die Vorstellung des Menschen als eines offenen Wesens. Es ist bei ihm „polyzentrisch", bei Plessner „exzentrisch", bezeichnet aber die „Geschichtlichkeit" nicht als sein konstitutives Element. Das hängt wahrscheinlich mit der erstaunlichen Stringenz zusammen, mit der Gehlen jede an den Menschen als ein „Geistwesen" erinnernde Begrifflichkeit vermeidet. Der Sache selbst jedoch kann er nicht ausweichen, wenn er sie auch nicht in das Licht der Geschichte stellt. Seine von dem französischen Juristen Hauriou inspirierte Institutionenlehre, der er ein ganzes Buch gewidmet hat, kann nur verstanden werden als die Festlegung des Menschen auf eine Ausstattung, die ihn im Zuge ihrer Weiterbildung zum Gang durch die Geschichte befähigte. Es hängt mit Gehlens kulturkritischer Einstellung zusammen, daß er von dieser Wanderung lediglich [|153] Anfang und Ende, den Urmenschen und die Spätzivilisation, bezeichnet und das dazwischenliegende Feld nur aphoristisch berührt. Doch fällt ihm selbstverständlich nicht ein, es zu leugnen, und die ihm – mit Recht oder mit Unrecht – imputierte Aversion gegen die Geschichte läßt ihn jedenfalls nicht den Irrtum begehen, es prinzipiell zu bestreiten.

Etwas anderes ist die Frage, ob sein methodisches Ideal, den Menschen, so lange es irgendwie geht, ausschließlich von den Begriffen der Verhaltensforschung her zu definieren, genauer: von einer Fortbildung von deren Begriffen in bezug auf den Menschen, für eine anthropologische Analyse der historischen Phänomene ausreicht. Der Folgerichtigkeit und der Intensität seines Denkens, mit der Gehlen sein Vorhaben ins Werk setzt, kann kein billig Denkender die Anerkennung eines seltenen Experimentes versagen, und er wird dies um so mehr bekennen, wenn ihm selbst die Dienste in dem ganzen von ihm gewünschten und vielleicht von Gehlen gar nicht intendierten Umfang nicht geleistet werden.

Gehlen hat seiner philosophischen Anthropologie den Begriff der menschlichen Handlung zugrunde gelegt, und zwar nicht nur als eigenständige Größe unter anderen, sondern gleichsam als Absolutum, als Gegeninstanz zu einer auf den Geist rekurrierenden Anthropologie. Dieser pragmatische Ansatz ist zweifellos fruchtbar, und zwar deshalb, weil das aus ihm entwickelte Vorstellungsmodell sich ausgezeichnet dazu eignet, zur Typik der „natürlichen" Verhaltensfiguren in einen möglichst voraussetzungslosen Rapport zu treten und in der Kommensurabilität mit jenen sozusagen an einem Minimum die grundlegende Abweichung menschlichen „Verhaltens", welches kein „Verhalten" mehr ist, sondern eben

Handlung, zu demonstrieren. Wie alle Überlegungen, die sich aus solchem Einstieg ergeben, haben auch Gehlens Ausführungen den Reiz frappierender Leuchtkraft. Bei Gehlen ist ihre Wirkung um so plastischer, als er die humanen Bezüge nicht nur von den tierischen per exclusionem abhebt, also durch die bloße Negation, sondern ihnen ein eigenes, kommensurables Profil verleiht. Der Mensch als „Mängelwesen" in der von Herder entliehenen und von Gehlen weitgehend approbierten und auf seine Weise sich zu eigen gemachten Terminologie, ist vorzüglich geeignet, die Zusammenhänge, die hier und dort im Lebendigen, beim Menschen und außerhalb seiner, bestehen, ins Bewußtsein zu heben.

Freilich ist deshalb noch nicht ausgemacht, ob damit auch schon die Verklammerung beider Größen gewonnen wird und der Mensch tatsächlich auf seine Wurzeln zurückgeführt ist, wenn [|154] seine Sonderheit möglichst in der Sprache der Verhaltensforschung bzw. in deren Sprachstil formuliert wird.

Die Sache hat nämlich darin ihre Schwierigkeit, daß Gehlens Handlungsbegriff viel komplexer ist als seine Ansiedlung auf dem Territorium des tierischen Verhaltens vermuten läßt. Er ist eminent beziehungsvoll und vermag im Grunde dadurch die gesamte Humanität in sich unterzubringen. Sowohl die Eignung des Menschen zu gegenständlicher Apperzeption, also der Nukleus des „Erkennens" und damit der Index der sogenannten „geistigen" Aktualität, wie sogar der Schritt zur „metaphysischen" Erhöhung, die „Ideation", wie Gehlen sagt, die nach ihm über die Religion zu sozialen Institutionen führt, werden von diesem Handlungsbegriff umschlossen oder wenigstens einbezogen. Selbst bei der sinnfälligen Aneignung „natürlicher" Werkzeuge durch den Menschen bringt Gehlen ein vorbereitendes sachliches, nicht praktisches Interesse ins Spiel, und wenn Gehlen das menschliche Erkennen in die kreatürliche Motorik einläßt, dann ist auch dies kein bloßer Ablauf, sondern im Grunde nichts Geringeres als der Prozeß der Synthesis einzelner gegenständlicher Erkenntnis- bzw. Wahrnehmungsakte.

Mir scheint, der Gehlensche Handlungs- und Institutionenbegriff ist vorzüglich geeignet, gewisse fundamentale Verhältnisse des Humanum aufzuschlüsseln, wie schon seine Aktualität angesichts des heute wieder modisch gewordenen Rousseauismus beweist. Daß der Mensch sich nicht auf Natur schlechthin berufen kann und seine „Natur" vielmehr „Kultur" ist, dieser Satz Gehlens liegt jedem Umgang mit der Geschichte als die selbstverständlichste Prämisse zugrunde, und man kann sich als Außenstehender, d.h. als mit den gegenwärtigen Strömungen der Soziologie wenig Vertrauter, nur wundern, daß dergleichen zu betonen nach anderthalb Jahrhunderten Geschichtswissenschaft notwendig ist. Daß die von unseren Neomarxisten perhorreszierte „Entfremdung" desgleichen zur Baugesetzlichkeit des geschichtlichen Menschen gehört, ist nicht minder eine Grundwahrheit, die Gehlen mit Recht hervorhebt und welche einer geschichtlichen Anthropologie einzuverleiben es keiner besonderen Bemühung bedarf, da sie, sofern es eine solche Anthropologie gibt, zu ihren ganz elementaren Sätzen zählen müßte.

Dagegen scheint Skepsis geboten bei der Frage, ob man auf der Basis einer konsequenten Operation mit Begriffen der Verhaltenslehre, auch bei ihrer ingeniösen Fortbildung auf den Menschen hin, wie sie Gehlen vorgenommen hat, das Organon ge- [|155]winnt, durch das die menschlichen Verhältnisse in ihrer Ursprache zu sprechen beginnen, und ob man mit der von ihm konstruierten Leiter die Plattform ersteigt, von der aus ein elementarer Aufriß der Menschlichkeit in Frontalansicht erkennbar wird und nicht lediglich ein partieller Aspekt von ihr. Der Handlungsbegriff Gehlens ist nicht zufällig aufgeladen mit Sinnelementen, die von seinen Voraussetzungen allein her nicht verständlich sind, oder zumindest in dem, was sie besagen, sich von ihm nicht ableiten lassen. Dies ist erst recht so, wenn man sich auf Widerspiel von Trieb und seiner auslösenden Korrespondenz in der Außenwelt einläßt und mit Gehlen feststellt, daß beim Menschen dieser Kontakt nicht von selbst funktioniert, die Triebe über keine festen Instinktbahnen laufen, vielmehr „unspezifisch" sind, infolgedessen von diesen nicht abgeleitet werden können und deshalb als Überschuß freigesetzt und nun der menschlichen „Verarbeitung" zugeführt werden. Je nachdem komme bei ihr eine „Handlung", also ein vernünftiger und verstehbarer Vorgang, heraus, nicht in geradliniger Transposition des Antriebes, sondern erst jenseits eines Hiatus, vor dem jener sozusagen gestaut wird. Diese Analyse mag nun stimmen oder nicht – es spricht wohl sehr viel für jene Alternative –, das was bei dem zugrundegelegten Prozeß herauskommt, findet trotzdem nur teilweise eine Erklärung durch die Analyse. Was nämlich in der Handlung geschieht, wohin sie zielt, in welchem Zusammenhang sie einmündet und vieles andere, wird durch diese Herleitung unberührt gelassen. Man muß deshalb wohl eher sagen, daß diese Analyse überhaupt erst einsichtig wird und etwas besagt, wenn man stillschweigend bestimmte Voraussetzungen macht, die von ihr gar nicht berührt werden. Der in Gang gesetzte Mechanismus vermag wohl eine beliebige Handlung als Effekt zu bewirken, sie jedoch erzeugen in dem Sinne, daß sie als Handlung in ihrem vollen Inhalt, samt ihrer konkreten Sinnhaftigkeit geschaffen wird, kann er nicht. Das ist wie bei der Freudschen Triebsublimierung. Auch zugegeben, daß sie stattfindet und der Sexualtrieb „verdrängt" wird, so ist noch lange nicht einzusehen, daß der Trieb sich gerade in „Kultur" umsetzt. Solcher Rekurs auf eine schaffende Kraft kommt nie darum herum, das, was er als deren Produkt erklären will, in seiner Eigenart erst einmal vorauszusetzen und damit der gestellten Frage zu entweichen.

Gehlen teilt hier das Schicksal aller Kulturentstehungstheoretiker in alter und neuer Zeit, wenn er die Stiftung einer menschlichen Gesittung im Grunde unter bereits gesitteten [|156] oder zumindest zur Gesittung angelegten Menschen stattfinden läßt, welche imstande sind, um hier auf einen bekannten Typus von Gründungsmythen zu rekurrieren, auf einen Lehrer zu hören, oder, auf einem anderen Gebiet, einen Staat auf Vertragsbasis zu gründen, obgleich sie noch gar nicht wissen dürften, was ein Vertrag ist, da dieser eine Ingredienz des erst herbeizuführenden Zustandes bedeutet. Die menschlichen Institutionen, zumal die sozialen, stellen gewiß, mit den Augen eines Robinsons gesehen, eine Entlastung des einzelnen dar, nur können sie niemals dieser Einsicht ihre Existenz verdanken, aus dem einfachen Grund, weil *ein* Robinson niemals imstande wäre, die Institutionen zu denken, geschweige denn sie zu realisieren, mehrere Robinsone jedoch als eine contradictio in adiecto nicht in Betracht kämen, und wenn sie keine Robinsone wären, sie offenbar schon wissen müßten, was eine Institution ist und die Einsicht in ihre Zweckmäßigkeit mitzubringen hätten. Gehlen selbst ist es nun, der diese

Schwierigkeit gesehen hat und deshalb die Lebensnotwendigkeit als reales Motiv für den Menschen nicht gelten läßt – es wäre nur aus anthropologischer Sicht erkennbar (sogenannte sekundäre Zweckmäßigkeit) –, statt dessen m. E. mit vollem Recht – primär die Institutionen ohne jedes Motiv ins Leben treten läßt, verbindlich und wirklich nur durch ihr Dasein, und d.h., zugleich durch ihre Fähigkeit, die Menschen zu verpflichten, was wohl auf das gleiche hinauskommt. Diese Verhältnisse herrschen dann eben einfach da, wo Menschen sind und wo sie es nicht tun, sind eben auch keine Menschen da. Der Versuch Gehlens, die Wurzeln der Institutionen in den religiösen Ritus zu verlegen, und auf dem Wege von dessen Erklärung als einer Appellantwort auf ein (numinoses) Ereignis die Institution mittelbar wenigstens in das Erdreich urtümlich provozierten Verhaltens einzulassen, ist zwar eine sehr überlegte Konstruktion, leistet aber schon deshalb nicht, was sie soll, weil der Ritus eine Institution unter vielen, aber niemals deren Prototyp sein kann.

2. Geschichtliche Erkenntnis durch „anthropologische" Empirie?

Diese kurzen, kaum andeutenden Überlegungen sollen darauf hinweisen, daß die Geschichte in ihrer Besinnung auf eventuelle anthropologische Bezüge ihres Gegenstandes den „Verhaltensansatz" als ausschließlichen kaum mit Gewinn in sich aufzunehmen vermag (was jedoch keinesfalls identisch ist mit [|157] einer Abweisung mancher hierdurch mittelbar in den Horizont gerückter und von dem Ausgangspunkt verhältnismäßig unabhängiger Gedankengänge) und sich gerade an dem Punkt verlassen sieht, an dem die letzte schlechthin allgemeine Bestimmung des Menschen zu geben wäre, bevor er in der Mannigfaltigkeit seiner Erscheinungen aufgegriffen wird.

Man wird hier möglicherweise einwenden, zwischen Anthropologie und Geschichte gäbe es nun mal keine Vermittlung. Auf der einen Seite stehe der Mensch mit seinen Charakterisierungen, wie sie die moderne Anthropologie zu liefern vermag, also, abgesehen von seinem physischen Habitus, in die Transparenz seiner Verhaltensstruktur gestellt, auf der anderen Seite beginne aber die Geschichte, und inwieweit sich dieser anthropologische Einsichten abringen lasse, unterliege ausschließlich ihrer Kompetenz.

Dieser Standpunkt hätte zum mindesten den Vorzug eines klaren Verhältnisses für sich und brächte zudem den Gewinn ein, daß er eine unzulässige Verknüpfung beider Betrachtungsweisen verhinderte. Hat man nämlich einmal die beiden Bezirke sauber voneinander getrennt und damit ihnen jeweils ihre eigenen Voraussetzungen zugestanden, so besteht wenig Wahrscheinlichkeit, daß, wo sich prinzipiell keine Brücke schlagen läßt, dies im Einzelfall zu versuchen sinnvoll wäre. Da jedoch die Versuchung, sich hierzu verlocken zu lassen und danach zu falschen Schlüssen zu kommen, nicht außerhalb aller Möglichkeit liegt, muß ihre Unzulässigkeit wenigstens insoweit angezeigt werden, als damit bemerkt wird, daß auf diesem Wege jedenfalls keine historische Anthropologie zu gewinnen ist. Der Einfachheit halber sei hier der Weg „kasuistischer" Hinweise gewählt.

Über das „Seelenleben", übrigens in erster Linie das individuelle, gibt es heute einen großen Schatz gesicherter (und natürlich auch prätendierter) Erkenntnisse. Wir wissen viel von der Gesundheit und Krankheit des Menschen, wir wissen einiges über seine seelischen und „geistigen" Erkrankungen, und wir wissen wohl etwas über seinen normalen Habitus (um diese unverbindlichste Ausdrucksweise zu wählen). Von methodenbewußten Kritikern der Geschichte und manchmal auch von Historikern wird gern die Frage aufgeworfen, ob sich dieses Wissen nicht in die Geschichte integrieren lasse und dadurch die Geschichte in Richtung einer exakten und womöglich exakteren Verursachung denn sonst aufgehellt würde.

Sofern man die angezogene Disziplin als anthropologische gelten läßt (wofür einiges spricht), käme diese Anregung auf die [|158] Vorstellung hinaus, der Geschichte (in Form einer Hilfswissenschaft) einen anthropologischen Unterbau zu verschaffen und danach in dieser Zuordnung von Anthropologie und Geschichtswissenschaft den Ort einer historischen Anthropologie angegeben zu sehen.

Das wäre nun allerdings ein erheblicher Irrtum. Eine funktionale Verbindung zweier Wissenschaften bedeutet auf diese jeweils besehen keine Alterierung von deren einzelnem Bestand. Es bliebe jede so „autonom" wie vorher, und im besten Falle würden sich im einzelnen Feststellungen treffen lassen, die einer Kombination beider Wissenschaften zu verdanken wären. Aber selbst diese Konstellation schlägt hier nicht ein. Die Verknüpfung bliebe in unserem Fall auch ganz okkasionell und wäre jederzeit zu lösen. Vor allem jedoch, und dies beträfe den Haupteinwand, würde hierbei niemals anthropologisches Wissen in die Geschichtsforschung integriert. Es wäre eine ausgesprochene Selbsttäuschung, von der Anthropologie eine Aufklärung historischer Abläufe in dem Sinn zu erwarten, daß der Raum kausaler Erklärung durch Anführung anthropologischer Daten, also beispielsweise medizinischer Tatsachen, sich erweiterte.

Bekanntlich ist der individuelle Tod in der Geschichte sehr oft ein Faktum von größtem Gewicht, und es wird ganz gewiß dann Aufgabe einer gründlichen historischen Erörterung sein, der Bedeutung eines solchen Todesfalles gebührend nachzugehen und seinen Ausschlag in Mit- und Nachwelt sachgemäß zu bemessen. Heißt es nun aber, diesen Zusammenhang durchsichtiger zu machen, wenn es gelänge, beispielsweise für das Sterbelager Alexanders d. Gr. ein noch genaueres medizinisches Diarium, als wir besitzen, einzuschalten und aus ihm dann das Fazit zu ziehen, daß es diese oder jene genauere Ursache medizinischer Art für den Tod Alexanders gibt? Natürlich kann davon keine Rede sein. Der Grund ist leicht anzugeben. Für die Geschichte ist allein wichtig, daß Alexander plötzlich und unerwartet im Alter von nur 33 Jahren starb. Dies ist das für den Kontext der Geschichte entscheidende Datum. Auf dessen Beziehungsfeld hat aber die medizinische Anamnese im Sinne einer genauen pathologischen Aufhellung von Alexanders Tod überhaupt keinen Platz. Die medizinische Erklärung hat ihren Bezugsrahmen allenfalls in der Thematik der betreffenden Krankheit, wahrscheinlich einer Malariainfektion akuter Art mit hohem Fieber. Historische Relevanz im Sinne der Verursachung gewänne sie erst auf medizinhistorischem Hintergrund, und zwar auch nicht schlechthin, sondern nur dann, [|159] wenn sich erweisen ließe, daß mit den damaligen Mitteln der Krankheit an sich beizukommen gewesen wäre, dies aber aus diesem oder jenem konkreten Grund unterblieb. Der pathologische Vorgang an sich ist in seiner Modalität also ohne Relevanz. Er gewinnt diese nur durch Einordnung in eine spezifisch historische Fragestellung, in diesem Falle in die konkrete therapeutische Möglichkeit, welche eine bestimmte historische Situation bietet.

Es fällt nicht schwer, ähnlich bei psychopathologischen Phänomenen zu verfahren. Diesbezügliche Erkrankungen historischer Gestalten (etwa Isabellas von Kastilien oder Pauls I. von Rußland) erhalten durch moderne psychiatrische Erkenntnisse keine historisch relevante Erklärung. Auch für Hölderlin und Nietzsche wäre mit ihnen nicht viel gewonnen. Für die Geschichte ist nur bemerkenswert, daß die betreffenden Persönlichkeiten durch ihre Erkrankung sistiert wurden.

Anders lägen die Dinge da, wo eine psychologische Theorie von vorneherein sich darauf einstellt, daß in sie empirische historische Daten eingehen. Das wäre prinzipiell bei der Psychoanalyse denkbar, ist jedoch in der Regel praktisch ausgeschlossen. Geschichtliche Persönlichkeiten lassen sich nicht mehr auf ihr Unterbewußtsein „befragen", ganz abgesehen davon, daß für einen historischen Gebrauch der Psychoanalyse ihre theoretischen Grundlagen gesicherter sein müßten, als dies der Fall ist.[3]

Ebenso könnte man hier übrigens an diejenige Spielart moderner Psychosomatik denken, welche nicht nur zufällige individuelle äußere Lebensumstände für die Ursache von Krankheiten hält, sondern die Verantwortung für sie den heute vielberufenen „gesellschaftlichen" Verhältnissen zuschiebt. Freilich käme das dann vielmehr auf eine Historisierung von Krankheit als auf eine Naturalisierung und in solchem Sinne Anthropologisierung von Geschichte hinaus, böte also keinen prinzipiell neuen Ansatz. Die soziale Bedeutung von Krankheiten in einem allgemeinen Sinne, sowohl hinsichtlich ihrer historischen Effekte als auch ihrer Voraussetzungen, hat schon immer in der Reichweite geschichtlicher Betrachtung gelegen, auch wenn man die hier gemeinte einseitige soziologisch-marxistische Ätiologisierung nicht auf sie anwandte.

Anthropologische Zusammenhänge scheinen danach für die Geschichte erst dann an Bedeutung zu gewinnen, wenn sie sich einem Schema historischer Sinndeutung einfügen und von ihm [|160] ihre historische Rechtfertigung erhalten. Es kommt also auf eine Adaptierung anthropologischer Daten, auf eine historische Methode an bzw. auf die Frage, ob sich jene von dieser auffangen lassen. Anthropologische Methode, d.h. Verfahrensweisen anthropologischer Wissenschaften, kann deshalb innerhalb der Geschichte nur dann fruchtbar werden, wenn sie mit der historischen Analyse und Synthesis verwandt ist und sich ohne Widerspruch zu ihr in ihrem Bereich ansiedeln läßt.

So könnte es sich etwa mit der Charakterologie, einer psychologischen Disziplin, verhalten. Hier ginge es auch für die Geschichte um historische Fragestel-

---

3   Kritisch in dieser Frage auch H.-U. WEHLER, Zum Verhältnis von Geschichtswissenschft und Psychoanalyse, in: Historische Zeitschrift 208, 1969, 529–554, allerdings infolge neomarxistischer Bedenken.

lungen, die man bei der Analyse eines „geschichtlichen" Menschen zugrunde zu legen hätte. Das geschichtliche Erkennen huldigt keinem Methodenmonismus und öffnet sich deshalb jederzeit einem neuen Verfahren, wenn dieses sich als für die Geschichte sinnvoll ausweist. In einem solchen Fall würde das die gelungene Integration einer außerhalb der Geschichte gewonnenen Betrachtungsweise in die Geschichte bedeuten. Das wäre aber – hier wie auch sonst – nur dann möglich, wenn es sich nicht um die Rezeption fester Ergebnisse handelte, sondern um eine Methode, welche unmittelbar auf historische Daten angewandt würde. Es wäre nichts anderes, als wenn aufgrund wirtschaftstheoretischer Überlegungen bestimmte historische Phänomene ausfindig gemacht und zu einem eingängigen Text verarbeitet würden, bekanntlich der Weg, der einst zur Begründung einer Wirtschaftsgeschichte führte. Bei anderen historischen Disziplinen, wie etwa der Rechts- oder Religionsgeschichte, steht es nicht viel anders. Voraussetzung ist freilich, daß die vorausgehende „Theorie" ein wesentliches Stück der Wirklichkeit tatsächlich begriffen hat. Wahrscheinlich würde man heute mit gewissen soziologischen Theorien eine ganz andere Erfahrung machen.

Auch wenn man hier also gewisse Möglichkeiten zugibt, empfiehlt es sich dennoch, sie nicht zu überschätzen. Die Geschichtsschreibung hat sich schon lange vor jeder wissenschaftlichen Charakterologie um die Charakterisierung von Personen gekümmert, und es ist gewiß mehr eine Sache der Erfahrung als des Prinzips, eine Entscheidung darüber zu treffen, ob diesem „vorwissenschaftlichen" Bemühen durch eine systematische Charakterologie wesentliche Hilfe zufließt. Die Einstellung des psychologischen Schematismus auf geschichtliche Daten würde nämlich zweifellos den Nachdruck auf deren Bestimmung verlegen müssen und damit zwangsläufig die historische Objektwelt auch in ihrem Fall in den Vordergrund treten lassen. Dagegen darf man bezweifeln, ob für die historische Erkenntnis viel ge- [|161] wonnen wäre, wenn hier entsprechend bestimmten psychologischen Neigungen der Nachdruck auf die Typologie gelegt würde und es dann darum ginge, historische geschichtliche Erscheinungen unter psychologische Typen zu subsumieren. Man hat auch zu bedenken, daß der Historiker nur mit abgeschlossenen Lebensläufen zu tun hat und ihn deshalb der Kummer des psychologischen Prognostikers nicht zu quälen braucht und er sich ihm gegenüber auf die reine Diagnose beschränken kann.

Danach kann es also keine historische Anthropologie im Sinne eines materialen Wissensbestandes geben, der unabhängig von der Geschichte gewonnen wäre und als neues empirisches Element in sie eingeführt werden könnte. Den Optimismus, den neuerdings Thomas Nipperdey[4] in dieser Richtung äußert, kann man also nur mit Vorbehalt gelten lassen. Geschichte mit empirischer oder angeblich empirischer Anthropologic anzureichern, ist ein riskantes Unterfangen, wie die Rassenkunde des Dritten Reiches unrühmlich genug erwiesen hat[5] und einem heu-

---

4   TH. NIPPERDEY, Bemerkungen zum Problem einer historischen Anthropologie, in diesem Band oben S. 81–99.
5   Vgl. A. HEUSS, Die Stellung der Biologie in den historischen Wissenschaften, in: Stud. Philosoph. 8, 1948, 65.

te wiederum durch den weltanschaulichen Mißbrauch sowohl der Verhaltensforschung wie der Psychoanalyse in der Berufung auf den tierischen Aggressionstrieb vorgeführt wird. Im besten Fall kommt unter diesen Voraussetzungen ein zusammenhangloser Annex der Geschichte heraus. Eine wirklich durchführbare Modalität in der Aneignung anthropologischer Erkenntnisse durch die Geschichte wird jedoch nur dadurch möglich, daß von inhaltsgesättigten Aussagen über „den" Menschen abgesehen und dem Historiker erlaubt wird, dergleichen Statuierungen unter Inspiration der Anthropologie, aber sonst durchgehend mit eigenen Mitteln und auf seinem eigenen Feld zu gewinnen. Das ist nicht mehr als eine Trivialität oder sollte es wenigstens sein und besagt bloß, daß man Geschichte nur auf dem Hintergrund des Wissens treiben kann, das ein Zeitalter sein eigen nennt, oder kurzum, daß ein Historiker, der diesen Namen verdient, ein gebildeter Mensch sein muß und niemals mit einem spezialisierten Fachmann identifiziert werden kann.

3. Geschichtliche Anthropologie als historische Kategorienlehre

Eine historische Anthropologie kann also nicht lediglich ein Zusatz zur Geschichte sein, welche sich ihr Lebensrecht allein als deren Erläuterung, gleichsam in Form einer geschichtlichen An- [|162] merkung, erwürbe. Wenn es sie überhaupt gibt, muß sie sich auf ein eigenes Thema berufen können, hat sie autonom zu sein. Die Geschichte kann mit ihr nur in ihrer Wurzel verknüpft sein. Sie müßte die geschichtliche Anthropologie selbständig aus sich heraustreiben, als ein Element, das ihr von jeher innewohnt und nur darauf wartet, exponiert zu werden.

Also gilt es wohl zuerst, sich derjenigen menschlichen Bestimmungen zu versichern, welche dem Menschen ohne Rücksicht auf Zeit und Ort zukommen. Dies sind aber genau diejenigen, welche ihn als Menschen erscheinen lassen. Da man aber über den Menschen nicht mehr wissen kann, als man in seiner Eigenschaft als Mensch über ihn und damit über sich erfährt, kann man über den Menschen immer nur das aussagen, was sich im Umgang mit ihm aufgreifen läßt. Die Reflexion hierauf hat also diese Immanenz des Menschlichen zu ihrer Voraussetzung. Sie ist damit wenigstens im Ausgangspunkt darauf festgelegt und kann deshalb dem Zwang nicht entgehen, sich zuerst an die „innere Erfahrung" zur Orientierung halten zu müssen. Diese ist es denn schließlich auch, welche den Zugang zur Aneignung der Geschichte als zu einem empirischen Feld eröffnet.

Das wäre der erkenntnistheoretische Aspekt des Problems. Er hat an sich mit der anthropologischen Fragestellung nichts zu tun. Man kann ihn jedoch benutzen, um an sie heranzukommen, und dieser „Kniff" empfiehlt sich deshalb, weil Dilthey, der einzige, welcher von Seiten der Geschichte diesen Dingen wirklich auf der Spur war, sie eben von dieser Seite her anging in seinem Bemühen, das Erkennen historischer Phänomene zu analysieren. Bei diesem Unterfangen hat Dilthey richtig gesehen, daß der Zugang zur Geschichte dadurch ermöglicht wird, daß den Erkennenden mit dem Gegenstand etwas Gemeinsames verbindet, gewisse Konstanten, die auch im Wechsel der Ereignisse nicht verloren gehen, sondern den immer gegenwärtigen Hintergrund bilden, von dem aus die historische Apperzeption sich ins Werk setzt. Er spricht davon, „daß der, welcher die Geschichte erforscht, derselbe ist, der die Geschichte macht",[6] und nennt diese übergreifenden Zusammenhänge die „Gemeinsamkeiten" oder „Kultursysteme", da „der objektive Geist eine gegliederte Ordnung in sich enthält. Er umfaßt einzelne homogene Zusammenhänge, wie Recht oder Religion, und diese haben eine feste und regelmäßige Struktur."[7] Diltheys Feststellung ist fundamental und so richtig geeignet, die Fragen der Apriorität in der Geschichtswissenschaft durch eine „Kritik der historischen Ver- [|163] nunft", wie er sie anstrebte, zu klären. Wendet man seine Gedanken zurück ins Objektive, um damit den Boden der Anthropologie wieder zu erreichen, dann kommen Bezugssysteme heraus, innerhalb derer sich der Mensch notwendig befindet. So ist er „ein Kreuzungspunkt der verschiedenen Systeme". „Diese Systeme sind aber aus derselben Menschennatur hervorgegangen, die ich in mir erlebe, an anderen verstehe."[8] Es ist bei Dilthey nicht immer klar, ob er im einzelnen Falle nicht mit diesen „Systemen" den Zusammenhang einer bestimmten geschichtlichen Kultur meint. Für die Zwecke der hier eingeschlagenen Überlegung wäre eine solche Identifizierung ein Mißverständnis. Es kommt für unseren Zusammenhang alles darauf an, ein Moment ausfindig zu machen, das für jegliches Humanum, ohne Rücksicht auf Raum und Zeit, gilt, und eben wegen dieser Allgemeinheit kann der Bezug gar nicht formal genug sein. Von Dilthey her gesehen ist er jeweils ein Etwas, das ein sonst unzugängliches historisches Phänomen verstehbar macht, für den Menschen der geschichtlichen Anthropologie bedeutet es so etwas wie ein Bauprinzip, dem er gehorcht, einen Aufriß, durch den er das ist, was er ist, nämlich ein Mensch. Die Vereinigung der verschiedenen Momente in ihm könnte vielleicht seine Struktur ausmachen, d.h. einfach die Tatsache, daß er durch die Bündelung der verschiedenen „Befragbarkeiten" in sich zum Menschen wird. Die Möglichkeit, in einer einzelnen Richtung befragt werden zu können, also das einzelne Moment oder im Sinne Diltheys die einzelne Gemeinsamkeit zum Vorschein zu bringen, bedeutet im Grunde weder ein „System" noch eine „Struktur". Sie bezeichnet nur die Tatsache, bestimmte Erscheinungen, etwa die eines bestimmten Rechtes oder die einer bestimmten Religion, aufzufinden. Objektiv ausgedrückt würde dies heißen, daß der Mensch auf diese Kultursysteme angelegt ist und dadurch an ihnen Anteil hätte, d.h. eben ein „Schnittpunkt" wäre. Da aber bis zu dieser Feststellung noch gar nicht gesagt ist, wie es um diese Teilhabe im einzelnen steht, sowohl auf das Individuum wie auf das „System" gesehen, sollte man einen Ausdruck wählen, der die vorläufige Leerheit (in bezug auf die Gesamtheit der Menschen, da man die Verhältnisse der einzelnen nicht kennt) und Abstraktheit der Konstruktion zum Ausdruck brächte und gleichsam erst einmal das Gerüst, auf dem noch nichts ruht, zu erkennen gäbe. Ich schlage deshalb vor, sich an die Vorstellungen der räumlichen Dimensionen zu halten, und möchte daher von „Dimension", genauer von „Sinndimension"

---

6   DILTHEY, Der Aufbau (wie Anm. 1) 278.
7   Ebd., 209.
8   Ebd., 278.

des Menschen sprechen. „Sinndimension" soll sie deshalb heißen, weil Sinn und Bedeutung menschlichen Handelns nur da- [|164] durch möglich wird, daß es in diesen Dimensionen verläuft. Ohne diese Dimensionalität wäre es ein äußerer unverständlicher Gestus, ein physischer Vorgang, der sich nur als solcher beschreiben ließe.

Der Mensch ist also so gebaut, daß er sich in die verschiedenen Sinndimensionen erstreckt. Das ist seine „Natur" oder gehört zumindest zu seiner Natur. Ich glaube nicht, daß man hinter diese Feststellung greifen kann. Es ist entweder so, oder wir haben es nicht mit dem Menschen zu tun. Diese Sinndimensionen sind etwas Letztes, nicht mehr Auflösbares. Sie durchdringen das menschliche Wesen und bringen es dadurch zu sich. Sie sind deshalb im Menschen immer vorhanden und machen ihn so transparent. Die meisten seiner Äußerungen werden durch sie nicht nur erst zugänglich, sondern kommen durch die Existenz dieser Dimension erst zustande.

Das soll nun nicht etwa besagen, daß der Mensch auf diese Weise schon vollständig ausgemessen wäre. Es gibt noch sehr viele andere Ansichten von ihm; neben seiner biologischen Kreatürlichkeit vor allem seine Gefühle und Stimmungen, aber seine Zustände und seine Handlungen schießen notwendig in die Sinndimensionen ein und treten dadurch erst hervor, d.h. gewinnen Existenz.

Ohne die Dimensionen, in denen er lebt, könnte es den Menschen nicht geben. Es wäre verkehrt zu sagen, er könnte nicht ohne sie leben. Vielleicht lebte er dann als ein anderes Wesen. Wir können unter Berufung auf die Verhaltensforschung auch nicht sagen, der Mensch bedürfte bei seiner mangelhaften organischen Ausstattung notwendig der Sinndimensionalität. Notwendig ist von solch erhabenem Standpunkt, indem wir den Demiurgen spielen, gar nichts oder, anders ausgedrückt: Da wir der Demiurg nicht sind, besitzen Kategorien wie Notwendigkeit und Zweckmäßigkeit keine Zuständigkeit, denn diese sind nur innerhalb eines bestehenden und uns bekannten Bezugssystems sinnvoll. Das demiurgische Bezugssystem ist uns aber nicht zugänglich. Wir haben nicht den göttlichen Verstand, um zu sagen, die Welt müßte so sein, wie sie ist. Warum sollten in der Schöpfung an der Stelle des Menschen nicht andere Wesen stehen? Wir können sie uns zwar nicht vorstellen, aber das besagt nichts. Nur eines wissen wir: Die Menschen, die wir kennen und mit denen wir in der Geschichte zu tun haben, sind nun einmal so gebaut, wie wir sie und uns vorfinden. Das ist so „notwendig" bzw. so hinzunehmen wie die ganze uns umgebende Weltordnung. Im Grunde läßt sich nicht mehr und nicht weniger sagen. [|165]

Schwieriger ist die Frage, wie diese Sinndimensionen im einzelnen zu charakterisieren wären. Eine wirkliche Charakterisierung ist nämlich gar nicht möglich. Wir vermögen nur Anweisungen zu geben, sich das, was gemeint ist, zu veranschaulichen. Aber die Veranschaulichung geschieht im einzelnen historischen Fall und ist infolgedessen nicht allgemein. Es geht nicht darum, zu abstrahieren von dem, was individuell ist. Man kann hier nicht verfahren wie bei Dingen, die man je nach Eigenschaften unter bestimmte Begriffe subsumiert. Denn das Allgemeine wird hier nicht durch eine Eigenschaft präsentiert. Wäre es so, dann wäre dieselbe austauschbar gegen eine andere. Das ist jedoch nicht der Fall. Typisierungen der

Phänomene wären innerhalb einer Dimension gewiß möglich, aber damit hätte man für den Dimensionsbegriff noch nichts gewonnen. Man kann ihn auf diesem Wege nicht in gegenständlicher Weise „abziehen", weil er selbst die Voraussetzung der Typologie ist. Typologien lassen sich nur aufgrund von Gegenständen, die ihrerseits gattungsmäßig bestimmt sind, gewinnen. Sie machen also eine Abstraktion von dem Inhalt einzelner Phänomene notwendig. Aber hierzu müssen sie als „Gegenstände" „gegeben" sein, was sie ohne die Sinndimension nicht können. Das ist so wie bei anderen Grundbegriffen, wie etwa „Gegenstand", „Ding", „Erscheinung" usw., die sich durch bloße Abstraktion auch nicht gewinnen lassen. Deshalb ist es unmöglich, in anschaulicher Weise von dem „Wesen" einer Sinndimension oder eines Kultursystems zu sprechen. Würde man es trotzdem versuchen, wäre kaum der Gefahr zu entgehen, irgendwelche Zufälligkeiten, weil sie einem gut vertraut sind, die Stelle des Ganzen vertreten zu lassen.

Diskussionsbedürftig wäre eher das Problem, welche Dimensionen notwendig anzusetzen wären, ein Problem, dem man besser die Frage unterschiebt, welche Sinndimensionen unentbehrlich sind und welche vermuteten Sinndimensionen sich auf andere zurückführen lassen. Es hätten ferner Erörterungen des Verhältnisses der Sinndimensionen untereinander wie ihrer definitiven Bestimmung im Zusammenhang der historischen Anthropologie stattzufinden. Sowohl die Klärung der hier nur angedeuteten Prämissen wie auch die materielle Untersuchung können an dieser Stelle nicht geliefert werden. Es wäre auch unangebracht, hier mit irgendwelchen anderswo zu begründenden Resultaten „aufzuwarten". Die Minimalzahl dieser Dimensionen scheint nicht allzu groß zu sein, und viele Sachzusammenhänge der modernen Welt, die da eine dominante Stellung einnehmen, ordnen sich unter dem Gesichtspunkt einer universalen Erfahrung unter andere Kategorien ein (wie etwa die [|166] Technik der materiellen Bedürfnisbefriedigung), was angesichts einfacher Verhältnisse ziemlich durchsichtig ist. Erst seit zweihundert Jahren wird Technik auch noch aus anderen Quellen gespeist.

Teilweise durchdringen sich die Sinndimensionen gegenseitig, und zwar meistens unter der Dominanz von einer. Für die Kunst ist dies von vorneherein evident. Ihre – übrigens für den Leistungswert höchst fragwürdige – Autonomie ist erst ein modernes Phänomen und selbst da nicht überall möglich. Davon abgesehen ist Kunst in dem geläufigen Sinne eine sehr entwickelte Spielart des Ästhetischen. Man hat obendrein zu beachten: Eine Verdeutlichung der Sinndimensionen bedeutet ein Zurückgehen auf ihre ältesten erreichbaren Erscheinungsformen. Exemplifizierung allein mit der Gegenwart, so wenig man ihrer begreiflicherweise entraten kann, führt ohne Vorbehalte zumeist in die Irre.

Der Mensch verwirklicht sich in der „Sinndimension". Ohne sie ist er nichts. Er kann anders gar nicht sein. Sie ihm zu entziehen ist deshalb schon begrifflich nicht möglich. Selbst Utopien sind ihnen verhaftet. Ihr fiktiver Gehalt wandelt nur die Erscheinungsform der realen Welt ab. Sogar der herrschaftslose Zustand behilft sich mit Surrogaten der Herrschaft, etwa mit reiner Verwaltung, oder er definiert sich durch die leere Negation der Realität. Der Mensch kann sich eben, selbst wenn er den Wunsch hat, gar nicht anders denken, auch nicht im Phantasieraum. Bestimmt lehrt ihn aber die Erfahrung diesen Sachverhalt. Alle Schwärmerei hat sich noch immer selbst annulliert oder praktizierte eine Herrschaft, die härter war als die vorangehende. Es scheint, daß der Mensch in seinen Sinndimensionen einen Schatten hat, den er nicht überspringen kann. Er kann ihn nur zusammen mit sich selbst beseitigen. Die Verknüpfung ist enger als die mit einem beliebigen körperlichen Organ. Nimmt man es weg, dann bleibt im schlimmsten Fall die Leiche übrig und erinnert an die Unversehrtheit des Lebendigen. Aber ohne die Sinndimensionalität kommt der Mensch gar nicht erst zustande. Sie haftet ihm an wie dem Tier die Ausstattung mit den Instinkten. An dieser Stelle hat deshalb auch die Freiheit des Menschen ein Ende, d.h. sie wird, wenn sie die Sinndimensionalität abwirft, sinnlos und nicht mehr vorstellbar.

Es besteht nämlich die eigentümliche Verschränkung, daß, sofern der menschliche Wille überhaupt frei ist, er es nur sein kann auf die Art, wie er sich frei denkt, und denken kann er sich nur in den Dimensionen, in denen er existiert. Die Schran- [|167] ke, an die er hier stößt, ist absolut. Es gibt noch andere, die relativ sind, nämlich in bezug auf ein Konkretum innerhalb der Verwirklichung des Menschen. Hier kann man von Begrenzung der Freiheit sprechen, nicht dort, wo sie unter keinen Umständen in Erscheinung treten könnte. Auch der transzendentale Idealismus kommt hierüber nur hinweg, indem er der dialektischen Bewegung die Fähigkeit zulegt, die Welt, wie sie ist, zu erzeugen, also das Vorfindbare in jene zurückzuverlegen. Soweit Freiheit möglich ist, ist sie dies innerhalb der Dimensionen. Sie muß diese voraussetzen, um vollziehbar zu sein. Umgekehrt sind die Sinndimensionen des Menschen auf diese Freiheit angewiesen, um sichtbar zu werden, denn die Freiheit ist nichts anderes als die Verwirklichung des Menschen und damit zugleich die Verwirklichung der ihm innewohnenden Baugesetzlichkeit. Da aber die Verwirklichung des Menschen in der Zeit verläuft, hat gerade eine geschichtliche Anthropologie in ihrem ersten Satz sich dieser Verhältnisse zu vergewissern.

Die verschiedenen Sinndimensionen sind in der Einheit des menschlichen Subjektes zentriert und damit zueinander geführt. Darüber hinaus aber erhalten sie sich jeweils in der ihnen zukommenden Weise. Diese ihnen zukommende Weise ist jedoch inhaltlich nur Form, und so ist das jeweilige Verhältnis der innerhalb der Sinndimensionen stattfindenden Vorgänge abhängig von dem, was historisch passiert. Historische Daten sind aus den Ereignissen jeder Sinndimension zu gewinnen. Trotzdem ist ihre Vollzugsqualität, nämlich die Tatsache, daß sie in der Zeit ablaufende Vorgänge sind, je nach der Sinndimension verschieden. In bezug auf das Geschehen – dieses in der sinnfälligsten Weise so verstanden, daß gehandelt wird – unterscheiden sie sich in charakteristischer Weise sowohl nach dem Quantum des Handelns wie nach dem Grad der Erfüllung im Handeln. Ein Künstler „handelt" auch, er arbeitet, aber die Erfüllung ist nicht das Arbeiten, sondern seine Objektivation im Kunstwerk. Das Handeln in der Verwaltung ist demgegenüber in erster Linie Verrichtung, Verrichtung, damit andere Verrichtungen hierdurch möglich werden. Es liegt, sozusagen auf Verdacht hin, nahe, der Geschichte in erster Linie diejenigen Sinndimensionen zuzumessen, welche sich als ausschließliche Handlungssysteme nachweisen lassen. Es sind das die beiden Dimensionen der „Ordnung" und der „materiellen Befriedigung" in ihrer allgemeinsten

Formulierung, wobei jedoch in erster Linie an die Ordnung von Recht und Herrschaft zu denken ist, aber auch Sitte und Ethik als ihnen verwandt anzuschließen wären, diese sich vor allem in der wirtschaftlichen [|168] Betätigung äußerte, hierbei einerseits Produktion und damit Technik, auf der anderen Seite Handel und Konsum mitumfassend. Nebenbei bemerkt: „Gesellschaft" ist kein eindimensionales „Phänomen". Es gibt keine Dimension, in der sie allein beheimatet wäre. Zu ihrem Zustandekommen sind sowohl die Ordnung von Recht und Herrschaft als die materielle Bedürfnisbefriedigung nötig, und zwar in einer regelrechten Synthesis, wobei auf die Selbstverständlichkeit aufmerksam zu machen ist, daß der moderne Gesellschaftsbegriff (Gesellschaft als verhältnismäßig eigenständiger Widerpart des Staates) keineswegs der häufigste Typ ist, vielmehr eher eine Sonderform darstellt und infolgedessen auch nicht der eben gegebenen Definition der Gesellschaft zugrundegelegt werden kann.

Die Dimensionen der Handlungssysteme (wie sie gerade benannt wurden) stellen mit besonderer Ausdrücklichkeit das Problem von Dimensionalität und Konkretum, weil in diesen Dimensionen die Lebensenergie des Menschen sich vorzüglich niederschlägt und auskristallisiert. Nirgends ist die Versuchung größer, den Menschen als Herrn eines beliebigen Schicksals anzusehen, als im Bereich des reinen Handelns. Doch ist umgekehrt gerade hier zu begreifen, daß die Kristallisation vorgeprägt ist und menschliches Handeln sich in bestimmter Weise auswirft, stets auch dahin zielend, dem Handlungsprozeß ein stabiles Gefüge unterzuschieben, über welches es diese laufen läßt. Das geschieht von Hause aus nicht in gedrängten Aktionen, sondern jeder Handlung wohnt zugleich das Moment inne, nicht nur Einzelheit zu sein, sondern ebenso eine Norm zu tragen. Der Bewußtseinszwang, nur in einer geordneten Welt handeln zu können, sitzt tief im Menschen und durchdringt ihn völlig. Er ist jedem einzelnen Tun vorgelagert, so daß nur im Hinblick auf ein an seiner Wurzel liegendes Ordnungsmuster gehandelt werden kann und Abweichungen, „Durchstreichungen" von ihm exakt, sei es von dem Handelnden selbst oder den anderen um ihn herum, registriert und gegebenenfalls mit Sanktionen versehen werden. Die Verbindlichkeit hierbei mag in dieser oder jener Weise legitimiert werden, ihre ursprüngliche Kraft gewinnt sie nicht hieraus. Legitimationen sind stets akzessorische Motive, in deren Glanz sich die Geschichte gefällt, aber daß die Menschen nach Ordnungen handeln, verdanken sie diesen nicht primär, sondern dabei stehen sie unter einem nicht weiter auflösbaren Drang, einem Nichtanderskönnen. Das ist der Reflex der Tatsache, daß ihre Existenz dimensional ist und in bezug auf das Handeln in erster Linie sich in die Dimension der Ordnung erstreckt. Nirgends liegen die Analogien mit der Tierwelt näher, wohlgemerkt: [|169] Analogien. Zerstört man einen Ameisenhaufen, so wird aus dem bunten Gewimmel alsbald ein neuer. Treten Menschen in regelmäßige Kontakte, tun sie dies in bestimmter Weise. Aber während die Tiere kraft ihrer „Instinkte" einem festen Plan folgen, ist den Menschen das Wie freigestellt. Nur daß sie ein Wie finden müssen, sitzt ihnen als Zwang im Nacken.

4. Die Institutionen

Es ist leicht zu sehen, daß an dieser Stelle eine Anthropologie der sozialen Institutionen geliefert werden müßte, und zweifellos wäre eine solche für eine geschichtliche Anthropologie ganz unentbehrlich. Die Größe der Aufgabe kontrastiert indessen recht peinlich mit der Unvermeidbarkeit der hier nur aphoristisch möglichen Bemerkungen.

In der Dimension der Ordnung bringt sich, wie es der Weite des Begriffes entspricht, sehr vieles zur Darstellung. Das Frappierendste darunter ist die Personalität des Menschen. Diese ist eine juristische Größe und mißt dem einzelnen Menschen seine Handlungsfähigkeit zu. Sie betrifft ihn damit in seinem Verhältnis zu den anderen Menschen, freilich unter einem besonderen, mitunter erst sichtbar zu machenden Aspekt. Es handelt sich hier zumeist nicht um das, was jemand betreibt, sondern um Fug und Recht, nach denen er es betreiben kann. Benutze ich die Straße, so tue ich das ausgestattet mit einer Rechtsqualität, welche wiederum ihrerseits der Widerschein einer konkreten Rechtsordnung ist. Gebe ich Anweisung an meine Kinder, geschieht dies desgleichen auf dem Hintergrund einer solchen. Hebe ich bei der Bank Geld ab, ebenso, usw., bis zu allen denkbaren Banalitäten hin. Allerdings sind auch exponiertere Aktionen denkbar. Ein Minister erläßt Verordnungen, eine Möglichkeit, die im Vergleich zu den anderen herangezogenen Beispielen nur wenige haben. Überall, wo ich gehe und stehe und mich auch, wie man so sagt, völlig frei bewege, tue ich dies auf Grund von Befugnissen, die ich „von Natur aus", d.h. als bloßes Lebewesen, nicht besitze. Sie sind mir zugewachsen, weil ich ein Mensch bin, und gerade so ausgefallen, wie ich sie wahrnehme, weil ich Angehöriger dieses oder jenes Verbandes bin. Wenn ich auf andere Menschen zu handle, tue ich dies stets innerhalb eines Bezugssystems, das mich von vorneherein auf gewisse Weise mit dem anderen Menschen verknüpft. Im täglichen Leben pflegt man sich dieser Sachlage gar nicht bewußt zu werden, aber sie läßt sich jederzeit aus der Verborgenheit [|170] ziehen. Von selbst stellt sie sich ein, wenn es sich nur um einen kleinen Konflikt handelt, es beispielsweise zu einem Verkehrsunfall kommt.

Personalität wird nicht nur für den einzelnen Menschen begründet. Kollektivgebilde, also Gruppen von mehreren Menschen, vermögen bekanntlich auch Persönlichkeit zu bilden und werden dadurch „handlungsfähig". Das rührt an Grundverhältnisse der menschlichen Individuation. Die Menschen leben bekanntlich in formellen, d.h. in rechtlich konstituierten Gebilden, und diese Gebilde sind im Vergleich zu einer bloßen Summe von Menschen Individuationen. Die ganze Menschheit zerfällt in solche Verbände. Sie sind zumeist die handelnden Kräfte in der Geschichte. Auch der einzelne handelt durch sie, d.h. seine Handlungsfähigkeit bemißt sich nach der Stelle, die er in ihnen einnimmt.

Jeder dieser sozialen Körper ist, juristisch betrachtet, gegenüber seinen „Gliedern" mit Herrschaft ausgestattet, wobei es Sache des Einzelfalles ist, wer mit der Wahrnehmung der Herrschaft betraut ist. Wo aber Herrschaft oder, milde ausgedrückt, Ober- und Unterordnung ist, da ist die Struktur hierarchisch. Hierarchisch aber heißt, daß der Aktionsmechanismus des Körpers eine Konstruktion hat, welche einen oder einige oder wenige befähigt, für viele zu handeln, auch da, wo ein Teil der vielen dies nicht möchte und darin deshalb den Druck eines fremden Willens sieht. Es gibt infolgedessen einzelne, die kraft ihres Amtes oder kraft ihrer Würde mehr vermögen als die anderen, kurzum, mächtiger sind: Sie bedeuten institutionalisierte Macht und Herrschaft. Dies ist ein soziales Phänomen. Es ist aber auch ebenso ein juristisches, und unter dem hier beobachteten Gesichtspunkt sind sogar beide gleichzusetzen. Es hat seinerzeit viel Verwirrung angerichtet, daß unter der Einwirkung des Neukantianismus beide Größen, die soziale und die juristische, am Ende in einen einander ausschließenden Gegensatz gebracht wurden.

Wenn man die sozialen Institutionen so innerhalb ihrer Dimension beläßt und damit befugt ist, sie als von Rechts wegen fixierte Einheiten zu betrachten, dann ist klar, daß für jegliches soziale Handeln die Institution in dieser Bestimmung die Voraussetzung bildet. Nur von hier aus gewinnt der Mensch die Möglichkeit, eine sinnvolle Handlung auszuführen. Sein Wesen, insofern man von einem solchen sprechen darf, erhält von da die Prägung, welche ihn überhaupt mit anderen in Rapport treten läßt. Es kann keinem Zweifel unterliegen, daß die Relevanz der Institutionen gar nicht unterschätzt werden kann, was [|171] Gehlen richtig erkannt hat. Sie sind das Fundament menschlichen Existierens. Bringt man sie zum völligen Einsturz, fällt der Mensch dahin und entartet, beginnt zu lallen und wird schlechthin kindisch. Ob hierbei seine nicht mehr aufgefangenen Triebe sich ausleben, ist eine Frage für sich. Sofern man die Institutionen als ihre Steuerungsorgane ansieht, ausdrücklich zu dem Zweck erfunden, den Triebüberschuß zu kanalisieren, liegt eine solche Antwort nahe. Voraussetzungsloser wäre wohl, lediglich eine Störung des menschlichen Habitus zu registrieren und deren Analyse dem einzelnen Fall zu überantworten. Eine radikale Annullierung von Institutionen überhaupt gibt es übrigens nicht, es sei denn, sie würde durch die absolute physische Vernichtung des Menschen geliefert.

Von Institutionen sprechen heißt, zugleich ihre Stabilität bedenken. Ohne Stabilität gäbe es keine Institution, was nicht heißt, daß sie geschaffen wäre, um Stabilität zu ermöglichen. Eher gilt, daß ihr durch eigenes menschliches Bemühen Stabilität zugeführt wird, etwa durch die Erziehung. Ohne Einübung der Individuen auf Institutionen hin ist es um sie schlecht bestellt. Außerdem ist die dabei erreichte Stabilität nicht monolithisch. Sie ist von Fall zu Fall verschieden, denn Institution ist nicht gleich Institution. Es gibt primäre und sekundäre Institutionen, vielleicht auch tertiäre, und wahrscheinlich kann man die Differenzierung nicht ohne Zuhilfenahme der Geschichte vornehmen. Die primären betreffen unter anderem die Regeneration des Menschen, also Familie, Sippe usw. Bekanntlich gibt es auch da gewaltige Unterschiede. Dennoch darf man gerade sie die historisch am wenigsten spezifischen nennen. Das will heißen, daß sie, wenn einmal vorhanden, verhältnismäßig geringem Wandel unterworfen sind, also eine erhebliche Resistenz gegen geschichtlichen Wandel besitzen.

Diese Tatsache läßt sich vielleicht einen Schritt über die Feststellung hinaus analysieren. Ordnungsnormen und Institutionen bestehen darin, daß gleiche Akte wiederholt werden und deshalb auch wiederholbar sein müssen. Sie bestehen geradezu in der Wiederkehr des Gleichen. Es ist bezeichnend, daß der Mensch, den wir ein geschichtliches Wesen nennen, sich vorwiegend nach dieser Gleichheit verhält und sich aufgrund der Gleichheit von Situationen zurechtfindet. Wahrscheinlich ist das nur von der Statuierung der sogenannten Geschichtlichkeit aus merkwürdig, denn bedenken wir seine Verhältnisse in der elementarsten Form, dann sehen wir ihn auf die selbstverständlichste Weise so orientiert, gehorcht doch die Natur außer und in ihm einem bestimmten Rhythmus, und ist sie doch insofern [|172] nichts anderes als Wiederholung. Gerade wenn der Mensch diese Gegebenheiten zu beobachten veranlaßt wird – und eben dies macht im wesentlichen die elementaren Verhältnisse aus – liegt es für ihn nahe, sich ihnen anzupassen. Man kann es auch anders ausdrücken: Zu seiner Befriedigung stellt der Mensch fest, daß sich vieles wiederholt und daß dadurch Ordnung möglich wird, ihr Sachzwang zugleich also „der Welt" entspricht.

Die Gleichheit ist eine doppelte. Sie drückt sich in der Zeit aus. Sie findet sich aber ebenso in dem Verhältnis der Menschen untereinander. In Geburt und Tod vollziehen alle die gleiche „Handlung". Sie unterliegen alle (ausgenommen mitunter die Häuptlinge bei gewissen Naturvölkern und die Könige in bestimmten altorientalischen Staaten) den gleichen Ehe- und Verwandtschaftsregeln. Der Sitten- und Rechtskodex wird von allen, d.h. unter vielen, praktiziert. Von frühester Kindheit an wächst er jedem zu und durchwirkt ihn. Die Ordnung selbst lebt in der Aktivität eines jeden. Sie liegt ihm an wie die Haut. Es gibt zu ihr keine Alternative, und das Leben in seiner einfachsten und selbstverständlichsten Weise wird von ihr erfaßt. Diese Elemente von Normen und Institutionen (wobei die Frage ihrer Differenzierung in Recht, Sitte und Moral unbeachtet bleibt) sind infolge ihrer tiefen Verwurzelung in einem jeden außerordentlich widerstandsfähig und schwer zu alterieren. Ihre Konstanz überdauert große Zeiträume. Sie sind gleichsam außer der Zeit, da von ihr schwer zu berühren. Aus der Geschichte wissen wir freilich, daß dem in einem objektiven Verstande nicht so ist. Aber daß das Bild in der Vorstellung der Beteiligten anders aussieht und aussehen muß, leuchtet ein. Von ihrem Standpunkt aus ist die Ordnung ewig. Sie besteht seit unvordenklichen Zeiten, und sie wird dies auch bis in alle Zeiten tun. Die Existenz des Menschen gründet hier gerade in der Beharrlichkeit des allgemeinen Daseins, das jeder für sich in gleicher Weise vollzieht, gänzlich „unexistenzialistisch" und ganz und gar nicht „geschichtlich". Im Gegenteil: Der Mensch, betrachtet in diesen Bereichen, steht gegen die Zeit, wenn diese den Wandel bedeutet, und ringt ihr die Konsistenz ab, die er in seinen elementaren Normen hat.

Diese Eigenschaft haben zweifellos nicht alle Normen und Institutionen. Denn es gilt nicht jede für jeden. Die Expositionen der Herrschaft gehorchen spezifischeren Geboten. Was die Auswechselbarkeit mit der Tätigkeit anderer angeht, d.h. ihre statistische Gleichartigkeit betrifft, liegt die Sache auf der Hand. Sie gilt aber auch für den Inhalt des Handelns. Es ist naturgemäß individueller, weniger typisiert, wenigstens innerhalb un- [|173] seres historischen Erfahrungshorizontes. Die Kehrseite: Diese Verhältnisse im oberen Teil der hierarchischen Pyramide sind weniger resistent, dem Wechsel eher unterworfen, der Zeit mehr ausgesetzt und damit auch größerem Risiko. Es bezeichnet die Unhistorizität der Naturvölker, daß bei ihnen die Dinge anders liegen. Das Tun und Lassen der Regierenden ist bei ihnen im Vergleich zu dem uns aus der Geschichte Geläufigen weniger spezifisch, wenn auch mit Unterschieden, die durchaus im Einzelfall nahezu zum Verschwinden kommen könnten. Doch im ganzen geht es mehr in den Gleisen der Alltäglichkeit und ist deshalb auch für jedermann durchsichtig. Infolgedessen sind solche Gemeinwesen von der Spitze her auch weniger gefährdet als die „geschichtlichen" Größen. Sie sind der Zeit weniger verfallen, sind also „ewiger". Umgekehrt ist es eine außerordentliche Leistung, wenn auch Hochkulturen ein ähnlicher Effekt auf Umwegen möglich wird. Die Sache selbst, nämlich die Notwendigkeit der Individualisierung der „höheren" Verhältnisse, vermögen auch sie nicht zu beseitigen. Aber es gelingt ihnen, sie durch eine eigentümlich zeitresistente Stilisierung zu paralysieren. Im alten Ägypten leistete dies das Königtum mit seiner Theologie und seiner Ritualisierung, das Rom der frühen Republik überwand die Dramatik seiner Außenpolitik durch die Konstanz eines justizförmigen, mit einem bestimmten Ritual ausgestatteten Schematismus.

5. Geschichtliches Handeln

Den Menschen in seinen Institutionen aufsuchen heißt auch ihn als handelndes Wesen definieren. Schon insofern gehört seine Zuordnung zu den Institutionen in eine geschichtliche Anthropologie, denn der Begriff des Handelns ist für sie fundamental. Gerade, wenn man dies betont, wird darüber hinaus aber auch verständlich, daß menschliches Handeln in den Institutionen sich nicht erschöpft. Sofern man darin eine Überschreitung sähe, wäre diese also in den Bereich des Handelns mit einzubeziehen. Das fällt von seiten der Institutionen nicht schwer, denn die „Überschreitung" durchschneidet nicht die Institution als Wurzelgefüge, als Voraussetzung jedes Handelns.

Es gibt gewiß ein Handeln, welches die Institution gleichsam bei sich behält und von sich aus erfüllt. Was in der Verwaltung der Verbände, sei es „politischen", sei es „blutsmäßigen", geschieht, zählt hierzu. Trotzdem läßt sich selbst in solchen Fällen nicht sagen, daß die Institution das Handeln in sich absorbiert, [|174] daß sie von ihr nichts mehr außer sich läßt. Diese Tatsache ist durch die Vorstellung ihres Gegenteiles zu erweisen. Wäre es nämlich so, daß das Handlungsgefüge, welches eine Institution darstellt, den entsprechenden Handlungsvollzug stets total in sich aufnähme, müßte dieser stets der gleiche sein, in demselben Umfang, wie die Institution die gleiche ist. Es hat aber innerhalb der Institutionen eine gewisse Varietät von Handlungsvollzügen Platz, ohne daß jene aufhört, sie selbst zu sein. Das der Institution zugeordnete Handeln ist in erster Linie negativ determiniert (nicht ausschließlich), indem damit gesetzt ist, was nicht zugelassen wird. Hierzu ist die Bestimmung erschöpfend in bezug auf die Praxis, d.h. man kann sich auf sie verlassen, es sei denn, die Institution wird verletzt. Die „positive" Bestimmung, also die „Gebote", im Gegensatz zu den „Verboten", sind nicht erschöpfend, sondern setzen einen Spielraum freien Handelns. Gerade diese Eigenschaft der Institution läßt sie als spezifisches Humanum erscheinen. Man kann aber ebenso sagen, daß der „freie Spielraum" den Ansatz für die „Geschichtlichkeit" des Menschen enthält, sofern dieser eben unter anderem darin beschlossen ist, daß der Mensch nicht schlechthin determiniert ist. Er ist es gewiß nicht, eben weil ihm der Spielraum eignet. Er ist aber auch nicht „absolut" frei, eben weil ihm „nur" ein Spielraum zur Verfügung steht.

Mit der Feststellung des menschlichen Spielraums ist noch wenig gesagt. Der Spielraum kommt nämlich auf zweierlei Art zum Vorschein. Durch jede Institution, die Verteilung und Ordnung von Herrschaft beinhaltet, wird der Spielraum einmal für die Herrschenden, andererseits für die von der Herrschaft Betroffenen zur Verfügung gestellt. Es steht logisch nichts im Wege, in beiden Fällen den Gebrauch von Freiheit anzusetzen, obschon gewohnheitsmäßig dies eher in Bezug auf die von der Herrschaft Betroffenen geschieht und Freiheit in erster Linie im Gegensatz zur Macht formuliert wird. Doch ist dieser Usus kein Einwand. Auch jede Herrschaft hat ihre Begrenzung und vermag sich deshalb diesseits von ihr als Freiheit zu konstituieren.

Der „Spielraum" schenkt keine Freiheit, sondern macht sie nur möglich. Die Erfüllung des Spielraumes geschieht durch die Kräfte der Subjektivität. Allerdings stellt diese in den beiden genannten Fällen sich nicht in gleicher Weise dar. Da wo Herrschaft ausgeübt wird, tritt institutionalisierte Macht hervor, d.h. die Macht, welche in der Institution steckt bzw. in sie hineingelegt ist. Es ist also primär nicht die Macht des einzelnen, der sie „zufällig" wahrnimmt. Seine Subjektivität ist in dieser [|175] institutionalisierten Macht verkörpert und ist als solche, d.h. als Subjektivität, nicht mehr unmittelbar vorhanden. Dagegen besitzt der durch die Herrschaft Betroffene echte, unmittelbare Subjektivität, weil die Freiheit ihm als solchem (d.h. durch die Herrschaft Betroffenen) eingeräumt ist und sich deshalb innerhalb von dem dadurch gesteckten Bezirk selbst zur Darstellung bringt. Das kann unter Umständen auf recht merkwürdige Weise geschehen, vorausgesetzt, daß eine großzügig bemessene Weite des Spielraums und persönliches Vermögen sich die Waage halten. Dann kann nämlich gegebenenfalls subjektive Freiheit zur Macht werden, nicht zu einer institutionalisierten, aber deswegen nicht zu einer weniger objektiven, denn jede Macht ist objektiv. Freiheit, einem starken subjektiven Vermögen zur Verfügung gestellt, wird von diesem bis zum Bersten aufgefüllt und verflüchtigt sich dadurch für andere, weniger potente Subjekte. Bezeichnenderweise brauchen sich die subjektiven Intentionen hierbei gar nicht um äußeren Machtgewinn zu bemühen. Es genügt, das Gemüt vieler Menschen in Bann zu schlagen. Der römische Staat beherbergte im gewaltigen Körper des Römischen Reiches das Christentum, und dieses wurde schließlich nur durch den Genuß der ihm gegönnten Freiheit zu einem Machtfaktor, so sehr, daß es sich schließlich der Staatsspitze aufpfropfte, d.h. den Herrschern, die es zuerst geduldet und dann bekämpft hatten, als es zu spät war.

Man vermag Geschichte und menschliche Handlung noch in anderer Weise in Zusammenhang zu bringen. Innerhalb bestimmter Sinndimensionen ist nämlich Geschichte primär nicht angesiedelt, denn die da in Rede stehende Existenzweise ist „ideeller" Art und erschließt sich nur einem an ihr teilhabenden Schauenden. So weist sich Erkenntnis, sofern sie nicht gleich von vorneherein pragmatisch interpretiert wird, durch entweder einen „richtigen" oder „falschen" Sachgehalt aus. Auf eine andere Weise tut dies auch die Kunst. Sowohl Produktion wie Apperzeption von Kunst und Erkenntnis haben zum Gegenstand keineswegs die Handlungen, aus denen sie sich ergeben, und doch kommen sie ohne diese nicht zustande. Ihr Zustandekommen aber verknüpft sie mit Raum und Zeit und macht sie auch dadurch geschichtlicher Betrachtung zugänglich. Das heißt nicht, daß sich in ihnen lediglich ein Hilfsmittel anbietet, um ihrer Sachgehalte von seiten der Geschichte habhaft zu werden. Geschichtliches Auffassen kann sich mit Kunstbetrachtung und spezifischen Erkenntnisunternehmungen (auch den naturwissenschaftlichen) unmöglich in eins setzen. Sie muß sich auf einen ganz anderen Gegenstand beziehen und ist darauf angewiesen, in erster Linie das, was an diesen Komplexen Hand- [|176] lung ist, zu begreifen und von hier aus ihre Daten zu bekommen. Gewiß nicht ohne weiteres für eine philosophische Anthropologie, doch mit einiger Wahrscheinlichkeit für eine geschichtliche, läßt sich also auch von seiten der „ideellen Phänomene" der Handlungsaspekt als durchaus legitimer ausmachen. Für sie stände daher in erster Linie die Tatsache zur Diskussion, daß auch in die „Idealität" manches vom Handlungsansatz einzugehen vermag, jedoch noch viel mehr der Umstand, daß Realität für sie in erster Linie Handlung ist, gerade auch dann, wenn sie sich in der Idealität nicht niederschlägt. Erkenntnistheoretisch liegen hier die Grundlagen nicht nur für die Geschichte von Wissenschaft, Philosophie und Kunst, sondern ebenso ihre Einbeziehung in die allgemeine Geschichte und die übrigens erst dadurch ermöglichte soziologische Betrachtungsweise der zu ihnen gehörenden Phänomene.

Gerade wenn man den Handlungsbegriff als fundamental für eine geschichtliche Anthropologie ansieht, muß man ihn gegen ein kurzschlüssiges Verständnis absichern. Es wäre falsch, ihn auf seine bloße Phänomenalität zu beschränken und nur das gelten zu lassen, was sich im realen Ablauf als Handlung zeigt. Zur Handlung zählt ebenso die Disposition zu ihr, und zwar nicht in dem leeren Sinn, daß zu jedem Tun gleichsam a priori das Vermögen, etwas zu tun, angesetzt wird. Es ist schon oben bemerkt worden, daß das Wissen um Institutionen und überhaupt die Vertrautheit mit sozialen Normen und Spielregeln durch den Menschen hindurchgehen und er in ihnen sein Dasein gewinnt, insofern als er sich in diese betreffende Sinndimension hineinragend vorfindet. Diese Anlage des Menschen bedeutet nicht die faktische Möglichkeit zu einem bestimmten Verhalten in dem Sinn, daß sich ihm im Einzelfall kein Hindernis entgegenstellt. Es ist vielmehr an die Präformierung auf jedes Handeln hin gedacht, indem dieses von vorneherein durch die Ordnung der Sinndimensionen eindeutig festgelegt und dadurch gezwungen wird, diese zu realisieren. Wie man leicht sieht, steckt hierin das Komplement zum Spielraum des Handelns. Eine institutionelle Ordnung existiert eben auf der einen Seite latent, indem sie in Gedanken behalten wird, auf der anderen in actu, wenn sie jeweils in besonderen Handlungen hervortritt. Beides zusammen macht sie aus. Handlung ist dann eben dasjenige, was mit ziemlicher Sicherheit erwartet werden kann, und zwar deshalb, weil es in der Ordnung vorgebildet ist. Es muß danach von der Art sein, daß es sich in untereinander ähnlichen Figuren niederschlägt, daß es sich selbst gegenüber wiederholbar ist und damit eine hohe statistische Streuung aufweist. Alle diese Bestimmungen zusammengehal- [|177] ten machen es möglich, den Begriff der Handlung zu dem des Zustandes zu erweitern und ihn dementsprechend als die Anlage zur Wiederholung gleichartiger Handlungen zu definieren. In diesem Sinn hat jede Institution mit Zuständlichkeiten zu tun, doch ist zweifellos Zustand mit Institution nicht ausschließlich identisch, man müßte denn schon den Begriff des Zustandes auf Rechtszustand einengen.

In Wirklichkeit ist Zustand eine komplexe Größe, bei der zwar immer Herrschafts- und Rechtsinstitutionen beteiligt sind, welche jedoch erst unter Einbeziehung von Sitte und Moralität, also der zwei anderen Handlungssysteme, und vor allem auf der Kreuzung mit der Sinndimension der materiellen Bedürfnisbefriedigung (welche ihrerseits auf die Sinnqualität des Rechtes angewiesen ist) zustande kommt. Aus diesen und anderen Aggregaten hätte sich das zu ergeben, was gemeinhin als „sozialer Zustand" vorgestellt wird, wobei selbstverständlich zu bedenken ist, daß dieser Erfolg ausbleibt, wenn die verschiedenen Daten jeweils nur addiert, anstatt integriert werden. Ihre Verknüpfbarkeit zu Strukturen, welche also eine Eigenschaft des „Zustandes" wären (und keine selbständigen Wesen, wie heute gegen jeden richtigen Sprachgebrauch gerne gesagt wird), ist von jeher Ziel einer Geschichtsschreibung gewesen, seitdem sie eine Sozialgeschichte kennt, also seitdem Niebuhr ihr Programm zusammen mit dem einer wissenschaftlichen Geschichtsforschung entworfen hat.

Man kann einen „Zustand" auch unter dem Begriff der Kulturgeschichte beschreiben. Es wäre indes sehr zu fragen, ob Kulturgeschichte nicht bloß ein besonderer, auf der einen Seite verkürzender, andererseits erweiternder Aspekt der Sozialgeschichte ist, eine Frage freilich, die sich wahrscheinlich schon deshalb nicht befriedigend beantworten läßt, weil es keine fest umrissene Gestalt von Kulturgeschichte gibt.

Wenn man sich bei dem Aufriß einer geschichtlichen Anthropologie dem Handlungsbegriff als Leitmotiv anvertraut, gerade dann ist es notwendig, ihn mit dem Begriff des Zustandes zu verknüpfen, denn ohne dies liefe er Gefahr, sich mit dem Begriff des Geschichtlichen, wie er moderner Geschichtsforschung eignet, zu verunreinigen und das Augenmerk allein auf singuläre Handlungsvollzüge zu richten, was der bekannten Fixierung der Geschichte ausschließlich auf Handlungen nahe käme. Die Gefahr liegt um so näher, als nicht zu bestreiten ist, daß eine eng mit der Handlung verwandte Größe, nämlich die „Veränderung", in die Mitte der geschichtlichen Anthropologie zu stehen kommt. [|178]

Man kann sogar so weit gehen, zu fragen, ob dieses Thema nicht überhaupt den ausschließlichen Gegenstand einer geschichtlichen Anthropologie abzugeben hätte, und dies mit einigem Recht. Alle Probleme, welche die Geschichte gleichsam in Ruhelage betreffen, also die Baugesetzlichkeit der „geschichtlichen Welt", könnten nämlich unter Umständen speziellen Anthropologien zugewiesen werden und auf diese Weise eine ziemlich weitgehende Extrapolation der Geschichte vertragen. Dieser Standpunkt wird zwar hier nicht vertreten. Trotzdem verdient der Begriff der Veränderung in einer historischen Anthropologie schon insofern eine besondere Position, als er durchaus geeignet wäre, alle diese anderen, verselbständigungsfähigen Fragen auf sich zu zentrieren und damit so etwas wie eine

Drehscheibe abzugeben, von der aus sich stets ein Zugang zu dem gesamten Problemkreis im weiteren Sinne eröffnen ließe.

6. Veränderungen und Beständigkeit

Veränderungen sind geschichtlich, wenn sie einen Zustand betreffen, also einen Zusammenhang von vielen wiederholbaren Handlungen zwischen vielen Menschen. Verändert innerhalb dieses Zusammenhanges irgend jemand seine persönlichen Verhältnisse, so ist das nicht geschichtlich, denn es ist gleichsam vorgesehen von dem hierdurch noch nicht veränderten Zustand. Wenn ein einzelner am Ende des Paläo- bzw. Mesolithikums das künstliche Wachstum einer Wildgetreideart, also seine Anpflanzung, zustandegebracht hätte, so würde dies im Hinblick auf einen Zustand noch nichts bedeuten. Das Neolithikum ist erst erreicht, wenn an die Stelle des Freibeutertums die Züchtung getreten ist und jenes wenigstens aus seiner dominanten Rolle verdrängt wurde. Veränderungen müssen also, um als historisch gelten zu können, objektiv sein. Eingeschlossen in reine Subjektivität sind sie nicht geschichtlich.

Anders ist es, wenn nach den Quellen geschichtlicher Veränderung gefragt wird. Hierbei geht es ohne Subjektivität schwerlich ab. Freilich verteilt sich die Chance zur Veränderung, d.h. dazu daß Veränderung im geschichtlichen Sinne gelingt, auf in Institutionen verkörperte und auf von ihnen freigesetzte Subjektivität nicht in gleicher Weise. Verkörperte Subjektivität ist institutionalisierte Macht, äußert sich also in Herrschaft, und ist damit eher zur Veränderung des Allgemeinen befähigt, als die Subjektivität eines beliebigen einzelnen. Wohl aber vermö-
[|179] gen viele einzelne im konvergenten Gebrauch ihrer Subjektivität eine Veränderung herbeizuführen, z.B. wenn sie ihren jeweiligen Freiheitsspielraum zu gleichförmigem Tun benutzen. Wenn kein Mensch mehr die Eisenbahn benutzen würde, wäre diese geliefert, ohne daß im geringsten Gewalt angewandt worden wäre. Ein Zustand wäre verändert durch den bekannten Umschlag von Quantität in Qualität. In solchen gewiß exzentrischen Fällen ist die Subjektivität stärker als die Institution und durchaus imstande, sie mattzusetzen. Phänomene des gewaltlosen Widerstandes wären hier leicht unterzubringen. Exemplarisch ist deshalb die secessio in montem sacrum. Doch setzt diese Hebekraft der Subjektivität den Spielraum freien Handelns voraus, und dieser ist, jedenfalls in einem weiteren Umfang, keine Selbstverständlichkeit, sondern seinerseits erst das Ergebnis geschichtlicher Veränderung.

Es ist deshalb anzunehmen, daß die frühen Veränderungen der Menschheit durch institutionalisierte Macht herbeigeführt wurden. Das kann keineswegs heißen, daß ihr diese Möglichkeit leichthin zur Verfügung stand. Es geht eher um eine Frage der Präferenz. Wenn bestimmte ethnologische Theorien darin Recht hätten, daß die Subjektivität ursprünglich in Institutionen fest eingebunden und damit ohne Spielraum ist, existierte allenfalls Freiheit in den Institutionen, also in der dort verkörperten Subjektivität. Eine der wichtigsten geschichtlichen Veränderungen der Menschheit, der Übergang von den Primitiven der Urgeschichte zur

Hochkultur, läßt sich nur von der Institution aus vorstellen (sofern man nicht Formeln mythischer Vorstellung benutzt). Es kann auch keinem Zweifel unterliegen, daß dieser Übergang sich in einer eminenten Erweiterung von Macht vollzog. Man braucht sich hierbei nicht einmal auf die fragwürdige Überlagerungstheorie zu berufen (gewaltsame Überschichtung von friedlichen Ackerbauern durch fremde Viehzüchter und Jäger). Hochkultur ist immer soziale Spezialisierung, an erster Stelle Verselbständigung der Herrschaft, d.h. deren Herauslösung aus anderen Funktionen, also in erster Linie aus der des Nahrungserwerbes. Verselbständigung der Herrschaft heißt aber ebenso, daß sie einen weiteren Aktionsradius gewinnt, daß sie „freier" wird und damit mächtiger. Ihr Handlungsraum wird größer. Sie muß ihn aber auch erfüllen und ist deshalb auf „Erfindung" angewiesen. Sie wird wahrscheinlich alte Institutionen zerbrechen, ist dann jedoch gezwungen, neue zu schaffen. Um zu bestehen, muß sie überhaupt sich durch nicht ausschließlich präjudizierte Handlungen bestätigen. Verselbständigte Herrschaft ist darauf angewiesen, einen höheren Individualisationsgrad als ihre Vorgänger zu er- [|180]reichen. Sie ist in all ihren Vollzügen ihresgleichen weniger ähnlich, als es die Einzelfälle nicht institutionalisierter Herrschaft sind.

Hochkulturelle Organisationen sind, wie Hochkulturen überhaupt, im Vergleich zu den primitiven Gemeinschaften selten. Entsprechend erhöht sich im Vergleich zu jenen die Existenzbedrohung. Primäre Hochkulturen bedeuten ein starkes Risiko und sind wahrscheinlich in der Regel Ergebnis geglückter Experimente unter zahlreichen mißglückten (d.h. auf die Dauer nicht haltbaren). Ausgewiesen werden die Hochkulturen durch die Tatsache von Herrschaftsbehauptung. Sie entwickeln deshalb in ihren Frühformen immer eine Metaphysik der Herrschaft zu ihrer Stütze. Eine Stütze erhält diese Herrschaft aber auch aus allen anderen Veränderungen, welche Hochkulturen bewirken. Herrschaft ist immer auch Schutz der beherrschten Subjekte. Erhöhter Schutz macht aber auch erhöhten Verkehr und mit ihm berufliche Differenzierung möglich. Dispositionen auf längere Sicht, also Verwaltung, werden unter der neugebildeten Herrschaft denkbar, nachdem sie vorher innerhalb des Familien- und Sippenverbandes vorgebildet war. Man hat anzunehmen, daß zahlreiche Elemente, welche für die Hochkultur konstitutiv sind, vorher schon bereitlagen. Andere wiederum sind durch sie erst geschaffen worden. Darunter wahrscheinlich auch die Schrift, welche ihre Entstehung Verwaltungsbedürfnissen zu verdanken scheint.

Herrschaftsinstitutionen vermögen sich am ehesten unter dem Druck der in ihnen verkörperten Subjektivität zu verändern bzw. sich neu zu stiften. Die institutionalisierte Macht ist immer die legale und hat den Schein des Rechts auch dann für sich, wenn sie von den überlieferten Bahnen abweicht. In der Legalität liegt eine beträchtliche Durchsetzungschance. Institutionen haben, soweit sie Herrschaft implizieren, ein ambivalentes Wesen. Sie stabilisieren die menschlichen Verhältnisse gegen etwaigen Einbruch der Subjektivität, auf der anderen Seite schaffen sie für dieselbe, soweit sie in ihnen drinsteckt, ein förderliches Sprungbrett. Veränderung in dem hier in Betracht kommenden Sinne bedarf besonderer Kraft, denn sie ist ja nicht einfach rückbezogen auf das Subjekt, sondern betrifft via institutionis auch andere Wesen, welche an der Institution ebenfalls teilhaben, ohne in sie inkorporiert zu sein: Die Objekte der Herrschaft sind ihrerseits wiederum eine Form der Subjektivität. Veränderung kommt in der Korrelation beider Arten zustande. Wo die freie, nicht inkorporierte Subjektivität von der inkorporierten nicht gewonnen wird, mit welchen Mitteln auch [|181] immer, gibt es keine Veränderung. Wenn es sie trotzdem geben sollte, dann wird sie wiederum durch die Frage nach ihrer Haltbarkeit zum Problem. Positiv löst sich die Aporie nur, wenn der Wille der institutionalisierten Subjektivität bis zu einem gewissen Grade von der nicht institutionalisierten aufgenommen wird.

Die Aussichten hierbei sind verschieden, je nachdem worum es sich handelt und wie es um die zugrundeliegenden geschichtlichen Verhältnisse beschaffen ist. Man muß als den hierbei vor allem in Betracht kommenden Faktor die Plastizität des Zustandes nennen und würde so unter ihr den Grad der Veränderbarkeit eines Zustandes zu verstehen haben. Offensichtlich ist geschichtliche Veränderung abhängig von vorgegebener Möglichkeit. Ihre richtige oder falsche Beurteilung entscheidet den Erfolg. Wenn Veränderung in einen Zustand hinein wirken soll, ist seine sachgerechte Abschätzung unvermeidlich. Bekanntlich gehört zu der Zuständlichkeit des modernen Menschen, d.h. des Menschen der modernen Industriegesellschaft, daß er leichter als jemals eine Spezies des Homo sapiens zu dirigieren ist. Für die früheren Zivilisationen jedoch gilt der Satz Herodots, daß Brauch und Sitte nur ein wahnsinniger Herrscher antastet (III, 38). Der menschliche Zustand ist ursprünglich im Bereich der elementaren Gewohnheiten und Anschauungen unangreifbar. An dieser Stelle kommt niemand ohne weiteres an den Menschen heran. Und entsprechend ist er selbst auch wenig geneigt, von sich aus Änderungen vorzunehmen. Es gibt Lebenszusammenhänge, die verhältnismäßig änderungsresistent sind und dementsprechend auf Dauer angelegt zu sein scheinen. Die Institutionen des Rechts gehören zu ihr wie die Sitte. Aus historischer Distanz beobachtet sind sie freilich nicht absolut beständig, aber sie verändern sich nur innerhalb längerer Fristen. Und bevor der Mensch sich auf Hochkulturen einließ, waren diese nicht nur viel größer, sondern nahmen die betreffenden Verhältnisse im Gesamthaushalt des Menschen einen umfangreicheren Raum ein, um nicht zu sagen, daß sie den Menschen völlig umfingen und dieser der Bildsamkeit und erhöhter Wandlungsfähigkeit überhaupt entbehrte.

Auf der anderen Seite gehört es zur Sonderstellung der modernen Weltgeschichte, daß sie in dieser Hinsicht besonders veränderungswillig zu sein scheint und damit sich scheinbar durch eine gesteigerte Historizität auszeichnet. Man hätte also zu fragen, ob dieser Lage eine Steigerung von Subjektivität oder nicht vielmehr deren Verlust entspricht. Die berechtigte Skepsis Riesmans[9] würde wohl in diese Richtung weisen und [|182] damit, was ebenfalls der Konzeption Riesmans entspräche, die in Sitte und Institution gebundene Subjektivität als die in Wahrheit freie ausgeben.

Das hat auch seine Richtigkeit, denn der Mensch in seiner Generalität, d.h. da, wo er eine Statistik auswechselbarer Positionen einnimmt, verwirklicht sich in einem Handeln von beträchtlicher Gleichförmigkeit, sowohl in Hinsicht auf des-

---

9   D. RIESMAN, Die einsame Masse (The Lonely Crowd), Hamburg 1958.

sen Wiederholbarkeit wie in bezug auf die Ähnlichkeit mit den anderen Subjekten. Mißt man den Grad der Individualität an der „Originalität", so ist jener alles andere als hoch, und ebenso zählt der einzelne für sich bei der Bilanz der Geschichte eigentlich nicht viel. Er ist da jederzeit zu ersetzen. An existenzielle Grenzsituationen wird er nicht herangeführt, und persönliche Tragik ist ihm, sobald er als ein Stück Geschichte begriffen wird, im allgemeinen auch fremd. Die älteste Tragödie ist nicht zufällig Herren- und Königstragödie. Im Rahmen der Geschichte aufgegriffen liegt das Dasein des Durchschnittsmenschen auf dem Grund eines einfachen Lebens und erfüllt sich im Vollzug von überschaubaren Tätigkeiten, die es ihm erlauben, seine Subjektivität in ihnen aufzuhängen. Die Spannung von Anspruch und Leistung ergreift so die personale Struktur nicht weniger als das Bewußtsein, in verbindlichen, über das Individuum hinausweisenden Zusammenhängen zu stehen. Diese Entäußerung an eine fordernde Alltäglichkeit läßt die Umwelt in den einzelnen hineinwachsen und führt zu seiner Identifizierung mit den Aufgaben, die an ihn herantreten.

Eine solche in sich ruhende und gegen die Optik des Wandels abgeschützte Genügsamkeit, diese Beharrlichkeit in Tun und Leiden, diese „objektive Selbstbestimmung", welche in der eigenen Unverdrossenheit die Bestätigung findet, schafft, wenn nicht Existenzialität, so doch Existenz, nämlich Existenz von außen und gewinnt so aufgrund ihrer Faktizität Gewicht. Der Effekt ist, ohne als solcher gewollt zu sein, ein spezifisch historischer. Er bedeutet eine eindeutige Effektivität im Kontext der Geschichte und eine Form von Macht innerhalb des historischen Zeithorizontes. Beständigkeit der elementaren Lebensvorgänge macht eine Gesellschaft gegen äußere Gefahren widerstandsfähig und verleiht ihr in Katastrophen erhöhte Lebenschancen. Das imponierendste Beispiel ist bekanntlich die (frühere) chinesische Geschichte. Subjektive Geschichtsfremdheit geht eben oft Hand in Hand mit objektiver Geschichtsmächtigkeit.

Veränderungen durch die freie Subjektivität geschehen nämlich unter den angegebenen Umständen nur ganz allmählich, unbemerkt von dem subjektiven Bewußtsein selbst. Man kann die [|183] einschlägigen Verhältnisse geradezu unter Bezugnahme hierauf definieren. Sie sind deshalb die wahrhaft „autonomen", welche ihr Gesetz in sich tragen und auf keine Fremdorientierung angewiesen sind. Die je nach Umständen anfallende Dynamik wird durch ihre Fixierung auf konkrete Vorhaben „verkraftet". Man verhält sich eben so, wie „die Sache" es erfordert. Der Wandel wird nicht direkt anvisiert, vor allem nicht als Wandel schlechthin, sondern stellt sich posthoc ein, auf dem Rücken eines auf sich selbst bezogenen Handelns. Unmittelbar intendierter Wandel, der in die Subjektivität hineingetragen wird, führt leicht zum Paroxysmus der Massen. Unmittelbare Demokratie ist deshalb nur beim Vorhandensein latenter Führungssysteme praktikabel. Im klassischen Griechenland war sie funktionsunfähig. Die griechische Staatsphilosophie ist deshalb nicht zufällig aus ihrer radikalen Kritik erwachsen. Die Geschichte kennt deshalb das subjektive Engagement vieler in erster Linie im Kampf nach außen, und hierbei wird fast durchgehend der schließliche Erfolg in statu nascendi abgeblendet, was zumeist schon die äußeren Umstände bewirken, indem auf der einen Seite der Krieg gewöhnlich ein Verteidigungskrieg ist, auf der anderen zumindest als solcher erscheint. Sehr oft braucht jedoch an ein durch das Kampfobjekt inspiriertes Interesse der Kombattanten gar nicht appelliert zu werden, da Gehorsam und Kampfeswille der Soldaten anderswo als in der Vorstellung eines spezifischen Zieles verankert ist (Söldner- und Feudalheere).

Veränderungen allgemeiner Verhältnisse als methodische Verrichtung heißt innerhalb der Geschichte Politik. Ihr Begriff bedarf einer anthropologischen Einordnung und wird hier so beschieden, daß er dem Phänomen des geschichtlichen Wandels zugeordnet ist. Es ergibt sich daraus, daß der Satz sich nicht umdrehen und sich nicht jeder geschichtliche Wandel als Politik erklären läßt. Es gibt, wie schon gesagt, die „unmerklichen", d.h. die für die Betroffenen unmerklichen Veränderungen, die erst im Ergebnis ins kritische Bewußtsein treten. Auch ist Politik ein besonderes Element der Hochkultur und auch da wohl nicht immer mit Sicherheit anzutreffen.

Letzteres gilt vor allem für die Außenpolitik, die zu ihrer Entstehung eines regelmäßigen Verkehrs innerhalb verschiedener Partner bedarf. Aber zumeist ist doch die Tatsache spezieller Regierungsfunktionen, das Charakteristikum der Hochkultur, an das Auftreten von Politik geknüpft. Das Wesen des Politischen besteht in dem sich mit dem vorhandenen Zustand nicht mehr begnügen lassen. Wahrscheinlich liefert schon ihren er- [|184] sten Auftritt der Übergang zur Hochkultur. Aber jene Definition kann nur sehr weitmaschig verstanden werden und will keineswegs besagen, daß Politik stets mit einem subjektiven Willen zur Veränderung gekoppelt wäre. Das Gegenteil trifft zu. Das Bewußtsein spiegelt dem Handelnden sehr oft vor, daß es das Bestehende zu bewahren gilt, doch ist ein solches Bewahren schon immer die Hülle für Veränderung gewesen. Es kommen Veränderungen vor, die sich als Negation der Veränderung geben (Veränderung mit umgekehrtem Vorzeichen). Politisches Handeln ist auf der einen Seite gewiß Verdichtung der menschlichen Freiheit, weil es sich als willentliche Anstrengung um Veränderung bzw. als deren Negation bewußt ist. Trotzdem findet sich der Handelnde stets an die faktische Beschränkung seines Handelns gefesselt. Er gestaltet weniger im Bewußtsein der Freiheit als daß er auf drängenden Zwang reagiert. Hier hat die bekannte Formel Toynbees von „challenge and response" ihren Ort. Die Freiheit erfährt der politisch Handelnde allenfalls in Brechungen, niemals jedoch als Plattform „schöpferischen" Schaffens. Prometheische Erfahrung wird ihm vorenthalten. Wo es sich scheinbar anders verhält, ist ein Trug des Bewußtseins im Spiel, der sich über kurz oder lang bitter rächt. Es sieht so aus, als ob dahinter nicht nur die Begrenzung des energetischen Vermögens steckt. Auch die intellektuelle Kraft planenden Verfügens hat wohl ihre Maße und trifft jenseits eines nicht allzu großen Bereiches auf verhängte Sichten. Politik gleicht, wo sie gelingt, dem vorsichtig tastenden Bergsteigen. Große Entwürfe garantieren zumeist sicheres Scheitern. Im politischen Handeln wird die Wirklichkeit zu einem wesentlichen Teil überhaupt erst erfahren. Ihre Kenntnis geht ihr nicht voraus wie die einer statistischen Erhebung. Aber da Handeln sich immer nur partiell vorwärts treiben läßt, immer Stückwerk ist, entreißt es die Wirklichkeit nur fragmentarisch seiner Verborgenheit.

Es scheint hierzu zu passen, daß die Quelle des politischen Handelns, seine Antriebe, in nur partiellen Kontakten mit der Wirklichkeit liegen können. Sich selbst für die Wirklichkeit schlechthin zu halten, steht allenfalls Literaten, aber niemals dem Gewissen des in die Wirklichkeit Verstrickten an und hat noch immer mit einem Fiasko geendet. Selbst der Revolutionär Cromwell wußte hierum („der kommt am weitesten, der nicht weiß, wohin er geht"), aber dieser agierte auch unter dem Befehl eines Deus absconditus und wußte noch nichts von den Anmaßungen vermeintlicher Vernunft. Die Gewißheit der für das Handeln notwendigen Einsicht läßt sich nur in nächster Nä- [|185] he der Realität gewinnen, und diese schließt sich in letzter Verbindlichkeit nur als Konkretum auf.

Deshalb wird geschichtliche Veränderung im Spiegel handelnden Denkens weniger durch seine Subjektivität als durch den Appell und die Verlockung vorgefundener Wirklichkeit provoziert. Die Einsicht in faktische Möglichkeit muß immer vorausgehen. Sie inspiriert die Phantasie und lenkt politische Aktivität auf sich zu. Sie kann dies, weil sie selbst auf Handeln angelegt ist. Politik senkt sich niemals in eine ihr fremde Materie hinein. Sie ist selbst ein Stück des Stoffes, dem sie sich zuwendet. Vorfindbare Forderung und subjektive Zielsetzung durchdringen sich gegenseitig. Dem Politiker steht in letzter Instanz kein Gesetzbuch als Regulator zur Verfügung, und keine Objektivität ist ihm vorgegeben, im Gegensatz zum privaten Individuum, das die Geschichte mit abgewendeten Augen und in ganz minimen, gar nicht über die Bewußtseinsschwelle tretenden Quanten vollzieht. Den politisch Handelnden umlauert die Gefahr der Willkür, der Beliebigkeit. Er muß das Richtige als Einmaliges, ohne entlastendes Vorbild finden, so weit wie die Situation, in die er gestellt wird, einmalig ist. Zum Glück ist das nicht immer der Fall, und gibt es auch in der Politik die eingefahrenen Gleise, die freilich im letzten Sinne nicht mehr als politisch gelten können. Was an der Politik „politisch" ist, betrifft immer ihre Ursprünglichkeit und ist deshalb einmalig. Hier liegt wahrscheinlich das Maximum menschlicher Selbstbestimmung, und es hat seinen guten Grund, wenn dabei das Gefühl, dem Transzendenten ausgesetzt zu sein, wach wird. Da die Welt nämlich in der wahren Politik immer unvollendet, um nicht zu sagen „unvollkommen" ist, setzt der Politiker hier etwas zu, entbindet er neue Wirklichkeit und entbehrt darin deshalb der Stützen des Wirklichen. Es sollte einleuchten, daß ein solches Geschäft nicht im Geschwätz der Gasse und des Jahrmarktes zu erledigen ist.

Die Subjektivität wird nämlich in einer aktiven, auf Politik bezogenen Intention nur relevant, wenn sie sich in Herrschaftsinstitutionen verkörpert und hierbei sich dem Gesetz der Verwandlung, d.h. der Metamorphose des Subjektiven in Objektivität, auf dem Wege der Verkörperung in Institution unterstellt. Jede politische Ordnung kennt Umschlagsmechanismen der Subjektivität in die Objektivität des institutionalisierten Willens. Die Art ihrer Formalisierung ist ein zentrales Kapitel jeder umfassenden geschichtlichen Darstellung. Es bezeichnet die Eigenart bestimmter Verfassungen, diese Mechanismen nicht nur besonders auszubauen, sondern ihre Existenz mit [|186] einem starken Akzent zu versehen. Das Gegenstück ist eine Verkümmerung der formellen Seite. Da muß dann mit Kompensationen gearbeitet werden, etwa nach dem Modell Harun al Raschids. Ohne irgendeine Vermittlung ist die Subjektivität stumm, womit gesagt ist, daß sie auf diese oder jene Weise stattfinden muß und daß der Grad ihres Funktionierens einen Faktor von hohem historischem Gewicht bildet und geeignet ist, in einer Kette von geschichtlichen Ursachen eine erhebliche Rolle zu spielen.

Die Subjektivität an sich, d.h. der Vermittlung entbehrend, vermag ohne Sprengung der Ordnung nicht Politik zu treiben. Sie ist, ohne Ausstattung mit „institutionellen Organen", gar nicht auf Politik angelegt. Sie läßt sich mit Politik nicht identifizieren, sondern sie kann nur Anlaß zu ihr geben. Sie ist nicht Politik, sondern allenfalls ein Politikum. In dieser Hinsicht ist freilich ihre Bewegungsfreiheit unermeßlich. Sie geht, wie bereits bemerkt, bis zur Machtakkumulation und führt damit zur Objektivität. In diesem Falle steht ihr politischer Charakter (im Sinne eines Politikums) nicht mehr in Frage, und es kann sich dann meistens nur darum handeln, ob sie institutionalisiert oder zerschlagen wird. Sich entfaltende und massierte Subjektivität gehört zu denjenigen Realitäten, deren Bewältigung der in den Herrschaftsinstitutionen verkörperten Subjektivität zur Aufgabe wird.

Aber eine solche auf Auseinandersetzung gestellte Konfrontation bedeutet nicht die einzige Begegnung der beiden Größen. Artikulierten Angriffen, etwa auf die Institution, korrespondiert auf der anderen Seite deren Umgehung und Paralysierung. Eine Institution kann als das, was sie ist, nur bestehen, wenn ihr subjektive Kräfte zuströmen. Trifft dies nicht mehr zu, wird sie zur leeren Hülle. Das tut sich darin kund, daß stillschweigend ihre Funktion eine andere wird oder wenigstens ein Teil ihrer Funktion auf andere umgelegt wird. In der Monarchie liefert ein Beispiel die immer wieder auftretende Erscheinung des Majordomus. Eine andere Illustration bietet die römische Kaiserzeit mit ihrem republikanischen Ämterarsenal, das politisch gar nichts mehr wert war und allenfalls einem aristokratischen Prestige und (mittelbar) staatlichen Verwaltungsbedürfnissen diente. Die Aushöhlung von Institution ist eine weitverbreitete geschichtliche Erscheinung und keineswegs auf spezielle Herrschaftseinrichtungen beschränkt. Die Figuren des Rechts und die Riten der Religion kennen bekanntlich das gleiche Schicksal. In besonders konservativen Rechtsverfassungen (wie etwa der römischen) führt das sogar zu rechtsimma- [|187] nenten Konstruktionsprinzipien (so wenn gewissen Institutionen des ius civile solche des Amtsrechts substituiert werden). Bei der Religion braucht man in unserem Kulturkreis nur an die Rezeption mancher heidnischer Riten und vor allem die unzähliger Kultstätten durch das Christentum zu denken. Auf dem Wege solchen Unterlaufens wird mitunter offene Auseinandersetzung umgangen: Es bringt sich die nicht institutionalisierte Subjektivität dadurch zur Geltung, daß sie die Institution nicht zerbricht, sondern ihren eigenen Bedürfnissen anpaßt, genauer gesagt, ihnen von sich aus neue Bedürfnisse zur Verfügung stellt und damit die ursprünglichen verabschiedet bzw. endgültig verabschiedet, nachdem sie längst sich verflüchtigt hatten.

7. „Geschichtlichkeit"

Die sogenannte „Geschichtlichkeit" des Menschen enthält eine Paradoxie. Wenn Geschichte Veränderung ist und einmal sich äußert als subjektiv unbemerkte und deshalb als eine Summe unter dem Zeichen des Gleichen oder Ähnlichen wiederholter Handlungen, andererseits als willentlich herbeigeführte Veränderung (Politik) besteht, dann wird ihr in jenem Fall die Dauer als notwendige Gabe und implizite Eigenschaft miteingebunden, in diesem jedoch der stetige Fluß unterbrochen und das Neue gegen das Alte ausgespielt. Die längste Zeit war die Menschheitsgeschichte der Dauer verschrieben; erst vor fünftausend Jahren gab sie das Gesetz auf, nach dem sie Hunderttausende von Jahren gelebt hatte. Sie verschrieb sich der Kurzfristigkeit, anfangs wohl zumeist in der Form der Politik oder, anders ausgedrückt: Sie nahm um des Wandels willen die Hypothek der Kurzfristigkeit auf sich. Eigentümlich hieran ist nämlich, daß der Wandel an sich für sie von hause aus kein Selbstwert war (die allermodernsten Neuerungsneurosen unserer Überflußgesellschaft braucht man in diesem Zusammenhang noch nicht zu veranschlagen). Was man jeweils wollte oder glaubte, jeweils wollen zu müssen, war niemals das Neue an sich, sondern das aus irgendeinem Grunde „Bessere" (das, was besser erschien, als der bisherige Zustand), und selbstverständlich wurde dieses Bessere nicht als transitorisches Ziel angestrebt, sondern als etwas Dauerndes und ein für allemal Gültiges. Nur unter dieser Voraussetzung ist das Streben überhaupt sinnvoll. Und trotzdem überantwortete sich damit der Mensch einer radikalen Unbeständigkeit seiner Verhältnisse. Die Paradoxie besteht also darin, daß der Mensch, indem er [|188] etwas Bestimmtes will, etwas tut, was er gerade nicht will. Diese Gebrochenheit seines Wollens ist eine Mitgift seiner Geschichtlichkeit und wurde ihm mit dem Aufbruch zu ihr mitgegeben. Sie hat sich dann auf seinem weiteren Wege immer wieder zur Geltung gebracht. Wir nennen das bekanntlich (nach Hegel) die Dialektik des geschichtlichen Daseins oder einfach die Dialektik der Geschichte, wobei freilich zugegeben werden muß, daß der Begriff außerhalb des Marxismus zumeist jeder Präzision entbehrt.

Der Mensch will also die Dauer, und eben dadurch, daß er sie bewußt will, daß er die Dauer des an sich Dauernden durch das Bessere erhöhen will, geht er ihrer verlustig, auf jeden Fall einer Dauer von der Größe, die er vorher besaß. Trotzdem ist intendierte Dauer kein leerer oder unsinniger Begriff. Er weist sich schon empirisch aus, und es wird dadurch die Tatsache bestätigt, daß sogenannte historische Erfolge, d.h. Ergebnisse geschichtlichen Wollens, sich in ihrem Wert (u.a.) danach bemessen, wie lange sie halten, d.h. Bestand haben. Zweifellos ist das der Unbeständigkeit anvertraute Wollen des geschichtlichen Menschen darauf aus, Beständigkeit zu gewinnen. Und wir sehen ja nun auch, daß dies, gemessen an prähistorischen Maßstäben, zwar keineswegs gelingt, aber die „Geschichtlichkeit" menschlicher Schöpfungen doch in verschiedenem Umfang der Zeit abgerungen wird, und die einen eben eine kürzere, die anderen eine längere Lebenszeit haben. Es spricht einiges dafür, daß sich aus dieser Tatsache eine Beurteilungskategorie geschichtlichen Handelns gewinnen läßt.

Die Beobachtung gilt nämlich auch da, wo das Handeln sich im Raum sogenannter „Idealität" abspielt, und hier vielleicht sogar mit größerer Evidenz als in der Politik. Objektive Bedeutung gewinnt auch dieses unter einem historischen Horizont, und zwar unter dem Gesichtspunkt, über welche Zeiten hinweg es imstande ist, Menschen zu erreichen. Bei diesem Phänomen ist freilich die Zeit nur ein Indiz, zum mindesten, wenn man die eigenartige Existenzform einer die Zeit überschreitenden Idealität zugibt. Doch sei dem wie ihm wolle: Die historische Zeit, in der sich historisches Tun abwickelt, steht gegen dessen Intention als das zu überwindende Hindernis, als der Ursprung schneller Hinfälligkeit, und der geschichtliche Wille geht also dahin, die dem Menschen in seiner Urzeit in die Wiege gelegte Gabe nun mit eigener Kraft neu zu gewinnen. So ist der Mensch gleichsam auf der Suche nach der verlorenen Dauer.

Die Wirklichkeit zeigt sich freilich als glatte Desillusionierung solcher Erwartung. Nicht das Gelingen macht das Charakteri- [|189] stikum geschichtlichen Handelns aus, sondern sein Scheitern. Im Vergleich zu ihm ist jenes die Ausnahme. Aber diese Ausnahme zählt in der Geschichte. Mit gutem Grund, denn nur, was zustande kommt und sich behauptet, überwindet der Ereignisse Flucht. Alles andere wird vom Augenblick verschlungen. Vieles, wenn nicht das meiste, wird in der Geschichte des geschichtlichen Handelns vertan, wenn es sich nicht gar zum Schlimmen, zur herostratischen Selbstvernichtung aufwirft.

Daneben steht das Gleichgültige, das nicht einmal an den Scheideweg von Gelingen und Scheitern herangeführt wird. Dies kann auch gar nicht anders sein, denn das, was historisch gelingt, was bedeutend wird, absorbiert eine Menge anderes, was in den Schatten des Erfolges gerät. Die wenigsten Akteure in der Geschichte treten zum Zweikampf an. Die meisten fügen sich von selbst dem Gelingen, das ein anderer an seine Fahnen heftet, und warten nicht den aussichtslosen Kampf ab. Manches geht aber auch im Windschutz vonstatten, in toten Winkeln, die von Gefahren nicht erreicht werden. Dies ist eine Möglichkeit polyzentrischer Systeme. Hier wird dann politisches Handeln mehr oder weniger sistiert, eine Konstellation, die, wenn sie nicht in einen faulen Marasmus führt, anderweitige Aktivitäten freigibt. Sie führt unter Umständen zur reichen Entfaltung menschlicher Selbstdarstellungen. Dem archaischen Griechentum ist es so ergangen, und in gewisser Hinsicht spiegeln auch die halkyonischen Tage des deutschen Geistes im 18. Jahrhundert diese Lage wider. Insofern ist sie eine Chance für eine geschichtliche Veränderung in der Sphäre der Zuständlichkeit, und zwar eben da, wo diese am meisten auf ungehinderte Spontaneität angewiesen ist.

Die Provokation der historischen Handlung ist zumeist die Krise. Sie ist also die Gabelung von Scheitern und Gelingen, wie der Name besagt, der Zustand in der Entscheidung und daher von einer dahintreibenden Frage oder mehreren solchen bestimmt. Das ist freilich nur metaphorisch gesprochen, denn weder kann sich ein Zustand entscheiden, noch kann er eine Frage enthalten, aber die Ausdrucksweise bezeugt die legitime Sprache des Historikers, welche gerne mehr deutend als aufzeigend verfährt und es auch liebt, den Handelnden mit Hilfe der vorgegebenen Umstände zu entlasten. Trotzdem bleibt es dabei: Die Aporie, welche der Inhalt einer Krise ist, ist die Aporie des zum Handeln Verpflichteten, gleichgültig, ob man sie ihm zugute hält oder nicht. Die Krise besteht dann darin, daß er nicht zu handeln versteht. Natürlich gibt es dafür Gründe, und je nachdem, wo sie liegen, handelt es sich um ganze Regierungs-, [|190] Staats- oder Gesellschaftskrisen. Die Unsicherheit der Regierenden macht die Krise zu einem plastischen Zustand, womit jene in diesem zugleich hineingenommen wird, eine Verschränkung, welche der Krise wesensgemäß auch zukommt. Werden die legalen Herrscher mit der Krise fertig, so schlägt die Plastizität zu ihren Gunsten aus. Sind sie dazu nicht in der Lage, so zerbricht die Herrschaft, und es kommt zur Revolution. Fällt also legale Bändigung der Krise aus, so wird die Krise gleichsam auf Revolution umgeschaltet.

Die Krise kann zum Kairos des Handelnden werden. Aber der Begriff des Kairos ist weiter und keineswegs auf die Krise beschränkt. Er ist viel verbreiteter und kann sich überall ergeben, wo Veränderung ist. Der Kairos ist ausgesprochen handlungsspezifisch, und zwar politisch und damit auch historisch, denn er setzt voraus, daß das ihm korrespondierende Handeln nicht wiederholt werden kann. Damit bezeichnet er die einmalige Gunst einer Handlungskonstellation, objektive Verhältnisse, die eine erfolgreiche Aktion erlauben (zumeist dann, wenn langwährende Hindernisse aus irgendeinem Grund wegfallen). Der Begriff des Kairos ist denn auch derartig handlungsspezifisch, daß er über die Politik hinaus gilt und auch überall da auftreten kann, wo Handeln riskant ist, selbst beim Vollzug von „idealen" Sinnobjektivationen (was jeder Schriftsteller und Künstler weiß und worin er sich in bezug auf den Erfolg ohnmächtig fühlt).

Trotzdem kann man das Gelingen menschlicher Handlung, also die Erreichung bestimmter Ziele, nicht mit dem Kairos, d.h. einer besonders günstigen Voraussetzung, gleichsetzen. Man vermag dies so wenig, als in ihm nicht nur nicht der Ursprung einer menschlichen Handlung, sondern ebenso wenig der jeder menschlichen Veränderung gegeben ist.

Die Frage nach diesem Ursprung dürfte wohl besonders zentral für eine geschichtliche Anthropologie sein, aber gerade sie läßt sich generell nicht beantworten. Das trifft aber letztlich auch für den empirischen Einzelfall zu. Was wir vermögen, ist lediglich eine ihn erhellende Verknüpfung mit anderen Daten. Aber was wirkliche Veränderung und nicht nur der Widerschein bereits bestehender Verhältnisse ist, das ist hierdurch noch nicht erklärt. Die Geschichte wäre keine Geschichte mehr, wenn sie im Vollzug ihrer Erkenntnisoperationen nicht ungeachtet allen Begreifens und Verstehens immer wieder an Punkte käme, welche analytischer Auflösung einen unüberwindbaren Widerstand entgegenstellen. Man wird diese Feststellung bzw. die entsprechende Folgerung aus ihr auch für die geschichtliche [|191] Anthropologie gelten lassen müssen und hätte dann das zu tun, was unter Umständen eine Geschichtsphilosophie sehr bald und gleichsam en bloc zu tun bereit wäre: man müßte hier den Menschen in seiner Schöpferkraft einsetzen. Eine geschichtliche Anthropologie wäre die ungeeignetste Instanz, die grundsätzliche Berechtigung dieses Verfahrens zu bestreiten, besteht ihre Aufgabe doch darin, diesen letzten Kern der Geschichtlichkeit indirekt, d.h. durch Subtraktion aller Momente, die sich als vorgegeben ausmachen lassen, anzugehen.

Auch in der Geschichte ist der Mensch ein vielfach vermitteltes Wesen und „Freiheit" ihm nur in unzähligen Brechungen erfahrbar. Das ist auch dann so, wenn wir von der Immanenz eines vielleicht trügerischen Bewußtseins absehen und allein die objektive Gestaltung seiner Verhältnisse ins Auge fassen. Sobald wir nicht mehr gehalten sind, die Einzelheiten ihrer Entstehung miteinander zu verrechnen und in ihrem Zusammenhang Spontaneität und Zwang in Relation zu setzen, glauben wir mit Recht, im Resultat des vielleicht dunklen Prozesses den Anteil des frei Geschaffenen deshalb erkennen zu können, weil die betreffenden Ergebnisse jeweils singulär sind und ohne Veranschlagung der menschlichen Freiheit dies nicht sein könnten.

Dieses stärkste Argument sowohl für geschichtliche Ursprünglichkeit als für die Notwendigkeit sogenannter idiographischer Geschichtserkenntnis wird nun allerdings durch die Möglichkeit einer materiellen und nicht nur formalen Vergleichbarkeit historischer Erscheinungen in Frage gestellt. Es gibt tatsächlich – ohne daß es sich um gegenseitige Beeinflussung handelt – immer wieder historische Phänomene, die sich zueinander im Sinne von Ähnlichkeiten in Beziehung setzen lassen und deren Ähnlichkeit auf die Gemeinsamkeit gewisser Strukturelemente führt. Für die Naturreligionen ist dies evident, aber ebenso für das Recht. Man sieht hier gleich, daß derartige Konvergenz sich vor allem in den resistenzfähigsten Zustandsbereichen zeigt. Aber sie geht darüber hinaus. Selbst komplexe Herrschafts- und Organisationsformen lassen sich unter diesem Gesichtspunkt (mit Zuhilfenahme des Idealtypus) erfolgreich analysieren, wie vor allem Max Weber gezeigt hat.

Diese Tatsache gibt zu denken. Es sieht danach so aus, als ob der Mensch in der Geschichte, auch wenn er nicht nachahmt, bei der „Erfindung" von Institutionen über keinen infiniten Spielraum verfügte, als ob, auf eines der Elemente gesehen, die Varietätsbreite beschränkt und der Mensch infolge dieser Grenzen gezwungen wäre, dann und wann, hier und dort, auf partiell wenigstens gleiche Lösungen zu verfallen. Es ist gewiß auch kein Zufall, daß die unzweifelhafte Einzigartigkeit der modernen Zivilisation letztlich nicht das Ergebnis des reinen Handelns, sondern erkennender Vergegenständlichung ist, also ihrem wesentlichen Ursprung nach in einen Zusammenhang gehört, der infolge seiner besonderen Objektorientierung als infinit gelten muß. Die Komplikationen, die sich hieraus für den Menschen und seine sonstige „Antiquiertheit" ergeben, treten bekanntlich heute immer mehr ins Bewußtsein.

Der „Mensch in der Geschichte" scheint also anthropologisch in erster Linie von der Begrenzung seiner prinzipiell anzusetzenden Freiheit her begriffen werden zu müssen. Sollte dies auch nur von ungefähr zutreffen, dann ist dieser Feststellung noch eine Ergänzung an die Seite zu stellen. Sie betrifft das Bewußtsein des geschichtlichen Menschen von sich, und zwar keineswegs nur seine „Ideologie", obgleich diese gewiß auch ein anthropologisches Problem darstellt, sondern den einfachen wissenden Mitvollzug der Veränderungen, die von ihm getroffen werden. Gerade nämlich auch dann, wenn man ihn auf sogenannte exakt feststellbare Daten (etwa im Sinne der Statistik und entsprechender soziologischer Erhebungen) beschränkt und ihn um jede „spekulative" Erweiterung kürzt, also möglichst punktuell versteht, bleibt diese in einen engen Augenblickshorizont gebannte Kunde ein bloßes Fragment. Da in der Veränderung die „geschichtliche Welt" sich erzeugt, aber ihre Wirklichkeit dadurch nur stückweise, dazu noch belastet mit der Bedrohung des Widerrufs, zustande kommt, gibt die Veränderung niemals den Blick auf ihre Vollendung frei. Indem sie der Zukunft angehört, ist sie verhängt, und deshalb weiß der geschichtlich Handelnde (nicht minder der Leidende, d.h. den Zustand Repräsentierende) niemals, wo er steht, was er erreicht hat und wie viel er einmal zur Geschichte beigetragen haben wird. Sein Wissen um sich als geschichtliches Wesen ist so wenig vollständig, daß es von vorneherein mehr Aussicht hat, falsch als wahr zu sein. Entgegenstehende Ansprüche entsprechen immer politischer Anmaßung. Der Handelnde ist immer verhüllt und enthüllt sich erst der Nachwelt. Das ist eine merkwürdige transzendentale Bestimmung der Geschichtlichkeit in ihrem Vollzug. Diese ist da, wo sie für sich ist und die Virulenz des Lebendigen besitzt, blind. Jeder geschichtlich Handelnde ist sich, bezogen auf die Geschichte, an deren Webstuhl er sitzt, „entfremdet". „Es ist Gesetz, daß im Letzten die Menschen nicht wissen, was sie tun, sondern es erst durch die Geschichte erfahren."[10] [|193]

Diese Verhüllung wird erst aufgehoben, wenn das Geschehen zum Gegenstand wird, wenn sich von ihm das Bewußtsein zurückgezogen hat und der Vorhang von ihm weggezogen wird. Erst dann kommt es zur „Enthüllung" der Geschichte, erst dann weiß man annähernd, wie es um den Menschen in der Geschichte bestellt ist.

Ist der Mensch im „Vorgang", den Blick auf das Ungewisse geheftet, sich letztlich verborgen, so besitzt der gleiche Prozeß, als vollendeter zum Gegenstand erhoben, die Eigenschaft, daß er das Gewordene aufschließt, genauer ausgedrückt, durch die Vergegenständlichung der vorgelaufenen Zeit die Augenblicklichkeit des Gegenwärtigen in den Stand des Gewordenen erhebt. Daß sich das Gewordene gleichsam im Rücklauf an die Summe seiner Antezedentien anschließen läßt, macht es erst begreifbar. Man stelle sich einen Augenblick der Geschichte zum absoluten Moment erstarrt vor, und man wird bemerken, daß er dann nichts als Rätsel enthält. Sein defizienter Status verlangt deshalb schon als zu apperzipierender nach Entschlüsselung. Seine Phänomenalität ist ungeordnet, so als ob ihr die Dimension der Räumlichkeit fehlte und infolgedessen alles auf *einer* Ebene zusammenrutschte. Wir sind deshalb geradezu gezwungen, einen sozusagen deformierten Gegenstand in der Zeit auseinander treten zu lassen. Nur auf diese Weise wird das „Leben" in ihm entbunden, werden „Kräfte" und „Motive" sichtbar. Erst die Dynamik der menschlichen Dinge zeigt ihre Wirklichkeit im wahrsten Verstand des Wortes, und eine geschichtliche Anthropologie hat nachzuweisen, warum dies so ist und daß jede andere Vorstellung vom Menschen diese Kenntnis vielleicht zu fundieren vermag, daß sie jedoch niemals sie ersetzen kann. Der geschichtliche Mensch ist gewiß nicht der Mensch schlechthin, aber er ist der am wenigsten abstrahierte, da er voll und ganz in der Zeit drin gelassen wird.

---

10 H. PLESSNER, Die Stufen des Organischen und der Mensch. Einleitung in die philosophische Anthropologie, Berlin 1928; 2. Aufl. 1964, 341.

Deshalb enthält eine geschichtliche Anthropologie, die sich über ihn ja nur „allgemein" und damit lediglich im Gegensinn zum Inhalt ihrer Behauptung äußern kann, implizite die Aufforderung, sich um ihn auf dem Wege der historischen Erfahrung zu kümmern.

8. LITERATUR

BERGER, L. P., TH. LUCKMANN, Die gesellschaftliche Konstruktion der Wirklichkeit, Frankfurt am Main 1972.
DILTHEY, W., Der Aufbau der geschichtlichen Welt in den Geisteswissenschaften. Ges. Schriften VII, 2. Aufl. hrsg. von B. GROETHUYSEN, Leipzig 1942; 5. Aufl. Stuttgart 1968.
FREYER, H., Soziologie als Wirklichkeitswissenschaft, Leipzig 1930; 2. Aufl. 1964.
DERS., Das soziale Ganze und die Freiheit des einzelnen, Göttingen 1957.
GADAMER, H.-G., Wahrheit und Methode, Tübingen 1960.
GEHLEN, A., Der Mensch, seine Natur und seine Stellung in der Welt, Bonn 1940; 8. Aufl. 1966.
DERS., Urmensch und Spätkultur, Philosophische Ergebnisse und Aussagen, Bonn 1956; 2. Aufl. 1964.
DERS., Anthropologische Forschung, Hamburg 1961; 3. Aufl. 1964.
HAURIOU, M., Die Theorie der Institution (Übers.), Berlin 1965.
HEUSS, A., Die Stellung der Biologie in den historischen Wissenschaften, in: Stud. Philosoph. 8, 1948, 65–95.
JONAS, F., Die Institutionslehre Arnold Gehlens, Tübingen 1966.
NIPPERDEY, TH., Bemerkungen zum Problem einer historischen Anthropologie, in: E. OLDEMEYER (Hg.), Die Philosophie und die Wissenschaften. Festschrift für S. Moser, Meisenheim am Glan 1967, 350–370, in diesem Band S. 81–99.
DERS., Kulturgeschichte, Sozialgeschichte, historische Anthropologie, in: VSWG 55 (1968) 145–164.
PLESSNER, H., Die Stufen des Organischen und der Mensch. Einleitung in die philosophische Anthropologie, Berlin 1928; 2. Aufl. 1964.
DERS., Conditio Humana, Propyläen Weltgeschichte I, Berlin 1961, 35 ff.
RIESMAN, D., Die einsame Masse (The Lonely Crowd), Hamburg 1958.
ROTHACKER, E., Die Schichten der Persönlichkeit, Leipzig 1938; 7. Aufl. Bonn 1968.
DERS., Probleme der Kulturanthropologie, Bonn 1942; 2. Aufl. 1948.
DERS., Mensch und Geschichte, Bonn ²1950.
DERS., Philosophische Anthropologie, Bonn 1964.
DERS., Zur Genealogie des menschlichen Bewußtseins, Bonn 1966.
SCHELER, M., Die Stellung des Menschen im Kosmos, Darmstadt 1928; Neuaufl. München 1949.
SCHELSKY, H., Auf der Suche nach der Wirklichkeit, Düsseldorf 1965.
DERS., Soziologie der Sexualität, Hamburg 1955.
SCHOEPS, H.-J., Was ist der Mensch? Göttingen 1960.
SOMBART, W., Vom Menschen. Versuch einer geisteswissenschaftlichen Anthropologie, Berlin 1938.
WEHLER, H.-U., Zum Verhältnis von Geschichtswissenschaft und Psychoanalyse, in: Historische Zeitschrift 208 (1969) 529–554.
ZAPF, W., Theorien des sozialen Wandels, Köln 1969.

VERSUCH EINER „HISTORISCHEN ANTHROPOLOGIE"
[– Auszug –]

von Oskar Köhler

1. Anthropologische Historie oder Historische Anthropologie?

Soll eine *anthropologisch fundierte Historie* angestrebt werden, also jedenfalls die Alleingeltung der neukantianischen „Kirchenväter"-Lehre von der Individualität als dem „idiographisch" zu behandelnden Gegenstand der „Geisteswissenschaften" und also auch der Geschichtswissenschaft endlich *praktisch* überwunden werden, die „anthropologischen Strukturen", welche das einzelne Verhalten, auch das politische Handeln, zur Voraussetzung hat, geschichtlicher Gegenstand sein und dies deshalb auch sein können, weil die Einsicht gewonnen ist, „daß auch anthropologische Strukturen geschichtlich wandelbar sind, daß die Grenze zwischen den metahistorischen Konstanten und den historischen Variabeln sich im Erkenntnisprozeß immer weiter verschiebt"?[1]

Oder soll eine „Historische Anthropologie" angestrebt werden, für die eine anthropologisch fundierte Historie und deren Forschungsergebnisse Voraussetzung als *conditio sine qua non* sind, die aber zwar nicht „das utopische oder triviale Ziel einer totalen [|142] menschlichen Historie"[2] verfolgt, jedoch eine Lehre vom Menschen in seiner Sozialität erkunden will, und zwar so, daß – soweit dies möglich ist – die Dichotomie vom Menschen als „Naturwesen" und als „geschichtlichem Wesen" überholt wird, indem nicht Beständigkeit seiner „Natur" und Geschichte seinem „Wandel" zugeschrieben, sondern Beständigkeit selbst als geschichtliche Leistung (und ihr Mangel als Fehlleistung) begriffen wird, welche Leistung jedoch nur im Wandel erbracht werden kann, der nicht adiaphorisch um

---

1 TH. NIPPERDEY, Kulturgeschichte, Sozialgeschichte, historische Anthropologie, in: VSWG 55 (1968), 145–164, hier 146. – Eine geradezu berstende Problematik enthält die dieser „Einsicht" vorangestellte Bemerkung: „Voraussetzung einer ausgebildeten historischen Anthropologie ist eigentlich die Vollendung des Historismus am Ende des 19. Jahrhunderts". Damit bleibt ohne Zweifel die erstrebte „historische Anthropologie" im Rahmen der historischen Disziplin. – Th. Nipperdey sagt ausdrücklich, daß es nicht um „einen besonderen neuen Wissenschaftszweig" gehe, sondern darum, „Sozialgeschichte zu erweitern" (160). Aber wird nicht mit einer den vollendeten Historismus voraussetzenden „historischen Anthropologie" dessen ganze Problematik ohne weitere Bedenken eingebracht, also ein Moment, das recht wesentlich zur Krise der Geschichtswissenschaft beigetragen hat? Deshalb sollte man wohl bei der hier verfolgten Absicht eher von einer „anthropologischen Historie" sprechen. Vgl. aber Nipperdeys Schlußbemerkung über das „Verstehen von Sinn" und den „Traditionszusammenhang" (164); dazu unten. – Zum Einbezug der Sozialwissenschaften in die historische Arbeit vgl. O. KÖHLER u.a., Probleme des Kulturwandels im 20. Jahrhundert, in: Saeculum 14 (1963) 63–71.
2 Nipperdey, Kulturgeschichte (wie Anm. 1) 160.

das Beständige herum geschieht (wie ein Teil der katholischen Kirchenhistoriographie die Dogmatik als fixe Gegebenheit voraussetzt, um die herum allein Geschichte der Kirche ist, während die Geschichtlichkeit der Dogmen selbst ausgespart bleibt), sondern gerade als Wandel das Beständige in seiner Beständigkeit hält?[3] Wo der Wandel sich in die bestandslose Veränderung verliert, gerät die Geschichte in ihren Hiatus, was immer daraus hervorgeht. A. Heuß hat das Verhältnis von Veränderung und Beständigkeit, das zentrales Thema beim „Saeculum"-Symposion von 1972 war, eindrucksvoll am Beispiel der „Herrschaftsinstitutionen" aufgewiesen: „Sie stabilisieren die menschlichen Verhältnisse gegen etwaigen Einbruch der Subjektivität, auf der anderen Seite schaffen sie für dieselbe, soweit sie in ihnen drinsteckt, ein förderliches Sprungbrett ... Die Objekte der Herrschaft sind ihrerseits wiederum eine Form der Subjektivität. Veränderung kommt in der Korrelation beider Arten zustande". Wo sie nicht gelingt, gibt es entweder keine Veränderung oder eine, deren „Haltbarkeit" problematisch ist. „Positiv löst sich die Aporie nur, wenn der Wille der institutionalisierten Subjektivität bis zu einem gewissen Grade von der nicht institutionalisierten aufgenommen wird."[4] Der „herrschaftskritische" Leser möge hier vorerst – es ist darauf zurückzukommen – von der Problematik des Objekt-Verhältnisses absehen: worauf es hier ankommt, ist die Geschichtlichkeit von Beständigkeit im Unterschied zu ihrer „Naturwüchsigkeit", weshalb freilich von der Begründung von Herrschaftsinstitution noch die Rede sein muß.

2. Die geschichtliche Beständigkeit – die natürliche Dauer und ihr „Drang"

Beständigkeit in dem hier intendierten Sinn ist nicht identisch mit Dauer. Wenn es der Wandel ist, der das Beständige in seiner Beständigkeit hält, dann ist der Beständigkeit der Wille zum Neuen und Besseren implizit, ist ihr die naturwüchsige Dauer nicht die ange- [|143] messene „Zeit". Daß die historische Zeit die Beständigkeit auffressen kann (nicht: muß), darin steckt das Dilemma, von dem die Veranstaltungen der „Saeculum"-Herausgeberschaft 1971 ausgegangen sind. Dennoch ist es eine Frage, ob man einen Willen „geschichtlich" nennen kann, der dahin geht, „die den Menschen in seiner Urzeit in die Wiege gelegte Gabe [der Dau-

---

3 „Auch die Rechten, als angeblich Konservative, wollen Veränderung, Besserung, Fortschritt – und sei es nur als Vermehrung ihrer Rendite ... Konservativ sein heißt ... vor allem nicht, sich ans Eigene anzuklammern, zu beharren auf dem, was man hat ... Wahrhaft konservativ ist nicht das Festhalten am Bestehenden, sondern am Bleibenden"; F. VONESSEN, Die Leistung der Danaiden, in: Sinn und Unsinn des Leistungsprinzips, München 1974, 55. – Dies ist zwar formuliert aus der Position des nachrevolutionären Konservativismus, aber es trifft in der Unterscheidung des „Bestehenden" vom „Bleibenden" das, was oben mit dem Beständigen in seiner Beständigkeit gemeint ist. Der Autor exemplifiziert seinen Satz: Der Mythos, Homer, Sokrates, Pindar, die griechische Kunst „leben in und aus ihrer Zeit, aber sie stützen sich so wenig darauf, daß umgekehrt sie ihr Halt geben können" (71). Zur Bedeutung solcher Objektivationen für eine „Historische Anthropologie" vgl. das Folgende im Text.
4 A. HEUSS, Zum Problem einer geschichtlichen Anthropologie, in diesem Band S. 124 f. [|180 f.].

er] nun mit eigener Kraft neu zu gewinnen", so daß „der Mensch gleichsam auf der Suche nach der verlorenen Dauer ist".[5] Ohne Zweifel gibt es solche Sehnsüchte, in denen vergessen ist, daß der Engel mit dem Schwert die Rückkehr ins Paradies verwehrt. In ihnen aber ist der geschichtliche Wille des „Homo viator" (G. Marcel) gerade erlahmt und deshalb anfällig für das Paradies der Resignation, insbesondere auch jener ihrer Varianten, in welcher die „trübe Erfahrung" gemacht wird, daß der behauptete, verschieden beschriebene „Endzweck" der Geschichte sich in seiner „Parusie unendlich verzögern könnte".[6]

Mit der hier versuchten Definition von Beständigkeit und ihrem gerade nicht auf naturwüchsige Dauer ausgehenden Wandel wird freilich die terminologische Voraussetzung gemacht, daß „Zeit" nicht „etwas" ist, was zu einer systematischen Anthropologie, die es mit invariablen Gefügen und Gesetzen zu tun hat, oder zu einer systematischen Kulturanthropologie, die ein Gefüge von Strukturvariationen darstellen will, nur einfach hinzukommt.[7] Vielmehr wird davon ausgegangen, daß die Zeitlichkeit *jeder* Anthropologie, wenn sie ihren Gegenstand nicht verfehlt, wesentlich zugehört. Eine „Historische Anthropologie" unterscheidet sich von jeder systematischen Anthropologie darin, daß sie diese Zeitlichkeit nicht als abstrakte Wesensbestimmung behandelt, sondern in ihrer geschichtlich konkreten Erfüllung auffinden will. Gewiß muß sich eine „Historische Anthropologie" in diesem Sinne auf einem höheren Abstraktionsniveau bewegen als etwa eine Geschichte der Habsburger-Dynastie oder auch eine Geschichte Chinas für sich allein. Andererseits kann es nicht darum gehen, „ein Moment ausfindig zu machen, das für jegliches Humanum, ohne Rücksicht auf Raum und Zeit, gilt", weshalb „wegen dieser Allgemeinheit der Bezug gar nicht formal genug sein kann".[8] Eine solche „historische Kategorienlehre" ist ein wichtiger Beitrag zur theoretischen Grundlegung einer „Historischen Anthropologie", läßt aber die Vermittlung zu den erfragten konkreten geschichtlichen „Beständigkeiten" aus, die hinsichtlich des ihnen zugehörigen geschichtlichen Wandels gerade *mit* Rücksicht auf Raum und Zeit ausgemacht werden müssen.[9] Außerdem ist eine „historische Kategorienlehre" ein Hauptabschnitt, der zu jeder Anthropologie gehört, es sei denn, daß sie die Geschichte ausspart und den „natürlichen Menschen" zum Gegenstand hat.

---

5   Ebd., siehe oben S. 130 f. [|188].
6   O. MARQUARD, Schwierigkeiten mit der Geschichtsphilosophie, Frankfurt am Main 1973, 115.
7   NIPPERDEY, Kulturgeschichte (wie Anm. 1) 146.
8   HEUSS, Zum Problem, oben S. 111 [|163].
9   A. Heuß operiert aber offenbar mit einem anderen Begriff von „Historischer Anthropologie". Übereinstimmung mit dem hier vorgelegten Versuch besteht darin, daß sie „nicht lediglich ein Zusatz zur Geschichte sein soll, welche sich ihr Lebensrecht allein als deren Erläuterung, gleichsam in Form einer geschichtlichen Anmerkung erwürbe". Aber sie soll – im Sinne dieser Abhandlung und entgegen der Konzeption von A. Heuß – nicht „autonom" sein, mit der Geschichte „nur in ihrer Wurzel verknüpft", von der Geschichte herausgetrieben „als ein Element, das ihr von jeher innewohnt und nur darauf wartet, exponiert zu werden". Ebd., siehe oben S. 109 f. [|161 f.]. Dieser Versuch will vielmehr eine „Historische Anthropologie" gerade nicht aus der Geschichte in eine äußerst formale Allgemeinheit exponieren. Er will so konkret sein wie möglich und so allgemein wie nötig.

Dies allerdings ist ein Grundzug in der Problemgeschichte der Anthropologie, woraus sich die Widerspenstigkeit zwischen „Historie" und „Anthropologie" ergibt. Insofern ist allerdings [|144] eine „Historische Anthropologie" eine *„Scienza nuova"*, d.h. der nicht ganz leichtsinnige Versuch dazu.

Daß „anthropologische Historie" und „historische Anthropologie" – wenn es erlaubt ist, bei dieser Unterscheidung zu bleiben – zusammengehören, erweist gerade die Abhandlung von Th. Nipperdey. Gegen eine das Jahr zuvor erschienene Schrift[10] hat sich A. Heuß kritisch geäußert: Es sei „riskant", Geschichte mit empirischer oder angeblich empirischer Anthropologie anzureichern, wobei auf die nationalsozialistische Rassenkunde und den „weltanschaulichen Mißbrauch" der Verhaltensforschung und der Psychoanalyse hingewiesen wird. Es gebe „keine historische Anthropologie im Sinne eines materialen Wissenbestandes, der unabhängig von der Geschichte" gewonnen wäre.[11] Es ist zu fragen, ob damit die Ansätze der ausführlichen Abhandlung Nipperdeys (1968) getroffen sind. Die historisch-anthropologische Untersuchung von Motiv und Zweck politischen Handelns etwa kann die Institution der Herrschaft (und damit ihr Problem) erheblich differenzieren, während die Behandlung der „Ordnung von Recht und Herrschaft", in der diese als „Bewußtseinszwang" und „nicht weiter auflösbarer Drang" aufgefaßt wird und die „Legitimationen stets akzessorische Motive sind, in deren Glanz sich die Geschichte gefällt",[12] keinen prinzipiellen Unterschied mehr zuläßt etwa zwischen Karl dem Großen oder Dschingis Khan, diesen Unterschied vielmehr den Accessoires überläßt. Von erheblicher Bedeutung für eine „Historische Anthropologie" (in dem hier definierten Sinne) ist bei Th. Nipperdey auch die kritische Einbringung der „Objektivationen des Geistes in Werken, Werksystemen und hochstilisierten Institutionen" in die soziale Struktur mit ihren Verhaltens- und Erwartensweisen, die man (was kaum wichtig ist) mit dem Autor „Attitüden" nennen kann, geprägt durch den „Interpretationshorizont, in dem die Menschen leben und sich und ihre Welt verstehen". Damit wird einerseits die Verengung zur „Geistesgeschichte" gesprengt (in der „das Welt-Verhältnis des

---

10 TH. NIPPERDEY, Bemerkungen zum Problem einer historischen Anthropologie, siehe oben S. 81–99.

11 HEUSS, Zum Problem, siehe oben S. 109 [|161]. – Im einzelnen nennt Heuß die Psychologie, in die in der Regel keine historischen Daten eingehen können, die Medizin (was würde eine genauere Diagnose der Todeskrankheit Alexanders d. Gr. erbringen, sie sei denn verbunden mit dem Nachweis, die Heilung der Krankheit mit damals bekannten Mitteln sei aus bestimmtem Grund unterblieben?), die Charakterologie (insbesondere deren Typologie; es sei fraglich, was die in der Historiographie längst geübte „Charakterisierung von Personen" von einer wissenschaftlichen Charakterologie gewinne) Ebd., oben S. 107–109 [|158–161].

12 Ebd., oben S. 115 [|168]. – Anderseits stellt Heuß fest (oben S. 121 [|176]), daß „eine institutionelle Ordnung auf der einen Seite latent existiert, indem sie *in Gedanken* [von uns hervorgehoben] behalten wird, auf der anderen Seite in actu, wenn sie jeweils in besonderen Handlungen hervortritt. Beides zusammen macht sie aus." Was ist da in Gedanken, der „Drang" oder die Legitimation? An anderer Stelle ist man a dem Autor doch gewiß fernliegende marxistische „Überbau"-Theorie erinnert, wenn gesagt wird (oben S. 124 [|180]), daß die Hochkulturen im Blick auf die sie auszeichnende „Herrschaftsbehauptung" „in ihren Frühformen immer eine Metaphysik der Herrschaft zu ihrer Stütze entwickeln".

Gelehrten" vorrangig zum „Interpretationsmodell jedes Weltverhältnisses wird") und anderseits der Soziologismus abgewehrt. Das „Dreiecksverhältnis von Gesellschaft, Kultur und Person", als Thema einer „neuen anthropologischen Sozialgeschichte": dies ist ja wohl ein legitimes *historisches* Vorhaben, das nicht in anderen Häusern betteln gehen muß. Die Untersuchungen der par exemple genannten Themen „Familienstruktur", „Emanzipation der Frau" (allgemein: Soziale Stellung der Frau), „Erziehung", „Urbanisierung" (allgemein: Geschichte der Formen und Wirkungen der Stadt) erst ermöglichen in der Tat „eine spätere universale sozial-anthropologische [|145] Geschichtsschreibung".[13] Sie sind auch die Elemente einer „Historischen Anthropologie" als „Lehre vom Menschen" in seiner geschichtlichen Sozialität, welche die „Konstanten" nicht in die „Metahistorie" oder die „Natur" verweist und die „anthropologischen Strukturen" nicht historistisch der absoluten Variabilität preisgegeben sieht, inmitten freilich der Widerspenstigkeit von „Historie" und „Anthropologie" (wovon noch ausführlich zu handeln sein wird). Wie anders soll „Verstehen von Sinn" möglich sein, an den Nipperdey am Schluß seiner Abhandlung die Geschichte „unaufhebbar gebunden" sieht, mit einer Begründung freilich, deren im Teil I aufgewiesene Problematik gerade das Risiko einer solchen „Historischen Anthropologie" ausmacht und zugleich rechtfertigt? Denn „gehört die Geschichte dem Traditionszusammenhang, den sie klären will, [noch] selber zu"?[14] A. Heuß schließt mit der Bemerkung, daß „der geschichtlich Handelnde (nicht minder der Leidende, d.h. den Zustand Repräsentierende) niemals weiß, wo er steht", und schreibt einer geschichtlichen Anthropologie die ihr implizite Aufforderung zu, „sich um ihn (den geschichtlichen Menschen) auf dem Wege der historischen Erfahrung zu kümmern".[15] „Tristesse oblige" (Odo Marquard), auch zum gelegentlichen Verzicht auf jenes Quantum von Zynismus, das sich die „Noblesse" im Restbesitz ihres Traditionszusammenhanges noch leisten konnte.

---

13 NIPPERDEY, Kulturgeschichte (wie Anm. 1) 148, 150 und 156, 157, 159.
14 Ebd., 164.
15 HEUSS, Zum Problem, siehe oben S. 134 [|193].

DER WANDEL DES BESTÄNDIGEN.
ÜBERLEGUNGEN ZU EINER HISTORISCHEN ANTHROPOLOGIE

von Jochen Martin

1. Die Frage

Daß es Beständiges im menschlichen Verhalten gibt, scheint klar zu sein: Wenn uns etwas mißfällt, rümpfen wir die Nase oder ziehen die Augenbrauen zusammen, und es würde nicht schwer fallen, solche Zeichensprache auch in vielen anderen Kulturen wiederzufinden. Wenn wir eine bestimmte Verbindung mit einem Gesprächspartner herstellen wollen, zwinkern wir leicht mit den Augen – womöglich nur mit einem –, und auch diese Geste haben Ethnologen bei vielen der von ihnen untersuchten Gesellschaften festgestellt. Wir könnten das Feld leicht ausdehnen: auf Gesten der Mutter gegenüber dem Kind z.B., auf Gesten, mit denen Freude ausgedrückt wird, auf das Lächeln oder Lachen usf. Überall hier scheint es Beständigkeiten im menschlichen Verhalten zu geben, die ein Verstehen unter Menschen teilweise sogar ohne Sprache ermöglichen.

Nehmen wir die Sprache hinzu, so erinnere ich daran, daß auch heute noch ein Aischylos oder Sophokles auf die Bühne gebracht wird; daß wir Dostojewski ebenso lesen wie Goethe oder Schriftsteller der Dritten Welt. Wenn wir meinen, über lange Zeiträume oder über Kulturgrenzen hinweg menschliche Handlungen und menschliches Sprechen verstehen zu können, dann muß es doch wohl etwas Beständiges im Menschlichen geben, das uns diese Kontakte ermöglicht.

Daß umgekehrt menschliches Verhalten sich wandelt, braucht, so denke ich, gar nicht erst bewiesen zu werden. Wir erfahren das täglich im Umgang mit anderen; Historiker haben es beruflich mit solchem Wandel in der Geschichte zu tun. Familienformen wandeln sich ebenso wie solche der Herrschaft; Normen moralischen oder sozialen Verhaltens können in der Antike völlig andere sein, als heute. Worum geht es also bei unserem Thema? Könnten wir es nicht bei der Feststellung bewenden lassen, daß es beides, Beständigkeit *und* Wandel, gibt? Und ist es nicht wieder eine wissenschaftliche Marotte, etwas Selbstverständliches zu hinterfragen?

Wir haben es mit etwas Selbstverständlichem zu tun, gewiß, aber mit etwas Selbstverständlichem, das äußerst komplex ist. Sie können es überall im Alltag beobachten: Menschen geben sich nicht mit Alltagserfahrungen zufrieden, sondern versuchen sich Vorstellungen zu machen von dem, was der Mensch ist, was er tun soll und was nicht, was ihn gesund oder krank macht usf. Solche Vorstellungen sind notwendig, damit wir überhaupt leben können. Wir wären orientierungslos, würden uns sonst in der uns umgebenden sozialen und natürlichen Welt gar nicht zurechtfinden, wüßten nicht, wie wir den anderen begreifen, mit Naturereignissen umgehen, auf Unglück reagieren sollten. Solche Vorstellungen kommen auch in unseren Urteilen zum Ausdruck, wenn wir z.B. sagen: „Es ist unmenschlich, das oder jenes zu tun", oder: „Der benimmt sich ja wie ein Tier." In gewisser Weise ist also jeder von uns in jeder Alltagssituation ein Anthropologe, weil er gar nicht anders handeln oder sprechen kann, als indem er – bewußt oder unbewußt – dieses Handeln oder Sprechen auf allgemeine Vorstellungen vom Menschen bezieht. [|36]

Deshalb ist es wohl nicht erstaunlich, daß sich auch eine Wissenschaft vom Menschen, also eine Anthropologie, herausgebildet hat, oder besser gesagt: Es sind viele Anthropologien entstanden, die sich mit unterschiedlichen Aspekten des Menschlichen befassen. Auf einige von ihnen werde ich gleich näher eingehen. Ich nenne sie systematische Anthropologien, weil in ihnen versucht wird, die Natur oder das Wesen des Menschen oder auch die Struktur zwischenmenschlicher Beziehungen im Sinne „invariabler Gefüge und Gesetze"[1] zu bestimmen. Allen diesen Anthropologien ist gemeinsam, daß sie von der Zeitlichkeit des Menschen abstrahieren, zumindest den konkreten geschichtlichen Wandel nicht beachten. Sie haben nur die „Beständigkeit" im Blick. Beständigkeit und Wandel, oder, paradox formuliert, der Wandel des Beständigen, sind dagegen Thema der historischen Anthropologie, einer „neuen Zugangsweise zur Geschichte" – von ihr soll in der zweiten Hälfte dieses Vortrags die Rede sein.

Entstanden ist die Wendung „histoire anthropologique" im Frankreich der 50er Jahre und dürfte hier Ausdruck eines Bestrebens gewesen sein, das auch mit der Forderung nach einer „histoire totale de l'homme" umschrieben wurde. Diese histoire totale sollte nicht nur die Geschichte politischer Ereignisse, sozialer Umwälzungen und Klassenkämpfe oder kultureller Manifestationen umfassen, sondern auch den Menschen in seinen alltäglichen Situationen, Lebensgewohnheiten, Riten, in seinen Einstellungen und Wahrnehmungsweisen aufsuchen, in einem Umfeld also, das nicht von schnellen Veränderungen, sondern von „langer Dauer" geprägt ist. Insofern konnte hier die minutiöse Geschichte eines Dorfes über mehrere Generationen hinweg zu einem Thema der Geschichtsforschung werden. In Deutschland hat zum erstenmal 1968 Thomas Nipperdey zwar nicht eine „historische Anthropologie" als neue Disziplin, wohl aber die Beachtung historisch-anthropologischer Fragestellungen gefordert. Eine Kulturgeschichte dürfe nicht nur „das Insgesamt der Objektivationen des Geistes in Werken, Werksystemen und hochstilisierten Institutionen (in Sprache, Sitte, Recht, Kunst, Wissenschaft und Religion)" zum Thema haben; vielmehr müßten auch untersucht werden „die Verhaltensweisen, das Handeln, seine Form und sein Stil, die politische oder wirtschaftliche Praxis, der mitmenschliche Umgang oder die einfache Lebensbewältigung".[2] Gegenüber einer Sozialgeschichte, welche das soziale Phänomen verkürze, indem sie „gesellschaftliche Lagen, Prozesse, Gruppen und Strukturen" aufgrund objektiver Daten rekonstruiere, mahnte Nipperdey die Analyse von „Verhaltens-, Erwartens- und Reaktionsweisen und -dispositionen gegenüber Si-

---

1 TH. NIPPERDEY, Kulturgeschichte, Sozialgeschichte, historische Anthropologie, in: VSWG 55, 1968, 145–164, hier 145.
2 Ebd., 150 f.

tuationen" an.³ Es ging also, wenn ich das so sagen darf, um die Zurückgewinnung des Menschen gegenüber menschlichen Objektivationen. Das ist nicht zuletzt ein Antriebsmoment dafür gewesen, daß sich, repräsentiert vor allem durch Arbeiten am Max-Planck-Institut für Geschichte in Göttingen, eine historische Anthropologie als Alltagsgeschichte konstituierte (A. Lüdtke).

1975 wurde auf Initiative des Freiburger Honorarprofessors für Universalgeschichte Oskar Köhler in Freiburg ein Institut für Historische Anthropologie gegründet. Dessen Frageansatz entstand nicht so sehr aus der Auseinandersetzung mit zeitgenössischen historischen Strömungen, sondern aus dem Scheitern des Versuchs, eine Universalgeschichte als „Geschichte der Menschen auf dem Wege zu sich selbst" zu schreiben. Statt dessen sollte nun nach „Grundbefindlichkeiten des Menschen" gefragt werden, und man hoffte, solchen Grundbefindlichkeiten (bisher behandelt wurden die Themen Krankheit, Kindheit, Jugend, Frau und Mann, Tod, Recht) vor allem durch interkulturellen Vergleich auf die Spur zu kommen. Vorausgesetzt wurde, daß das „Bleibende" im Menschen nicht etwas Unveränderliches sei, sondern gerade in der Veränderung „bleibt". [|37]

Lassen Sie mich diese kurzen Bemerkungen zur Genese der historischen Anthropologie mit dem Hinweis abschließen, daß im vergangenen Jahr das erste Heft einer Zeitschrift erschienen ist, die „Historische Anthropologie" heißt. Aber die Genese einer Fachrichtung ist eine Sache, die systematische Bestimmung ihres Gegenstandes und ihrer Methode eine andere. Wie also geht die historische Anthropologie das Thema „Beständigkeit und Wandel im menschlichen Verhalten" an? Ich nähere mich dieser Frage zunächst auf indirekte Weise, indem ich von verschiedenen systematischen Anthropologien ausgehe und dabei den Gegenstand der historischen Anthropologie gleichsam schrittweise zu entwickeln versuche.

2. Systematische Anthropologien

2.1. Die biologisch-medizinische Anthropologie

Am unproblematischsten scheint die Annahme von Beständigkeit dort zu sein, so es sich um die physische Konstitution des Menschen handelt. Mit ihr beschäftigt sich die biologisch-medizinische Anthropologie. Der Mensch ist für sie ein lebender Teil der Natur, abhängig von seinen genetischen Anlagen und den modifizierend wirkenden Umweltfaktoren (nach einer Formulierung von U. Wolf). Zur biologischen Anthropologie gehören auch die Stammesgeschichte des Menschen und die Untersuchung des Verhaltens der Primaten.

Muß sich der Historiker überhaupt damit abgeben? In einem ersten Schritt, sozusagen auf einer common-sense-Basis, können wir davon ausgehen, daß dem Menschen eine bestimmte Natur vorgegeben ist: Frau und Mann müssen sich paaren, um Nachkommenschaft zu erzeugen; der Mensch wird als ein relativ hilfloses Wesen geboren; er ist dem Prozeß des Alterns und dem Tod unterworfen usf. Vie-

---

3 Ebd., 156 f.

le dieser Phänomene wurden im Laufe der Geschichte in sehr unterschiedlichen Formen kulturell ausgestaltet und mit Bedeutungen versehen. Man braucht, um das zu erkennen, nur Hochzeitsriten oder Begräbnisriten in verschiedenen Gesellschaften zu vergleichen. Solche kulturellen Ausgestaltungen sind zwar an natürliche Vorgänge zurückgebunden, scheinen aber in ihrer Variabilität kaum durch die physische Natur des Menschen determiniert zu sein.

Problematischer ist das Verhältnis von Natur und Kultur im folgenden Fall: Die Evolutionsbiologie geht von der Annahme aus, „daß alle Organismen im Laufe der Stammesgeschichte auf einen möglichst großen Fortpflanzungserfolg hin ‚modelliert' worden sind. Dieser Prozeß ist zwangsläufig: Es gibt nur Lebewesen, deren Vorfahren diesen ‚biogenetischen Imperativ' erfolgreich in die Tat umgesetzt haben ... Was im Evolutionsgeschehen überlebt, sich ausbreitet und vermehrt, sind genetische Programme, denen erfolgreiche Individuen zu überdurchschnittlicher Vermehrung verholfen haben".[4] Paarungsstrategien von Primaten sind auf diesen biogenetischen Imperativ bezogen worden. Vergleichbare Strategien haben Ethnologen bei von ihnen untersuchten Ethnien festgestellt. Dennoch scheint auch die genetische Festlegung eher eine geringe Wirkung auf die Geschichte des Menschen zu haben. Nicht nur wurde der Bereich der Sexualität kulturell sehr verschieden überformt; Millionen von Menschen – denken Sie nur an die Mönche und Nonnen – haben sich der Fortpflanzung verweigert, und vor einem ähnlichen Problem scheinen heute ja auch manche westlichen Gesellschaften zu stehen.

Sicher wurde, wenigstens in der bisherigen Geschichte, durch die Biologie ein Bedingungsrahmen gesetzt, wenn es um die Definition des Menschen ging. Sie kennen alle solche Definitionen, z.B.: homo erectus, der aufrechtgehende Mensch, homo faber oder habilis, der geschickte, der schaffende Mensch, homo sapiens, der Mensch als Vernunftwesen, homo inermis, der Mensch als Mängel- [|38] wesen etc. Die heutige Forschung zum Verhalten der Primaten ist so weit vorangeschritten, daß manche dieser Definitionen sich nicht als besonders trennscharf erwiesen haben. Z.B. stellen auch Schimpansen Werkzeuge her, wenn auch nicht in planmäßiger, serieller Form. Die Primatenethologie könnte also dazu zwingen, die spezifischen Fähigkeiten des Menschen schärfer zu fassen oder das Besondere des Menschen nicht in einer spezifischen Fähigkeit, sondern in der spezifischen Ausprägung und Kombination von Fähigkeiten zu sehen. Auffällig bleibt jedenfalls, daß bisher die meisten anthropologischen Entwürfe den Menschen in Abgrenzung zum Tier zu erfassen suchen.

Umgekehrt gewinnt man den Eindruck, daß das, was an Anfragen an das Verhalten der Primaten gerichtet wird, immer schon auch beeinflußt ist durch Vorstellungen über Anlagen und das Verhalten des Menschen. Man könnte z.B. nicht nach „Familienformen" bei Tieren fragen, wenn man sie nicht beim Menschen kennte. Man könnte die Formen der Fortpflanzung beim Tier nicht in solche der

---

4   W. SCHIEFENHÖVEL, G. VOLLMER, CH. VOGEL, Funkkolleg Der Mensch. Anthropologie heute, hrsg. vom Deutschen Institut für Fernstudien an der Universität Tübingen, 30 Studieneinheiten, Tübingen 1992–1993, 6.

Monogamie, Polygynie, Polyandrie oder Promiskuität unterscheiden, wenn darüber kein kulturelles, den Menschen betreffendes Wissen zur Verfügung stünde. Auch biologische Forschungsfragen, Forschungsstrategien und Ergebnisse können also abhängig von kulturellem Wissen sein.

Dafür noch ein besonders anschauliches Beispiel aus der Anatomie des 18. Jahrhunderts – die Anatomie, insbesondere die Schädelkunde, war lange Zeit *die* Anthropologie. Johann-Friedrich Blumenbach, Professor für Anatomie und Mitbegründer der Anthropologie, schreibt, am weiblichen Gerippe sei „alles weit schlanker, ebener, gewissermaßen weichlicher als am männlichen; die flachen Knochen dünner, die Röhren-Knochen schwächer; durchgehends die Ecken und Fortsätze nicht so stark ausgewürkt, die Furchen nicht so tief, die Inseration der Sehnen nicht so rauh, die mehresten Articulationen etwas flächer ..."[5] Eine Anmerkung dazu macht den kulturellen Hintergrund dieser „Beschreibung" deutlich: „Wie es die Bestimmung des schwächeren Geschlechts mit sich bringt, dagegen das andere, das im Schweis seines Angesichts sein Brod erarbeiten soll, auch einen robustern Knochenbau erfordert."[6] Schillers Glocke also umgesetzt in anatomische Beobachtungen.

Es gibt Bereiche, in denen das Verhältnis von Natur- und Kulturwissenschaft sehr viel diffiziler ist als im eben genannten Beispiel, etwa die Ernährungsbiologie und -medizin, die Serologie, also die Untersuchung von Bluteigenschaften, und die Industrieanthropologie, d.h. die Beschäftigung mit dem Problem, wie unsere industrielle Umwelt auf die Konstitution des Menschen zurückwirkt. Ich bin zu wenig Fachmann, um die damit verbundenen Fragen hier ausführlich erörtern zu können. Aber es scheint sich heute die Behauptung rechtfertigen zu lassen, daß die vom Menschen veränderte Umwelt nicht nur seine Lebensbedingungen, sondern auch seine Konstitution verändert. Deshalb dürfen hier schon zwei Folgerungen gezogen werden, die auch für die anderen noch zu behandelnden Anthropologien gelten: Zum einen baut sich erst im gemeinsamen Bemühen der verschiedenen Anthropologien auf, was ihr jeweiliger Gegenstand ist; denn was der Mensch oder das Menschliche ist, ist nicht einfach vorgegeben. Zum anderen hat jedes der Fächer gegenüber dem anderen eine kritische Funktion hinsichtlich der Annahmen, welche die Forschungsstrategien leiten. Insofern bewährt sich hier eine Forderung, die Wolf Lepenies schon 1975 gestellt hat, nämlich die nach einer Anthropologisierung der Historie und die nach einer Historisierung der Anthropologie.

---

5 STOLZENBERG-BADER in J. MARTIN, R. ZOEPFFEL (Hg.), Aufgaben, Rollen und Räume von Frau und Mann. Veröff. des Instituts für Historische Anthropologie 5/1–2, Freiburg, München 1989, 768.
6 Ebd.

2.2. Die philosophische Anthropologie

Ein anderer Zweig der Anthropologie ist die philosophische. Philosophen haben immer nach dem Menschen gefragt, auch wenn die philosophische Anthropologie [|39] als Disziplin erst in der Neuzeit entstanden ist. Ich gebe Ihnen ein frühes Beispiel. Aristoteles nennt in seiner Politik gleich im ersten Buch die verschiedenen Grundformen menschlicher Gemeinschaften. Die beiden ersten seien die zwischen Mann und Frau um der Fortpflanzung willen und die zwischen Herr und Sklave um der Lebenserhaltung willen. Aus diesen beiden Gemeinschaften entstehe zuerst das Haus (die Familie), aus mehreren Häusern das Dorf, das nicht mehr nur den täglichen Bedürfnissen diene. Die aus mehreren Dörfern gebildete vollkommene Gemeinschaft sei die Polis, was wir meist mit Stadtstaat übersetzen. Sie sei vollkommen autark und diene dem vollkommenen Leben. Und nun folgen die für uns entscheidenden Sätze: „Darum existiert auch jeder Staat von Natur, so wie es schon die ersten Gemeinschaften tun. Er ist das Ziel (telos) von jenen, und das Ziel ist eben der Naturzustand (‚die Natur ist das Telos') ... Daraus ergibt sich, daß der Stadtstaat zu den naturgemäßen Gebilden gehört und daß der Mensch von Natur ein auf die Polis bezogenes Wesen (oft wird übersetzt: ein politisches Wesen) ist" (1252 b30–1253 a3). Mir geht es bei diesem Beispiel um zweierlei: Zum ersten wird eine Wesensaussage über den Menschen gemacht (er ist ein politisches Wesen); zum zweiten ist die Methode, mit der Aristoteles dorthin gelangt, die Teleologie. Er argumentiert von einem in den Dingen liegenden Endziel, einem Telos her.

Neuzeitliche Philosophen haben auf zweierlei Weise versucht, das Wesen des Menschen zu bestimmen: Zum einen gingen sie, wie wir schon gesehen haben, von dem aus, was Biologen oder Anatomen vom Menschen gesagt haben, d.h. hier wurde die Natur – freilich nicht in dem teleologischen Sinn des Aristoteles – zum „Bezugspunkt für die genuin anthropologische Definition des Menschen".[7] Grundlage dieser Philosophie waren Menschenkenntnis, Lebenserfahrung sowie vor allem auch ethnographische Beschreibungen, welche die Verschiedenheiten des Menschen deutlich machen sollten (dabei konnte man sich sogar schon auf die antike Medizin zurückbeziehen). Während hier die Anthropologie also Wurzel und Gipfel der Naturphilosophie ist, binden andere Philosophen seit dem 19. Jahrhundert die Erkenntnis der menschlichen Wirklichkeit an die Geschichte. Die Natur des Menschen sei nur bestimmend für die menschlichen Möglichkeiten, während die Geschichtsphilosophie eine Theorie der menschlichen Wirklichkeit biete, die sie über eine Reflexion des Ganges der Weltgeschichte gewinnt: Im Gang der Weltgeschichte offenbart sich das Wesen des Menschen, wobei die Weltgeschichte sich in dialektischen Sprüngen vollzieht. Diese Dialektik ist freilich keine offene, sondern auf ein Telos ausgerichtet und darin Aristoteles vergleichbar.

---

[7] O. MARQUARD, Anthropologie, in: Historisches Wörterbuch der Philosophie 1, 1971, 362–374, hier 363 – auch zum folgenden.

Hätte man in der Geschichtsphilosophie eine ideale Verbindung von Geschichte und Anthropologie? Jakob Burckhardt (und andere) haben das verneint. Der Historiker sei nicht eingeweiht in die Zwecke der ewigen Weisheit. Geschichte sei wesentlich Nicht-Philosophie. Gegen Hegel beruft sich Burckhardt auf die immer gleiche Menschennatur – und unterliegt damit selber wieder einer philosophischen Setzung. Odo Marquard hat gezeigt, wie Geschichtsphilosophie und Naturphilosophie immer in einem Gegensatz zueinander stehen, einem Gegensatz, den die historische Anthropologie für ihren Bereich zu überwinden trachtet.

Eine historische Anthropologie kann nun m. E. deshalb an der philosophischen Anthropologie nicht vorbei, weil die Philosophie ein systematisiertes Wissen vom Menschen anbietet. Das ist nicht so zu verstehen, als ob sich alle bisherigen philosophischen Ansätze in ein einheitliches Gesamtsystem einordnen ließen; sondern so, daß sich über die verschiedenen, in sich durchaus zeitgebundenen philosophischen Ansätze so etwas wie ein Gesamtwissen vom Menschen aufbaut, [|40] das präsent gehalten werden muß, will man anthropologische Forschung betreiben. D.h., der Gegenstand einer historischen Anthropologie wird auch durch die philosophische Anthropologie mitbestimmt.

Nun sind gegen eine historische Anthropologie, welche auch die philosophische Anthropologie mit einbezieht, heftige Einwände geltend gemacht worden, und zwar aus zwei Gründen: Zum einen seien diejenigen, welche die großen sprachlichen Auslegungen der Welt und des Menschen schaffen, Mitglieder von Ober- oder Bildungsschichten, die bei weitem nicht repräsentativ seien. Zum anderen seien geschichtliche Phänomene nicht mit deren Auslegung identisch. „Selbstverständlichkeiten, die nicht explizit zur Sprache kommen, Verhaltensweisen, die sich nicht oder nicht angemessen sprachlich objektivieren, kommen bei einem geistesgeschichtlich-bewußtseinsorientierten Ansatz kaum in den Blick." Die Frage, „wie denn die Kultur die Menschen, die in sie hineinwachsen, prägt, und wie es mit der Interdependenz von Kultur und Person steht, wird kaum gestellt".[8] Deshalb sollten, so wird gefordert, historisch-anthropologische Untersuchungen darauf zielen, die Vorstellungen von Menschen aus ihrem Handeln, aus alltäglichen Situationen, aus Festen und Feiern, aus der Gliederung des Jahreszyklus, aus Ritualen zu eruieren: Wie nehmen Menschen Wirklichkeit wahr, wie reagieren sie darauf, wie sind Wahrnehmungen und Reaktionen kulturell geprägt? Solche Untersuchungen könnten dazu führen, bestimmte Grundformen des Umgangs mit der Wirklichkeit zu unterscheiden, z.B. symbolisches Handeln, Rituale, die Gliederung der Zeit etc.

Unter forschungsstrategischen Gesichtspunkten scheint mir eine solche Ausrichtung historisch-anthropologischer Untersuchungen zum gegenwärtigen Zeitpunkt wichtig zu sein. Ich sehe aber keinen systematischen Grund dafür, die bewußten Auslegungen des Menschen und der Welt grundsätzlich von einer historischen Anthropologie auszuschließen, so wie es gegenwärtig vielfach propagiert wird. Auf die Philosophie bezogen heißt das: Sie wirkt mit bei der Konstitution des Gegenstandes der historischen Anthropologie; sie kann wichtige Interpretati-

---

8 NIPPERDEY, Kulturgeschichte (wie Anm. 1) 151 f.

onshilfen bieten, weil in den „Werken der Kultur" auch „Interpretationshorizonte ... für das Verständnis von Person und sozialer Situation" faßbar werden,[9] und sie kann selber aus einer historischen Anthropologie auch wieder reiches Material für ihre Reflexion gewinnen, wie z.B. die gegenwärtigen Bemühungen um eine Philosophie des Symbolischen zeigen.

2.3. Strukturale Anthropologie

Die dritte Form einer Anthropologie, die ich kurz besprechen möchte, ist die strukturale Anthropologie, die im Rahmen der Ethnologie entstanden und mit dem Namen Lévi-Strauss verbunden ist. Sie geht gerade nicht von der Bedeutung aus, die Menschen ihren Handlungen beilegen, sondern von dem, was sie unbewußt tun. Das Muster ist das der strukturalen Sprachwissenschaft, in der es darum geht, für den Sprechenden unbewußte Gesetzmäßigkeiten in der Sprache aufzudecken, die Beziehungen zwischen Ausdrücken zu entschlüsseln. Die strukturale Anthropologie abstrahiert geradezu von Menschen, um „die unbewußte Struktur, die jeder Institution oder jedem Brauch zugrunde liegt, zu finden, um ein Interpretationsmuster zu bekommen, das für andere Institutionen und andere Bräuche gültig ist".[10] Ein Beispiel: Lévi-Strauss betrachtet als den Kern der Verwandtschaft nicht die Kernfamilie, sondern bezieht den Mutterbruder (avunculus) in das „Atom" der Verwandtschaft mit ein. Der Grund dafür ergebe sich aus dem Inzestverbot: Männer könnten nur von anderen Männern Frauen erhalten. Dieses Atom der Verwandtschaft wird durch 4 Beziehungen [|41] konstituiert: Mann-Frau, Bruder-Schwester, Sohn-Vater, Neffe-Onkel. Sowohl von den Beziehungen, die auf einer Generationsebene liegen (Mann-Frau, Bruder-Schwester), als auch von denen, die zwischen den Generationen liegen (Sohn-Vater, Neffe-Onkel), sei immer nur eine positiv, die andere negativ. Auch bei der Beantwortung der Frage, warum das so ist, greift Lévi-Strauss nicht auf Bedeutungen zurück, die Menschen selber ihrem Handeln beilegen, sondern auf tieferliegende „Strukturen" wie z.B. den Ich-Du-Gegensatz und die Notwendigkeit zur Integration dieses Gegensatzes.

Die Methode, mit der Lévi-Strauss vorgeht (und für die er die Historiker braucht), ist „eine Art von Filterung", „bei der hindurchgeht, was man den lexikographischen Inhalt der Institutionen und Bräuche nennen könnte, so daß nur die strukturalen Elemente zurückbleiben".[11]

Man kann sich fragen, ob es solche strukturalen Elemente, die für alle Kulturen und Zeiten gültig sind, überhaupt gibt. Wenn aber in vielen Kulturen bestimmte Verwandtschaftsformen auftreten, dann ist das in jedem Fall ein Indiz dafür, daß sich darin Grundprobleme der Organisation von Gesellschaften manifestieren. Auf solche Grundprobleme kann die strukturale Anthropologie unseren Blick lenken. Um neben der Verwandtschaft noch einen weiteren Themenkreis zu nennen:

---

9 Vgl. ebd., 156.
10 C. LÉVI-STRAUSS, Strukturale Anthropologie, Frankfurt am Main 1971, 35.
11 Ebd., 37.

In neueren französischen Arbeiten hat sich eine politische Anthropologie konstituiert. In ihr geht es um die „anthropologische Struktur des politischen Handelns",[12] also z.B. darum, wie Prozesse der Entscheidung gestaltet werden. Uns allen geläufig ist die Form der Mehrheitsentscheidung. Sie impliziert bestimmte Probleme, z.B., ob über alles eine Mehrheit entscheiden kann, wie mit Minderheiten zu verfahren ist etc. Bei uns nimmt nur alle 4–5 Jahre jeder Bürger und jede Bürgerin an einem Mehrheitsentscheid teil, ansonsten wird dieser repräsentativ gefällt. Ganz andere Belastungen ergeben sich dagegen für Gruppen, in denen dauernd alle an Mehrheitsentscheidungen beteiligt sind. Nach der anthropologischen Struktur solcher Entscheidungsprozesse zu fragen bedeutet nicht nur, deren technischen Ablauf zu explizieren, sondern sie auf Grundbedingungen menschlichen Zusammenlebens zu beziehen, also in diesem Fall auf Probleme, die sich aus dem Mehrheitsentscheid für die Integration einer Gruppe ergeben. (Insofern wären auch anthropologische Untersuchungen zu den gegenwärtigen Europaplänen wünschenswert.)

Ich möchte nun im zweiten Teil versuchen, den Gegenstand und die Arbeitsweise einer historischen Anthropologie systematisch zu bestimmen. Dabei werde ich teilweise wieder aufnehmen, was bisher schon angesprochen worden ist.

3. Historische Anthropologie

Soll nicht willkürlich gesetzt werden, was Historische Anthropologie zu sein habe, dann ist es geboten, ihren möglichen Gegenstand unter Rekurs auf das zu bestimmen, was durch Traditionen anthropologischer Forschung einerseits, der Historie und zumindest teilweise historisch arbeitender Wissenschaften wie der Ethnologie oder Prähistorie andererseits vorgegeben ist.

Gemeinsam ist den genannten Anthropologien, daß sie Grundphänomene menschlichen Lebens zum Thema haben, die sie unter einem spezifischen Blickwinkel angehen: Das können Phänomene sein, die mit der Körperlichkeit des Menschen verbunden sind, wie z.B. Geburt, Lebenszyklen, Krankheit, Sterben und Tod, ferner Emotionen und die Triebstruktur des Menschen. In der strukturalen Anthropologie geht es, wie wir gesehen haben, eher um Themen gesellschaftlicher Organisation, also um Familie und Verwandtschaft, Heiratsgruppen, Inzest, Besitzübertragung u. ä. In der neueren philosophischen Anthropologie wird [|42] schließlich versucht, das spezifisch Menschliche in Wesensbestimmungen zu erfassen: Für Max Scheler z.B. ist der Mensch durch sein geistiges Wesen charakterisiert, das ihn befähigt, die ihn umgebende Wirklichkeit zu „entwirklichen"; er ist der „Neinsagenkönner", „der ewige Protestant gegen alle bloße Wirklichkeit".

Als das der *Historie* eigentümliche Erkenntnisobjekt hat Reinhart Koselleck die Frage nach den Zeitstrukturen bezeichnet. Diese Zeitstrukturen können an den verschiedensten Inhalten konkretisiert werden, aber es ist spezifisch für den Histo-

---

12 Vgl. NIPPERDEY, Kulturgeschichte (wie Anm. 1) 148.

riker, daß er nach der zeitlichen Bestimmtheit von Phänomenen, nach ihrer Dauer oder Veränderung, nach der Irreversibilität von Prozessen etc. fragt.

Demnach ergäbe sich als Bestimmung des Gegenstandes der historischen Anthropologie: Sie fragt nach menschlichen Grundphänomenen unter dem Gesichtspunkt ihrer Zeitlichkeit, ihrer Veränderbarkeit, ihrer je spezifischen Bedeutung für Gruppen und Kulturen. In der Formulierung von Wolf Lepenies: „Die geschichtliche Bedingtheit und Wandelbarkeit anthropologischer Strukturen ist das Thema einer historischen Anthropologie."[13] Das mag zunächst wie ein Paradox erscheinen: Wie lassen sich menschliche Grundphänomene und Zeitlichkeit in Einklang miteinander bringen? Aber genau aus dieser Grundspannung lebt die historische Anthropologie. Ich versuche das im folgenden in zwei Schritten zu entwickeln.

1. Einem Vorschlag Thomas Nipperdeys folgend kann man die geschichtliche Welt verstehen als eine, die sich aus den Bestandteilen Gesellschaft, Kultur und Person zusammensetzt. Für Nipperdey bietet nun „die Erforschung der soziokulturellen Genese der Person", „des Aufbaus des Sozialcharakters" der Person die Möglichkeit, nicht nur die „disparaten Einzelbereiche des geschichtlichen Lebens" zu integrieren,[14] sondern auch historisch-anthropologische Gesichtspunkte in der Forschung zur Geltung zu bringen. Eine Sozialgeschichte zielt in der Regel auf die Analyse gesellschaftlicher Strukturen und Prozesse, eine Kulturgeschichte auf die Darstellung kultureller Objektivationen des Menschen. Auch eine historische Anthropologie hat es damit zu tun; aber ihr Fragezentrum ist die Person, sind die Wahrnehmungsweisen, Motivationen und das Selbstverständnis von Personen oder Gruppen. Von einer Mentalitätengeschichte herkömmlichen Typs unterscheidet sie sich dadurch, daß sie nicht zwischen sozialer Praxis und Mentalitäten trennt, sondern die Mentalitäten gerade in der Praxis aufsucht.

Unter systematischen Gesichtspunkten kann man z.B. folgende Fragebereiche unterscheiden: Wie verhalten sich Menschen zu sich selber? Wie gehen sie mit ihrer Körperlichkeit um, mit Krankheiten, mit dem Tod? Wie integrieren sie Erfahrungen? Ein zweiter Bereich würde das Verhältnis des Menschen zum anderen betreffen, z.B.: Wie nehmen Frauen Männer wahr und umgekehrt, und wie verhalten sie sich zueinander? Nach welchen Kriterien werden sonst Menschen eingeteilt? Hierher gehört auch der ganze Bereich der Zugehörigkeitsformen, von der Familie bis zur Nation, und, als Gegenpol, die Form, in der Fremdes oder Fremde bestimmt werden. Ein dritter Bereich von Fragen beträfe das Verhältnis des Menschen zu seiner natürlichen Umwelt, ein Problembereich, dessen Wichtigkeit uns ja in den letzten Jahren immer bewußter geworden ist. Wird Natur als freundlich oder bedrohend, als unverfügbar oder als beliebig manipulierbar erfahren? Wird der Mensch als „Krone der Schöpfung" definiert, der alle übrige Natur zu dienen habe, oder wird seine Bindung an die Natur betont? Um schließlich noch einen letzten Bereich zu nennen, ohne daß ich hier eine vollständige Systematik menschlichen Verhaltens intendiere: Wie verhalten sich Menschen zum Gött-

---

13 W. LEPENIES, Geschichte und Anthropologie, in: Geschichte und Gesellschaft 1, 1975, 325–343, hier 330.
14 NIPPERDEY, Kulturgeschichte (wie Anm. 1) 160.

lichen? Wie verstehen sie sich gegenüber Gott oder [|43] Göttern, wie definieren sie ihnen gegenüber ihre eigenen Möglichkeiten, wie nähern sie sich ihnen?

Vielleicht werden Ihnen solche Fragestellungen als anthropologische verständlicher, wenn ich sie als Herausforderungen an die Menschen formuliere. Ich bringe zwei Beispiele aus verschiedenen Bereichen: Der amerikanische Ethnologe Clifford Geertz nennt als Anstoß für religiöse Vorstellungen 3 Herausforderungen, nämlich 3 Erfahrungen von Grenzen: Der Grenze der analytischen Fähigkeiten, d.h. der Fähigkeiten, die Natur, das Selbst und die Gesellschaft zu verstehen; der Grenze der Leidensfähigkeit des Menschen; und der Grenze, ethische Sicherheit zu gewinnen, die Kluft zwischen Sein und Sollen zu überbrücken.[15] Ob dieser Katalog richtig oder vollständig ist, kann hier auf sich beruhen bleiben. Wichtig ist der Charakter der Herausforderungen, der bei meinem zweiten Beispiel auf einer ganz anderen Ebene liegt: Menschen werden zu einem bestimmten Zeitpunkt geschlechtsreif. In den meisten Gesellschaften wird aber nicht akzeptiert, daß Mädchen und Jungen zum Zeitpunkt ihrer Geschlechtsreife sofort in den Fortpflanzungsprozeß eintreten, also – in unserer Terminologie – heiraten. Zwischen die Geschlechtsreife und die Heirat wird also eine eigene Phase eingeschoben, die wir Jugend nennen (bei Frauen übrigens sehr viel seltener als bei Männern). Offensichtlich wird also hier der menschliche Lebenszyklus als Herausforderung empfunden mit dem Ergebnis, daß Geschlechtsreife und Legitimation zur Zeugung (die Terminologie stammt von Oskar Köhler) voneinander getrennt werden.

Sowohl beim Thema Religion wie auch bei dem der Jugend handelt es sich um Herausforderungen, die universal, nicht auf eine Gesellschaft beschränkt sind. Man könnte hier wohl die Formulierung wagen, daß sie mit der Natur des Menschen zusammenhängen. Sind also die Herausforderungen das Beständige, während die Lösungen dem Wandel unterworfen bleiben?

Die Frage muß zwar nicht mit einem strikten Nein, aber doch wohl eher mit einem Nein beantwortet werden. Betrachten wir ein Problem, das vermutlich als universales angesprochen werden kann, nämlich das der Wahrnehmung des Fremden und des Umgangs mit ihm. Es ist universal, weil es mit der Konstitution von begrenzten Wir-Gruppen zu tun hat, und gerade die Nationalismen der Gegenwart und die Europa-Debatte zeigen ja, daß wir bisher jedenfalls noch keinen Weg gefunden haben, ohne solche begrenzte Wir-Gruppen zu leben. Im Sinne von Lévi-Strauss könnte man die dem Problem zugrundeliegende Struktur als den „Wir-Ihr-Gegensatz" bezeichnen, und es wäre wahrscheinlich auch nicht falsch, Relationen aufzustellen wie die: „Je schwieriger die Integration im Innern, desto härter die Abgrenzung vom Fremden." In solchen Aussagen könnte sich die Beständigkeit von Herausforderungen niederschlagen.

Und dennoch: Was wäre mit solchen Sätzen gewonnen? Wir hätten mit ihnen keine Möglichkeit, an die Wahrnehmungsweisen einer bestimmten Gruppe in einer bestimmten Epoche heranzukommen. Die Wahrnehmung des Fremden ändert

---

15 C. GEERTZ, Dichte Beschreibung. Beiträge zum Verstehen kultureller Systeme, Frankfurt am Main 1987, 61–70.

sich je nach dem, mit welchen Formen von Gruppenbildung wir es zu tun haben; sie ist anders in Verwandtschaftsgruppen als in auf sozialen Abhängigkeitsverhältnissen beruhenden Aristokratien oder in Demokratien; sie ist weiter abhängig von dem, was das Selbstverständnis von Gruppen oder Epochen prägt, also z.B. von einem herausgehobenen Kulturbegriff oder von der Religion oder der Nation. Der Jude Paulus z.B. konnte sich einem römischen Offizier gegenüber darauf berufen, daß er römischer Bürger sei. Trotz seiner Herkunft und seiner Zugehörigkeit zu einer fremden Kultur hatten die Römer keine Schwierigkeiten, ihn als Römer zu akzeptieren. Warum fällt es uns schwer, viele Ausländer als [|44] Mitmenschen, Mitbürger anzunehmen? – Wie Fremde wahrgenommen werden, ist also ein beständiges Problem, aber es zeigt sich als beständiges nur in seinem Wandel. Es gibt keine für die Formulierung des Problems gültigen Strukturen, die es erlaubten, die jeweiligen historischen Erscheinungsformen der Wahrnehmung des Fremden vorherzusagen. Möglich ist es freilich – und das ist wichtig genug –, bestimmte Erscheinungsformen und Reaktionen darauf gleichsam zu bündeln oder zu typisieren.

2. Damit bin ich schon beim nächsten Punkt, nämlich der Frage, wie denn das Programm einer historischen Anthropologie eingelöst werden kann. In vielen Wissenschaftszweigen, die sich als „Anthropologien" bezeichnen, insbesondere in der amerikanischen Kulturanthropologie und der englischen Sozialanthropologie, finden heftige Auseinandersetzungen darüber statt, von woher eigentlich das kulturelle Verhalten des Menschen zu verstehen sei. Es haben sich einzelne Schulen ausgebildet, die sich teils an die Psychologie, teils an marxistische Positionen und anderes anlehnen. Ich möchte nicht bestreiten, daß dabei auch immer wieder neue und wichtige Ergebnisse gewonnen werden können. Insgesamt aber halte ich die Suche nach einem Schlüssel, von dem her sich das kulturelle Verhalten des Menschen erschließt, für aussichtslos. Was aber kann man dann tun?

Ausgangspunkt für die Forschung muß die Festlegung begrenzter Forschungsbereiche sein, wie ich sie schon mehrfach genannt habe. Diese Forschungsbereiche sind zunächst einmal dadurch gekennzeichnet, daß sie viele oder alle menschlichen Gesellschaften betreffen. Die Gegenstände einer historischen Anthropologie sind immer kulturübergreifend zu formulieren, beziehen sich also nicht nur auf eine Nation oder ein Volk, auch wenn sie im Einzelfall exemplarisch an der Geschichte einer Nation durchgespielt werden können.

Entsprechend wird die Forschung in Gang gebracht durch identische Anfragen, die sich an verschiedene Kulturen richten. Als wir im Institut für Historische Anthropologie das Thema Kindheit behandelten, haben wir einen Fragenkatalog aufgestellt, der u.a. folgende Fragen enthielt: Wie wird das Sterben eines Säuglings, eines Kindes eingeschätzt? Wird dem Kind eine eigene Identität zugeschrieben? Welche Vorstellungen schlagen sich in Begräbnisriten und -plätzen für Kinder nieder? – Welche Erwartungen werden mit dem Kind im Hinblick auf die Familie und deren Fortsetzung, die Altersversorgung, den Beruf, das Weiterleben im Sohn verbunden? – Gibt es Erwartungen, Hoffnungen der Gesellschaft, die sich in Vorstellungen vom Kind, in Bildern aus der Kindheit konkretisieren (z.B. Erneuerungsvorstellungen)?

Solche Fragen werden geboren zum einen aus gegenwärtigen Problemstellungen, zum anderen aus dem kulturellen Vorwissen der Spezialisten, die in einer Arbeitsgruppe mitwirken. Im Verlauf der Arbeit kann sich herausstellen, daß manche Fragen eine bestimmte Kultur gar nicht treffen, gleichsam an ihr vorbeizielen. Die konkrete Forschungstätigkeit führt deshalb auch immer wieder zu einer Präzisierung und Verfeinerung von Fragen.

Das gilt freilich für jede Art von Forschung. Die methodische Grundschwierigkeit bei vergleichender Forschung ist, welcher Bezugsrahmen für das Vergleichen gewählt wird – und genau auf diesen Punkt beziehen sich die heftigen methodologischen Auseinandersetzungen, von denen vorhin die Rede war. In den systematischen Anthropologien werden in der Regel feste Bezugsrahmen vorausgesetzt (vgl. etwa die Geschichtsphilosophie oder die strukturale Anthropologie) – und das gilt auch für die Kulturanthropologie amerikanischer Prägung.[16] [|45]

Von Amerika ging aber auch eine Schule aus, die sich gegen solche Festlegungen wehrte: Clifford Geertz hat vorgeschlagen, durch „dichte Beschreibung" sozialer Diskurse (also etwa einer Kulthandlung, einer medizinischen Behandlung, dem Einkauf von Waren, einem Spiel etc.) Vorstellungsstrukturen auszudifferenzieren, die das Handeln der Subjekte bestimmen. Für die einzelnen Vorstellungseinheiten müßte ein analytisches Begriffssystem entwickelt werden, das geeignet sei, die typischen Eigenschaften dieser Strukturen (z.B. „Religion") zu erfassen. Vor allem aber müßte man mit seiner Hilfe das in einem sozialen Diskurs Gesagte oder Gemeinte deuten können.

Manches in diesem Ansatz erinnert an Max Weber, und es scheint mir in jedem Fall weiterzuführen als der Ausgang von bestimmten Theoremen, die in ihrer Allgemeinheit nicht nachprüfbar sind (vgl. z.B. die Diskussion darüber, ob die Geschlechts- oder die Klassenzugehörigkeit das wichtigere Kriterium für die Analyse von Verhalten ist). An zwei Stellen scheint mir allerdings Geertz zu kurz zu greifen, und das mag mit seiner Profession als Ethnologe zusammenhängen. Zum einen sehe ich, wie oben schon angedeutet, keinen Grund, kulturelle Objektivationen, also z.B. philosophische Reflexionen, im Bemühen um analytische Begriffssysteme auszuschließen. Solche Objektivationen können Interpretationshorizonte für anthropologische Forschung bieten, auf die nicht verzichtet werden sollte. Zum anderen können Vorstellungseinheiten wie z.B. Religion m. E. nicht nur über die dichte Beschreibung sozialer Diskurse analysiert, sondern müssen zugleich mit anderen Vorstellungseinheiten einer Kultur konfrontiert werden.

Ich bringe ein Beispiel: Das Bestreben nach Ordnung und Einordnung durchzieht viele Vorstellungsebenen der Römer: z.B. die Vorstellungen von der Götterwelt, in denen es nicht, wie in Griechenland, Kämpfe oder Rivalitäten zwischen Gottheiten gibt; ebenso müssen Verwandtschaftspositionen eindeutig definiert sein – die Heiratsverbote sind in Rom so ausgedehnt wie in keiner anderen anti-

---

16 Vgl. z.B. S. B. ORTNER, Theory in Anthropology since the Sixties, in: American Anthropologist 85, 1984, 126–255; M. HARRIS, Kulturanthropologie. Ein Lehrbuch, Frankfurt am Main, New York 1989.

ken Kultur; als fremd oder barbarisch wird das aufgefaßt, was sich nicht in die eigenen Ordnungsvorstellungen integrieren läßt etc. Ließe man solche Zusammenhänge außer Acht, könnte man etwa für religiöse Verhaltensweisen zu falschen Erklärungen kommen. Und vor allem: Vergleiche zwischen verschiedenen Kulturen wären nicht adäquat durchzuführen, weil die Bedeutung von Phänomenen – sei sie funktional, symbolisch, religiös etc. – erst im Rahmen kultureller Zusammenhänge faßbar wird. Aber natürlich gilt auch das Umgekehrte: Phänomene einer Kultur können erhellt werden dadurch, daß ein analytisches Begriffssystem zu einem Sachverhalt, einer „Vorstellungseinheit" erarbeitet wird.

Man kann diese Spannung auch als Spannung zwischen der strukturalen und der historischen Anthropologie formulieren: Wird in der strukturalen Anthropologie versucht, etwa Verwandtschaftsordnungen auf als universal gesetzte, unbewußte Strukturen wie den Ich-Du-Gegensatz zurückzuführen und möglichst auch im Phänomenbereich Universalien – wie das Atom der Verwandtschaft – zu konstituieren, so wird in der historischen Anthropologie eher danach gefragt, welche unterschiedlichen Verwandtschaftsregelungen es gibt, auf welche Herausforderungen sie antworten und welche Bedeutung sie in ihrem jeweiligen kulturellen Kontext haben. Noch einmal anders gewendet: Während für die strukturale Anthropologie historisch unterschiedliche Verwandtschaftsregelungen Variationen eines (vorgegebenen) Themas sind, konstituiert sich für die historische Anthropologie das Thema erst über die historisch-unterschiedlichen Erscheinungen und ist damit selber dauerndem Wandel unterworfen.

Ich fasse zusammen: Die historische Anthropologie beschäftigt sich mit Herausforderungen an den Menschen, Herausforderungen, die mit menschlichen Grund- [|46] situationen zu tun haben. Was solche Grundsituationen sind, liegt nicht von vornherein fest, sondern muß im Dialog zwischen verschiedenen Anthropologien erarbeitet werden. Die historische Anthropologie vergleicht – in Kooperation mit systematischen Anthropologien – die Wahrnehmung dieser Herausforderungen und die Antworten darauf in verschiedenen Kulturen und versucht ein Begriffssystem zu entwickeln, über das die einzelnen Phänomene geordnet, gedeutet und vermittelt werden können.

Im Konzert der verschiedenen historischen Fachrichtungen hat sie damit die Aufgabe, menschliche Objektivationen wieder an die Menschen selber zurückzubinden. Die von ihr erarbeiteten Analyseinstrumente sollten sich auch an Phänomenen der Gegenwart bewähren und: Das Wissen vom Menschen, das eine historische Anthropologie aufbauen kann, sollte in gegenwärtigen Diskussionen präsent gehalten werden. Der Mensch lebt zwar nicht von der Geschichte, schon gar nicht von ihr allein; aber er begegnet in ihr anderen Menschen, deren Vorstellungen ihm vielleicht etwas zu sagen haben.

4. Ausgewählte Literatur

B. S. COHN, History and Anthropology: The State of Play, in: Comparative Studies of Society and History 22, 1980, 198–221.
U. DANIEL, „Kultur" und „Gesellschaft". Überlegungen zum Gegenstandsbereich der Sozialgeschichte, in: Geschichte und Gesellschaft 19, 1993, 69–99.
H.-G. GADAMER, P. VOGLER (Hg.), Neue Anthropologie, 7 Bde., Stuttgart 1972–75.
C. GEERTZ, Dichte Beschreibung. Beiträge zum Verstehen kultureller Systeme, Frankfurt am Main 1987.
M. HARRIS, Kulturanthropologie. Ein Lehrbuch, Frankfurt am Main, New York 1989.
J. LE GOFF, R. CHARTIER, J. REVEL (Hg.), La Nouvelle Histoire, Paris 1978.
W. LEPENIES, Geschichte und Anthropologie, in: Geschichte und Gesellschaft 1, 1975, 325–343.
C. LÉVI-STRAUSS, Strukturale Anthropologie, Frankfurt am Main 1971.
K. LORENZ, Einführung in die philosophische Anthropologie, Darmstadt ^{2}1992.
A. LÜDTKE (Hg.), Alltagsgeschichte, Frankfurt am Main, New York 1989.
O. MARQUARD, Anthropologie, in: Historisches Wörterbuch der Philosophie 1, 1971, 362–374.
W. MARSCHALL (Hg.), Klassiker der Kulturanthropologie. Von Montaigne bis Margaret Mead, München 1990.
J. MARTIN, R. ZOEPFFEL (Hg.), Aufgaben, Rollen und Räume von Frau und Mann. Veröff. des Instituts für Historische Anthropologie 5/1–2, Freiburg, München 1989.
TH. NIPPERDEY, Kulturgeschichte, Sozialgeschichte, historische Anthropologie, in: VSWG 55, 1968, 145–164.
DERS., Die anthropologische Dimension der Geschichtswissenschaft, in: G. SCHULZ (Hg.), Geschichte heute, Göttingen 1973, 225–255.
S. B. ORTNER, Theory in Anthropology since the Sixties, in: Comparative Studies in Society and History 26, 1984, 126–166.
M. SAHLINS, Other Times, Other Customs: The Anthropology of History, in: American Anthropologist 85, 1983, 517–544.
W. SCHIEFENHÖVEL, G. VOLLMER, CH. VOGEL, Funkkolleg Der Mensch. Anthropologie heute, hrsg. vom Deutschen Institut für Fernstudien an der Universität Tübingen, 30 Studieneinheiten, Tübingen 1992–1993.
H. SÜSSMUTH (Hg.), Historische Anthropologie, Göttingen 1984.
H. WUNDER, Kulturgeschichte, Mentalitätengeschichte, Historische Anthropologie, in: Fischer Lexikon – Geschichte, hrsg. von R. VAN DÜLMEN, Frankfurt am Main 1990, 65–86.

IV. MENSCHENNAHE SITTENGESCHICHTE

HISTORISCHE ANTHROPOLOGIE

von André Burguière

„Von den großen Ereignissen, die er darstellen soll, gezwungen, alles ernstzunehmen, was mit einer gewissen Bedeutsamkeit daherkommt, läßt er nur die Könige, Minister, Generäle und diese ganze Klasse berühmter Männer auf die Bühne, deren Talente oder Fehler, Amtshandlungen und Intrigen für das Unglück oder das Wohlergehen des Staates verantwortlich sind. Aber der Bürger in seiner Stadt, der Bauer in seiner Hütte, der Edelmann in seinem Schloß, kurz der Franzose in seiner Arbeitswelt, inmitten seiner Vergnügungen, im Kreise seiner Familie und Kinder – das alles kann er uns nicht zeigen." Nicht Lucien Febvre spricht hier über die Trübungen des Historikerblicks, sondern Legrand d'Aussy, ein wenig bekannter Zeitgenosse der Aufklärung, und zwar in der Vorbemerkung zu seiner *Histoire de la vie privée des Français* (3 Bde.), die 1782 veröffentlicht worden ist. In diesen Sätzen erscheint ziemlich klar das vor geraumer Zeit preisgegebene Feld der „Ereignisgeschichte", das die historische Forschung jetzt wieder in Besitz genommen hat. In der Tat erleben wir seit der Bildung der Schule der *Annales* nicht die Geburt, sondern die Wiedergeburt der Historischen Anthropologie. [|63]

1. Geschichte eines Konzepts

Die Unternehmung Legrand d'Aussys ist in dieser Hinsicht bezeichnend: Von einer Sozialgeschichte der Sitten der Franzosen, die er geplant hatte, konnte er nur den ersten Teil ausführen, eine „Geschichte der Ernährung" (in drei Bänden), die übrigens ungewöhnlich materialreich und modern konzipiert ist. Sie ist gleichzeitig eine Geschichte der Nahrungsmittel, der Ernährungstechniken und des Ernährungsverhaltens. Der Autor hat für sein Vorhaben eine thematische Gliederung gewählt, er orientiert sich also eher an Strukturen als an Ereignissen. Die Sittengeschichte manifestiert sich nicht in einer Kette pittoresker Attitüden und Konjunkturen, sondern in der ständigen Vermischung von überlieferten Verhaltensweisen (also dauerhaften Traditionen) mit sozialen Anpassungsleistungen oder Erfindungen.

1.1. Die Vorläufer

Zur Zeit Legrand d'Aussys verschwand dieses Thema gerade aus der Geschichtsschreibung oder rückte zumindest in den Hintergrund. Seit dem Ende des 17. Jahrhunderts gaben die Gelehrten – vor allem die Benediktiner von Saint-Maur und die „Bollandisten"[1] – zunehmend die Kommentierung der hagiographischen Quellen auf und widmeten sich der Erschließung öffentlicher Dokumente. Die königliche Verwaltung ermutigte und erleichterte die wissenschaftliche Erforschung der Geschichte des Staates. So entstand eine dauerhafte Allianz: Der Staat organisierte die Bestände öffentlicher Archive, die den Historikern die Mittel zur „positiven", auf die Quellen gestützte Analyse zur Verfügung stellten; die Historiker konzentrierten ihre Aufmerksamkeit auf die Ereignisse und das Räderwerk des öffentlichen Lebens. Die Phi- [|64] losophen schließlich entwickelten in ihrer großen Mehrheit eine idealistische und politische Konzeption der Gesellschaft: Der Mensch ist ein „soziales Tier", dessen Handlungen vom Bedürfnis nach Freiheit, Gleichheit und Vernünftigkeit geleitet werden. Die Historiographie der Gesellschaften sollte sich auf die Darstellung der öffentlichen Tätigkeiten (politische Geschichte, Geschichte des Staates, Geschichte der Institutionen) und der kulturellen Formationen (Kunst und Literatur) beschränken, da der Mensch nur im öffentlichen Leben einen sozialen Status gewinne.

Diese Konzeption steht sowohl hinter dem *Esprit des lois*, dem *Discours sur la grandeur et la décadence des Romains*, dem *Siècle de Louis XIV* als auch hinter der *Encyclopédie* oder, später, dem Werk eines Mably[2] oder eines Condorcet.[3] Rousseau ist ein Fall für sich. Seine historische Reflexion – die im *Contrat social* ihren Ausdruck findet – zielt zwar im wesentlichen auf das Reich des Politischen, aber er betrachtet die Gesellschaft als ein – mangelhaftes – Produkt der Geschichte, nicht als deren Substanz. Auch nimmt er an, daß es eine präsoziale Geschichte der Menschheit gebe, und spielt mit der Idee einer anthropologischen Historik. Doch wie für Buffon läßt sich für ihn diese anthropologische Historik nur an den Völkern ohne Geschichte, d.h. den „Wilden", exemplifizieren. Sofern diese Völker ohne Schrift und ohne „Monumente" (dieses Wort bezeichnet im 18. Jahrhundert alles, was von der Vergangenheit Zeugnis ablegt) überhaupt eine Geschichte haben, die ihrer Zivilisation einen Sinn verleihen kann, kommt sie zum Vorschein in der Art, wie sie sich kleiden und ernähren, in ihrer Organisation des Familienlebens, im Geschlechterverhältnis, in ihren Glaubensvorstellungen und Riten. Die Sitten und Bräuche sind hier Träger der Geschichte, sie vertreten die Rolle der Institutionen. [|65]

Im Schatten der Aufklärung warfen einige Reisende, gelehrte Ärzte oder Verwaltungsexperten, einen ethnologischen Blick auf die alten Gesellschaften, ja sogar auf ihre eigene. In diesem Milieu arbeitete Legrand d'Aussy. Es entfaltete

---

1 Mitglieder einer Gesellschaft, zumeist Jesuiten, die seit dem 17. Jahrhundert an der Sammlung der Heiligenleben, den *Acta sanctorum*, arbeitete.
2 Gabriel Bonnot de Mably (1709–1785).
3 M. J. de Caritat, Marquis de Condorcet (1743–1794).

sich während der Revolution und im Kaiserreich und verdichtete sich in dem Programm des „Bureau de la Statistique" von Chaptal und François de Neufchâteau, das u.a. versuchte, die Lebensformen in Frankreich zu inventarisieren. Die „Académie celtique" beschnitt dieses Programm auf das Studium überlieferter Glaubenshaltungen und esoterischer Fragen und raubte ihm damit jede Chance, die Richtung der historischen Forschung zu beeinflussen.

In diesem Milieu, einem Nebenprodukt der Aufklärung, wirkte indes eine sehr alte Tradition fort, die sich noch im 18. Jahrhundert in zahlreichen Werken bekundete, die „Tableau historique" oder „Histoire naturelle" einer Provinz oder einer Nation hießen; in dieser Tradition ermittelte man die Identität einer Gesellschaft oder einer Region, indem man die Geschichte ihrer Bräuche und Lebensstile rekonstruierte – eine Annäherungsweise, die so alt ist wie die Geschichtsschreibung selbst. Man vergißt allzu leicht, daß Herodot in den „Erkundungen", die er unternahm, den Brauchtümern der Lydier, der Perser, der Massageten oder der Ägypter so detailliert wie möglich nachspürte, um den Konflikt zwischen den Griechen und den Barbaren zu erklären. Das, was der Historiker von der Vergangenheit in Betracht zieht, hängt stets mit dem zusammen, was er in der Gesellschaft, die ihn umgibt, verstehen oder rechtfertigen will. Das Studium der Lebensstile war so lange Bestandteil des historischen Interesses, wie es darum ging, die Bahn und die Fortschritte der Zivilisation nachzuzeichnen. Es verlor in dem Augenblick an Gewicht, als die neugebildeten Nationalstaaten das kollektive Gedächtnis für ihre [|66] Zwecke benutzten, um ihre Herrschaft über ein bestimmtes Territorium oder ihre Form der staatlichen Organisation zu legitimieren.

1.2. Der Positivismus und die „Ereignisgeschichte"

Tatsächlich existierten in Frankreich bis zum Beginn der Dritten Republik zwei Historiker-Schulen nebeneinander. Die eine, überwiegend erzählende Geschichtsschreibung stand den Führungseliten und ihrer politischen Normendiskussion nahe und war die Erbin der Chronisten; in der Hauptsache bemühte sie sich, die Entstehung der Institutionen und innerstaatlichen Konflikte zu erhellen. Die andere, stärker analytisch ausgerichtete Schule bewegte sich in der Tradition der Philosophie der Aufklärung; ihr ging es darum, die Sitten und Gebräuche und die gesellschaftlichen Verhaltensweisen zu ergründen. Am Vorabend des Ersten Weltkriegs hatte die erste Schule die zweite praktisch verdrängt, da es ihr sehr viel erfolgreicher als ihrer Konkurrentin gelungen war, sich als Wissenschaft zu etablieren. Der Aufschwung jüngerer Disziplinen wie der Soziologie zwang dann die Geschichtswissenschaft, ihre Identität auf einem enger begrenzten Gebiet neu zu bestimmen. Das in den intellektuellen Milieus verbreitete Vertrauen in das Arbeitsmodell der Naturwissenschaften wertete eine strenge Methodologie, die dem Vorbild der experimentellen Wissenschaften verpflichtet war, zum Standard auf. Für den Historiker war jedoch das Grundelement der beobachtbaren Realität – analog zur Zelle für den Biologen oder zum Atom für den Physiker – die „historische Tatsache", d.h. das Ereignis in der Sphäre des öffentlichen Lebens.

Diese positivistische Wendung vollzog sich allerdings nicht unabhängig von dem politischen Druck, der damals auf [|67] die Geschichtswissenschaft ausgeübt wurde. Der Positivismus bevorzugte die Arbeit mit und aus den Quellen in dem Maße, wie der Staat Anstrengungen zur Sammlung und Organisation von Archivbeständen aus dem öffentlich-staatlichen Sektor unternahm. Um den Kriterien der Wissenschaftlichkeit, auf die sie sich selbst vereidigt hatte, Genüge zu tun, ließ sich die historische Forschung dazu verleiten, das soziale Gedächtnis mit dem nationalen und das nationale mit dem des Staates ineins zu setzen. Was nicht auf der öffentlichen Bühne erschien, ging den Historiker nichts an – es war ja keine bewußte und gewollte Handlung und hatte deshalb mit der geschichtlichen Bewegung nichts zu tun.

1.3. Der Fall Michelet im 19. Jahrhundert und die Schule der Annales

Man sollte freilich die Tendenz der Historiographie im 19. Jahrhundert nicht ungebührlich vereinfachen und insbesondere die romantische Inspiration nicht unterschätzen, die insgeheim die großen historiographischen Unternehmungen beflügelte und die im Werk Michelets ihren paradigmatischen Widerhall fand. Sein Vorsatz, „die Vergangenheit vollständig wiederaufleben zu lassen", veranlaßte ihn, jenseits der Formen und Wandlungen des Machtgebrauchs den Existenzbedingungen der einfachen Leute Aufmerksamkeit zu schenken. Indem er darstellt, welche Auswirkungen eine Mode wie das Kaffeetrinken auf die Sensibilität und das Verhalten der Eliten der französischen Gesellschaft im 18. Jahrhundert hatte, oder indem er die tragische Atmosphäre des Jahrhunderts Ludwigs XIV. mit seinen Versorgungskrisen und dem Elend des Volkes schildert, nähert er sich der historischen Realität auf einem ethnologischen Umweg. [|68]

Ist es da erstaunlich, daß ihn die Positivisten ablehnten, während Lucien Febvre ihn als Ahnherrn einer Historiographie der Sensibilitäten und der Mentalitäten reklamierte? Die Bedeutung, die er Michelets Intuition (die Quellen geben nur die Symptome einer Wirklichkeit preis, die rekonstruiert werden muß) und dessen Gabe beimaß, in die Wahrnehmungs- und Empfindungsgewohnheiten einer Epoche einzudringen (so wird später der Ethnologe vorgehen), mußte das Mißfallen all derjenigen hervorrufen, die das historische Wissen auf eine „objektive Befragung" der „Realität" gründen wollten. Insbesondere mit seinem quasi mystischen Populismus, dadurch, daß er den großen, sich zum Teil unbewußt vollziehenden kollektiven Veränderungsprozessen den Vorrang vor den Aktionen der Persönlichkeiten und der Institutionen gab, hat sich Michelet bei den Positivisten verdächtig gemacht. Und aus eben diesen Gründen hat er die Gründer der *Annales* begeistert.

In der Einengung des Blickwinkels der Geschichtswissenschaft auf das öffentliche Leben kommt eine zentralisierte Konzeption nicht nur des Geschichtsverlaufs, sondern der Gesellschaft selbst zum Ausdruck. Genau gegen diese Konzeption formierte sich die Schule der *Annales*. So wie die Impressionisten die Parole ausgaben, aus den Ateliers hinaus und an die frische Luft zu gehen, die Natur „unmittelbar" zu malen, so riefen die Gründer der *Annales* die Historiker auf, die Büros der Ministerien und der Parlamente zu verlassen und die gesellschaftlichen Gruppen, die ökonomischen Strukturen „direkt" in Augenschein zu nehmen. Diese Aufforderung beherzigten alsbald jene Historiker, die sich mit den am weitesten zurückliegenden Geschichtsperioden beschäftigten. Die Spezialisten für das 19. und 20. Jahrhundert hielten sich zurück, was allerdings nicht mit einer konservativen politischen Haltung erklärt werden kann, denn eine ganze Reihe [|69] von ihnen (angefangen mit Seignobos,[4] dem „offiziellen" Gegner der *Annales*) vertraten linke Ansichten und neigten in ihrer Praxis als Historiker dazu, revolutionäre Bewegungen positiv zu bewerten. Doch dahinter verbarg sich eine hierarchische Vorstellung vom Geschichtsprozeß, die in den regierenden oder revolutionären Führern und in den Institutionen (Staatsapparat, Parlament, politische Parteien usw.) die Inkarnation dieses Prozesses zu erkennen meinte. Von Bedeutung war deshalb nur das, was unmittelbar oder mittelbar die Inhaber der Macht und ihre Vision der Gesellschaft legitimierte.

In den Anschauungen der *Annales* dagegen schwingt ein gewisser Populismus mit: Man muß der Geschichte der einfachen Leute das gleiche Recht einräumen wie der Geschichte der Mächtigen; der unbekannte, einfache Bauer, der in einer scheinbar unwandelbaren Welt, eingebettet in ein System überlieferter Handgriffe und Gesten, die Technik des Rodens verbessert, ist ein ebenso wichtiger geschichtlicher Akteur wie ein General, der eine Schlacht gewinnt. Die entscheidende Begründung dieser Anschauungen liegt in einem vieldimensionalen Begriff der sozialen Wirklichkeit: Jede Dimension hat eine eigene Geschichte und steht gleichzeitig in Verbindung mit den anderen; erst aus dieser Konstellation geht die Bewegung der Gesamtgesellschaft hervor. Für die Gründer der *Annales* war die Geschichte des Alltagslebens nur eine bestimmte Version der Wirtschafts- und Sozialgeschichte. Steckt also hinter der Umbenennung ihres Programms in Historische Anthropologie lediglich der simple Wunsch, ein Markenzeichen zu modernisieren? Sobald wir versuchen, das Programm über den in ihm benannten Gegenstandsbereich zu definieren, d.h. als Untersuchung des Gewöhnlichen und Gewohnten im Gegensatz zum Außergewöhnlichen und Ereignishaften, laufen wir Gefahr, uns am [|70] Ausgangspunkt wiederzufinden. Versteht man darunter die Erforschung der Rahmenbedingungen des Lebens einer Epoche, so sind wir wieder bei einer Historiographie des Alltagslebens der traditionellen Art angelangt, die von der imposanten, Ende des vorigen Jahrhunderts veröffentlichten Kompilation A. Franklins[5] bis zu einzelnen Bänden der sehr viel jüngeren Reihe *Histoire de la vie quotidienne* die gleiche heitere und harmlose Gelehrsamkeit verrät und die die Ausdrücke des Alltags für schmückendes Beiwerk der „großen Geschich-

---

4   CH. SEIGNOBOS, positivistischer Historiker, Verfasser mehrerer methodologischer Werke: Méthode historique appliquée aux sciences sociales, Paris ²1909, und zusammen mit C.-V. LANGLOIS, Introduction aux études historiques, Paris 1898.
5   A. FRANKLIN, La vie privée autrefois, 12 Bde., Paris 1890.

te", die sich in der Konfrontation der Absichten der Herrschenden und der Institutionen vollzieht, zu halten pflegt.

1.4. Das Terrain der Historischen Anthropologie

Wenn die Untersuchung des Gewöhnlichen die Analyse der großen ökonomischen und sozialen Gleichgewichte, die den politischen Entscheidungen und Konflikten zugrunde liegen, einschließt, dann ist sie nichts anderes als Wirtschafts- und Sozialhistorie. Denn die Historiographie des Alltagslebens wird nicht dadurch zu einer anthropologischen, daß sie von erzählenden, von außen beobachteten Quellen zu „seriellen" Quellen übergeht. Sie führt vielmehr notwendig zur Wirtschafts- und Sozialhistorie. Genau das wollten die Gründer der *Annales*, als sie, um den Schwankungen der Agrarproduktion auf die Spur zu kommen, den Rückgriff auf die „mercuriales" der Preise empfahlen, auf die Notariatsarchive (zur Staffelung der Vermögen und des Familienbesitzes), auf die Gemeinderegister (zur Bestimmung der demographischen Entwicklung). Da diese Quellen aber nur nackte, von keiner konstruierten Repräsentation der Realität gefärbte Daten verzeichnen, fordern sie den Historiker heraus, durch eine statistische Auswertung „Ensembles" sichtbar zu machen, welche [|71] die Tendenz einer Entwicklung und ihre innere Logik offenbaren. Ein solches Vorgehen kann in einer anthropologischen Reflexion münden. So wie der Ethnologe, der die Distanz, die er zwischen seiner eigenen Kultur und der seines Forschungsfeldes bemerkt, dazu benutzt, sich von seinen eigenen Anschauungsmustern zu lösen und den logischen Zusammenhang der Gesellschaft, die er untersucht, zu rekonstruieren, so kann der Historiker aus diesen bruchstückhaften Quellen Nutzen ziehen, um die Mechanismen und die Logik aufzuschließen, die eine bestimmte Konjunktur – das, was man eine Epoche nennt – oder eine bestimmte Entwicklung erklären. Das Verfahren läßt sich auch auf qualitative oder literarische Quellen anwenden, denn es folgt dem systematischen Interesse für das, was von den herrschenden Diskursen verdeckt oder vernachlässigt wird. „Ich fürchte, daß mich die Personen, denen ich meine Absichten anvertraut habe", schreibt Marc Bloch in der Einleitung zu *Les Rois thaumaturges*, „mehr als einmal für das Opfer einer absonderlichen und letztlich ziemlich nutzlosen Neugier hielten". Sofern *Les Rois thaumaturges* ein für die Historische Anthropologie exemplarisches Werk bleiben wird,[6] verdankt es dies mehr noch als seinem Gegenstand der Art und Weise, wie Marc Bloch sich ihm genähert hat: seiner Kunst des „bypass", des Umwegs, um zu einem verborgenen Repräsentationssystem vorzudringen.

Es gibt kein ausgelaugteres Unterfangen als die Darstellung der Institution der französischen und englischen Monarchie. Doch die Spezialisten, auch jene, die sich für die Theorie des Absolutismus, für das Gottesgnadenkönigtum interessier-

---

6 M. BLOCH, Les Rois thaumaturges. Etude sur le caractère surnaturel attribué à la puissance royale particulièrement en France et en Angleterre, Paris 1961.

ten, haben allesamt die Zeremonie – im allgemeinen nach der Krönung und Salbung – ignoriert, in welcher der Herrscher eine heilende Macht ausübte: rituelle Überreste, die für die späte- [|72] sten Zeugnisse selbst bloß noch eine mehr oder minder folkloristische Anekdote sind. Diese Absonderlichkeit, die praktisch bis ins industrielle Zeitalter fester Bestandteil des Zeremoniells der französischen und der englischen Monarchie war, unterscheidet sie jedoch nicht nur von den meisten anderen europäischen Monarchien, sie enthüllt gleichzeitig die magische Dimension der Vorstellung vom Königtum, wie sie in den kollektiven Repräsentationen fortdauert. „Über eine ganze Reihe von Punkten", schreibt Marc Bloch, „kann uns dieses ganze Brauchtum mehr mitteilen als irgendeine Abhandlung über die Doktrin, die ihm zugrunde liegt." Damit ist der Weg bezeichnet, der vom Studium der Folklore tatsächlich zu einer Historischen Anthropologie führt. Das Brauchtum, das lange Zeit den Liebhabern des Pittoresken und der Esoterik überlassen worden ist, ist für den Historiker gerade wegen seiner Marginalität aufschlußreich. Seine scheinbare Bedeutungslosigkeit im gesellschaftlichen Spiel ist das Indiz dafür, daß ihm einst ein wichtiger Sinn zugeschrieben wurde, der sich in ihm weitererhält. Das Kennzeichen der Macht ist es, daß sie niemals genau an dem Platz ist, an dem sie sich zeigt; deshalb hat man bei der Historiographie der Institutionen oft den Eindruck, daß sie verpaßte Rendezvous mit ihrem Gegenstand sammelt. Es wäre natürlich absurd, anzunehmen, daß die wesentliche Funktion des Königs von Frankreich oder von England die eines Hexers und Wunderheilers gewesen sei. Aber die Tatsache, daß im Zeremoniell hartnäckig diese ursprüngliche, mythische Funktion in Erinnerung gerufen wird, beweist, daß sie sinnfällig fortwirkt: sie begründet symbolisch *und* körperlich den heiligen (und daher legitimen) Charakter der königlichen Macht, den die Institutionen und Juristen lediglich behaupten, so als ob jede Gesellschaft sich, um zu existieren, für sich und für Außenstehende undurchsichtig machen muß. Der Anthropologe ist [|73] seit langem mit dieser Strategie der Verdunkelung vertraut. Er weiß, daß man die Erklärungen, die eine Gesellschaft über sich selbst bereitstellt, mit Vorbehalten lesen muß, wenn man tatsächlich verstehen will. Die Historiker haben indes um so mehr Mühe, sich von der offiziellen Mythologie zu befreien, als sie selbst oft dazu beigetragen haben, sie aufzubauen oder zu überliefern. Das Studium eines mit der Institution der Monarchie verknüpften Rituals, einer landwirtschaftlichen Technik (des Pflügens oder des Einsatzes der Brache in der Anbaupraxis), der Entwicklung des Fleischkonsums oder des Gebrauchs empfängnisverhütender Mittel in Frankreich im Ancien Régime – jedes dieser Themen kann bestimmten Zweigen der Geschichtswissenschaft zugeordnet werden, der Institutionen-, Technik-, Wirtschafts- oder Bevölkerungshistorie. Die Historische Anthropologie hat also keinen eigenen Forschungsgegenstand. Sie unterscheidet sich allein durch ihre Methodik. Sie untersucht jede Entwicklung im Kontext ihrer sozialen Resonanz und der Verhaltensweisen, die sie hervorbringt oder verändert.

2. Die Methodik der Historischen Anthropologie

Das alte Werk A. Franklins *La Vie privée autrefois* und das Buch Fernand Braudels *Vie matérielle et Capitalisme*[7] handeln von den gleichen Themen: Wohnformen, Kleidung, Ernährung usw. in Frankreich (das erste Buch) bzw. in der vorindustriellen Ära (das zweite). Franklin bietet uns eine Art historisches Repertorium des Alltagslebens; Fernand Braudel dagegen hat ein Werk der Historischen Anthropologie verfaßt, er hat sich nicht damit begnügt, die Objekte aufzuzählen, welche die Alltagswelt bevölkerten, sondern gezeigt, wie [|74] die großen ökonomischen Gleichgewichte und die Austauschprozesse die Folie des biologischen und sozialen Lebens prägten, wie ein bestimmtes Nahrungsmittel, das kürzlich von einem anderen Kontinent oder von einer anderen gesellschaftlichen Klasse importiert worden war, in den Geschmack und die alltäglichen Gesten integriert und so eine Neuerung in eine Gewohnheit transformiert wurde.

Um die alte Bezeichnung „Geschichte der Sitten und Bräuche" zu verjüngen, könnten wir die Historische Anthropologie als Historiographie der Gewohnheiten definieren: der gewohnheitsmäßigen Gesten, der physischen Ernährungs-, affektiven, geistigen Gewohnheiten. Aber welche Gewohnheit ist keine geistige Gewohnheit? „Man könnte der Geschichtswissenschaft und der Ökonomie die Untersuchung der Kräfteverhältnisse zuweisen", schreibt Marc Augé[8] in seinem Essay über die Ethnologie der Macht, „und der Anthropologie die Erforschung der Machtverhältnisse". Das Charakteristikum der Anthropologie wäre es demnach, jene Sachverhalte zu untersuchen, in denen sich eine Gesellschaft, eine Kultur verkörpert, d.h. keine signifikanten – um in heutigen Begriffen zu sprechen –, sondern signifikate, d.h. von der Gesellschaft verinnerlichte Sachverhalte.

Wir werden uns hüten, eine abschließende Definition zu geben. Die Historische Anthropologie steht vielleicht eher für ein Moment als für einen Zweig der historischen Forschung. Sie ist heute ein Anziehungspunkt für neue Methoden und neue Fragestellungen, so wie es in den Jahren nach 1950 die Wirtschafts- und Sozialhistorie war. Die Zeitschrift *Annales* spiegelt, wenn man sich ihre innere Entwicklung in den letzten dreißig Jahren anschaut, unter Theorievorzeichen klar diese Verschiebung wider. Anstatt einen Überblick über die neueren Ergebnisse der Historischen Anthropologie zu versuchen, der unvollständig sein müßte, selbst wenn wir uns [|75] auf die Arbeiten französischer Historiker beschränkten, möchte ich im folgenden einige exemplarische Probleme benennen, auf die sich die historische Forschung und die historiographische Debatte konzentrieren.

---

7   F. BRAUDEL, Vie matérielle et Capitalisme, Paris 1967. Vgl. auch DERS., Civilisation matérielle, économie et Capitalisme, XVe–XVIIIe siècle, 3 Bde., Paris 1979; dt.: Sozialgeschichte des 15.–18. Jahrhunderts, 3 Bde., München 1985–86.
8   M. AUGE, Pouvoir de vie, Pouvoir de mort. Introduction à une anthropologie de répression, Paris 1977.

2.1. Geschichte der Ernährung

Das Ziel der ersten Untersuchungen, die unter diesem Namen am Ende der fünfziger Jahre in den *Annales* veröffentlicht worden sind und die J.-J. Hémardinquer vor kurzem unter dem Titel *Pour une histoire de l'alimentation*[9] versammelt und neu herausgebracht hat, bestand darin, die Geschichte des Konsums zu rekonstruieren: die Rationen, die den Schiffsbesatzungen, den Mitgliedern einer religiösen Gemeinschaft oder den Insassen eines Hospitals zugeteilt wurden, Dokumente, aus denen sowohl die Menge als auch die Zusammensetzung der Nahrungsmittel hervorgeht, Verträge über die Entlohnung schließlich (wie die von Emmanuel Le Roy Ladurie für den Languedoc ausgewerteten), die den Naturalanteil des Lohns festlegten, den der Unternehmer dem Tagelöhner oder Gesellen in Form einer Lebensmittelration zu gewähren versprach – aus ihnen zeichnet sich über eine lange Zeitspanne die Kurve des Verbrauchs der unteren Volksschichten ab, ein indirektes Bild der ökonomischen und demographischen Fluktuationen: Anstieg der Fleischrationen im 15. und bis zu Beginn des 16. Jahrhunderts, in der Periode, in der Weideflächen im Überfluß vorhanden und menschliche Arbeitskraft „rar" war; dann zunehmende Verringerung des Fleischanteils bis zum fast völligen Verschwinden aus der Ernährung der unteren Volksschichten von der Mitte des 16. bis zur Mitte des 18. Jahrhunderts. Der Bevölkerungsdruck und die Starrheit der landwirtschaftlichen Produktion zwangen [|76] dazu, alles verfügbare Land zu bestellen, wodurch die Anbaufläche exzessiv erweitert und die Zahl der Viehherden verringert wurde. Rapide sinkende Löhne und Einkünfte der kleinen Pächter, einseitige Ernährung der übergroßen Mehrheit der Bevölkerung gingen damit Hand in Hand.

Ein einfacher Mechanismus unterwirft die Ernährungsweise der „malthusianischen Schere", d.h. Bevölkerungswachstum bedeutet Verringerung der Pro-Kopf-Ressourcen und umgekehrt. Doch quer zu einer direkt von dem Wandel der ökonomischen und sozialen Gleichgewichte geprägten Entwicklung treten Widerstände auf. Ich erinnere daran, welche seltsame Bahn der von den ersten Reisen nach Amerika mitgebrachte Mais nahm. Die spanischen Verbraucher nahmen ihn nur zögernd auf, die französischen lediglich für kurze Zeit, während er auf dem Balkan weite Verbreitung fand. Unter dem Namen „blé turc" [in Italien heute noch „gran turco"] kehrte er ein Jahrhundert später in unsere Gefilde zurück, wurde ein fester Bestandteil des Agrarsystems des französischen Südwestens und befreite die Bevölkerung von den periodisch explodierenden Hungersnöten. Ähnlich verhält es sich mit dem Vordringen des Olivenbaums nach Norden im 16. Jahrhundert, der im Languedoc und in der Provence heimisch und in der Volksernährung ein geschätzter Ersatz für die tierischen Fette wurde, die vom Tisch der Armen verschwanden. Paradox der Chronologie oder des kulturellen Austauschs – genau in dem Augenblick, in dem sie die Marranen und Morisken auswiesen, die „conversos" verjagten, übernahmen die Spanier das Olivenöl, das ein Kernstück

---

9   J.-J. HEMARDINQUER (Hg.), Pour une histoire de l'alimentation (Cahier des Annales 28), Paris 1970.

der Kultur der Andersgläubigen gewesen war. „Insgesamt gesehen", schreibt Marc Bloch in der *Encyclopédie française*, „ist die Ernährung wie ein Registriergerät, das mit der durch psychologische Widerstände bewirkten Verspätung alle Wechselfälle der Ökonomie aufzeichnet."[10] [|77]

Selbst unter dem Druck der Geldknappheit oder einer Hungersnot kann sich eine Neuerung auf dem Gebiet der Ernährung nicht durchsetzen, wenn sie den geltenden Geschmackskriterien zuwiderläuft. So führten beispielsweise nicht diejenigen Regionen Frankreichs als erste den Kartoffelanbau ein, die von ihrer Bodenbeschaffenheit her dafür besonders geeignet waren, sondern jene, nämlich Limousin und Auvergne, in denen die Kartoffel das traditionelle Grundnahrungsmittel, die Eßkastanie, ersetzen konnte. Das erklärt die merkwürdige Beständigkeit des Geschmacks und der regionalen Abgrenzungen in den Ernährungsgewohnheiten in Frankreich im 19. und 20. Jahrhundert, die in der Karte der Küchenfette und Saucenfonds deutlich wird, die nach einer Enquête Lucien Febvres angefertigt wurde: Vorlieben, in denen man die Spuren von Pflanzenmigrationen wiederfindet (etwa das Vordringen des Olivenbaums nach Norden), oder alte Agrarsysteme in bestimmten Regionen Westfrankreichs, die zu Milchproduzenten geworden sind, oder kulturelle Grenzen wie die Scheidelinie zwischen dem südlichen Jura, in dem vornehmlich Öl, und dem nördlichen Jura, in dem hauptsächlich Butter verzehrt wird.

Erklären sich die Segregation und die Beständigkeit der Ernährungsgewohnheiten, ihre relative Unempfindlichkeit gegenüber den Wandlungen des ökonomischen Milieus nicht daraus, daß man den erlernten Normen treu bleibt? Die Vorlieben für bestimmte Nahrungsmittel und Eßrituale sind eine wichtige Stütze der kulturellen Identität, zugleich jedoch Ausdruck sozialer Segregation. Die neueren Arbeiten über die Ernährungsweisen, vornehmlich die im Zusammenhang mit der von den *Annales* lancierten „Enquête" über die materielle Kultur entstandenen, sind gerade deshalb aufschlußreich, weil sie nur solche Quellen benutzt haben, deren soziale Umrisse deutlich hervortraten: Die Einführung des [|78] Kaffees, des Tabaks oder des Branntweins ist für den Historiker so lange kaum von Bedeutung, als er nicht die Instrumente besitzt, den Stellenwert oder die soziale Verbreitung dieser neuen Genußmittel zu bestimmen. Die Verteilung der auf einem bestimmten Stand der Agrarproduktion und des Warentauschs verfügbaren Nahrungsressourcen folgt den gesellschaftlichen Trennungslinien und ist ebenso ungleich wie die anderer Ressourcen. Es ist offenkundig, daß die Ernährung bis zum Beginn des Industriellen Zeitalters ein markantes Indiz des Lebensstandards war: Der Geschmack signalisierte ostentativ die sozialen Unterschiede, entweder durch den übermäßigen Verzehr (Zeichen der Herrschaft) oder durch den Verzicht (Zeichen der Abhängigkeit) auf den Genuß bestimmter Speisen. Beispielhaft dafür ist der Konsum von stark gewürzten Gerichten und Saucen, der bis ins 18. Jahrhundert hinein für den Aristokratenhaushalt typisch war, oder die Rolle der Butter im Leben der bretonischen Bauern bis Anfang des 20. Jahrhunderts – Butter war manchmal die einzige Geldquelle für die Kleinbauern, weshalb sie nicht auf deren

---

10 M. BLOCH, L'alimentation de l'ancienne France, in: Encyclopédie française.

Tisch kam, sondern restlos verkauft wurde. Das Brauchtum bezeugt, insbesondere mit den Legenden von den Butter stehlenden Hexen, diese Situation.

Soziale Segregation, aber auch Konfrontation drücken sich in den Ernährungsgewohnheiten aus, wie der Brotverbrauch belegt. Im Frankreich des Ancien Régime bevorzugte jede soziale Schicht einen besonderen Brottypus. Olivier de Serres hat die Brottypen den drei Ständen der Gesellschaft zugeordnet. Maloin erklärte 1766: „Man hat das Schwarzbrot dem Volk überlassen, damit es sich gar nicht erst ans Wohlleben gewöhnt." Die unteren Schichten aßen in der Tat entweder das „pain bis" [Graubrot] oder das „pain de brode" aus Mengkorn[11], das dunkelste und zugleich nahrhafteste Brot. Die höheren Klassen konsumierten entweder das „pain de [|79] chapitre", ein sehr weißes Brot aus fein gesiebtem Weizenmehl (das heutige „pain de mie" [Toastbrot]), oder das „pain de Gonesse", ein gutes Weißbrot aus Weizenmehl (das dem heute gängigen Weißbrot entspricht). Der provozierende Satz Marie-Antoinettes: „Wenn sie kein Brot mehr haben, sollen sie doch Brioches essen", bezeugt die soziale Symbolik, die mit dem Brotkonsum im Ancien Régime verbunden war. Er hatte überdies prophetischen Charakter, denn die Revolution verfügte die Brioche für alle, genauer gesagt, sie erließ strenge Normen für die Zusammensetzung des Brotes und lenkte die städtischen Unterschichten auf den Konsum von Weißbrot. Der gesellschaftliche Fortschritt war also ein Rückschritt in der Ernährung, denn das feine, jedoch kalorienarme Brot, das auf dem Tisch der Reichen bloß eine Nebenrolle spielte, wurde nun zum Grundnahrungsmittel der breiten Volksschichten in den Großstädten. Die Kartoffel nahm den umgekehrten Weg: Bis zur Französischen Revolution wurde sie von der Aristokratie verachtet und erlebte dann im 19. Jahrhundert, nach den Worten Marc Blochs, einen wirklichen „sozialen Aufstieg".

In einer Reihe von Studien, die sich mit der Sensibilität auf dem Gebiet der Ernährung im 19. Jahrhundert beschäftigen, hat Jean-Paul Aron dargelegt, daß damals die „Tafel" zum bevorzugten Schauplatz der bürgerlichen Kultur wurde.[12] Die Gastronomie erkämpfte sich zunächst ihre Anerkennung an den Tischen der Aristokratie und wandelte sich dann unter dem rationalisierenden Einfluß des italienischen Geschmacks, der für die Menüfolge eine klare Progression vom Gesalzenen zum Gezuckerten vorschreibt; während der Revolution eroberte sie ein neues Terrain mit den Luxusrestaurants, die von den ehemaligen „officiers de bouche" der Fürstenhäuser eröffnet wurden. Im 19. Jahrhundert wird sie zum Gehäuse männlicher Geselligkeit, in dem die Bourgeoisie ihr [|80] Bedürfnis nach ostentativem Konsum und nach Vergnügung auslebt. Gegenüber der ärmlichen Ernährung des städtischen Proletariats macht der Bürger durch Verfeinerung und Exzeß seinen Rang kenntlich. In der Entwicklung des Ernährungsverhaltens überschneiden sich also Wirtschaftsgeschichte, Sozialgeschichte und die Geschichte der kulturellen Systeme. Die Aufgabe der Historischen Anthropologie besteht darin, diese Überschneidungen aufzudecken.

---

11 Eine Mischung von Roggen und Weizen.
12 J.-P. ARON, Essai sur la sensibilité alimentaire à Paris au XIXe siècle, in: Cahier des Annales, Nr. 25 ; und DERS., Le Mangeur du XIXe siècle, Paris 1974.

2.2. Die Geschichte des Körpers

Bis in die jüngste Vergangenheit bezeichnete das Wort Anthropologie das Studium der physischen Merkmale der verschiedenen Populationen und der Charakteristika ihrer Entwicklung (diese Bedeutung hatte es im 18. Jahrhundert). Unter dem Einfluß des angelsächsischen Wortgebrauchs umfaßt sie heute das Gebiet der Ethnologie. In der ihnen eigentümlichen Widersprüchlichkeit haben die Historiker jedoch lange gezögert, sich dem ursprünglichen Gegenstand der Anthropologie zu widmen. Ihre Forschungen wurden durch eine Vorfrage gebremst: Ist der Körper ein Objekt der Geschichtswissenschaft? Lassen sich zwischen der Evolution der menschlichen Gattung und dem biologischen Zyklus komplexere Formen des Wandels ausmachen, die mit dem historischen und kulturellen Milieu zusammenhängen? Müssen die physischen Veränderungen von Populationen als ein Modus der gesellschaftlichen Veränderung verstanden werden? Die Forschung Dr. Sutters über die Körpergröße der Kandidaten für die Aufnahme in die „École Polytechnique" seit Mitte des 19. Jahrhunderts und die kürzlich von Emmanuel Le Roy Ladurie und einer Gruppe des „Centre de recherches historiques" veröffentlichten Studien zur Musterung von Einberufenen haben gezeigt, daß die Durchschnittsgröße der Franzosen seit einem Jahrhundert kontinuierlich zunimmt.[13] Dies scheint mit dem ökonomischen Fortschritt und der Verbesserung der Lebensbedingungen zusammenzuhängen – die Durchschnittsgröße der Männer liegt seit dem 19. Jahrhundert in Nord- und Ostfrankreich, d.h. in den am meisten entwickelten Regionen, deutlich höher; sie steigt sowohl mit dem sozialen Standard als auch mit dem Bildungsstand.

Die Ernährungsweise während der Säuglingsphase oder der Adoleszenz, aber auch andere Elemente der Lebensweise eines Individuums – einschließlich der Erziehung – während seiner Wachstumszeit können sich stimulierend oder hemmend auf seine physische Entwicklung auswirken. Mit statistischen Korrelationen läßt sich leicht eine Wechselbeziehung zwischen Körpergröße und Wohlergehen nachweisen, vielleicht zu leicht. Ist die gegenwärtige Orientierung der Biologie, die den Einfluß des Milieus auf die Fortpflanzung von erblichen Merkmalen leugnet, vereinbar mit den Erklärungen des Historikers, der das sozioökonomische Milieu für die physischen Veränderungen der Populationen verantwortlich macht?

Die neueren Arbeiten über Krankheiten und Epidemien legen nahe, sich sowohl vor rein biologischen als auch vor strikt sozioökonomischen Interpretationen zu hüten. Das geht z.B. aus den Erkundungen der großen „Sterblichkeitswellen" im vorindustriellen Europa hervor: Die historische Demographie (insbesondere Meuvret[14], Goubert[15], Baehrel[16], wobei sich Baehrels Standpunkt von dem der

---

13 E. Le Roy Ladurie u.a., L'Anthropologie du conscrit français d'après les comptes numériques et sommaires du recrutement de l'armée (1829–1836), Paris 1972.
14 J. MEUVRET, Récoltes et Population, in: Population 1, 1946.
15 P. GOUBERT, Beauvais et le Beauvaisis de 1600 à 1730. Contribution à l'histoire sociale de la France du XVIIe siècle, Paris 1960, gekürzter ND unter dem Titel: Cent mille Provinciaux au XVIIe siècle, Paris 1968 [dt.: Ludwig XIV. und zwanzig Millionen Franzosen, Berlin 1973].

anderen klar unterscheidet) hat herausgefunden, daß zwischen der Erhöhung der Kornpreise und der Zunahme der Mortalität ein enger Zusammenhang besteht. Die Höhepunkte der „Sterblichkeitswellen" während der „Überbrückungs"-Mo- [|82] nate (d.h. der zwei oder drei Monate vor der neuen Ernte) belegen das Kausalitätsverhältnis zwischen der Preisexplosion nach einer schlechten Ernte, der raschen Erschöpfung der Vorräte, welche die Ärmsten in den letzten Monaten des „Erntejahrs" zum Hungern verdammt, und der Steigerung der Mortalitätsrate. Von der Hungersnot stimuliert, geht das Massensterben weiter in den Epidemien, die eine geschwächte Bevölkerung heimsuchen – das bezeugen sowohl zahlreiche Dokumente (z.B. die Korrespondenz der Intendanten) als auch die Kurve der Todesfälle, die häufig in den Sommermonaten neue Extremwerte anzeigt. Die Epidemien, die sich, zumindest für das 17. Jahrhundert, recht gut in den zyklischen Rhythmus der Getreideversorgungskrisen einzupassen scheinen, hätten also nur die sozioökonomischen Katastrophen verschärft. Gewiß bleibt das „primum movens" der klimatische Zufall, doch die historische Verantwortung liegt bei der Gesellschaft, die sich aus den Widersprüchen ihres ökonomischen Systems ihr eigenes biologisches Schicksal spinnt.

Dieses Schema war für den Anthropozentrismus der Historiker so beruhigend, daß man es auf alle Typen von Epidemien ausweiten wollte. Wenn es freilich stimmt, daß z.B. die Pest 1348 zu einem Zeitpunkt ausbrach, als Europa übervölkert und deshalb biologisch äußerst verwundbar war, und wenn es richtig ist, daß die Pest Frankreich erst endgültig verlassen hat (die letzte Epidemie war die Pest in Marseille im Jahre 1720), als das Land nicht mehr von großen zyklischen Hungersnöten verheert wurde (die letzte brach nach dem schrecklichen Winter des Jahres 1709 aus), wie viele Epidemien haben sich dann ohne die „Unterstützung" durch eine Mißernte ausgebreitet? Für Frankreich kann man feststellen, daß das Land in dem Augenblick, in dem die Pest besiegt schien, nämlich während des ganzen 17. Jahrhunderts, wei- [|83] terhin dem periodischen Zugriff der Pocken und des „Frieselfiebers" ausgesetzt war und mitten im 19. Jahrhundert unter der Cholera erbebte.

2.3. Naturgeschichte der Krankheiten

M. D. Grmek hat vor kurzem die Hypothese aufgestellt, es gebe eine autonome, rein biologische Geschichte der Infektionskrankheiten.[17] Eine Krankheit, die in einer bestimmten geschichtlichen Phase virulent gewesen ist, ist ihm zufolge nicht deshalb zurückgegangen, weil es den Menschen gelungen war, sie zu überwinden, sondern weil ein anderer Bazillus an ihre Stelle getreten war. Die Keime sämtlicher möglichen Krankheiten zirkulieren nicht ständig und nicht seit ewigen Zeiten

---

16 R. BAEHREL, Une croissance: la Basse-Provence depuis la fin du XVe siècle jusqu'à la veille de la Révolution, Paris 1961.
17 M. D. GRMEK, Préliminaires d'une étude historique des maladies, in: Annales E.S.C. 24, 1969.

auf unserem Planeten. E. Le Roy Ladurie hat nachgewiesen, daß es erst spät, lange nach der Entdeckung Amerikas, zur „biologischen Vereinigung der Welt" kam.[18] In Wirklichkeit hätten sich unsere Gesellschaften nicht mit allen bakteriellen Bedrohungen gleichzeitig auseinandersetzen müssen, sondern stets nur mit Krankheitsgruppen, nosologischen Systemen, deren Entfaltung auf einem Mechanismus der Unvereinbarkeit beruhte. Ein neuer Bazillus könne sich nur dadurch im System festsetzen, daß er die Krankheit verdrängt, zu der er das Gegenmittel bildet. So seien etwa die Lepra und die Tuberkulose miteinander unvereinbar gewesen, und das erkläre, warum das Auftauchen der Tuberkulose in Europa im 19. Jahrhundert mit dem Verschwinden der Lepra einherging. Grmek sieht einen gleichartigen Gegensatz zwischen dem Pestbazillus und dem Erreger der Pseudo-Tuberkulose.

So wie es eine Naturgeschichte des Klimas gibt, so auch eine der Epidemien. Die große Pest von 1348, um bei unserem [|84] Beispiel zu bleiben, entsprang einer Veränderung sowohl der Population der Ratten wie der menschlichen Bevölkerung Europas: Die Wanderung der schwarzen Ratte lieferte der Pest ein Substrat, das, zusätzlich zur Bevölkerungsdichte, als ständiges Reservoir und als Zwischenwirt fungierte. Es genügt nicht, die Phänomene in den sozioökonomischen Kontext einzubetten, um ihre historische Dimension zu erhellen; wenn sich herausstellt, daß sie physikalischen Mechanismen gehorchen, auf welche die soziale Kontrolle keinen wirklichen Einfluß hat, dann gibt es keinen Grund, diese Autonomie zu vertuschen.

Die Geschichte einer Epidemie nachzuzeichnen heißt zugleich, zu analysieren, wie die Organisationsstruktur und die kulturellen Normen einer Gesellschaft die Zwänge des natürlichen Milieus verarbeitet haben, also die gesellschaftliche Situation und die Einstellungen zum Körper, die jede Epoche über ihre biologischen Verhaltensmuster kundgibt, zu ermitteln. Die spezifische Aufgabe der Historischen Anthropologie besteht darin, die Verbindungsglieder und Mechanismen offen zu legen, über die natürliche Zwänge und soziokulturelle Normen aufeinander einwirken. So hat man z.B. festgestellt, daß hysterisches Verhalten (im psychiatrischen Sinne des Worts), wie es Charcot noch Anfang dieses Jahrhunderts in der „Salpêtrière" beobachtete, inzwischen aus den Industriegesellschaften fast verschwunden ist und nur noch in ihren archaischen Randzonen als Überbleibsel und in einer stark ritualisierten Form vorkommt. Das gilt jedenfalls für die „tarantati" [die von der Tarantel Gebissenen] in Apulien, mit denen sich der italienische Ethnologe De Martino befaßt hat.[19]

Dieses Verschwinden hängt zweifellos damit zusammen, daß sich die Ausdrucksformen von Gemütsregungen und insbesondere die Körpersprache gewandelt haben. In einem [|85] Wirtschaftssystem, dessen Hauptwerte Organisation, Sparsamkeit und Ertrag sind, erwartet man erhöhte Disziplin oder, mehr noch,

---

18 E. LE ROY LADURIE, L'unification microbienne du monde, in: Schweizerische Zeitschrift für Geschichte 23, 1973, und DERS., Le Territoire de l'historien, Bd. 2, Paris 1975.
19 E. DE MARTINO, Terra di rimorso. Contributo a una storia religiosa del Sud, Mailand 1961 [frz. Paris 1966].

sparsamen Gebrauch von Gesten, konformes und neutrales Verhalten, um die Homogenität und Flexibilität des sozialen Gewebes zu erhalten. Im Frankreich des Ancien Régime dagegen mit seinem vorwiegend asketischen und repressiven religiösen Verhaltensmuster wurden bei den Bauern und den städtischen Unterschichten die unterdrückten Triebe mit dem Körper artikuliert, wenn es darum ging, Spannungen in einer Angst- oder Konfliktsituation zu lösen. Emmanuel Le Roy Ladurie hat das sehr gut für die „Camisards" belegt und sich dabei von den frühen Schriften Freuds leiten lassen; eine ähnliche Analyse könnte man für Phänomene der Ekstase oder Trance versuchen, etwa die „convulsionnaires" [Verzückten] auf dem Friedhof Saint-Médard, dem zentralen Ort des populären Pariser Jansenismus.

2.4. Verhalten und Gesellschaftsorganisation

Norbert Elias hat in einem exemplarischen Buch eine allgemeine Hypothese über die Entwicklung der Verhaltensmuster und insbesondere der Einstellung zum Körper in Europa aufgestellt.[20] Seit dem 16. Jahrhundert habe der Zivilisationsprozeß zunächst den herrschenden Oberschichten, dann zunehmend – über Erziehungsregeln (beispielsweise die zahlreichen Abhandlungen über die Knabenerziehung in der Nachfolge von Erasmus' „De civilitate morum puerilium") – der ganzen Gesellschaft Scham und Selbstzwang gegenüber den körperlichen Funktionen, Scheu vor Körperkontakten auferlegt. Das Verbergen und die Distanzierung des Körpers sind ihm zufolge Spiegelungen des organisierenden, also modernisierenden Drucks, den die gerade entstandenen büro- [|86] kratischen Staaten auf die Gesellschaft ausüben; die Trennung der Altersklassen, die Ausgrenzung der Abweichler, die Einschließung der Armen und der Irren, die Abschwächung lokaler Bindungen gehören zu ein und derselben globalen, diffusen und sich weitgehend unbewußt vollziehenden Remodellierung des sozialen Körpers.

Heute verlängern Forschungen die komplexe Geschichte der Sozialisation des Körpers noch weiter zurück (bis ins Mittelalter): So war beispielsweise das Lausen im 13. Jahrhundert ein in allen Schichten der Gesellschaft verbreitetes Ritual der Geselligkeit (wie man in Montaillou sehen kann), zu Beginn des 16. Jahrhunderts jedoch strikt auf die Unterschichten beschränkt, und im 18. Jahrhundert galt es als unschickliche und verpönte Praktik der Bauern. Im Gegensatz dazu gehört eine Armbewegung, die Resignation oder eine Beleidigung ausdrückt, mit erstaunlicher Beständigkeit vom 13. bis zum 20. Jahrhundert zum Grundrepertoire der Zeichensprache des Körpers. Die von Jacques Le Goff begonnene Untersuchung der Gebärden könnte uns eines Tages die Techniken des Bewahrens und Umformens, der Konkurrenz, des Widerstands oder der Nachahmung, welche die Sozialgeschichte des Körpers charakterisieren, erhellen.

---

20 N. ELIAS, Über den Prozeß der Zivilisation, 2 Bde., Basel 1939; ND Bern 1969 [frz. Paris 1975].

2.5. Geschichte des Sexualverhaltens

Die Geschichte des Sexualverhaltens läßt erkennen, wie schwierig es ist, der Historischen Anthropologie spezifische Forschungsgegenstände zuzuweisen. Wie läßt sich die Sexualität in das Forschungsfeld des Historikers einfügen? Die demographischen oder gerichtlichen Quellen geben uns eine Reihe von Anhaltspunkten, mit denen wir die Entwicklung der sexuellen Praktiken rekonstruieren können: Die systema- [|87] tische Registrierung der Geburten – in Frankreich seit der Mitte des 17. Jahrhunderts in den Gemeinderegistern – gestattet uns, in einem Sprengel, einer Mikroregion oder einer Stadt die Kurve der unehelichen Geburten und der vorehelichen Schwangerschaften bis zum Ende des Ancien Régime nachzuzeichnen und so den Fluktuationen der außerhalb der Ehe praktizierten Sexualität zu folgen. Allerdings nur mit relativer Genauigkeit: J.-L. Flandrin[21] hat die – freilich nur schwer durch handfestere Zeugnisse als die subtilen „distinguos" der Kasuisten des 17. Jahrhunderts verifizierbare – Hypothese formuliert, daß selbst in den strengsten Phasen des Ancien Régime zwei Typen des Sexualverhaltens nebeneinander existierten: ein eheliches, welches das Verbot empfängnisverhütender Praktiken beachtete, und eine außereheliche sexuelle Betätigung (vor und außerhalb der Ehe) mit empfängnisverhütenden Techniken. Die Unterscheidungen der Kasuisten wie Sanchez, für den die „Sünde Onans" (z.B. der coitus interruptus) besonders schwer wog, wenn sie in der Ehe begangen wurde, hätten, so Flandrin, insgeheim diese Doppelgestalt des Sexuallebens befördert. Selbst wenn man die Frage beiseite läßt, ob es ein spezifisches außereheliches Sexualverhalten geben kann, so ist jedenfalls klar, daß die Registrierung der unehelichen Geburten niemals ähnlich zuverlässig war wie die der ehelichen: Abtreibungen, Kindsmorde, vor allem jedoch heimliche Niederkünfte und bei Ehebrüchen falsche Vaterschaften vertuschen in jeder Epoche, wie wachsam die Justiz oder die Gemeinschaft auch immer gewesen sein mag, einen bedeutenden Teil dieser Geburten.

Forschungen wie die J. Depauws[22] für Nantes auf der Grundlage der „déclarations de grossesse" [Schwangerschaftsmeldungen unverheirateter Mädchen] erlauben, das Phänomen genauer zu fassen und differenzierter zu analysieren: In der zweiten Hälfte des 18. Jahrhunderts erleben wir [|88] zwar einen Aufschwung der nichtehelichen Sexualität, der in den Gemeinderegistern in dem wachsenden Anteil der außerehelichen Geburten sichtbar wird; festzuhalten sind jedoch vor allem die neuen Tendenzen dieses illegitimen Verhaltens, in denen ein neues affektives und moralisches Klima hervortritt. Diese außerehelichen Geburten waren immer weniger das Ergebnis von Dienstmädchen-Liebschaften oder Abenteuern im Dunkelbereich der gesellschaftlichen Konventionen und zunehmend mehr die Frucht von Verbindungen zwischen Partnern aus miteinander vereinbaren sozialen Milieus, deren Besiegelung durch eine Ehe nichts im Wege gestanden hätte.

---

21 J.-L. FLANDRIN, Contraception, mariage et relations amoureuses dans l'Occident chrétien, in: Annales E.S.C. 24, 1969.
22 J. DEPAUW, Amour légitime et société à Nantes, in: Annales E.S.C. 27, 1972.

Unterschätzen wir indes nicht den Wert unserer demographischen Kurven. Die unehelichen Geburten geben für sich genommen zwar nur eine ungefähre Tendenz an, aber die parallele Entwicklung der Raten unehelicher Geburten und vorehelicher Schwangerschaften läßt einen eindeutigen Schluß zu. Fast alle Kurven aus den zahlreichen Monographien über ländliche und städtische Gemeinden, die uns mittlerweile für verschiedene Regionen Frankreichs im Ancien Régime zur Verfügung stehen, bezeugen – mit Nuancierungen, z.B. zwischen der permissiveren Normandie (an der Küste und im Binnenland des „bocage") und dem konformistischeren Pariser Becken – für die zweite Hälfte des 17. und den Beginn des 18. Jahrhunderts einen äußerst geringen Prozentsatz unehelicher Geburten und vorehelicher Schwangerschaften; dagegen registrieren fast alle von der Mitte des 18. Jahrhunderts an für beide eine starke Zunahme. Das ist das Zeichen eines unbestreitbaren Wandels der Sexualmoral.

Wie soll man diese Entwicklung interpretieren? Handelt es sich um den Durchbruch einer neuen Sexualethik und einer neuen Sensibilität oder nur um die Abschwächung von Zwängen nach der asketischen Normalisierung, die von der katho- [|89] lischen Reform gewollt und erwirkt worden war? Da Gemeinderegister für das 16. Jahrhundert nicht oder jedenfalls nur lückenhaft vorhanden sind, können wir die Kurven nicht weiter in die Vergangenheit zurückverlängern. Andere, allerdings zur Quantifizierung wenig geeignete Quellen wie die Akten von (königlichen, religiösen oder städtischen) Gerichten oder Zeitzeugnisse können uns immerhin einen ungefähren Eindruck vom moralischen Verhaltensstil vermitteln. Die Studien von J. Roussiaud[23] über sexuelle Vergehen in den Städten im Rhônetal malen uns das Bild einer gegenüber der Sexualität der Männer und jungen Burschen toleranten Gesellschaft: nicht nur, daß die weitverbreitete Prostitution nicht als ehrlos und schändlich galt, sie wurde oft in offiziellen Etablissements, Zentren männlicher Geselligkeit, ausgeübt, die mehr oder minder von der Stadtobrigkeit kontrolliert wurden; Vergewaltigungen waren in den Städten häufig und wurden bloß halbherzig geahndet. Und schließlich geben uns auch die zeitgenössischen Texte über „Liebesdinge" einige Auskunft. Die uneheliche Herkunft war ein ebenso geringfügiger wie häufiger Makel. Alles deutet darauf hin, daß in der gesamten Gesellschaft eine gewisse Sittenfreiheit herrschte. Die allmähliche Schließung der Bordelle in der zweiten Hälfte des 16. Jahrhunderts und eine repressivere Gesetzgebung gegen uneheliche Geburten sind – neben anderem – Anzeichen für eine moralische Verhärtung und den erzwungenen Rückzug der Sexualität in das Eheleben. Es ist wahr, daß die sexuellen Praktiken nur im Verhältnis zum Kode, der sie beeinflußt und prägt, einen Sinn haben. Doch wie sehr waren sie von der reichen theologischen Literatur abhängig, deren Aufgabe es war,

---

23 J. ROSSIAUD, Prostitution, jeunesse et société dans les villes du Sud-Est au XVe siècle, in: Annales E.S.C. 31, 1976 [dt.: Prostitution, Sexualität und Gesellschaft in den französischen Städten des 15. Jahrhunderts (erweiterte und überarbeitete Fassung), in: PH. ARIÈS u.a. (Hg.), Die Masken des Begehrens und die Metamorphosen der Sinnlichkeit, Frankfurt am Main 1986, 97–120].

die eheliche Moral zu definieren und, allgemeiner, zu bestimmen, welche Praktiken erlaubt und welche verboten waren?

Michel Foucault hat in einem glänzenden Versuch über die [|90] Geschichte der Sexualität gezeigt, wie die abendländische Zivilisation die Sexualität in einen endlosen Diskurs eingesperrt und aufgesogen hat.[24] Damit ist nicht nur gemeint, daß sie die sexuellen Praktiken unter einer Vielzahl religiöser, juristischer, medizinischer, politischer Kommentare verschüttet hat, sondern auch, daß sie aus dem Bedürfnis, über sie zu sprechen, d.h. sich zu seiner Sexualität zu bekennen und sie gleichzeitig zu verbergen, eine Form der Lust, eine Art und Weise gemacht hat, die Sexualität auszuagieren. Das bedeutet nicht, daß alle Typen von Diskursen miteinander kommunizierten. Es gibt z.B. keinen Beweis dafür, daß die Debatten zwischen den kasuistischen und den rigoristischen Theologen im 17. Jahrhundert oder selbst die Rudimente der Theologie der Ehe, die dem niederen Klerus gelehrt wurden, irgendeine Resonanz in der Masse einer lese- und schreibkundigen Bevölkerung gefunden hätten.

Es wäre jedoch illusorisch, wollte man jede Veränderung im Sexualverhalten mit dem Wandel der religiösen Mentalitäten erklären. Nehmen wir beispielsweise die Herausbildung malthusianischer Einstellungen: Philippe Ariès hatte in seinem Buch *Histoire des populations françaises et de leurs attitudes devant la vie* als erster auf diese bedeutende Mutation des demographischen Verhaltens hingewiesen, die er am Ende des 18. Jahrhunderts ansetzt.[25] Die ersten genauen Untersuchungen zur ehelichen Fruchtbarkeit offenbarten eine Zäsur etwa in der Periode der Französischen Revolution. Manche Historiker zögerten deshalb nicht, die „birth control" zu einem Werk der Revolution zu erheben. Der allgemeine Verfall des religiösen Gefühls am Ende des 18. Jahrhunderts habe die Ehepaare dazu gebracht, sich der Verbote zu entledigen, mit denen die Kirche empfängnisverhütende Praktiken belegt hatte. Die Französische Revolution und insbesondere die Wehrpflicht, die die jungen Männer aus ihrem [|91] Provinzkontext herausriß, hätten erheblichen Anteil an der Verbreitung der empfängnisverhütenden Techniken gehabt, die – wie der von den Theologen strikt verurteilte „coitus interruptus" – nicht mehr auf magischen Mitteln oder Bräuchen beruhten.

Die Forschungen auf dem Gebiet der Historischen Demographie zwingen uns heute, die Verbreitung empfängnisverhütender Praktiken zeitlich weitaus früher anzusetzen. Sie tauchen im Pariser Becken bei den Bauern in den letzten beiden Jahrzehnten des 17. Jahrhunderts auf, in den Städten aber in der Jahrhundertmitte. Louis Henry meinte zeigen zu können, daß bestimmte Teile der Oberschichten hier eine Pionierrolle spielten: so die Aristokratie[26] (bestimmte Briefe der Madame de Sévigné an ihre Tochter bestätigen das explizit) oder die Genfer Bourgeoisie, die die Zahl der Geburten schon seit der zweiten Hälfte des 17. Jahrhunderts

---

24 M. FOUCAULT, La Volonté du savoir, Paris 1976 [dt.: Sexualität und Wahrheit, Bd. 1: Der Wille zum Wissen, Frankfurt am Main 1977].
25 PH. ARIES, Histoire des populations françaises et de leurs attitudes devant la vie depuis le XVIIIe siècle, Paris 1948 ; ND Paris 1971.
26 L. HENRY, C. LEVY, Duc et Pairs sous l'Ancien Régime, in: Population 15, 1960.

beschränkte.²⁷ Aber eine neuere Studie von A. Perrenoud²⁸ hat für Genf nachgewiesen, daß dies damals bereits für die ganze Gesellschaft galt. Die ehelichen Fruchtbarkeitsraten, die man für bestimmte ländliche Sprengel im Südwesten Frankreichs errechnet hat, scheinen zu bestätigen, daß dort seit dem 17. Jahrhundert durchaus diffuse Formen der Empfängnisverhütung angewendet wurden.

Philippe Ariès hat vermutet, die Verbote der Kirche hätten die Empfängnisverhütung lange Zeit undenkbar gemacht. Die Bevölkerung habe diese Verbote verinnerlicht und darüber die plumpen Techniken „vergessen", die bereits in der Antike bekannt gewesen waren. Das Wiederauftauchen solcher Praktiken bedeute daher eine unumkehrbare kulturelle Transformation. Diese Hypothese muß in Zweifel gezogen werden. Vom Ausgang des Mittelalters bis zum Beginn des 17. Jahrhunderts erwähnen mehrere religiöse Werke – um sie zu verurteilen – die Existenz, ja die [|92] weite Verbreitung dieser Praktiken. Man kann also heute sehr wohl der Meinung sein – bestimmte demographische Kurven (für Italien, England usw.) sprechen dafür –, daß die Praxis der Geburtenbeschränkung am Ende des 17. Jahrhunderts in bestimmten Regionen aufgrund der religiösen Propaganda und Repression vorübergehend verschwand, um in der zweiten Hälfte des 18. Jahrhunderts wiederzukehren, als die Kirche ihren Zugriff lockerte.

Hat jedoch die Kirche selbst in diesem tiefgreifenden Wandel des Verhaltens eine entscheidende Rolle gespielt? Aus einem interessanten, wenn auch zeitlich späten Dokument, dem Brief, den Mgr Bouvier, Bischof von Mans, 1849 an das „Ufficio di Sacra Penitenza" schrieb, um sich die Stellung der Kirche zur Geburtenbeschränkung erläutern zu lassen, erfahren wir, daß in diesem Bistum, in dem die Bevölkerungsmehrheit sich malthusianisch verhielt, die Gläubigen schockiert waren, weil man sie bei der Beichte über ihre empfängnisverhütenden Praktiken befragte. Nicht die Entchristianisierung hat die Verbreitung der Empfängnisverhütung gefördert, vielmehr hat die Übernahme eines malthusianischen Verhaltens in vielen Fällen Gewissensskrupel hervorgerufen und bestimmte Schichten der Bevölkerung von der Kirche entfernt.

Die zahlreichen von Demographen und Soziologen über die Einführung der „birth control" in bestimmten Populationen der Dritten Welt angestellten Untersuchungen haben erwiesen, daß die religiösen Verbote der Empfängnisverhütung viel weniger Gewicht hatten als die Familienstruktur oder die affektiven Beziehungen und die Kommunikation zwischen den Ehepartnern. Die christianisierte schwarze Bevölkerung von Puerto Rico hat z.B. die „birth control" sehr viel leichter akzeptiert als die Bevölkerung Indiens, wo die religiöse Ideologie derlei Praktiken nicht untersagt. Was Europa [|93] und insbesondere Frankreich betrifft, so war man zu sehr darauf aus, den Gebrauch der Empfängnisverhütung von religiösen Einstellungen abhängig zu finden, zu wenig dagegen, ihren Zusammenhang mit familialen Haltungen zu ergründen. Vor dem Malthusianismus auf der Ebene der Sexualität hatte sich in der Gesellschaft des Ancien Régime ein Mal-

---

27 L. HENRY, Anciennes Familles genevoises. Etude démographique, XVIᵉ–XXᵉ siècle, Paris 1956.
28 A. PERRENOUD, Malthusianisme et protestantisme, in: Annales E.S.C. 29, 1974.

thusianismus auf der Ebene der Heiratshäufigkeit eingenistet: die späte Heirat, vornehmlich für die Mädchen, die seit dem 16. Jahrhundert die fruchtbare Zeit der Ehepaare tendenziell verkürzte. Die späten Heiraten (und die große Zahl von Alleinstehenden), die Rückkehr zur Empfängnisverhütung, das Auftauchen einer neuen Vorstellung von der Kindheit und einer neuen Sensibilität in der Ehe bezeichnen ein kulturelles Übergangssystem, das die ökonomische Organisation (durch den Sparsamkeitsgeist) und die soziale Organisation (durch die Konsolidierung der Kernfamilie) begünstigt und aufrechterhalten haben.[29]

2.6. Geschichte der Familie

Das Interesse, mit dem man sich seit geraumer Zeit der Geschichte der Familienstrukturen und -sensibilität widmet, zeugt von dem gleichen Wunsch, das biologische Verhalten, die sozialen Formationen und die Mentalitäten, die sie inspirieren, zusammen zu analysieren. Die Welt der Verwandtschaft, privilegiertes Forschungsthema der Historischen Anthropologie, ist genau die Sphäre, in der biologische und soziale Reproduktion miteinander verzahnt sind. Georges Duby[30] (für das Mâconnais im Hochmittelalter) und Emmanuel Le Roy Ladurie[31] (für den Languedoc im 15. Jahrhundert) haben dargelegt, wie der Zusammenbruch des Staates und die Auflösung des sozialen Gewebes die verwandtschaft- [|94] lichen Bindungen wiederbelebt und befestigt haben: im Adel des Mâconnais bildeten sich mächtige Linéages oder Sippen, im Languedoc kam es zur Umgruppierung in erweiterte Familien („frérêches"), manchmal sogar zur notariell beglaubigten Gründung von Pseudofamilien. Die familiale Bindung scheint in Frankreich im Mittelalter und allgemeiner in der Gesellschaft des Ancien Régime, deren staatliche Organisation alle Formen lokaler oder infrasozialer Solidarität weitgehend abgeschliffen hat, die Funktion einer Zufluchtsinstanz erfüllt zu haben. Sobald die demographische Depression eine Umschichtung des Familienbesitzes erzwang und der Staat keinen zureichenden Schutz mehr bot, verschaffte sich die Familie wieder Geltung, wurde sie wieder zur Festung, und die Welt der Verwandtschaft verschlang das gesellschaftliche Leben.

Zuflucht oder untergründige Organisation? Auf einigen bewundernswerten, den „Blutsbanden" gewidmeten Seiten der *Société féodale* hat Marc Bloch gezeigt, wie das Feudalsystem die gesellschaftlichen Beziehungen und den Kreislauf der Macht nach dem Muster der fleischlichen Bande regelte.[32] In Montaillou am Ende des 13. Jahrhunderts – weit entfernt vom Staatsapparat, weniger weit von den religiösen Kontrollinstanzen – war für die Bauern eine soziale Bindung un-

---

29 A. BURGUIERE, De Malthus à Weber: Le mariage tardif et l'esprit d'entreprise, in: Annales E.S.C. 27, 1972.
30 G. DUBY, La Société aux XIe et XIIe siècle dans la région mâconnaise, Paris 1954.
31 E. LE ROY LADURIE, Les Paysans du Languedoc, 2 Bde., Paris 1960, gekürzter ND Paris 1969 (dt. gekürzte Ausg.: Die Bauern des Languedoc, Stuttgart 1983).
32 M. BLOCH, La Société féodale, Paris 1939 [dt.: Die Feudalgesellschaft, Berlin u.a. 1982], Zweiter Teil, Erstes Buch.

vorstellbar, die sich nicht durch fleischliche Bindung legitimierte und materialisierte. Sie gehörten zu einem Haus, das gewissermaßen den fortbestehenden Körper der Linéage [Sippe] bildete, und bemühten sich, über Heirat und Patenschaft den Familienclan zu erweitern.[33] Die Studien über die Familie in den Fußstapfen der Pionierarbeiten von Norbert Elias[34] und Philippe Ariès[35] haben zutage gebracht, daß der Staat seit dem 16. Jahrhundert zwar die Familie Zug um Zug in ihren juristischen und sozialen Funktionen ersetzte, aber während des ganzen Ancien Régime weiterhin über die Familie auf das [|95] wirtschaftliche, affektive, moralische und religiöse Verhalten einwirkte.

Man kann sich also fragen, ob im Frankreich des Ancien Régime hinter den offiziellen Institutionen nicht vorwiegend die „elementaren Strukturen der Verwandtschaft" die Gesellschaft organisierten, ebenso wie in den „Gesellschaften ohne Staat". Was die Heiraten betrifft, so sind die Verbote nach dem kanonischen Recht die einzigen klar sichtbaren Regeln: Die Untersuchung der Schriften und juristischen Praktiken der Kirche auf der Grundlage der Archivbestände der bischöflichen Gerichte (die Jean-Marie Gouesse[36] für die Normandie, ich selbst[37] für das Zentrum des Pariser Beckens und andere seit einigen Jahren auswerten) bringt ein Klassifikationsmodell ans Tageslicht, das gewisse Ähnlichkeiten mit den Mustern aufweist, die Claude Lévi-Strauss in einigen primitiven Gesellschaften entdeckt hat. Die Analyse der Heiratsverbindungen, die ich z.B. für einen Sprengel in der Umgebung von Paris im 18. Jahrhundert mit einem besonders hohen Anteil der Blutsverwandtschaft durchgeführt habe, zeigt auch – jenseits der sozialen Strategien zur Wahrung des Familienbesitzes, zur Rangerhaltung usw. – „Kettenbildungen", nämlich kontinuierliche Heiratsverbindungen zwischen zwei Familien über Generationen hinweg, also genau das, was Martine Segalen[38] und Françoise Zonabend[39] für bestimmte ländliche Gemeinden Frankreichs im 19. und 20. Jahrhundert beschrieben haben. Lange Zeit haben wir angenommen, daß in unseren komplexen historischen Gesellschaften die soziale Organisation bestimmend für die Heiratsverbindungen sei, heute erkennen wir aufgrund genauer Einzelstudien, daß bestimmte strukturale Konzepte der Verwandtschaft sich auch auf sie anwenden lassen. [|96]

---

33 E. LE ROY LADURIE, Montaillou, village occitan de 1294 à 1324, Paris 1975 [dt. gekürzte Ausg.: Montaillou. Ein Dorf vor dem Inquisitor, Berlin u.a. 1983].
34 N. ELIAS, Die höfische Gesellschaft, Darmstadt, Neuwied 1969; Frankfurt am Main 1983 [frz. Paris 1974].
35 PH. ARIES, L'Enfant et la vie familiale sous la France de l'Ancien Régime, Paris 1960; ND Paris 1973, 1975 [dt.: Geschichte der Kindheit, München 1975].
36 J. GOUESSE, Parenté, famille et mariage en Normandie aux XVIIe et XVIIIe siècles, in: Annales E.S.C. 27, 1972.
37 A. BURGUIERE, Endogamie et communauté villageoise; la pratique matrimoniale: Romainville au XVIIIe siècle, in: Quaderni storici 11, 1976.
38 M. SEGALEN, Nuptialité et alliance: le choix du conjoint dans une commune de l'Eure, Paris 1972.
39 F. ZONABEND, Parler Famille, in: L'Homme 10, 1970.

3. Perspektiven der Historischen Anthropologie

Die fruchtbarsten Forschungen der Historischen Anthropologie sind heute die Untersuchungen der geistigen Welt. Das Konzept der Mentalität, das Lucien Febvre[40] dem theoretischen Handgepäck des Historikers hinzugefügt hat, war ausreichend unscharf und offen, um die Ergebnisse anderer Wissenschaftsdisziplinen aufzunehmen. Auch auf diesem Feld hat inzwischen die Anthropologie die „Geschichte von unten" erobert, d.h. die unscheinbaren, porösen, vagen Ausdrucksformen, die Bräuche, die den Alltag prägen oder mit der religiösen Praxis fest verbunden sind, die Untergrund- oder Minderheitskulturen, kurz, die Folklore. In seinem Kommentar zu einem Werk von André Varagnac, der als Gegenstand der Volkskunde die Gesamtheit der kollektiven Glaubensvorstellungen ohne Doktrin, der kollektiven Praktiken ohne Theorie definierte, fragte sich Lucien Febvre: „Läßt sich die Grenze zwischen dem wissenschaftlich ‚Deduzierten' und dem ohne Deduktionen ‚einfach Akzeptierten' so leicht ziehen? ... Stellt sie nicht die Genese unserer wissenschaftlichen Theorien in Frage, der geschichtlichen Beziehungen zwischen dem Magischen und dem Mathematischen, die schrittweise Verdrängung qualitativer und irrationaler Einflüsse durch logische und quantitative Beziehungen?" Die Verhaltensweisen einer Gesellschaft, über die sie sich am wenigsten Rechenschaft ablegt, beispielsweise die Körperpflege, die Art sich zu kleiden, die Arbeitsorganisation oder die Abfolge der täglichen Verrichtungen, spiegeln ein System der Repräsentation der Welt wider, das sie mit den ausgefeiltesten geistigen Schöpfungen wie dem Recht, den religiösen Auffassungen, dem philosophischen oder wissenschaftlichen Denken verbindet.

Diese Verbindung aufzuspüren, indem man die Bedeutun- [|97] gen verzeichnet und die Kategorien beschreibt, die einen mythischen Diskurs strukturieren, und den Symbolgehalt der Gebärden zu bestimmen – diese Aufgabe stellten sich für das Mittelalter die Pionierarbeiten von Jacques Le Goff über die Zeitvorstellungen[41], die Repräsentationen der Arbeit[42] und über das religiöse Brauchtum[43], oder Georges Dubys[44] Analysen der „Gabe" und der demonstrativen Ver-

---

40 L. FEBVRE, Folklore et Folkloristes, in: Annales 2, 1939.
41 J. LE GOFF, Temps de l'Eglise et temps du marchand, in: Annales E.S.C. 15, 1960, wieder abgedruckt in: DERS., Pour un autre Moyen Age. Temps, travail et culture en occident, 18 essais, Paris 1978 [dt.: Zeit der Kirche und Zeit des Händlers im Mittelalter, in: C. HONEGGER (Hg.), Schrift und Materie der Geschichte. Vorschläge zur Aneignung historischer Prozesse, Frankfurt am Main 1977, 393–414].
42 J. LE GOFF, Le Temps du travail dans la „crise" du XIVe siècle: du temps médiéval au temps moderne, in: Le Moyen Age 69, 1963, wieder abgedruckt in: DERS., Pour un autre Moyen Age (wie Anm. 41) 75 f. [dt.: Die Arbeitszeit in der ‚Krise' des 14. Jahrhunderts: von der mittelalterlichen zur modernen Zeit, in: DERS., Für ein anderes Mittelalter, Frankfurt am Main 1984; Weingarten 1987, 29–42].
43 J. LE GOFF, Culture cléricale et traditions folklorique dans la civilisation mérovigienne, in: Annales E.S.C. 22, 1967, wieder abgedruckt in: DERS., Pour un autre Moyen Age (wie Anm. 41), 223 ff. [dt.: Kirchliche Kultur und Volksüberlieferungen in der Zivilisation der Merowinger, in: DERS., Für ein anderes Mittelalter (wie Anm. 42) 121–136].

schwendung in der Gesellschaft des Hochmittelalters. Yves Castans Buch *Honnêteté et Relations sociales en Languedoc*[45] erläutert anhand von Gerichtsakten (deren Bedeutung für anthropologische Forschungen wohl nicht mehr betont werden muß), wie der Begriff der Ehre im Austauschprozeß und in der zwischenmenschlichen Kommunikation der südfranzösischen Gesellschaft im 18. Jahrhundert ihren Stempel aufdrückte. Die Studien von J. Le Goff und E. Le Roy Ladurie über die „Melusine"[46], von J. Le Goff und P. Vidal-Naquet über den „wilden Krieger im Wald"[47] haben den Beweis erbracht, daß es der Analyse der Repräsentationssysteme nicht nur möglich ist, die verschiedenen Ausdruckssprachen einer Epoche miteinander zu verknüpfen und das Modell zu definieren, auf dem sie beruhen, sondern auch, in diesen „Gefängnissen der *longue durée*" den Atem der Zeit und den langsamen Wandel der Kategorien aufzuspüren, welche die geschichtliche Bewegung inspirieren. Ganz in unserer Nähe, an den Toren der Industriegesellschaft, entdecken wir eine fremde Welt, das Frankreich des Ancien Régime. Sie erscheint uns heute fremd, weil die Historiker heute nicht mehr erklären, wie sie unterging oder die späteren Entwicklungen vorbereitete, sondern statt dessen zu verstehen versuchen, wie sie sich erhalten und reproduziert hat und wie sie in den Nischen der gegenwärtigen Gesellschaft fortwirkt. Die Arbeiten von Maurice Agulhon[48] über die politische Kultur in der südfranzösischen Gesellschaft stehen für die am weitesten fortgeschrittenen [|98] Anstrengungen, die politische Analyse zu „anthropologisieren" und die Herausbildung des nachrevolutionären Frankreich anders als in Begriffen der Machteroberung oder der spontanen Mutation zu beschreiben. Die Politik ist kein bloßer Grundstock programmatischer Ideen, die von den „bewußten Eliten", den in der revolutionären Krise entstandenen Parteien, entwickelt wurden, ein Ideenschatz, der sich dann allmählich im gesamten gesellschaftlichen Körper verbreitet hätte, und zwar allein aufgrund seiner mobilisierenden Überzeugungskraft. Um das gesellschaftliche Leben zu prägen, mußte die Politik etwas anderes – man ist versucht zu sagen: mehr – werden als sie selbst, nicht nur ein auf die Machtverteilung gerichtetes Projekt, sondern ein Modus, zu kommunizieren und die Welt zu verstehen. Sie mußte sich mit den traditionellen Formen geselliger Beziehungen verbinden, insbesondere mit jener „Soziabilität", in der, wie M. Agulhon zeigt, der kulturelle Partikularismus des Midi zum Ausdruck gelangt.

---

44 G. DUBY, Guerriers et Paysans. VIIe–XIIe siècle, premier essor de l'économie européenne, Paris 1974 [dt.: Krieger und Bauern. Die Entwicklung von Wirtschaft und Gesellschaft im frühen Mittelalter, Frankfurt am Main 1977].
45 Y. CASTAN, Honnêteté et Relations sociales en Languedoc, Paris 1975.
46 J. LE GOFF, E. LE ROY LADURIE, Mélusine maternelle et défricheuse, in: Annales E.S.C. 26, 1971 [eine dt. Übers. des ersten Teiles von J. LE GOFF findet man unter dem Titel „Melusine – Mutter und Urbarmacherin", in: J. LE GOFF, Für ein anderes Mittelalter (wie Anm. 42), 147–174].
47 J. LE GOFF, P. VIDAL-NAQUET, Lévi-Strauss en Brocéliande, in: Critique 325, 1975, über Chrétien de Troyes' *Yvain* (Versroman aus dem 12. Jahrhundert).
48 Insbesondere in M. AGULHON, Pénitents et francs-maçons de l'ancienne Provence. Essai sur la sociabilité méridionale, Paris 1968, und DERS., La République au village, Paris 1970.

Mona Ozouf[49] und Michel Vovelle[50] sind in ihren Untersuchungen über die Feste in der Französischen Revolution ähnlich vorgegangen und haben uns bewußt gemacht, in welchen symbolischen Formen und rituellen Praktiken sich der revolutionäre Diskurs verankern mußte, um die politischen Verhaltensweisen im heutigen Frankreich hervorzubringen. Die „Enquête" von François Furet und Jacques Ozouf[51] über die Alphabetisierung der französischen Bevölkerung seit dem 16. Jahrhundert und ihre Studie über das „Phénomène rouges et blancs", d.h. das Zweiparteiensystem, das die Wahlgeographie Frankreichs bestimmt, zielen darauf, die althergebrachten, (in Regionen, gesellschaftlichen Klassen usw.) abgekapselten kulturellen Verhaltensmuster zu erschließen, die unter der scheinbaren Homogenität unserer nationalen Einheit fortdauern. [|99]

Wir sind selbst Teil des Zeitgeists. In der Beobachtung der geschichtlichen Bewegung vergessen wir zuweilen, daß wir selbst zu ihr gehören. Es gibt eine Konjunktur der Geschichtswissenschaft, so wie es eine Konjunkturgeschichte gibt. Als Wissenschaft mit geringem theoretischen Unterbau, die sich nachdrücklich mit der Analyse der Veränderung beschäftigt, ist die Historiographie vielleicht mehr als die anderen Sozialwissenschaften imstande, sich selbst ständig zu verändern. Die Anthropologie übt wahrscheinlich deshalb heute einen solchen Einfluß auf die Historiker der europäischen Gesellschaften aus, die Historiker sind deshalb so sehr darauf erpicht, jede lineare Vorstellung vom Gang der Geschichte zurückzuweisen, weil die Blockierungen, die Phasen des Gleichgewichts oder sogar des Rückschritts, die sie in der Gesellschaft des Ancien Régime ausgemacht haben, den Begriff des Fortschritts erschüttert haben; aber auch deshalb, weil der Begriff des Fortschritts und der Glaube an eine Entwicklung zum Besseren von der Gesellschaft in Frage gestellt werden, in deren Namen wir die Vergangenheit erkunden.

---

49 M. Ozouf, La fête révolutionnaire, 1789–1799, Paris 1976.
50 M. Vovelle, Les Métamorphoses de la fête en Provence, Paris 1976.
51 F. Furet, J. Ozouf, Lire et écrire. L'alphabétisation des Français de Calvin à Jules Ferry, 2 Bde., Paris 1977.

V. ETHNOLOGISCHE HISTORIE UND HISTORISCHE ETHNOLOGIE

„MISSIONARE IM RUDERBOOT"?

ETHNOLOGISCHE ERKENNTNISWEISEN ALS HERAUSFORDERUNG AN DIE SOZIALGESCHICHTE[1]

von Hans Medick

> „Kinder sind glücklich, wenn sie Steine ins Wasser werfen, aber der Familie der Frösche kann das großen Kummer bringen".
>
> Sprichwort der Luo in Kenia

1. Statt eines Vorworts: Wer sind die Missionare im Ruderboot?

Das Bild von den „Missionaren im Ruderboot" ist einem Aufsatz des amerikanischen Ethnologen Bernard S. Cohn über „Anthropology and History. The State of the Play" entnommen, der 1980[2] erstmals erschienen ist. Cohn hat mit diesem Bild eine Art ironischen Idealtypus geschaffen, um die Einstellung mancher – vor allem funktionalistischer – Ethnologen zum Problem der Geschichte zu charakterisieren. Geschichte außerhalb Europas und außerhalb der außereuropäischen Hochkulturen beginnt für diese Ethnologen erst mit dem Eindringen europäischer Zivilisation, Ökonomie und Religion – oder warum sollte man nicht auch sagen: „okzidentaler Rationalität" – in das Leben der „Völker ohne Geschichte" (E. Wolf).

---

[1] Ich danke Doris Bachmann-Medick, David Cohen, Alf Lüdtke und David Sabean für intensives Gespräch. Zu den hier geäußerten Argumenten trugen sie freigiebig bei, nicht dagegen zu den ebenfalls zu findenden Verkürzungen.
Der Text ist die überarbeitete Fassung eines Aufsatzes, der unter gleichem Titel zuerst in: Geschichte und Gesellschaft 10, 1984, 295–319, erschienen ist.

[2] B. S. COHN, History and Anthropology. The State of the Play, in: Comparative Studies in Society and History 22, 1980, 198–221; wieder abgedruckt im Sammelband DESS., An Anthropologist among the Historians and other Essays, New Delhi 1987, 18–50.

„In diesem Modell trifft der Missionar, der Händler, der Schlepper von Arbeitskräften oder der Regierungsbeamte, bewaffnet mit Bibel ... Tabak, Stahlaxt und anderen Gegenständen westlicher Herrschaft auf einer Insel ein, deren Gesellschaft und Kultur sich im Niemandsland des Strukturfunktionalismus wiegen. Mit dem Einbruch des Neuen zerbrechen Sozialstruktur, Werte und Lebensweise der „glücklichen Eingeborenen". Schließlich trifft auch noch der Ethnologe ein, im Gefolge der Veränderungen, welche die westlichen Agenten des Wandels bereits gebracht haben – und versucht das, was einmal war, (in seiner Geschichtslosigkeit) festzustellen."[3]

Cohn richtet seinen ironischen Idealtypus vor allem kritisch auf seine Kollegen von den funktionalistischen oder strukturalistischen Schulen der [|49] Ethnologie. M. E. war er mit dieser Begrenzung auf einige Vertreter seiner eigenen Disziplin allerdings zu bescheiden. Denn eine ähnliche Sichtweise, wie sie die ethnologischen „Missionare im Ruderboot" kennzeichnet, gibt es durchaus auch in der Geschichtswissenschaft. Hier wird sie vor allem durch die historisch-sozialwissenschaftliche Richtung vertreten, aber keineswegs nur durch diese. Gemeint ist jedenfalls eine zentristische Sichtweise von Geschichte. Sie ist darum bemüht, die Zuweisung historischer Phänomene – an den „Rand" oder ins „Zentrum" historischen Geschehens – stets unter dem Gesichtspunkt der „großen Veränderung" vorzunehmen, wie sie mit Modernisierung, Industrialisierung, Verstädterung sowie der Entstehung des bürokratischen Anstalts- und Nationalstaats gekennzeichnet werden.

Eine solche zentristische Sichtweise von Geschichte ist nicht nur für Historiker typisch, die von den europäisch-amerikanischen Industrialisierungs- und Modernisierungsprozessen des 19. und 20. Jahrhunderts ausgehen. Sie ist ebenso charakteristisch für Historiker der frühen Neuzeit, so etwa für Fernand Braudel, der in seinem Werk über „Civilisation Matérielle, Economie et Capitalisme", das jetzt auch in einer guten deutschen Übersetzung vorliegt,[4] den Bereich der alltäglichen „materiellen Kultur" als gleichsam geschichtslos ansieht, im Vergleich zur historischen Dynamik, wie sie der frühmoderne Handelskapitalismus ins Spiel gebracht hat. Auch in Braudels berühmtem Mittelmeerbuch finden sich charakteristische Passagen, die auf eine zentristische Geschichtsperspektive verweisen, etwa, wenn er auf die europäischen Gebirgslandschaften als Inseln zu sprechen kommt, die außerhalb von Zivilisation und Geschichte stehen. „Die Gebirge sind in der Regel eine Welt für sich, weit entfernt von den Zivilisationen. Ihre Geschichte ist es, keine zu haben und nahezu immer am Rande der großen Wellen der Zivilisation zu verharren."[5]

3 COHN, Anthropology (wie Anm. 2) 199.
4 F. BRAUDEL, Sozialgeschichte des 15.–18. Jahrhunderts, Bd. 1: Der Alltag, Bd. 2: Der Handel, Bd. 3: Aufbruch zur Weltwirtschaft, München 1985–86. Das frz. Original erschien u.d.T. Civilisation matérielle, économie et capitalisme (XVe–XVIIIe siècle), Paris 1980; pointierter ist diese Entgegensetzung von „unhistorischem" Alltag und historisch bewegtem und bewegendem Handelskapitalismus in einer Serie von Vorlesungen herausgearbeitet, die ebenfalls in einer vorzüglichen Übersetzung vorliegt: Die Dynamik des Kapitalismus, Stuttgart 1986, 1. Vorlesung.
5 F. BRAUDEL, La Méditérranée et le monde méditérranéen à l'époque de Philippe II, 2 Bde., Paris ^{4}1979, Bd. 1, 30.

Kulturanthropologische Perspektiven, wie sie jenseits von Strukturalismus und Funktionalismus entwickelt wurden, können zu einer grundlegenden Infragestellung solch zentristischer und unilinearer historischer Sichtweisen führen. Zum einen lassen sie deutlich werden, daß das, was zu schnell als unwandelbar und geschichtslos angenommen wurde (und für den historischen Prozeß nicht geschichtsmächtig sei), bereits lange vor der „Moderne" eine höchst widerspruchsvolle und vielschichtige eigene Geschichte hatte, einschließlich eigener Formen von Geschichtsbewußtsein und Geschichtsüberlieferung. [|50]

Zum anderen ermöglicht der ethnologische Blick, sensibilisiert durch die Interpretation fremder Kulturen, die Untersuchung und Anerkennung einer doppelten Fremdheit: der fremden Momente in unserer eigenen europäischen Kultur und Geschichte, aber auch der Wirksamkeit kultureller Differenzen und Gegensätze als entscheidender Triebkräfte für historische Veränderung, Geschichtserfahrung und Geschichtsdarstellung.

2. Die Ausgangssituation: Defizite der Sozialgeschichte in den 60er und 70er Jahren

Sozialgeschichtliche Untersuchungen stehen vor einer grundlegenden methodischen Schwierigkeit: Wie kann die Doppelkonstitution historischer Prozesse, die Gleichzeitigkeit von gegebenen und produzierten Verhältnissen, die komplexe wechselseitige Beziehung zwischen umfassenden Strukturen und der Praxis der „Subjekte", zwischen Lebens-, Produktions- und Herrschaftsverhältnissen und den Erfahrungen und Verhaltensweisen der Betroffenen erfaßt und dargestellt werden?

Diejenige Richtung der Sozialgeschichte, die sich seit ihrer Durchsetzung in den 60er und 70er Jahren nicht nur in der Bundesrepublik, sondern vor allem auch in den USA und zum Teil auch in Frankreich und in Großbritannien als „historische Sozialwissenschaft"[6] verstand und versteht, konnte bisher keine befriedigen-

---

6 Siehe zum Selbstverständnis H.-U. WEHLER, Geschichtswissenschaft heute, in: J. HABERMAS (Hg.), Stichworte zur „Geistigen Situation der Zeit", Bd. 2, Frankfurt am Main 1979, 709–753, hier 742 ff.; WEHLERs Auseinandersetzung mit der im folgenden vorgetragenen Position findet sich in DERS., Königsweg zu neuen Ufern oder Irrgarten der Illusionen? Die westdeutsche Alltagsgeschichte: Geschichte „von innen" und „von unten", in: F. J. BRÜGGEMEIER, J. KOCKA (Hg.), „Geschichte von unten – Geschichte von innen". Kontroversen um die Alltagsgeschichte, Hagen (Fernuniversität) 1985, 17–47. Wehlers Polemik geht – trotz berechtigter Kritik am Detail – am Kern der hier vorgetragenen Argumentation vorbei, dies vor allem insofern, als sie sich gegen die für die ethnologische Perspektive grundlegende Infragestellung einer eurozentrischen Geschichtsauffassung sperrt (eine Infragestellung, welche sowohl die Inhalte dargestellter Geschichte wie die Wahl methodischer Ansätze, Theorien und Konzepte zur Erforschung von Geschichte betrifft) und sich all zu schnell und affirmativ auf die „bewußte Verteidigung der beispiellosen Leistungen des Okzidents" (45) zurückzieht; J. KOCKA, Sozialgeschichte. Begriff, Entwicklung, Probleme, Göttingen ²1986, 67 ff. insbes. 152 ff. Kockas Äußerungen nach 1982 lassen in mancher Hinsicht eine Differenzierung und Weiterentwicklung von Positionen erkennen, die er noch in der 1. Auflage von „Sozialge-

de Lösung dieser Frage finden. Hierfür lassen sich verschiedene Gründe angeben. Einen davon nannte der amerikanische Sozialhistoriker Lawrence L. Stone, wenn er der „historischen Sozialwissenschaft" eine zu starke Fixierung auf die sozioökonomischen „Umstände" und eine Vernachlässigung der handelnden Menschen vorgeworfen hat und als – alleinigen – Ausweg aus dieser Verkürzung eine „Wiederbelebung narrativer Geschichtsbetrachtung" empfahl.[7] Wie kritisch man Stones zu einfaches „Wiederbelebungs"-Rezept auch einschätzen mag,[8] an seiner Diagnose ist in Bezug auf die deutsche Ausprägung „historischer Sozialwissenschaft" zumindest so viel richtig, daß diese ihr Selbstverständnis (und ihre Praxis) als Sozial- und Gesellschaftsgeschichte weitgehend aufgrund von Vorstellungen entwickelt hat, die in den dichotomischen Kategorien von subjektiven und objektiven Dimensionen des historischen Prozesses befangen bleiben. Die „historische Sozialwissenschaft" ist – trotz aller [|51] kritischen Distanzierungen – vom individualistischen Vorurteil des Historismus insofern nicht frei, als sie die Vermittlung der subjektiven und objektiven Momente des historischen Prozesses hauptsächlich als ein Problem der Kombination von methodischen Ansätzen definiert – der Synthese nämlich von analytisch-generalisierenden sozialwissenschaftlichen Verfahrensweisen mit den individualisierend-verstehenden der Hermeneutik.[9]

Es wird ihr durch eine solche Reduzierung auf Fragen des methodisch-technischen Raffinements aber gerade nicht möglich, der kulturellen Bedeutungsdimension von Strukturen und deren Rolle in historischen Prozessen gerecht zu werden, mit denen es Sozial-Geschichte, ob sie will oder nicht, zu tun hat. Die

schichte" (1977) vertrat. Insbesondere gilt dies für seine Rezeption eines Kulturbegriffs, wie er von der Kultur- und Sozialanthropologie und Volkskunde entwickelt wurde, und für sein Plädoyer für eine „kulturgeschichtliche Erweiterung der Sozialgeschichte" (Sozialgeschichte, 2. Aufl., 152 ff.). Diese inhaltlichen Differenzierungen im Verständnis von Sozialgeschichte scheinen aber die methodisch-theoretische Orientierung bisher nicht grundlegend verändert zu haben. Nach wie vor bieten die systematischen Sozialwissenschaftler „mit ihrem Angebot an Methoden, Begriffen, Modellen, Theorien" das entscheidende Paradigma sozialgeschichtlichen Forschens und Erkennens, wie argumentativ aufgelockert auch immer es in historischen Darstellungen zur Geltung kommen mag. Vgl. DERS., Theorien in der Geschichtswissenschaft, in: DERS. u.a., Theoriedebatte und Geschichtsunterricht, Paderborn 1982, 7–27, hier 10 ff. und DERS., Zurück zur Erzählung? Plädoyer für historische Argumentation, in: Geschichte und Gesellschaft 10, 1984, 395–408. Zur Kritik am historisch-sozialwissenschaftlichen bzw. gesellschaftsgeschichtlichen Ansatz in der BRD, der mit den Positionen der hier angeführten Autoren natürlich nur sehr unvollkommen beschrieben ist: G. ROCHE, Un mouvement des nouvelles Annales en RFA?, in: Revue d'Allemagne 11, 1979, 405–420; zur internationalen Verbreitung, allerdings ohne Berücksichtigung der westdeutschen Richtung „historischer Sozialwissenschaft" siehe L. STONE, History and the Social Sciences in the Twentieth Century, in: DERS., The Past and the Present, London 1981, 3–44, hier 16 ff.

7   L. STONE, The Revival of Narrative: Reflections on a New Old History, in: Past and Present 85, 1979, 3–24, wieder abgedr. in: DERS., The Past and the Present (wie Anm. 6) 74–96.
8   Siehe hierzu: E. J. HOBSBAWM, The Revival of Narrative: Some Comments, in: Past and Present 86, 1980, 3–8 und vor allem PH. ABRAMS, History, Sociology, Historical Sociology, in: Past and Present 87, 1980, 3–16; vgl. auch DERS., Sociological History, London 1983.
9   Hierzu KOCKA, Theorien (wie Anm. 6) 18, 22, vgl. aber auch oben Anm. 6; WEHLER, Geschichtswissenschaft (wie Anm. 6) 737 f.

historische Sozialwissenschaft macht so, gewissermaßen in einem technokratischen Zugriff, zum angeblich zeitlosen Methodenproblem oder zu einem Problem der Verwaltung der Begriffe, was doch in Wirklichkeit zuallererst eine Frage der Selbstaufklärung und kritischen Offenlegung des eigenen Geschichtsverständnisses sein müßte, der vermehrten Reflexion der Sichtweise, der Beurteilung und des Verständnisses historischer Prozesse, Strukturen, Handlungszusammenhänge und Erfahrungen, und erst in zweiter Linie eine Frage der angemessenen Kombination von Methoden, Verfahrensweisen und dazu passender Theorien. Strukturen wie etwa Klassenverhältnisse, Produktions- und Herrschaftsverhältnisse in ihrer immer auch durch kulturelle Bedeutungen und gesellschaftliche Praxis vermittelten „Strukturierung"[10] zu erkennen, – d.h. als veränderlichen und wandelbaren Bestandteil und zugleich als Resultat der Handlungs- und Erfahrungszusammenhänge von konkreten Personen, von Gruppen, Klassen, Lebensweisen und Kulturen – dies ist ein Problem, dem sich die „historische Sozialwissenschaft" in Theorie und Praxis nur unzulänglich gewidmet hat. Und doch scheint dies der entscheidende Punkt zu sein. Denn erst wenn diese Fragen bearbeitet werden, könnte die Geschichte der Gesellschaft auch als eine Sozial-Geschichte betrieben und geschrieben werden, in der die Dynamik historischer Praxis erinnert und gezeigt wird, und eben nicht als eine verkürzte Form der „Gesellschaftsgeschichte", die auf die heterogene Addition oder Kombination von „Dimensionen", „Faktoren" und „Teilsystemen" des historischen Prozesses reduziert ist.[11]

Es ist in diesem Zusammenhang nicht überraschend, daß dem Problem der Kultur bzw. der kulturellen Prägung und Konkretisierung, Umsetzung und „Generierung" von Strukturen und Handlungszusammenhängen nur ge- [|52] ringe Aufmerksamkeit geschenkt wurde. Wenn Kultur zum Thema wird, dann lediglich im Sinne eines in sich verhältnismäßig geschlossenen und starren abgesonderten gesellschaftlichen Teilsystems,[12] nicht aber eines prägenden dynamischen Moments in der tagtäglichen „Realisierung" und Veränderung sozialer, ökonomischer und politischer Beziehungen. All dies bezeichnet Defizite, die – hierauf hat P. H. Abrams in der Kontroverse mit Stone hingewiesen – keineswegs nur die „historische Sozialwissenschaft" charakterisieren, sondern auch diejenigen sozialwissenschaftlichen Disziplinen, an denen diese sich orientiert.[13] Erst von hierher wird auch die radikal vorgetragene Kritik verständlich, die Stone in dem ihm eigenen polemischen Sarkasmus an der „historischen Sozialwissenschaft" formuliert: „Es könnte an der Zeit sein, daß die historischen Ratten das sozialwissenschaftliche Schiff verlassen, statt sich weiterhin darum zu raufen, an Bord zu bleiben, da doch

---

10 ABRAMS, History, Sociology, Historical Sociology (wie Anm. 8) 5.
11 Siehe zu dieser Sichtweise WEHLER, Geschichtswissenschaft (wie Anm. 6) 743.
12 Hierzu ROCHE, Un mouvement (wie Anm. 6) 407, 414 ff. „Jenseits des Rheins wenden sich die Historiker noch nicht der Produktion des Imaginären os ... Bei der Lektüre von Kocka, aber auch von Heinrich August Winkler hat man etwas den Eindruck, als seien Mentalitäten und Ideologien Ganzheiten, die sich intakt von Periode zu Periode oder von Generation zu Generation wälzen", ebd., 407, 416.
13 ABRAMS, History, Sociology, Historical Sociology (wie Anm. 8) 3 ff.

das Schiff selbst leck zu sein scheint und auf jeden Fall eine grundlegende Überholung nötig hat."[14]

Vor allem diese Einsicht in die „Sackgassen", in die „Automatismen" und „falschen Evidenzen des historischen Wissens"[15] einer Sozialgeschichte, die sich in dieser Weise als „historische Sozialwissenschaft" verstand, führte seit einer Reihe von Jahren einzelne Sozialhistorikerinnen und Sozialhistoriker dazu, sich sozial- und kulturanthropologischen Arbeiten und Arbeitsweisen zuzuwenden.[16] Denn hier – in der Arbeit der Ethnologen – fanden sich noch am ehesten Ansätze, das soeben skizzierte Dilemma auf eine produktive Weise zu behandeln. Freilich sollte man auch in der Auseinandersetzung mit sozial- und kulturanthropologischen Ansätzen nicht in die Fehler der 60er und 70er Jahre zurückfallen: denn eine bloße Übernahme oder Ausleihe von sozialwissenschaftlichen Konzepten und Theorien und deren Einführung in historische Arbeiten brachte seinerzeit ja gerade keine Lösung. Dem wird allerdings auch dadurch vorgebeugt, daß sich seit einer Reihe von Jahren bei einer wachsenden Zahl von Ethnologinnen und Ethnologen ihrerseits eine entschiedene Hinwendung zu historisch gerichteten Arbeiten und Analysen vollzieht.[17] Sie nimmt bisweilen programmatische, ja sogar enthusiastische Töne an.

Evans-Pritchard war noch ein vereinzelter Rufer in der strukturfunktionalistischen „Wüste" der 50er und 60er Jahre. Er richtete damals eine mahnende Prophezeiung an Ethnologen wie an Historiker: „Die Anthropologie hat die Wahl zwischen der Geschichte oder ins Nichts zu verschwinden." „Die Geschichte hat die Wahl zwischen der Anthropologie und dem [|53] Nichts."[18] Seine Warnung hat in den letzten Jahren ein vielfältiges Echo bei den unterschiedlichsten ethnologischen Richtungen und Schulen gefunden, ja, sie hat sich bis zur programmati-

---

14 STONE, History and the Social Sciences (wie Anm. 6) 31 f.
15 J. CHESNEAUX, Du passé faisons table rase? A propos de l'histoire des historiens, Paris 1976, 8.
16 Nützlicher Überblick, Stand Ende 1980: D. GAUNT, Memoir on History and Anthropology, Stockholm 1982; B. S. COHN, Anthropology (wie Anm. 2); DERS., Anthropology and History in the 1980ies. Towards a Rapprochement, in: Journal of Interdisciplinary History 12, 1981/82, 227–252; N. Z. DAVIS, Anthropology and History in the 1980ies. The Possibilities of the Past, in: ebd., 267–276, jetzt auch deutsch (allerdings in einer schwer lesbaren Übersetzung) u.d.T.: Die Möglichkeiten der Vergangenheit, Geschichte und Ethnologie: neue Blicke auf vertraute Landschaften, in: U. RAULFF (Hg.), Vom Umschreiben der Geschichte. Neue Historische Perspektiven, Berlin 1986, 45–53; aus dem wechselseitigen Austausch einer internationalen Arbeitsgruppe von Historikern und Sozialanthropologen, die seit 1978 existiert und deren Zusammenarbeit auf eine Initiative von Robert Berdahl, Alf Lüdtke, David Sabean, Gerald Sider und mir zurückgeht, sind hervorgegangen: R. BERDAHL u.a., Klassen und Kultur, Sozialanthropologische Perspektiven in der Geschichtsschreibung, Frankfurt am Main 1982; H. MEDICK, D. SABEAN (Hg.), Emotionen und materielle Interessen. Sozialanthropologische und historische Beiträge zur Familienforschung, Göttingen 1984; A. LÜDTKE (Hg.), Herrschaft als soziale Praxis. Sozialanthropologische und historische Studien, Göttingen 1989.
17 Hierzu unten S. 206 f. [|70 ff.] und bes. die in Anm. 78 genannte Literatur.
18 E. E. EVANS-PRITCHARD, Anthropology and History, Manchester 1961, 20.

schen Forderung nach einer Anthropologisierung der Geschichte verstärkt, wie sie von Marshall Sahlins erhoben wurde:

> „Le jour est arrivé. Die Forschungspraxis hat gegenwärtig schon die theoretischen Differenzen, die Geschichte und Anthropologie trennen sollen, weit hinter sich gelassen. Anthropologen haben sich über die abstrakten Strukturen erhoben und versuchen, konkrete Ereignisse zu erklären. Historiker aber messen einzelnen Ereignissen heute einen geringeren Wert bei als wiederkehrende Strukturen. Paradoxerweise verfolgen Anthropologen heute ebenso oft diachrone Perspektiven wie Historiker synchrone. Das Hauptproblem besteht gegenwärtig darin, das traditionelle Konzept von Geschichte zur Explosion [sic] zu bringen, und zwar mit Hilfe einer anthropologisch gespeisten Erfahrung von Kultur ... Plötzlich gibt es viele neue Dinge zu sehen."[19]

Solche Forderungen der Ethnologen nach der „Anthropologisierung der Historie" sind allerdings nicht mit den äußerlich gleichlautenden Vorstellungen zu verwechseln, wie sie in der Bundesrepublik, neben der „historischen Sozialwissenschaft" und in teilweiser Kritik an ihr, im Rahmen der Diskussion um eine „historische Anthropologie" seit den späten 60er Jahren entstanden.[20] Die „historische Anthropologie" deutscher Provenienz legitimierte sich – zumindest anfänglich – aus einer Tradition, die den Einsichten der Ethnologie und Völkerkunde, besonders insofern sie sich als Kultur- und Sozialanthropologie versteht, eher fernstand.

Es ist die Tradition wesens-philosophischer bzw. ontologisierender Anthropologie des 18.–20. Jahrhunderts, an die sie anknüpfte. Während die „Anthropologisierung" unseres Geschichtsverständnisses, wie es in kritischer Absicht von der Ethnologie gefordert wird, von der Anknüpfung an das Geschichtsverständnis fremder außereuropäischer Kulturen lebt sowie von der sich daraus ergebenden Kritik an der Universalisierung eines ethno- d.h. europazentrischen Geschichtsbilds und Geschichtsbewußtseins, knüpfte die historische Anthropologie deutscher Provenienz eher an ebendieses Geschichtsverständnis an.[21] Nicht die Unterschiedlichkeit und Fremdheit anderer Kulturen und Zeiten stand hier im Vordergrund,

---

19 M. SAHLINS, Other Times, Other Customs: the Anthropology of History, in: American Anthropologist 85, 1983, 517–544, hier 534.
20 O. KÖHLER, Versuch einer „Historischen Anthropologie", in: Saeculum 25, 1974, 129–246 (ein kurzer Auszug in diesem Band oben S. 137–141), gibt eine Zusammenfassung der Diskussionen und Überlegungen eines Kreises, der zu Beginn der 70er Jahre um die Zeitschrift „Saeculum. Jahrbuch für Universalgeschichte" entstand. Siehe zur Weiterentwicklung der Diskussion dieses Kreises, aus dem inzwischen das Freiburger Institut für Historische Anthropologie hervorgegangen ist, J. MARTIN, Das Institut für Historische Anthropologie, in: Saeculum 33, 1982, 375–380. Ein bemerkenswerter und interessanter, doch später nicht weiter verfolgter Ansatz findet sich bei TH. NIPPERDEY, Die anthropologische Dimension der Geschichtswissenschaft (1967), in: DERS., Gesellschaft, Kultur, Theorie. Gesammelte Aufsätze zur Neueren Geschichte, Göttingen 1976, 33–57, 418 f. (Anmerkungen); bezeichnend allerdings für die damals (1967) vorherrschende Unterschätzung der Produktivität ethnologischer Perspektiven ist Nipperdeys Verweis auf die in Anm. 18 (oben) zitierte Abhandlung EVANS-PRITCHARDs, gleich in Anm. 1 seines Aufsatzes, mit dem Kommentar: „Der Vortrag von E. E. Evans-Pritchard ..., vom Standpunkt eines Ethnologen aus, ergibt für unser Thema nichts Neues." (418)
21 Am deutlichsten zeigt sich dies im Bericht O. KÖHLERs, Versuch (wie Anm. 20) über die Diskussionen des Saeculum-Kreises.

sondern der Rekurs auf die epochen-, gesellschafts- und kulturübergreifenden Gemeinsamkeiten „elementarer menschlicher Verhaltensweisen". Trotz allem Interesse an der „Historizität anthropologischer Strukturen" herrschte hier doch eine Per- [|54] spektive vor, die letztlich von dem bestimmt war, „was ... in der Veränderung bleibt".[22]

Seit einer Reihe von Jahren zeichnen sich jedoch wichtige Verschiebungen, Wandlungen und Erweiterungen der Diskussion ab.[23] Sie haben zu interessanten Ergebnissen geführt.[24] Die „Historisierung anthropologienaher Tatbestände",[25] wie sie W. Lepenies 1975 unter Verweis auf die Leistungen der französischen Annales-Historiker noch als Desiderat bezeichnete, hat sich durchgesetzt, und dies keineswegs in einer wahl- und ziellosen Perspektive. Inhaltlich und methodisch haben sich die verschiedenen Richtungen „historischer Anthropologie" auf die Untersuchungen elementarer menschlicher Verhaltensweisen, Erfahrungen und Grundsituationen konzentriert. Im Mittelpunkt des Interesses steht die Geschichte von Geburt, Heirat, Krankheit und Tod, der Verhaltensweisen in unterschiedlichen Lebensphasen sowie die Geschichte von sozialen Gruppen und sozialen Beziehungen. Wie insbesondere die Arbeiten von Arthur E. Imhof und Michael Mitterauer deutlich machen, haben auch die historische Demographie und die Sozialgeschichte der Familie durch ihre Öffnung zur „historischen Anthropologie" eine entscheidende Horizonterweiterung erfahren.[26]

---

22 J. Martin in der Charakterisierung des spezifischen Ansatzes des „Saeculum Kreises", aus dem 1975 das Freiburger Institut für Historische Anthropologie hervorging, in: Ders., Probleme historisch-sozialanthropologischer Forschung, in: H. Süssmuth (Hg.), Historische Anthropologie, Göttingen 1985, 43–48, hier 43.

23 Siehe hierzu den von H. Süssmuth herausgegebenen Sammelband (wie Anm. 22), hierin insbes. seine Einleitung, Ders., Geschichte und Anthropologie. Wege zur Erforschung des Menschen, 5–18; J. Martin, Probleme (wie Anm. 22); A. Nitschke, Fragestellungen der Historischen Anthropologie. Erläutert an Untersuchungen zur Geschichte der Kindheit und Jugend, in: ebd., 32–41; zu den Arbeiten A. Nitschkes und dessen bemerkenswerter Schule historischer Verhaltensforschung vgl. als besten Überblick: Ders., Historische Verhaltensforschung. Analysen gesellschaftlicher Verhaltensweisen – Ein Arbeitsbuch, Stuttgart 1981.

24 Dies zeigen die neueren Bände der Reihe „Historische Anthropologie" des Freiburger Instituts, insbes. J. Martin, A. Nitschke (Hg.), Zur Sozialgeschichte der Kindheit, Freiburg, München 1986 und E. W. Müller (Hg.), Geschlechtsreife und Legitimation zur Zeugung, Freiburg, München 1985 sowie J. Martin, R. Zoepffel (Hg.), Aufgaben, Rollen und Räume von Frau und Mann, 2 Bde., Freiburg, München 1987.

25 W. Lepenies, Geschichte und Anthropologie. Zur wissenschaftlichen Einschätzung eines aktuellen Disziplinkontakts, in: Geschichte und Gesellschaft 1, 1975, 325–343, hier 338, siehe auch Ders., Probleme einer historischen Anthropologie, in: R. Rürup (Hg.), Historische Sozialwissenschaft, Göttingen 1977, 126–159.

26 Siehe insbes. A. E. Imhof, Historische Demographie, in: W. Schieder, V. Sellin (Hg.), Sozialgeschichte in Deutschland, Bd. 2, Göttingen 1986, 32–63 im Vergleich mit Ders., Einführung in die historische Demographie, München 1976 und die glänzende Darstellung seines neuen Forschungsansatzes, in: Ders., Die verlorenen Welten. Alltagsbewältigung durch unsere Vorfahren und weshalb wir uns heute so schwer damit tun, München 1984. In den neuesten Arbeiten Imhofs rückt zunehmend der Vergleich der (Über-)Lebensweisen und -erfahrungen der europäischen Gesellschaften beim frühneuzeitlichen Übergang zur Moderne mit den z.T. ähnlichen, z.T. grundlegend unterschiedlichen Erfahrungen in den Gesellschaften der außer-

Freilich fällt auf, daß die verschiedenen Richtungen „historischer Anthropologie" erst damit beginnen, auf die Herausforderungen der Sozial- und Kulturanthropologie einzugehen. Diese Herausforderungen dürften, in Fortsetzung des bisher eingeschlagenen Weges, vor allem darin liegen, intensiver als bisher vergleichende Perspektiven zu entwickeln, die nicht so sehr über Europa hinausführen, sondern vielmehr von außerhalb Europas nach Europa hineinreichen. Die Gefahr eines zumindest latenten Ethno-Zentrismus scheint jedenfalls so lange nicht gebannt, als sich die Erforschung der „histoire totale de l'homme" in Europa dem Vergleich mit den Lebensweisen und Kulturen außereuropäischer Völker nicht in expliziter Weise stellt.

3. Die Öffnung der Sozialgeschichte zur Kultur- und Sozialanthropologie

Ich möchte im folgenden, ohne Anspruch auf Vollständigkeit, einige der zugrundeliegenden methodischen Erwartungen, Infragestellungen und Her- [|55] ausforderungen erwähnen, die zum wechselseitigen Interesse der Historiker und Sozial- und Kulturanthropologen geführt haben und die dieses Interesse auch über den Rahmen der intensiven Diskussion in zünftigen Kleinkreisen hinaus relevant machen. Es scheint mir nicht von ungefähr zu kommen, daß in der Geschichtswissenschaft – sieht man von einzelnen Ausnahmen ab – vor allem die Vertreterinnen und Vertreter am Rande der Zunft stehender sozialgeschichtlicher Richtungen versucht haben, einige Fragen mit Hilfe sozialanthropologischer Perspektiven umzusetzen, vor allem bei der Erforschung der Volkskultur,[27] der Frauengeschichte,[28] der Geschichte der Geschlechterbeziehungen[29] sowie auch der Familiengeschichte,[30] der Alltagsgeschichte[31] und der Arbeitergeschichte.[32]

---

europäischen Welt von heute ins Zentrum: Siehe DERS., Die Lebenszeit. Vom aufgeschobenen Tod und von der Kunst des Lebens, München 1988; DERS., Von der unsicheren zur sicheren Lebenszeit. Fünf historisch-demographische Studien, Darmstadt 1988; auch MITTERAUERs neuere Arbeiten beeindrucken vor allem durch die umsichtige Anwendung vergleichender Perspektiven: DERS., Ledige Mütter. Zur Geschichte unehelicher Geburten in Europa, München 1983 und DERS., Sozialgeschichte der Jugend, Frankfurt am Main 1986.

27 Als beispielhaft können die folgenden Publikationen gelten: N. Z. DAVIS, Humanismus, Narrenherrschaft und die Riten der Gewalt. Gesellschaft und Kultur im frühneuzeitlichen Frankreich, mit einem Nachwort von N. Schindler, Frankfurt am Main 1987; zu den Motiven der Zuwendung zur Ethnologie bei N. Z. Davis siehe ihr interessantes Interview: Politics, Progeny and French History. An Interview with Natalie Zemon Davis, in: Radical History Review 24, 1980, 115–139, hier 129 ff. und auch den in Anm. 16 genannten Aufsatz; C. GINZBURG, Der Käse und die Würmer. Die Welt eines Müllers um 1600, Frankfurt am Main 1979; J. CL. SCHMITT, Der heilige Windhund. Die Geschichte eines unheiligen Kults, Stuttgart 1979.

28 Vgl. G. BOCK, Historische Frauenforschung: Fragestellungen und Perspektiven, in: K. HAUSEN (Hg.), Frauen suchen ihre Geschichte, München 1983, 22–60, bes. 35 ff. und vor allem G. POMATA, La storia delle donne: una questione di confine, in: Il mondo contemporaneo 10/2. Gli strumenti della ricerca. Questioni di metodo, Florenz 1983, 1434–1469, teilweiser Abdruck u.d.T.: Die Geschichte der Frauen zwischen Anthropologie und Biologie, in: Feministische Studien 2/2, 1983, 113–127; N. Z. DAVIS, Frauen und Gesellschaft am Beginn der Neuzeit. Studien über Familie, Religion und die Wandlungsfähigkeit des sozialen Körpers,

Gemeinsam ist diesen Richtungen, insofern sie sich der Sozial- und Kulturanthropologie zuwenden, daß sie zentristische und unilineare Sichtweisen[33] in Frage stellen. Sie machen deutlich, daß das, was zu schnell als marginal für den historischen Prozeß angesehen wurde, wie etwa die Geschichte der Frauen, aber auch

Berlin 1986; beispielhaft wird das Anregungspotential kultur- und sozialanthropologischer Sichtweisen und Fragestellungen von Barbara Duden in ein Buch zur Geschichte des weiblichen Körpers und des ärztlichen Blicks eingebracht: B. DUDEN, Geschichte unter der Haut. Ein Eisenacher Arzt und seine Patientinnen um 1730, Stuttgart 1987.

29 N. Z. DAVIS, Gesellschaft und Geschlechter. Vorschläge für eine neue Frauengeschichte, in: DIES., Frauen und Gesellschaft (wie Anm. 28) 117–132; der interessante kontroverse Versuch von I. ILLICH, Genus. Zu einer historischen Kritik der Gleichheit, Hamburg 1983, beeindruckt durch seinen ethno-historischen Fundus und seine dadurch mögliche Infragestellung einer „epistemologisch sexistischen Zentralperspektive" (227, Anm. 91). Dies gilt unbeschadet der Verkürzungen, die sich in Illichs Darstellung der Herrschafts- und Machtverhältnisse zwischen den Geschlechtern finden, vor allem auch in seinen, einer historischen Prüfung nicht standhaltenden, Thesen vom „gebrochenen Genus" in der frühmodernen Übergangsepoche oder gar vom widerspruchslosen, ebenso ein- wie unsinnigen ökonomischen „Uni-Sex" der industriell-kapitalistischen, warenproduzierenden Gesellschaften.

30 Vgl. die Bemerkungen bei: H. MEDICK, D. SABEAN, Emotionen und materielle Interessen in Familie und Verwandtschaft. Überlegungen zu neuen Wegen und Bereichen einer historischen und sozial-anthropologischen Familienforschung, in: DIES. (Hg.), Emotionen (wie Anm. 16) 27–53.

31 Siehe hierzu die Kontroverse zwischen Detlev Peukert und Alf Lüdtke: D. PEUKERT, Arbeiteralltag – Mode und Methode, in: H. HAUMANN (Hg.), Arbeiteralltag in Stadt und Land. Neue Wege der Geschichtsschreibung (Argument-Sonderband 94), Berlin 1982, 8–39; A. LÜDTKE, „Kolonisierung der Lebenswelten" – oder: Geschichte als Einbahnstraße? in: Das Argument 140, 1983, 536–541 und die Replik von D. PEUKERT, Glanz und Elend der „Bartwichserei", in: ebd., 542–549. D. Peukert scheint einem falschen, jedenfalls heute nicht mehr haltbaren Verständnis von „Völkerkunde" aufzusitzen, wenn er (34) deren inzwischen von ihr selbst in Frage gestellte kolonialistische Erbschaft bemüht, um einer „historisch sozialwissenschaftlichen" Begrenzung und Reglementierung von Alltagsgeschichte das Wort zu reden. Dies wird besonders deutlich, wenn er von einer „Inkompatibilität von wissenschaftlicher Erkenntnis und alltäglicher Erfahrung" (24) ausgeht und sich (34) auf eine uneinholbare „Paradoxie" (?) zwischen den „Methoden der Analyse und Darstellung" historischer Sozialwissenschaft, die den „Geboten der Rationalität" zu folgen hätten, und den „symbolischen Selbstdeutungen" „untergehender Lebenswelten" beruft, die er letztlich in einer Alltagsgeschichte für nicht darstellbar hält. Die schwierige Übersetzungsproblematik von Alltagsgeschichte, in der es gerade darum geht, die Fremdheit alltäglicher Erfahrungen und Verhaltensweisen zur Sprache und Darstellung zu bringen, behandelt A. LÜDTKE in seiner Replik nur indirekt, ausdrücklich dagegen in: Cash, Coffee-Breaks, Horse-Play: „Eigensinn" and Politics among Factory Workers in Germany around 1900, in: M. HANAGAN, C. STEPHENSON (Hg.), Workers and Industrialization, London 1984, 65–95; vgl. im übrigen hierzu A. LÜDTKE, Einleitung: Was ist und wer schreibt Alltagsgeschichte?, in: DERS. (Hg.), Alltagsgeschichte. Zur Rekonstruktion historischer Erfahrungen und Lebensweisen, Frankfurt am Main 1989, 9–47; hier: 12 f., 14 ff., 19 ff., 26 f.

32 Ein Musterbeispiel ethnologisch inspirierter Arbeitergeschichte, wenn auch nicht für das weiße Industrieproletariat, ist die Arbeit, die für die USA in mancher Hinsicht Edward THOMPSONS „The Making of the English Working Class" (1968) vergleichbar ist: H. GUTMAN, The Black Family in Slavery and Freedom 1750–1925, Oxford 1976.

33 Vgl. hierzu oben S. 184 f. [|49f.].

die Geschichte volkskultureller Äußerungs- und Denkweisen, nicht nur geschichtsmächtig sein kann, sondern lange vor der „Moderne" eine höchst widerspruchsvolle und vielschichtige Geschichte hatte. Doch führt der ethnologische Blick, wie er gerade durch die Beschäftigung mit „Randerscheinungen" nahegelegt wird, noch darüber hinaus. Er verhilft zu einer neuen Sensibilität für die Eigenartigkeit, Unterschiedlichkeit und Fremdheit historischer Phänomene, die durch die Verwendung universalisierender „Passepartout"-Kategorien[34] (wie Rolle, ökonomisches Wachstum, Bürokratie) eher verdeckt wird.

Ebendiese Einsichten, aus eigener Arbeit mit ethnologischen Ansätzen im Bereich der Geschichte der Volkskultur und der Frauengeschichte, hat die amerikanische Sozialhistorikerin Natalie Davis als Quintessenz des Erkenntnisgewinns bezeichnet, den sozial- und kulturanthropologische Perspektiven ermöglichen: „Anthropologie vermittelt uns nicht etwa eine Art höherer Anschauung von der sozialen Realität, zu der wir uns als Historiker zu bekehren hätten. Sie ist eine Schwester-Disziplin mit zunehmend engeren Bindungen an unsere eigene ... Die Wirkung der Anthropologie auf mein eigenes historisches Nachdenken bestand nicht darin, meine Sicht einer unwandelbaren Vergangenheit zu bestärken, sondern mir die *Verschiedenheiten* menschlicher Erfahrungen zu eröffnen. Man versucht als Historiker/in zwar fortwährend Beziehungsmuster aufzuspüren, doch lassen sich diese nicht notwendigerweise in entwicklungsgeschichtliche Schemata pressen. [|56] Märkte eliminieren nicht stets auch Gabentausch und Geschenkegeben, große Zentren ersetzen nicht immer die Wirksamkeit örtlicher Besonderheiten, Geschichte tritt keineswegs immer an die Stelle des Mythos. Die Anthropologie kann unsere Möglichkeiten erweitern. Sie hilft uns, unsere Scheuklappen abzulegen, einen neuen Standpunkt zu gewinnen, von dem aus wir die Vergangenheit überblicken können, um dabei vor allem die fremden und überraschenden Momente in der scheinbar vertrauten Landschaft historischer Texte zu entdecken."[35]

Eine der auf diesem Weg gewonnenen Einsichten, die zunehmend auch in die Disziplin aufgenommen wurde, ist die von den Kosten der Modernisierung und Industrialisierung. Nicht nur die Länder der Dritten und Vierten Welt gerieten in den Blick, sondern vor allem auch jene Gruppen, Schichten und Klassen in den europäischen Gesellschaften selbst, die im Verlauf der säkularen Umwälzungen des 16. bis 19. Jahrhunderts in wachsendem Maße pauperisiert, ausgegrenzt und häufig auch entrechtlicht wurden. Am Beispiel der Entrechtlichung zeigte sich allerdings auch, daß mit den neuen Formen von Herrschaft auch neue Praktiken und Traditionen des Widerstands, der Inanspruchnahme und Durchsetzung von Recht und Gerechtigkeit entstanden. Unilineare Sichtweisen historischer Prozesse und Verläufe (wie sie durch die Modernisierungs- und Industrialisierungstheorien nahegelegt wurden) sind also gerade nicht gerechtfertigt. In jedem Fall hatte das

---

34 R. NEEDHAM, Polythetic Classification: Convergence and Consequence, in: Man 10, 1975.
35 DAVIS, Anthropology and History in the 1980ies (wie Anm. 16) 274 f.

so verstandene Interesse an historischen „Verlierern" Konsequenzen, die weit über die Geschichte der Unterschichten hinausgingen.[36]

Hierbei wurde die Gefahr einer bloßen negativen Umkehr der modernisierungstheoretischen Perspektiven zu einer falschen Romantisierung der Vergangenheit, auf die Jürgen Kocka verwiesen hat,[37] zwar keineswegs immer ganz vermieden. Doch bewegte man sich zumeist jenseits solcher globaler entwicklungsgeschichtlicher Sichtweisen. *Denn es geht um mehr als um bloße Sichtweisen.* Es geht um die Erarbeitung einer alternativen Perspektive. Ohne daß die in der Tat „gewaltigen" Veränderungen, die mit Begriffen wie Industrialisierung, Modernisierung usw. höchst unzulänglich bezeichnet sind, vergessen oder unterschätzt würden, wendet man sich doch gegen eine resignative Auffassung, die sie als Pseudosubjekte des historischen Prozesses konstruiert. Der alternativen Perspektive geht es bei aller Anerkennung der historischen Wirksamkeit materieller und herrschaftlicher Zwänge in erster Linie um das Problem der „Agency", wie es E. P. Thompson[38] genannt hat, d.h. um den Zusammenhang von Unterdrückungserfah- [|57] rung und Handlungsmöglichkeiten der pauperisierten, ausgegrenzten und entrechtlichen Schichten, Gruppen, Kulturen und Geschlechter, die herkömmlicherweise zu wenig Berücksichtigung fanden. Hierbei steht die Erforschung von historischen Wirklichkeitsbereichen im Vordergrund, die – wie dies etwa in der Untersuchung volkskultureller Äußerungen und Lebensweisen deutlich wird – nicht nur von der realgeschichtlichen Entwicklung tiefgreifend verändert, z.T. zerstört und überrollt wurden, sondern die – bis ins 20. Jahrhundert hinein – auch noch nachträglich systematisch aus dem wissenschaftlichen Erfahrungshorizont verdrängt wurden.[39]

Man begann sich also dem „Fremden" zuzuwenden, und zwar nicht in den sog. primitiven Gesellschaften, sondern in unserer eigenen Geschichte. Und in mancher Hinsicht erwies sich die Geschichte der alltäglichen Produktion und Reproduktion der Erfahrungen und Handlungsweisen als das „fremde" Sujet par excellence. Als Kern der Debatten um das Verhältnis von Struktur und Handlung im alltäglichen Lebenszusammenhang stellt sich hierbei das Problem, ob, inwiefern und wie die neuen Untersuchungsfelder die Rekonstitution historischer Subjekte

---

36 Siehe hierzu die methodisch wie auto-biographisch gleichermaßen eindringlichen Bemerkungen des Post-Scriptums von H. KISCH, in: DERS., Die Textilgewerbe in Schlesien und im Rheinland: eine vergleichende Studie zur Industrialisierung, in: P. KRIEDTE u.a., Industrialisierung vor der Industrialisierung. Gewerbliche Warenproduktion auf dem Land in der Formationsperiode des Kapitalismus, Göttingen 1977, 350–386, hier 376 f.

37 J. KOCKA, Klassen oder Kultur? Durchbrüche oder Sackgassen in der Arbeitergeschichte, in: Merkur 36, 1982, 955–965, hier 962 f.

38 E. P. THOMPSON, The Poverty of Theory, in: DERS., The Poverty of Theory and other Essays, London 1978, 193–406, hier 280.

39 Siehe hierzu die breite Schneise, über die Norbert Schindler, im kritischen Gang durch die Forschung, den Zugang zu diesen verschütteten Handlungs- und Erfahrungszusammenhängen freigelegt hat: N. SCHINDLER, Spuren in die Geschichte der ‚anderen' Zivilisation. Probleme und Perspektiven einer historischen Volkskulturforschung, in: DERS., R. VAN DÜLMEN, Volkskultur. Zur Wiederbelebung des vergessenen Alltags (16.–20. Jahrhundert), Frankfurt am Main 1984, 13–77.

ermöglichen, oder vielmehr in welcher Weise die traditionellen Fragen nach dem historischen Subjekt neu bestimmt werden können.

Zentrale Fragen der alten hermeneutischen Diskussion nach der Zugänglichkeit subjektiver Erfahrung, nach Sinnverstehen auf dem Weg über Texte, stellten sich hiermit neu, auf der Basis allerdings einer grundlegend gewandelten Einstellung bei den Historikern. Kulturelle Einheit und die Kontinuität ein- und desselben Erfahrungs- und Überlieferungszusammenhangs, wie sie in der älteren hermeneutischen Tradition als eine Vorbedingung jeglichen Verstehens galten, konnten angesichts der neuen Arbeitsfelder der Sozialgeschichte nicht länger als selbstverständlich betrachtet werden.

In dieser Situation erwies sich das Auge des Ethnographen, das in der teilnehmenden Beobachtung von Gesellschaften außerhalb seines eigenen Lebens- und Kulturkreises geschult ist, als hilfreicher für den Historiker als die etablierten Verfahrensweisen seiner eigenen Disziplin. Denn als deren hauptsächliches Ziel gilt die Aneignung – wie kritisch auch immer – einer existierenden Tradition, einer Tradition, von der unterstellt wird, daß sie der Historiker und sein Gegenstand gleichermaßen teilen. Ein solches Verfahren und seine Legitimation müssen aber versagen, sobald der Historiker dem Fremden in der Geschichte auf eine Weise konfrontiert ist, die kein [|58] „wirkungsgeschichtlicher Zusammenhang", wie der Schlüsselterminus von Hans-Georg Gadamer lautet,[40] mehr umgreift.

Carlo Ginzburg hat diese neue Ausgangssituation der Sozialgeschichte und den grundsätzlichen Perspektivenwechsel, den sie erfordert, pointiert zum Ausdruck gebracht: „Das grundsätzliche Instrument ist das der Entfremdung, der Fremdmachung, die Fähigkeit, bekannte Dinge als unbegreifbar anzusehen – und nicht umgekehrt, wie es die Historiker machen ... Oft wendet man sich der Vergangenheit mit einer rein retrospektiven Projektion zu, die keine Rückkehr kennt und nicht das Unterschiedliche sucht und sieht – exzessive Identifikation! Das alte Konzept von Stokely Carmichael: Adam war Neger. Im Gegenteil. Man muß auf das Unähnliche achten. Das ist nicht leicht."[41]

Angesichts einer solchen Konstellation könnten ethnologische Erkenntnisweisen eine fruchtbare neue Perspektive für die sozialgeschichtliche Forschung abgeben. Jedenfalls kann sich das spezifische teilnehmende und deutende Eingehen des Ethnologen auf eine fremde Kultur und Gesellschaft gerade nicht auf den gleichen Traditionszusammenhang berufen, dem der Forscher entstammt. Das Feldforschungsparadigma bietet somit ein nützliches – und notwendiges – *Korrektiv* von Verfahrensweisen in den Geistes- und Sozialwissenschaften, speziell in der Sozialgeschichte, die Fremdes allzu schnell auf Bekanntes zurückführen, ob dies nun durch die Vorwegnahme in systematisch-theoretischen Konstruktionen und Erklärungs-Ansätzen geschieht oder durch das Postulat eines nicht näher pro-

---

40 H.-G. GADAMER, Wahrheit und Methode. Grundzüge einer philosophischen Hermeneutik, Tübingen 1960, 284 ff.
41 C. GINZBURG, Geschichte und Geschichten. Über Archive, Marlene Dietrich und die Lust an der Geschichte, in: DERS., Spurensicherungen. Über verborgene Geschichte, Kunst und soziales Gedächtnis, Berlin 1983, 7–24, hier 22 f.

blematisierten hermeneutischen Vorverständnisses als Voraussetzung von Verstehen überhaupt. Auch Sozialhistoriker/innen werden von daher die Einsicht ernstzunehmen haben, die der Ethnologe James Boon, gerade im Blick auf die Mainstream-Tradition der Hermeneutik und deren Legitimierung durch ein bestimmtes Verständnis von Geschichte und Kultur, folgendermaßen formuliert hat:

> „In der Anthropologie bedeutet hermeneutische Interpretation mehr als Geschichte (ob nun religiös oder philosophisch definiert), die sich ganz von selbst aus ihrer Gegenwart entfernt, und mehr als einen Interpreten, welcher die Distanz zwischen seinem Selbst und dem Verloren-Gegangenen zu überwinden sucht. Die Anthropologie eröffnet ein Feld vielfältiger Sprachen und Kulturen. Eine Hermeneutik, die der Pluralität von Kulturen und Geschichten angemessen wäre, benutzt die negative Dialektik (der Selbstinterpretation, Selbst-Übertreibung und des Selbstwiderspruchs einzelner Kulturen, H. M.) gewissermaßen als reinigenden Kehrbesen, [|59] sie nutzt eine negative Dialektik, als deren Nemesis bisher noch stets die Behauptung einer standardisierten (Aufklärungs-)Uniformität angesehen wurde, deren eigene Interpretationsspiralen und -zirkel aber – ganz im Gegensatz zur sog. ‚Erklärung' – nur dann etwas leisten, wenn sie höckrig und holprig sind. Anthropologische Hermeneutik wird so – wie jede anthropologische Theorie des Sozialen – eine Hermeneutik der Differenz und des Unterschieds."[42]

4. Von den Grenzen der ‚teilnehmenden Beobachtung' und vom Sinn der ‚dichten Beschreibung'

Doch wie geschieht die teilnehmende Beobachtung des Ethnologen, die eine neue Wendung der Verstehens- und Deutungsproblematik mit sich bringt, und was liefert sie an – vielleicht – weiterführenden Erkenntnisperspektiven für den Sozialhistoriker?

Hier ist zunächst eine Warnung angebracht, eine Warnung vor der romantisierenden Annahme nämlich, daß ein erfahrungsnahes Deuten und Interpretieren, wie es die Ethnologen praktizieren, einen unmittelbaren Zugang zur Wirklichkeit einer fremden Kultur und Gesellschaft eröffnen könnte. Die meisten Ethnologen sind sich darin einig, daß empathische Teilnahme eine Erkenntnisarbeit nicht ersetzen kann, wie sie nur über geduldige Rekonstruktion und systematische Interpretation zu leisten ist. Teilnehmende Beobachtung, hierauf haben Clifford Geertz,[43] Kevin

---

42 J. A. BOON, Other Tribes, Other Scribes. Symbolic Anthropology in the Comparative Study of Cultures, Histories, Religions, and Texts, Cambridge 1983, 234.
43 C. GEERTZ, The Interpretation of Cultures. Selected Essays, New York 1973; eine brauchbare Übersetzung, die jedoch den Feinheiten der Geertzschen Prosa nicht immer gerecht wird, liegt jetzt für die wichtigsten Teile dieses Bandes, unter Hinzufügung von zwei neueren Aufsätzen, vor: C. GEERTZ, Dichte Beschreibung. Beiträge zum Verstehen kultureller Systeme, Frankfurt am Main 1983; besonders relevant für die im folgenden diskutierten Zusammenhänge sind: DERS., Dichte Beschreibung. Bemerkungen zu einer deutenden Theorie von Kultur, in: ebd., 7–43, und „Aus der Perspektive des Eingeborenen". Zum Problem des ethnologischen Verstehens, in: ebd., 289–309.

Dwyer[44] u.a. hingewiesen, ist und bleibt ein häufig gebrochenes, in Frage gestelltes sowie konstruierendes Bemühen um Fremderfahrung. Und diese Fremderfahrung setzt zunächst die Anerkennung eines Verzichts voraus: „Wir wollen ... weder Eingeborene werden (ein Wort, das ohnehin schon kompromittiert ist), noch auch die Eingeborenen nachahmen. Nur Romantiker oder Spione können darin vielleicht einen Sinn sehen."[45] Daran schließt sich die Frage an: „Was wird aus dem *Verstehen*, wenn das *Einfühlen* entfällt?"[46]

Der Ethnologe verfügt über keinen unmittelbaren Zugang zur fremden Erfahrung. Deshalb bleibt er darauf beschränkt, die fremde Kultur und Lebensweise indirekt zu entschlüsseln. Er betrachtet kulturelle Lebensäußerungen und Aktivitäten als gesellschaftlich produzierte „Texte", die über die unzugängliche Unmittelbarkeit der einzelnen Absichten und Handlungen hinaus ein weiteres, vielfältigeres – gleichsam objektiviertes – Spektrum von [|60] Bedeutungen eröffnen. Gerade dieses Verständnis von symbolisch strukturierten Äußerungen, Handlungen und Darstellungsweisen als „Text" ist eine zentrale Voraussetzung der interpretativen Kulturanthropologie.[47] Es ermöglicht, den umfassenden Bedeutungszusammenhängen auf die Spur zu kommen, die in kulturellen Darstellungen und Selbstdarstellungen zu Tage treten und verarbeitet werden. Geertz hat dies folgendermaßen formuliert:

> „Ich versuchte ... (die) intimsten Zusammenhänge und Vorstellungen nicht dadurch zu erforschen, daß ich mir einbildete, ein anderer zu sein, ein Reisbauer oder ein Stammesscheich, um mir dann anzusehen, was ich wahrnahm, sondern dadurch, daß ich die symbolischen Formen aufsuchte und analysierte – Worte, Bilder, Institutionen, Verhaltensweisen – mit deren Hilfe sich die Menschen an jedem Ort darstellen (represent), vor sich selbst und vor den anderen."[48]

Geertz verweist hier auf die besondere interpretative Dimension, die in allen kulturellen und gesellschaftlichen Lebensäußerungen steckt. Sie hat den Status einer Selbstinterpretation und Selbstübertreibung der jeweiligen Kultur und Gesellschaft und ihrer sozialen Beziehungen, nach innen wie nach außen. Denn auch

---

44   K. DWYER, Moroccan Dialogues. Anthropology in Question, Baltimore 1982, insbes. Teil 2: „On the Dialogic of Anthropology", 253–288.
45   GEERTZ, Dichte Beschreibung (wie Anm. 43) 20.
46   GEERTZ, Aus der Perspektive (wie Anm. 43) 290. „Verstehen" und „Einfühlen" stehen als deutsche Termini auch im englischen Original.
47   Vgl. C. GEERTZ, „Deep Play": Bemerkungen zum balinesischen Hahnenkampf, in: DERS., Dichte Beschreibung (wie Anm. 43) 202–260, hier 253 f. Erstmals ausformuliert findet sich dieses Verständnis von sozial-kulturellen Handlungsformen und -weisen als „Texten" – in Kritik an einem zu engen Textbegriff der bisherigen Hermeneutik – in den Schriften Paul RICŒURS, insbes. in: DERS., Der Text als Modell: hermeneutisches Verstehen, in: H.-G. GADAMER, G. BOEHM (Hg.), Seminar: Die Hermeneutik und die Wissenschaften, Frankfurt am Main 1978, 83–117; P. RICŒUR, Die Interpretation. Ein Versuch über Freud, Frankfurt am Main 1969, 34–39.
48   C. GEERTZ, „From the Native's Point of View". On the Nature of Anthropological Understanding, in: DERS., Local Knowledge. Further Essays in Interpretative Anthropology, New York 1983, 55–70, hier 56, vgl. auch die Übersetzung derselben Passage in: GEERTZ, Dichte Beschreibung (wie Anm. 43) 293.

und gerade, wenn sie in spektakulären Verhaltensweisen und Lebensäußerungen artikuliert wird, kann diese interpretative Dimension – zugespitzt – alltägliche Erfahrungen zur Darstellung und Auslegung bringen. So konstituiert und exponiert etwa das Ritual kulturelle Bedeutungen, ohne daß sich allerdings die einzelnen Teilnehmer dieser Bedeutungen immer in unserem Sinne bewußt wären. Diese Dimension von Interpretation und Selbstauslegung – man könnte auch sagen: diese aktive und kreative symbolische Praxis – ist Bestandteil jeglichen Handelns, der rituell-spektakulären Äußerungen ebenso wie der alltäglichsten „Vorgänge" wie z.B. Grüßen, Lachen, Lieben, Arbeiten. Um ihr gerecht zu werden, ist der Ethnologe stets darauf verwiesen, erfahrungs- und handlungsbezogene Konzepte zu entwickeln. Er kann freilich hierbei nicht stehen bleiben. Denn Fremdheit stellt keineswegs nur für den Ethnographen als teilnehmenden Beobachter ein bleibendes Problem dar. Sie ist auch für die sozialen Subjekte in der Kultur wesentlich, die er erforscht. Auch deren „Interpretationen" sind, hierauf hat J. Matthes[49] hingewiesen, auf eine „geteilte Wirklichkeit" bezogen. Diese Interpretationen der sozialen Subjekte selbst sind immer auch mit denjenigen Teilen ihrer sozialen und kulturellen Welt konfrontiert und durchmischt, die ihnen äußerlich und fremd sind, werden oder bleiben – trotz aller fortwährenden Versuche, sich dieses Unbekannte und Fremde interpretierend anzueignen. [|61]

Die herausragende Bedeutung der „Dichten Beschreibung" in der Ethnologie[50] hat in dieser doppelten Fremdheitsproblematik ihren Ursprung und ihre Notwendigkeit. Sie gilt für den beobachtend-interpretierenden Ethnologen, wird aber dadurch verstärkt, daß auch die von ihm erforschte kulturelle Wirklichkeit an ihr teilhat. „Dichte Beschreibung" ergibt sich aus der Notwendigkeit, Neues, Fremdes, Unbekanntes und Schwer-Interpretierbares in den zu erforschenden „Texten" einer Kultur in Form einer beschreibenden Rekonstruktion in möglichst umfassender Weise präsent zu halten. Sie steht insofern im Gegensatz zu einigen Grundannahmen der sog. „hypothesenprüfenden Forschung",[51] in der Fremdes allzu schnell auf Bekanntes reduziert wird. Eine so verstandene „Dichte Beschreibung" bedeutet keineswegs einen Verzicht auf systematisches Interpretieren durch

---

49 J. MATTHES, Die Soziologen und ihre Wirklichkeit. Anmerkungen zum Wirklichkeitsverhältnis der Soziologie, in: Entzauberte Wissenschaft. Zur Relativität und Geltung soziologischer Forschung (Soziale Welt, Sonderband 3), Göttingen 1985, 49–64.
50 Ich knüpfe mit dieser Kritik an interpreten-zentrierten Konzepten von Interpretation und Verstehen an Überlegungen bei Clifford Geertz an, modifiziere sie jedoch mit Hilfe von weiterführenden Einsichten, die sich bei BOON, Other Tribes (wie Anm. 42), DWYER, Maroccan Dialogues (wie Anm. 44) und MATTHES, Die Soziologen (wie Anm. 49) finden; die bisher interessanteste Kritik an Geertz' zu starrer Reduktion einer deutenden Analyse von Kultur auf Text-Interpretation findet sich – als kritische Lektüre eines Geertzschen Aufsatzes, der für zahlreiche Ethnologen/innen und Historiker/innen eine Schlüsselrolle spielte und spielt – bei W. ROSEBERRY, Balinese Cockfights and the Seduction of Anthropology, in: Social Research 49, 1982, 1013–1028.
51 Diese überzeugende Argumentation von MATTHES, Die Soziologen (wie Anm. 49) macht, in Kritik an der entsprechenden soziologischen Forschungstradition, die hier angesprochenen Einsichten der interpretativen Kulturanthropologie für eine „rekonstruktive Sozialforschung" fruchtbar.

den Ethnologen – aber doch bewußt einen Verzicht auf die Erweckung des (falschen) Anscheins der Eindeutigkeit, Stimmigkeit und Finalität eines interpretierenden „Zugriffs". Dies erfordert ein bewußtes Distanznehmen vom gängigen Verfahren der Zurückführung der beobachteten Verhaltensweisen und kulturell-symbolischen Äußerungen auf einen angeblich eindeutigen Sinn.

Dichte Beschreibung bedeutet, bescheiden zu sein, zugleich methodisch raffinierter und auch: risikofreudiger. Denn die unaufhebbare Gleichzeitigkeit von Distanz und Nähe zu den lebendigen „Texten" der von ihm erforschten Kultur macht es für den Ethnologen lediglich möglich, diese „Texte" gleichsam „über die Schultern derjenigen, für die sie eigentlich gedacht sind, zu lesen".[52] Dichte Beschreibung hat dieser Situation Rechnung zu tragen, aus Respekt vor der Interpretation und Selbstauslegung der Kultur der Fremden. Die „Herausforderung durch das Andere"[53] bringt somit auch die Verpflichtung des Ethnologen mit sich, eine entsprechende „offene" Darstellungsweise zu wählen, die der dialogischen Situation seiner Feldforschung und der „objektiven Interpretation",[54] die die fremde Kultur selbst leistet, gerecht wird. Dichte Beschreibung bedeutet deshalb vor allem auch, den von ihr erstellten möglichst kompletten Text mit seiner Vielzahl und Hierarchie von Bedeutungsstrukturen für spätere und andere Interpretationen offen zu halten.

Ethnographie in Form der „dichten Beschreibung" ist also nicht von ungefähr die Hauptdarstellungsform ethnologischer Untersuchungen. Doch wäre es falsch zu meinen, daß sie deshalb theorielos sei, oder daß bei Geertz und bei anderen Ethnologen in unkritischer Weise die „Theorie der eingebo- [|62] renen Subjekte" mit der Interpretation der Ethnologen selbst verwechselt würde.

Allerdings scheint bei den Ethnologen ein anderes Verständnis von Theorie oder – besser – systematischer Interpretation maßgebend zu sein als dies für eine an Max Weber orientierte Position gilt, in welcher die Trennung von Theorie und Realität entscheidend bleibt, wie „gegenstandsbezogen" (J. Kocka) Theorien auch immer formuliert sein mögen.[55] So gilt etwa für Geertz die folgende Grundüberlegung für Theorie in der ethnographischen Analyse: „Sie ist nicht ihr eigener Meister. Da sie von den Unmittelbarkeiten der dichten Beschreibung untrennbar ist, ist ihre Freiheit, sich selbst in den bloßen terms ihrer internen Logik zu gestalten, erheblich begrenzt. Ihr Allgemeinheitsanspruch rührt eher aus den Feinheiten ihrer Unterscheidungen als aus dem Höhenflug ihrer Abstraktionen."[56]

---

52 GEERTZ, „Deep Play" (wie Anm. 47) 259.
53 DWYER, Moroccan Dialogues (wie Anm. 44) 285.
54 H. TURK, Die Wirklichkeit der Gleichnisse. Überlegungen zum Problem der objektiven Interpretation am Beispiel Kafkas, in: Poetica 8, 1976, 208–225.
55 J. KOCKA, Gegenstandsbezogene Theorien in der Geschichtswissenschaft, in: DERS. (Hg.), Theorien in der Praxis des Historikers, Göttingen 1977, 178–188.
56 C. GEERTZ, Thick Description: toward an Interpretative Theory of Culture, in: DERS., The Interpretation of Cultures (wie Anm. 43) 24 f.; vgl. auch die Übersetzung derselben Passage in: DERS., Dichte Beschreibung (wie Anm. 43) 35.

5. Beispiele und methodische Konsequenzen anthropologischer Geschichtsschreibung

Spätestens an diesem Punkt ist zu fragen, welchen Erkenntnisgewinn der Sozialhistoriker nun aus der Vergegenwärtigung des Feldforschungskonzepts der Ethnologen, seiner Einsichten, Voraussetzungen und Grenzen, konkret ziehen kann? Ohne hier vollständig sein zu wollen und zu können, sollen wenigstens einige Punkte erwähnt werden: Zunächst wäre der genauere Blick zu nennen, den der Historiker für die „informelle Logik des tatsächlichen Lebens" (Geertz)[57] und seine Prägung durch sozial-kulturelle Bedeutung entwickeln kann. Hierin sieht etwa der amerikanische Historiker William Sewell die „tiefste und folgenreichste Einsicht der Kulturanthropologie",[58] die für die Sozialgeschichte fruchtbar zu machen sei.

> „Sie bedeutet nicht nur, daß bestimmte Handlungen analysiert werden können, um volkskulturelle Glaubenshaltungen und Denkweisen zu entschlüsseln, sondern, daß die Gesamtheit sozialen Lebens, von symbolisch stark ausgearbeiteten Praktiken, wie etwa religiösen Festen, bis zu solch scheinbar gegenständlichen Verrichtungen wie Häuserbau und Landwirtschaft, kulturell geformt sind. ‚Ideen' und ‚Glauben' sind weder auf bestimmte Aktivitäten noch auf bestimmte soziale Gruppen beschränkt, sondern fest in der Textur des Alltagslebens des gewöhnlichen Volkes verwoben."[59] [|63]

Doch der Erkenntnisgewinn, der sich aus sozial- und kulturanthropologischen Sichtweisen für die Sozialgeschichte ergeben kann, geht über solch allgemein gehaltene Feststellungen hinaus. Denn Kultur und kulturelle Äußerungen, verstanden unter dem Gesichtspunkt der ihnen stets eigenen interpretativen Dimension, können nicht lediglich als ein System von Normen, Symbolen und Werten entschlüsselt werden, die in mehr oder weniger allen alltäglichen und außeralltäglichen Beziehungen beständig und unveränderlich „anwesend" sind. Sie müssen vielmehr, gerade im Licht sozial- und kulturanthropologischer Perspektiven, als ein Element und Medium aktiver Repräsentation und Konstruktion von Erfahrungen, von sozialen Beziehungen und deren Transformation erschlossen werden. Kulturelle Ausdrucksformen und -weisen sind deshalb als historische Triebkraft, als ein die Erwartungen, Handlungsweisen und deren Folgen prägendes Moment im historischen „Ereignis" ebenso anwesend, wie in der „Strukturierung" der sozialen Welt der Klassen-, Herrschafts- und ökonomischen Beziehungen sowie in deren historischer Transformation.

Eine solche Perspektive hat Folgen für ein inhaltliches Verständnis von Sozialgeschichte. Sie bringt den historischen Alltag als dasjenige Spannungsfeld ins Zentrum des Interesses, in dem die Vermittlung von Handeln, Erfahrung, Struktur und Geschichte geschieht, und zwar in schichten- und klassenspezifisch geprägten, regional und lokal bestimmten kulturellen Lebensweisen. Das sind freilich

---

57 Ebd., 25.
58 W. H. SEWELL, Work and Revolution in France. The Language of Labor from the Old Regime to 1848, Cambridge 1980, 10.
59 Ebd.

Lebensweisen, die nicht als abgeschlossene Mikrowelten in sich ruhen, sondern stets auch nach außen orientiert und von außen beeinflußt, häufig auch von außen beherrscht sind. Es geht auch in diesen Zusammenhängen um das „ständige Widerspiel" von „Selbst- und Fremdbestimmung" (L. Niethammer).

Hier steht also nicht in erster Linie Alltagsgeschichte als die Geschichte des routinisierten Selbstlaufs einer materiell gegenständlichen Kultur zur Diskussion – wie sie etwa von Fernand Braudel verstanden und dargestellt wird[60] –, sondern Alltag als der kulturell geprägte Handlungs- und Interpretationszusammenhang schichtenspezifischer historischer „Lebenswirklichkeiten", der allerdings immer von materiell gegenständlichen Lebensverhältnissen und deren Veränderungen entscheidend mitgeprägt wurde und wird. Ziel ist keineswegs, nach der romantisierend-nostalgischen Devise „small is beautiful" zu verfahren, d.h. einen Teilbereich der Geschichte zu rekonstruieren und diesen für das Ganze auszugeben, was von J. Kocka an einzelnen alltagsgeschichtlichen Arbeiten und Ansätzen durchaus zu Recht [|64] kritisiert wird.[61] Auch die unterstellte Beschränkung auf die „mikro-historische Besenkammer" (H.-U. Wehler)[62] verfehlt die Absicht der hier vorgeschlagenen Horizonterweiterung, wenngleich mikro-historische Verfahren als ein wichtiger Ausgangspunkt angesehen werden. Ziel ist vielmehr die Rekonstruktion der „Innenseite" gesamtgesellschaftlicher Veränderungs- und Transformationsprozesse, die von einer zentristischen Geschichtsperspektive zumeist nur von außen dargestellt und als objektive Ablaufnotwendigkeiten behauptet werden.

Es geht, um ein Diktum von Raphael Samuel aufzunehmen, darum, „die Gesichter in der Menge zu identifizieren". Dabei sollten die Bedeutungen und die Strukturen der vielfältigen Beziehungen, in welchen diese „Gesichter" zueinander stehen, ebenso wenig aus dem Auge verloren werden wie die von diesen Beziehungen geprägten, aber auch sie prägenden, umfassenderen gesellschaftlich-historischen Handlungs- und Konfliktfelder. Entscheidend bleibt die Frage nach dem inhaltlichen und methodischen Ausgangspunkt. Ein Ausgang von den historischen Faktoren, Aggregaten oder Teilbereichen „Herrschaft", „Ökonomie" und „Kultur" und die Hypostasierung dieser „Teilbereiche" als getrennte Momente des historischen Prozesses scheint jedenfalls für eine kultur- und sozialanthropologisch orientierte Alltagsgeschichte nicht sinnvoll. Ihr kommt es vielmehr darauf an, die kulturelle und soziale „Konstruktion", „Strukturierung" und Veränderung von Herrschaft und Ökonomie in alltäglichen Lebensverhältnissen und Lebensweisen aufzuzeigen.

Einige Beispiele neuerer Untersuchungen mit einem explizit historisch-ethnologischen Ansatz sollen die Fruchtbarkeit dieser Erkenntnisperspektive verdeutlichen:

---

60 Siehe oben S. 184 [|49] und Anm. 4.
61 J. KOCKA, Historisch-anthropologische Fragestellungen – ein Defizit der Historischen Sozialwissenschaft? in: SÜSSMUTH, Historische Anthropologie (wie Anm. 22) 73–81, hier 78.
62 WEHLER, Königsweg (wie Anm. 6) 36.

Rhys Isaac hat in einer außerordentlich interessanten sozialgeschichtlichen Arbeit auf die dynamisch-dramatische Rolle kultureller Selbst- und Fremdinterpretation, einschließlich der „objektiven Interpretation" der Wertvorstellungen und sozial-moralischen Metaphern nicht nur hingewiesen. Er hat sie als orientierende Perspektive und als Leitfaden benutzt, um mit ihrer Hilfe den Transformationsprozeß und Strukturwandel einer amerikanischen Provinzgesellschaft zur Zeit der Revolution aufzuzeigen. Sein methodischer Weg ergab sich hierbei gleichsam aus der Natur der Sache, um die es ihm ging. Er rekonstruierte die „Transformation von Virginia 1740–1790" aus einer Vielzahl von kleinen Episoden, mittels quellennaher „dichter Beschreibungen".[63] [|65]

Die amerikanische Revolution in Virginia wird als kultureller und religiöser Transformationsprozeß in einer entstehenden Klassengesellschaft dargestellt. Im Verlauf dieses Prozesses wurde die soziale und kulturelle Hegemonie einer angestammten, vornehmen Pflanzeraristokratie in wachsendem Maße durch eine volkstümliche religiöse Erweckungsbewegung in Frage gestellt. Diese Herausforderung zwang die Pflanzer-Gentry ihrerseits, ihren altehrwürdigen patriotischen Republikanismus aufzugeben. Sie setzte sich an die Spitze einer kriegslüsternen patriotischen Bewegung, die auch das Bündnis mit den an der Grenze der „Zivilisation" siedelnden „wilden" Trappern und Hinterwäldlern nicht scheute. Am Ende gelang es der Gentry zwar, einen Teil ihrer traditionellen Machtstellung zu retten, doch nur um den Preis des Akzeptierens der Revolution und der durch sie bewirkten grundlegenden Veränderungen der kulturellen und politischen Wertvorstellungen.[64]

Diesem aufschlußreichen Beispiel ethnographischer Geschichtsschreibung, das explizit aus der Wahl eines solchen methodischen Ansatzes geschrieben wurde und über diesen Ansatz auch Rechenschaft ablegt[65], sind andere Studien zur Seite zu stellen, die das Problem der historischen Dynamik von Kulturen auf Grund ihrer Selbst- und Fremdinterpretationen, ihrer „Repräsentationen" vor sich selbst und vor anderen, in denjenigen Bereichen untersuchen, in denen sich das Problem am extremsten stellt: in Situationen und Ereignissen vorkolonialer und kolonialer Konfrontation zwischen Entdeckern, Eroberern, Händlern, Kolonialbeamten, Konzern- und Industrie-Herren alter und neuer Art und den Völkern der 3. und 4. Welt. Anthropologen/innen und Historiker/innen sind hier in gleicher Wei-

---

63 R. ISAAC, The Transformation of Virginia 1740–1790, Chapel Hill 1982.
64 Die Verwurzelung des von ihm dargestellten Transformationsprozesses in alltäglichen Handlungszusammenhängen und in Verhältnissen materieller Kultur wird von Isaac wenig berücksichtigt. Eine interessante ergänzende Perspektive bieten hier die Arbeiten T. H. BREENS, welche – ebenfalls von kulturanthropologischen Ansätzen ausgehend – die Veränderungen der Konsumgewohnheiten und deren Politisierung in den nordamerikanischen Gesellschaften in der Zeit vor und während des Unabhängigkeitskrieges behandeln, insbes. DERS., „Baubles of Britain": The American and Consumer Revolutions of the Eighteenth Century, in: Past and Present 119, 1988, 73–104; DERS., Tobacco Culture: The Mentality of the Great Tobacco Planters on the Eve of Revolution, Princeton 1985.
65 Siehe besonders das Schlußkapitel: „A Discourse on Method. Action, Structure, Meaning", in: ISAAC, Transformation (wie Anm. 63) 323–357.

se gefordert, die herkömmliche Einstellung des „Missionars im Ruderboot"[66] abzulegen und – in der Weise wie Marshall Sahlins es anregt[67] – unsere hergebrachte Vorstellung von Geschichte „zur Explosion" zu bringen. Er selbst hat in einer kleinen Untersuchung über die merkwürdigen Zusammenhänge und Bedeutungen des Todes eines der „klassischen" Entdecker des 18. Jahrhunderts, des englischen Kapitäns Cook, der am Strand von Hawaii am 14. Februar 1779 von Eingeborenen erschlagen wurde, ein Beispiel gegeben.[68]

Es wäre vordergründig, den Tod von Cook auf den Raub ritueller Objekte durch die Engländer und auf die Verwendung dieser Objekte als Feuerholz auf den englischen Schiffen zurückzuführen, kurz: auf die Geringschätzung der fremden „Kultur" durch europäische „Entdecker". Cooks Tod geschah vielmehr im historischen Vollzug einer mythischen Geschichtser- [|66] wartung der Bewohner Hawaiis, für deren jährlich wiederkehrende rituelle Aktualisierung der Wechsel in der Verehrung des friedlichen agrarischen Gottes Lono und des usurpierenden menschenfressenden Gottes Ku wesentlich war. Cook galt nach seiner Ankunft als eine Verkörperung des Gottes Lono. Er wurde als solcher empfangen und verehrt. Doch gleichzeitig war sein Ende als Gott von der mythologischen Geschichtserwartung vorherbestimmt. Seine Bedeutung als Verkörperung des friedlichen Gottes auf Zeit und die unfriedliche Interpretation, die er und seine Leute selbst dieser „Bedeutung" verliehen, führten sein Ende gewissermaßen zwangsläufig herbei.[69] Doch dieses „Ereignis" war mit seinem Ablauf noch nicht beendet. Es hatte strukturelle Folgen, weit darüber hinaus.[70] Nicht nur, daß die Knochen Cooks zum begehrenswerten Reliquien-Manna für die Einwohner Hawaiis wurden, ist hier wichtig, sondern, mehr noch, die Verinnerlichung der Erscheinung seiner englischen Entdecker-Persönlichkeit – und deren warenförmiger Attribute – in der Hawaiischen Kultur. Diese Verinnerlichung war als „Akkulturation" eines Teils der Hawaiischen Oberschicht folgenreich, vor allem für spezifische Veränderungen in der Konstitution von Klassenherrschaft auf der Insel. Die so entstandene „Englishness" der Hawaiischen Herrenschicht überdauerte auch noch das Eindringen des amerikanischen Handelskapitals im 19. Jahrhundert: Noch heute findet sich ein kleiner Union Jack in der oberen linken Ecke der Flagge von Hawaii.

Die interpretierende Kraft solcher Untersuchungen geht über den speziellen Fall, die Typik oder Untypik der untersuchten Situation hinaus, worauf Sahlins selbst hinweist:

> „Denn hier, im Zusammenprall kulturell geprägter Verständnisse und Interessen, werden sowohl Veränderungen wie der Widerstand gegen sie zu historischen Streitfragen. Völker und Menschen kritisieren sich wechselseitig. Ja, auch die unterschiedlichen Interpretationen des

---

66 Siehe hierzu oben S. 183 ff. [|48 ff.]
67 Siehe oben S. 188 f. [|53].
68 M. SAHLINS, Der Tod des Kapitän Cook. Geschichte als Metapher und Mythos als Wirklichkeit in der Frühgeschichte des Königreichs Hawaii, Berlin 1986; zur inhaltlichen und theoretisch-methodologischen Ergänzung vgl. auch den Aufsatzband: DERS., Islands of History, Chicago 1985.
69 SAHLINS, Tod des Kapitän Cook (wie Anm. 68) 21 ff.
70 Ebd., 51 ff.

gleichen Ereignisses kritisieren sich wechselseitig, und gerade hierdurch wird es uns möglich, einen Sinn für die kulturelle Relativität eines Ereignisses und der Reaktionen darauf zu entwickeln. Doch kommen all diese Reaktionen auch in gleicher Weise innerhalb jeder Gesellschaft vor, unabhängig von solch radikalen kulturellen Unterschieden (wie sie in der kulturellen Konfrontation zur Austragung kommen, H. M.). Es wird sie so lange geben, wie überhaupt Handelnde mit unterschiedlichen Vorstellungen und Projekten ihre Handlungen aufeinander und zugleich auch auf eine Außenwelt beziehen, wobei die Außenwelt ihrerseits ebenfalls eine Brechung der Verständnisse und Interpretationen eines jeden und aller bewirken kann, die in Auseinandersetzung begriffen sind."[71] [|67]

Sahlins wendet sich hier, mit der Anspielung auf die „Brechung" und Bestimmung jeglicher kultureller Konfrontation und wechselseitigen Interpretationen durch die Zwänge der Außenwelt, gegen ein Mißverständnis, dem seine eigene „kulturalistische" Position freilich in mancher Hinsicht Vorschub leistet.[72] Kulturelle Interpretation, auch die Selbst- und Fremdinterpretation historischer Subjekte, ist nicht zu trennen von dem, was die Menschen tun, aber auch nicht von dem, was sie sich wechselseitig antun. Vor allem aber nicht von dem, was ihnen angetan oder aufgezwungen wird. Auch einer solch „objektiven Interpretation" von Interpretationen muß in historisch-ethnologischen Arbeiten Rechnung getragen werden. Sie sollten deshalb stets auch die Untersuchung der Lebens-, Arbeits- und Herrschaftsverhältnisse einschließen, in denen Menschen sich bewegen und ihre Interpretationen wechselseitig zur Geltung bringen.

Sidney Mintz, einer der interessantesten Vertreter einer historisch gerichteten Ethnologie in den USA, warnt zu Recht vor den Verkürzungen einer kulturalistisch-strukturalistischen Interpretation von kulturellen Bedeutungen und Äußerungsweisen, wenn er die Auffassung vertritt:

„Ich bin nicht der Ansicht, daß Bedeutungen (den kulturellen) Substanzen gleichsam als Naturimmanenzen unausweichlich anhaften. Eher glaube ich, daß die Bedeutung sich aus dem Gebrauch ergibt, da Menschen Substanzen in sozialen Beziehungen verwenden.
Häufig sind es äußere Kräfte, die bestimmen, was verfügbar ist und folglich mit Bedeutung versehen werden kann. Wenn es aber so ist, daß die Verbraucher selbst eher dem, was verfügbar ist, die Bedeutung beilegen, als daß sie darüber bestimmen, was zum Gebrauch zur Verfügung steht, wie steht es dann mit der Bedeutung? Oder könnte es sein, daß die Macht über die Bedeutung immer mit der Macht über die Verfügbarkeit einhergeht? Was bedeuten solche Fragen – und ihre Antworten – für unser Verständnis von der Funktionsweise moderner Gesellschaften und für unser Verständnis von Freiheit und Individualismus?"[73]

---

71 Ebd., 110.
72 Diese kulturalistischen Elemente kritisiert zu Recht, in der Besprechung eines systematischen Essays von M. SAHLINS, Kultur und Praktische Vernunft, Frankfurt am Main 1981, freilich ohne Berücksichtigung von dessen weiterreichender kultur-anthropologischer Geschichtsinterpretation, D. GROH, Ethnologie als Universalwissenschaft, in: Merkur 36, 1982, 1217–1225.
73 S. MINTZ, Die süße Macht. Kulturgeschichte des Zuckers, Frankfurt am Main 1987, 27; zu Mintz' historisch orientiertem Verständnis von „Kultur", das seine dialektische Pointe gerade der von Mintz angenommenen Widersprüchlichkeit und Inkongruenz von kulturellen Lebens- und Erfahrungsweisen einerseits, gesellschaftlichen Beziehungen und materiellen Lebensverhältnissen andererseits verdankt, siehe DERS., Culture. An Anthropological View, in: Yale Review 1982, 499–512, bes. 505 ff.

Mintz hat ebendiese Begrenzung und Bestimmung von sozialkulturellen Bedürfnissen und Bedeutungen durch die Zwänge „fremder Welten" in einer Arbeit über „Die süße Macht" zum Gegenstand gemacht.[74] Seine Kernthesen sind: Die große Bedeutung des Süßen und der Süßigkeit in unserer gegenwärtigen Gesellschaft läßt sich nicht lösen von der Geschichte der kolonialen Produktion und Vermarktung des Zuckers als Ware in der neuzeitlichen Übergangsepoche. Auch der süße Geschmack hat eine Geschichte, die jedoch als die eines für sich betrachteten Kulturphänomens nicht zu verste- [|68] hen ist, sondern nur auf der Grundlage seines wichtigsten Bedeutungsträgers in der Neuzeit: des Zuckers. Diese Geschichte des Zuckers und der zunehmenden Veralltäglichung seines Konsums ist aber ein wichtiger Bestandteil der Macht-, Herrschafts- und Ausbeutungsverhältnisse dieser Epoche.

Zucker war schon im Mittelalter und in der vorkolonialen Periode, vermittelt durch die arabisch-islamische Welt, in Europa durchaus bekannt und geschätzt. Er wurde damals vor allem als Medizin und als Würzmittel verwendet und beherrschte in dieser Zeit noch keineswegs den süßen Geschmack, für den z.B. auch Honig wichtig blieb. Der süße Geschmack seinerseits hatte in dieser Zeit seine heutige Vorrangstellung noch nicht erreicht. Er war lediglich einer von vielen Geschmäckern. Der Gebrauch des Zuckers war zudem auf die Oberschicht begrenzt. Zucker galt als Luxusgut der Könige, der Patrizier und des Adels.

Zur wesentlichen Ausweitung des Zuckerkonsums und zur entsprechenden Entfaltung und „Verinnerlichung" des süßen Geschmacks kam es erst aufgrund der kolonialen Produktion des Zuckers in der von Sklaven betriebenen Plantagenwirtschaft Mittel- und Südamerikas. Hier hatte die bittere Seite der Weltgeschichte des Zuckers ihren Ursprung, die – wie Mintz herausstellt – der neuzeitlichen Macht des Süßen gleichsam Vorschub leistete.[75]

Die Macht des Süßen in der frühneuzeitlichen Geschichte wie in der gegenwärtigen Gesellschaft, so zeigt Mintz auf, erklärt sich jedoch keineswegs nur von der Produktionsseite her. Sie ist nicht zu trennen von den bleibenden Auswirkungen, welche die seit dem 17. Jahrhundert kontinuierlich zunehmende Nachfrage nach Zucker bei den Mittel-, vor allem aber bei den Unterschichten in Europa hatte. Zucker wurde seit dieser Zeit zunehmend zum begehrten „Süßstoff", zunächst als Beigabe zu Heißgetränken wie Tee und Kaffee. Er diente dazu, einen von der Verschlechterung der Ernährungssituation und von einer verschärften Zeit- und Arbeitsdisziplin zunehmend bestimmten tristen Alltag – als „proletarischer Hungerkiller" (Mintz) – zu „versüßen". Zucker bewirkte auf diese Weise nicht nur eine Veränderung der Geschmackspräferenzen, sondern auch eine nachhaltige Veränderung der Ernährungs- und Lebensweise.[76]

---

74 Siehe Anm. 73. Zur Resonanz auf dieses Buch siehe vor allem das interdisziplinäre Symposium in: Food and Foodways 2/2, 1987, 107–197; vgl. auch meinen Beitrag: H. MEDICK, Süße und bittere Seiten der Weltgeschichte des Zuckers, in: Geschichtswerkstatt 12, 1987, 8–19.
75 MINTZ, Süße Macht (wie Anm. 73) Kap. 2: „Produktion", 47–103.
76 Ebd., Kap. 3: „Konsum", 103–182.

Einer der interessantesten Aspekte der Mintzschen Untersuchung betrifft die hier angedeutete Entwicklung. Mintz sieht den Zucker und den auf ihm basierenden süßen Geschmack als Schrittmacher, ja als welthistorische Triebkraft, die dem „fast food" der Gegenwart und der außerhäuslichen „Industrialisierung der Ernährung" den Weg gebahnt haben. Der Zucker [|69] trug zunächst dazu bei, die arbeitende Bevölkerung in den Produktionsverhältnissen, in der Zeitökonomie und Arbeitsdisziplin der kapitalistischen Industrialisierung einzurichten und beförderte dann, als Schrittmacher, die Industrialisierung der Ernährung und der Lebensweise überhaupt.

> „Die erste Tasse gesüßten heißen Tees, die von einem englischen Arbeiter getrunken wurde, war ein bedeutsames historisches Ereignis, weil es die Transformation einer ganzen Gesellschaft, eine völlige Neugestaltung ihrer ökonomischen und sozialen Basis urbildhaft vorwegnahm."[77]

Das eigentlich Reizvolle an Mintz' „Anthropologie des modernen Lebens" am Beispiel der Geschichte des Zuckers und des süßen Geschmacks ist, daß sie in ihrem Kern als eine historische Anthropologie angelegt ist. Sie versucht, auch noch die gegenwärtige Bedeutung des Zuckers als Ware und – nach wie vor – Hauptträger des süßen Geschmacks in ihrem Ursprung aus den welthistorischen Bedingungen aufzuzeigen, die sich aus den spezifischen Verflechtungen zwischen Metropolen und Kolonien in der frühen Neuzeit ergaben. In dieser merkantilistischen Übergangsepoche wurden Bedingungen gesetzt, Mentalitäten ausgebildet, Bedeutungen ausgeprägt, entstanden Geschmackspräferenzen und im Zusammenhang damit neue Ernährungs- und Handlungsweisen, die auch nach dem Ende dieser Epoche weiterwirkten und als Erbschaft des süßen Geschmacks bis in die Gegenwart erhalten blieben.

Die Arbeit dieses Ethnologen ist jedoch keineswegs nur inhaltlich interessant. Sie enthält die Aufforderung, sich den fremden und in stärkstem Maße politischen Aspekten einer nur scheinbar vertrauten Alltagsgeschichte zu stellen und hierbei die Selbstdeutungen der eigenen Kultur und Lebenswelt nicht vorschnell zum Interpretationsmaßstab zu machen. Sie bietet hiermit nicht nur ein gelungenes Beispiel für die Darstellung der untrennbaren Zusammenhänge von Alltagsgeschichte und Weltgeschichte seit dem Entstehen des modernen kapitalistischen Weltsystems, sondern zeigt darüber hinaus, daß die fremden, häufig gewaltsamen Dimensionen der „großen" Geschichte nicht fern von der Geschichte des Alltags sind, häufig sogar deren vergessener und verdrängter Teil. [|70]

6. Die Ethnologen entdecken die Geschichte

Diese Beispiele, denen sich zahlreiche andere an die Seite stellen lassen,[78] machen deutlich, daß zu dem Zeitpunkt, zu dem sich die Historiker der Anthropologie

---

77 Ebd., 250.
78 Einige hervorragende Beispiele: Pionierarbeit: R. ROSALDO, Ilongot Headhunting 1883–1974. A Study in Society and History, Stanford 1980.

zuwenden, die Ethnologen den Historikern in mancher Hinsicht voraus sind. Dies gilt auch für die Thematisierung von Geschichtlichkeit selbst. Sie entdecken die Geschichte, nicht nur als eine notwendige analytische Betrachtungsweise des Forschers – etwa in Form eines verstärkten Bewußtseins für die Rolle von Zeit und Zeitlichkeit in der ethnologischen Kategorienbildung[79] –, sondern als Geschichtlichkeit, Geschichtserfahrung, als Konstruktion und Praxis von Geschichte und Erinnerung in den von ihnen erforschten Gesellschaften selbst.[80]

Zum Teil rührt diese Sensibilität für neue Problemstellungen aus dem realhistorischen Prozeß selbst her, der Transformation der sog. Primitivgesellschaften, wie sie durch kapitalistische Weltwirtschaft, Staatsbildung, neue internationale Arbeitsteilung usw. in die Wege geleitet wurde. Ebenso gewaltsam, wie diese Umwälzungen in den realen Lebenszusammenhang einbrachen, stellten sie auch die ungeschichtlichen Synthesen des Strukturfunktionalismus in Frage. Die Vorstellung vom „zeitlosen Primitiven" mußte verschwinden, sobald entdeckt wurde, daß sich auch seine Gesellschaft erst in denjenigen Prozessen und Umbrüchen herausgebildet hat, welche die Welt im Verlauf des letzten halben Jahrtausends grundlegend veränderten. Die traditionellen „Kult-Einheiten" der Anthropologie in Gestalt des Stammes, des Dorfes, der Verwandtschaftsgruppe wurden durch diese Entdeckung als ungeschichtliche Größen radikal in Frage gestellt, und dies vor allem auch als gegenüber ihrer Umwelt abgeschottete gesellschaftliche Totalitäten.[81] Denn auch diese Gesellschaften entstanden erst – wie es der amerikanische Ethnologe Eric Wolf umfassend untersucht hat[82] –, im Verlauf der Expansion von Handel und Kapitalismus im modernen Weltsystem. Allerdings verlief

---

Die Rolle von Alltagskultur und Alltagsritualen im Prozeß der sozialen Klassenbildung sowie im Entstehungs-, Reproduktions- und Transformationsprozeß eines regionalen Gesellschafts-, Wirtschafts- und Herrschaftssystems wurde kaum je eindringlicher und anschaulicher untersucht als in den verschiedenen Arbeiten Gerald Siders zur neufundländischen Dorffischerei vom 18.–20. Jahrhundert siehe insbes. seine Monographie: G. SIDER, Culture and Class in Anthropology and History. A Newfoundland Illustration, Cambridge 1986; zwei Aufsätze Siders liegen in deutscher Sprache vor: DERS., Bande, die zusammenbinden. Kultur und Agrikultur, Eigenheit und Eigentum in der Dorffischerei Neufundlands, in: BERDAHL u.a., Klassen und Kultur (wie Anm. 16) 108–156, ferner: DERS., Familienvergnügen in Starve Harbour: Brauchtum, Geschichte und Konfrontation auf dem Dorf in Neufundland, in: MEDICK, SABEAN, Emotionen (wie Anm. 16) 435–471.

Anregend, vor allem aufgrund ihrer durchgehaltenen vergleichenden Perspektive, sind die Arbeiten J. GOODYs, Die Entwicklung von Ehe und Familie in Europa, Berlin 1986; DERS., Cooking, Cuisine and Class. A Study in Comparative Sociology, Cambridge 1982; sowie seine große Trilogie zur Wechselwirkung von Verschriftlichung und Herrschaft: The Domestication of the Savage Mind, Cambridge 1977; The Logic of Writing and the Organisation of Society, Cambridge 1986; The Interface between the Written and the Oral, Cambridge 1987.

79 Hierzu J. FABIAN, Time and the Other. How Anthropology Makes its Object, New York 1983.
80 Eine Pionierarbeit: R. PRICE, First-Time. The Historical Vision of an Afro-American People, Baltimore 1983.
81 E. WOLF, Die Völker ohne Geschichte. Europa und die andere Welt seit 1400, Frankfurt am Main 1986, 17–40.
82 Siehe Anm. 81.

diese Entwicklung keineswegs in einer derartigen engen Abhängigkeit und einseitigen Bestimmung, wie dies von vielen Historikern, erinnert sei nur an Immanuel Wallerstein[83] und André Gunder Frank,[84] häufig angenommen wird.

Bei Wolf, aber verstärkt noch in anderen Arbeiten, tritt die eigenständige und eigenartige Geschichte und Geschichtserfahrung der Völker und Gesellschaften der Dritten Welt in den Vordergrund.[85] Sie wird als eine im einzelnen höchst unterschiedliche Mischung von Widerstand und Kollabo- [|71] ration dargestellt, die in den Prozeß der kolonialen Übermächtigung durch die europäischen Herren und die Gewalten des entstehenden Kapitalismus eingebracht wurde. Doch bewahrte sie hierbei eine Eigenartigkeit und Eigenständigkeit, die sich weitgehend auch der vorkolonialen bzw. nichtkolonialen Geschichte dieser Gesellschaften verdankt.[86]

Doch ganz abgesehen von der zunehmenden Einsicht in die Differenziertheit, Mehrpoligkeit und Widersprüchlichkeit dieser „real-historischen" Impulse wurde das Konzept der Struktur selbst in Frage gestellt, das eine Basisannahme der englischen und französischen Ethnologie bis in die 60er und 70er Jahre hinein bildete. Mit der Vorstellung einer nie aufhörenden Rekonstitution und Transformation der Gesellschaft hat sich die Diskussion in der Anthropologie neuerdings auf Kategorien wie die der „Praxis", des „Habitus" und der „Strategie" konzentriert.[87] Sie erscheinen als befriedigendere analytische Termini, um Handlungen und ihre widersprüchliche Verortung in umfassenderen gesellschaftlichen und kulturellen Zusammenhängen zu untersuchen. Sie erlauben zugleich auch einen „genaueren Blick" als die älteren kulturanthropologischen Leitbegriffe von der „moral community" oder den in Verwandtschafts-Zusammenhängen eingebetteten institutionalisierten Wertsystemen.

---

83 I. WALLERSTEIN, Das moderne Weltsystem. Kapitalistische Landwirtschaft und die Entstehung der europäischen Weltwirtschaft im 16. Jahrhundert, Frankfurt am Main 1986 (New York 1974) und Bd. II u.d.T.: The Modern World System II. Mercantilism and the Consolidation of the European World-Economy 1600–1750, New York 1980.
84 A. G. FRANK, World Accumulation 1492–1789, New York 1978.
85 Siehe etwa für das afrikanische Königreich Dahomey im 18. Jahrhundert, in historischer Kritik an der euro-zentrischen Geschichtsauffassung der sog. „Atlantischen Theorie" und insbesondere an den Untersuchungen K. Polanyis: D. PEUKERT, Der atlantische Sklavenhandel von Dahomey 1740–1797. Wirtschaftsanthropologie und Sozialgeschichte, Wiesbaden 1978; zu Peukert vgl. die abwägende Rezension von M. JOHNSON, Polanyi, Peukert and the Political Economy of Dahomey, in: Journal of African History 21, 1980, 395–398; für eine „verwandte" und doch gänzlich andere Gesellschaft, die „Moronengesellschaft" der im 17. und 18. Jahrhundert in die tropischen Regenwälder und damit in die Freiheit entkommenen schwarzen Sklaven der ehemals holländischen Kolonie Surinam in Südamerika siehe PRICE, First-Time (wie Anm. 80), eine Arbeit, die besonders auch durch ihre neuartige Darstellungsweise beeindruckt, mit der sie das Prinzip der „thick description" zur Geltung bringt.
86 Für Afrika betont dies in einem zusammenfassenden, kritischen Forschungsüberblick zur afrikanischen Sozialgeschichtsschreibung D. COHEN, Doing Social History from Pim's Doorway, in: O. ZUNZ (Hg.), Reliving the Past: The Worlds of Social History, Chapel Hill 1984, 191–235.
87 Siehe hierzu P. BOURDIEU, Entwurf einer Theorie der Praxis auf der ethnologischen Grundlage der kabylischen Gesellschaft, Frankfurt am Main 1976.

Es besteht bei dieser Sichtweise jedoch die Gefahr, der Mehrschichtigkeit und Widersprüchlichkeit des historischen Prozesses nicht gerecht zu werden: „strategisches Handeln" ist leicht in „Manipulation" aufzulösen, es wird gerade einer historisch wirksamen Form von „Praxis" nicht gerecht, die über die Verhältnisse hinausdrängt. Die Wirksamkeit des „Habitus" schließlich kann auch in solchen „allgemein menschlichen Bedürfnissen" begründet gesehen werden, die gerade jenseits aller gesellschaftlich und kulturell spezifischen Konstitution und historischen Veränderbarkeit stehen. Pierre Bourdieu ist von einer solchen statischen Sichtweise keineswegs frei.

Gerade an diesem Punkt aber tritt eine radikalisierte hermeneutische Problemstellung auf neue Weise in ihr Recht. Denn auch die Anerkennung des „Fremden", selbst wenn sie von Konzepten wie „Strategie" und „Habitus" geleitet wird, steht noch in der Gefahr, nach einem Modell mißverstanden zu werden, das letztlich der Konzeption des westlichen Individualismus entspringt. Das Problem der Verbindung zwischen subjektiver Erfahrung auf der einen Seite, den objektiven Strukturen auf der anderen, zwischen Praxis und der sozialen Geltung von Werten, zwischen Wahrnehmungen und Bedeutungen, zwischen Individuum und Institution läßt [|72] sich, so zeigt sich auch im hier angesprochenen Zusammenhang, nicht von den Fragen der Klassenbildung, der Dialektik historischen Wandels, der Prozesse sozialer, kultureller und ökonomischer Transformation trennen. Die „Krise der Anthropologie" verweist auch die Ethnologen, ob sie wollen oder nicht, auf eine historische Perspektive.

7. Einige Schlußfolgerungen

Aus diesen hier angesprochenen besonderen Fragestellungen der neuen Sozialgeschichte und der Sozial- und Kulturanthropologie haben sich Möglichkeiten eines fruchtbaren Dialogs zwischen beiden Disziplinen ergeben. Für beide Disziplinen ist es notwendig, diejenigen Dichotomien hinter sich zu lassen, welche die objektiven, materiellen, strukturellen oder institutionellen Faktoren den subjektiven, kulturellen, symbolischen oder emotionalen gegenübergestellt haben. Wichtig dürfte vor allem sein, daß sich das historische Konzept von Individuum und Person als der Hauptbezugsgröße bei der Produktion und Zuweisung von Bedeutung und Sinn als der falsche Ausgangspunkt historischer wie sozial- und kulturanthropologischer Erkenntnis erwiesen hat.[88] Wenn die Kategorie „Sinn und Bedeu-

---

88 Vgl. hierzu GEERTZ, „Aus der Perspektive des Eingeborenen" (wie Anm. 43), bes. 294: „Die abendländische Vorstellung von der Person als einem fest umrissenen, einzigartigen, mehr oder weniger integrierten motivationalen und kognitiven Universum, einem dynamischen Zentrum des Bewußtseins, Fühlens, Urteilens und Handelns, das als unterscheidbares Ganzes organisiert ist und sich sowohl von anderen solchen Ganzheiten als auch von einem sozialen und natürlichen Hintergrund abhebt, erweist sich, wie richtig sie uns auch scheinen mag, im Kontext der anderen Weltkulturen als eine recht sonderbare Idee. Statt zu versuchen, die Erfahrungen anderer in den Rahmen unserer Vorstellungen einzuordnen – und nichts anderes steckt in den meisten Fällen hinter der so übermäßig betonten „Empathie" –, müssen wir, um

tung" eine neue Dimension gewinnt, dann als ein öffentlich hergestellter oder doch bedeuteter Sinn, der aus dem Wechselspiel sozialer Beziehungen hervorgeht. Dies bedeutet zugleich, daß die soziale Konstitution des Individuums stets als Teil eines historischen Prozesses gesehen werden muß. Das Individuum als sozial konstituiert zu betrachten, das heißt auch stets, daß sich dieser Prozeß innerhalb der Widersprüche und Konflikte der jeweilgen Gesellschaft abspielt, und auch, daß diese Widersprüche und Mehrschichtigkeiten bis ins Subjekt hineinreichen.[89] Pointiert ließe sich sagen, daß die Inanspruchnahme von Bedeutungen und die kulturelle Selbstinterpretation im Handeln überhaupt nur innerhalb klassenkonstituierter, widerspruchsbehafteter, jedenfalls mehrschichtiger sozialer Prozesse nötig und möglich ist.

Dies bedeutet nicht nur, daß Bedeutungen sozial hervorgebracht werden, sondern ebenso, daß in der kulturellen Sphäre der Bedeutungen, wie sie etwa im Ritual des Grüßens zutage treten, soziale, aber auch ökonomische und politische Beziehungen hergestellt oder abgebrochen werden. Wenn das Subjekt in Geschichte und Anthropologie also wieder auf der Bühne er- [|73] scheint, dann nur innerhalb dieses Kontextes der sozialen Produktion von Bedeutungen – des komplexen Prozesses, durch welchen aus dem gemeinsamen Vorrat an Konnotationen, Werten und Symbolen, d.h. aus einer „Kultur" eine Auswahl getroffen wird und getroffen werden muß. Es wäre falsch anzunehmen, daß dieser Prozeß sich auf einem neutralen Feld abspielt, unter Bedingungen gleicher Fähigkeiten und Chancen. Es geht hier vielmehr um den andauernden Kampf um Bedeutungen. Er findet fortwährend im Kontext von Sozialbeziehungen statt, die er zugleich seinerseits konstituiert. Wechselseitigkeit, Abhängigkeit und Widerstand – und ihre Mischungsverhältnisse – sind also nicht „strukturell vorgegeben", sie werden Wirklichkeit erst in diesem Kampf um Bedeutungen, wie er in und zwischen den historischen Subjekten, d.h. Individuen, Gruppen, Klassen und Kulturen stattfindet.

---

zu einem Verstehen zu gelangen, solche Vorstellungen ablegen und die Erfahrungen anderer Leute im Kontext ihrer eigenen Idee über Person und Selbst betrachten."

89 Diese Überlegungen gehen zurück auf ein Gespräch mit Rhys Isaac und David Sabean. Person und Individuum als historisches „Konstrukt" eines spezifisch regionalen gesellschaftlichen Diskurses und sich wandelnder, von Landesherrschaft und Dorfgemeinde bestimmter Sozialbeziehungen sind ein zentraler Gegenstand in den württembergischen „Geschichten" D. SABEANs: Das zweischneidige Schwert. Herrschaft und Widerspruch in der frühen Neuzeit, Berlin 1986.

KULTURANTHROPOLOGIE UND HISTORISCHE SOZIALWISSENSCHAFT

von Thomas Sokoll

> „Eine gute Interpretation von was auch immer – einem Gedicht, einer Person, einer Geschichte, einem Ritual, einer Gesellschaft – versetzt uns mitten hinein in das, was interpretiert wird."
>
> Clifford Geertz (1973)

> „Der Historiker wird sich freilich bei seinen Erklärungen nicht auf eine das hermeneutische Sinnverständnis einschließende Logik des Handelns beschränken können. Denn der historische Zusammenhang geht nicht in dem auf, was die Menschen wechselseitig intendieren. Die motivierten Handlungen sind in einem naturwüchsigen Kontext verschlungen, der durch subjektiv vermeinten Sinn vermittelt, aber nicht gestiftet wird."
>
> Jürgen Habermas (1967)

Einer älteren Generation von Historikern, die sich in traditioneller Manier der politischen Geschichte als einer einfühlend-idealisierenden Nachzeichnung der Haupt- und Staatsaktionen und der Gedächtnispflege herausragender Gestalten verpflichtet fühlte, war das Programm der Geschichte als systematischer historischer Sozialwissenschaft immer suspekt. Inzwischen ist es aber auch in der jüngeren Generation in Verruf gekommen. Unter Bezugnahme auf neuere Ansätze der Kultur- und Sozialanthropologie wird der Historischen Sozialwissenschaft seit den frühen achtziger Jahren vorgehalten, sie huldige einer funktionalistischen Theorieauffassung, die nur auf über- [|234] greifende Strukturen und Prozesse angelegt sei und durch deren ‚verdinglichte' Konzepte der Mensch als historisches Subjekt systematisch ausgeklammert werde. Demgegenüber gelte es, gesellschaftliche Strukturen nicht als äußerliche, gleichsam tote ‚Verhältnisse', sondern als von Menschen gemachte Beziehungsnetze zu begreifen; die, so sehr sie auch zunächst als vorgegeben zu gelten haben, doch immer nur als geronnene Handlungen zu begreifen sind; die zudem, selbst bei härtester Ausrichtung an materiellen Interessen, immer auch kulturell vermittelt, sprich: mit ideellen Orientierungen, Deutungen und symbolischen Ausdrucksformen verwoben sind; und die schließlich *als solche* im sozialen Handlungsvollzug selbst immer wieder neu geknüpft werden und daher auch nur im konkreten Kontext des Alltagshandelns historisch rekonstruierbar (und: darstellbar) sind. Die Kritik gipfelt in dem jüngst vorgetragenen Vorschlag, „Gesellschaft" als systematischen Leitbegriff der Sozialgeschichte aufzugeben und durch den Begriff der „Kultur" zu ersetzen, wie er im Bereich der interpretativen Anthropologie formuliert worden ist. Kultur soll als Summe aller „selbstgesponnenen Bedeutungsgewebe" (Clifford Geertz) gelten, in die der Mensch verstrickt ist, als symbolische Matrix der Gesellschaft, in der die Dialektik von Struktur und Handlung eingeschrieben und damit ablesbar ist.[1]

Wenn es im folgenden darum geht, kultur- und sozialanthropologische Ansätze im Bereich der Geschichtswissenschaft zu würdigen, dann ist mit der angedeuteten Kritik an der Historischen Sozialwissenschaft nicht nur der für die Entwicklung im deutschsprachigen Raum systematische (und politische) Ausgangspunkt benannt. Vielmehr ergibt sich daraus zugleich eine darstellerische Schwierigkeit. Da nämlich hierzulande die sozialanthropologische Öffnung der Geschichte im wesentlichen aus einer ausdrücklichen Frontstellung gegen die Historische Sozialwissenschaft erfolgt ist, läßt sich darüber kaum von einer vermeintlich neutralen Position aus berichten. Ich möchte daher meinen eigenen Standpunkt von vorneherein klarstellen. Ich begrüße die sozialanthropologische Orientierung der Geschichte, wie sie namentlich von Hans Medick und [|235] David Sabean vorangetrieben worden ist, meine aber, daß die bisherigen Ansätze – bei aller Anerkennung für ihre Anstoßwirkung – irreführend formuliert und mißverständlich begründet sind, da sie sich lediglich auf einen winzigen Ausschnitt der kultur- und sozialanthropologischen Diskussion kaprizieren. Ich halte die Forderung, auch Historiker sollten sich des „ethnologischen Blicks" und der „dichten Beschreibung" annehmen, für ebenso sinnvoll wie gerechtfertigt, sehe aber nicht, wie sich daraus ein alternatives historisches Paradigma begründen lassen soll. Ich finde den Vorschlag, den Begriff der „Kultur" gegen den der „Gesellschaft" auszuspielen, unangebracht und glaube, daß er – bestenfalls – zu einer Neuauflage der konventionellen Kultur- und Sittengeschichte führen wird. Demgegenüber möchte ich für eine weitaus *breitere* Orientierung der Historiker an der Kultur- und Sozialanthropologie plädieren – allerdings nicht als Alternative zur Historischen Sozialwissenschaft, sondern weil ich darin eine ebenso notwendige wie ‚natürliche' Ergänzung und Erweiterung sehe.

---

1 C. GEERTZ, Dichte Beschreibung. Bemerkungen zu einer deutenden Theorie von Kultur [amerik. 1973], in: DERS., Dichte Beschreibung. Beiträge zum Verstehen kultureller Systeme, Frankfurt am Main 1983 [amerik. 1973], 7–43, Zit. 9. Wegweisend für die Rezeption solcher Ansätze und die daraus entwickelte sozialanthropologisch orientierte Kritik an der historischen Sozialwissenschaft waren H. MEDICK, „Missionare im Ruderboot"?, in: Geschichte und Gesellschaft 10, 1984, 295–319, die überarbeitete Version des Textes siehe oben S. 183–210, und D. SABEAN, Zur Bedeutung von Kontext, sozialer Logik und Erfahrung, in: F.-J. BRÜGGEMEIER, J. KOCKA (Hg.), „Geschichte von unten – Geschichte von innen". Kontroversen um die Alltagsgeschichte, Hagen (Fernuniversität) 1985, 52–60. Für die ‚kulturalistische' Radikalisierung der Kritik stehen u.a. U. DANIEL, „Kultur" und „Gesellschaft". Überlegungen zum Gegenstandsbereich der Sozialgeschichte, in: Geschichte und Gesellschaft 19, 1993, 69–99; R. SIEDER, Sozialgeschichte auf dem Weg zu einer historischen Kulturwissenschaft?, in: Geschichte und Gesellschaft 20, 1994, 445–458.

Dabei lasse ich es dahingestellt, ob die ethnologisch und alltagsgeschichtlich motivierte Kritik an der strukturgeschichtlichen Verengung der Historischen Sozialwissenschaft ursprünglich gerechtfertigt gewesen sein mag – fest steht, daß sich ihre Vertreter den Vorschlägen einer entsprechenden Erweiterung, sobald sie einmal formuliert waren, nicht prinzipiell verschlossen haben.[2] Auch werde ich die Frage nach der politischen Bedeutung ‚kulturalistischer' Motive nicht weiterverfolgen.[3] Mich interessiert allein die Frage, ob sich – auf der durch Medick und Sabean geschaffenen Basis – die „ethnologische" Schärfung des historischen Blicks genauer und konsistenter als bislang begründen läßt. Ich behaupte nämlich, daß bestimmte von dieser Position aus formulierte Ansprüche gerade unter Berufung auf die Sozialanthropologie nicht haltbar sind, weil sie einer mißverständlichen Rezeption der Sozialanthropologie aufsitzen, und möchte versuchen, einige dieser Mißverständnisse auszuräumen. Aus diesem Grunde bleiben auch andere Versuche einer anthropologischen Grundlegung der Ge- [236] schichtswissenschaft wie etwa August Nitschkes Programm einer Historischen Verhaltensforschung oder die im Rahmen des Freiburger Instituts für Historische Anthropologie von Jochen Martin und anderen verfolgten Ansätze im folgenden unberücksichtigt. Außerdem werde ich mich historisch in erster Linie im Bereich der Frühen Neuzeit aufhalten. In der Forschung kommen ethnologische Ansätze zwar auch in der Althistorie und der Mediävistik zum Tragen, diese spielen aber für die aktuelle Auseinandersetzung um die Historische Sozialwissenschaft, die hier meinen Bezugspunkt bildet, noch keine Rolle.

Die Darlegung erfolgt in fünf Schritten. Ich trage zunächst, ausgehend von der ‚kulturalistischen' Zuspitzung der Kritik an der Historischen Sozialwissenschaft, einige Klarstellungen zum Begriff der Kulturanthropologie vor (1.) und versuche anschließend, die Bedeutung der Feldforschung und Ethnographie für die „klassische" Epoche der modernen Anthropologie zu umreißen (2.). Ich gehe dann zur „dichten Beschreibung" über, die ich als programmatischen Ausdruck einer hermeneutischen Wende deute, die sich in der Anthropologie als Antwort auf die im Zuge der Dekolonisation eingetretene Krise der Feldforschung ergeben hat (3.). Sodann diskutiere ich an einigen Beispielen, wie die „dichte Beschreibung", aber auch andere Konzepte der Sozialanthropologie bisher für die historische Arbeit fruchtbar gemacht worden sind (4.), und versuche zum Abschluß, daraus einige Konsequenzen für die weitere Arbeit zu ziehen (5.).

---

2   Siehe H.-U. WEHLER, Königsweg zu neuen Ufern oder Irrgarten der Illusion? Die westdeutsche Alltagsgeschichte: Geschichte „von innen" und „von unten", in: BRÜGGEMEIER, KOCKA, „Geschichte von unten " (wie Anm. 1) 17–47; J. KOCKA, Antwort an David Sabean, in: ebd., 61–69; vor allem aber die ausgewogene Stellungnahme von J. KOCKA, Historisch-anthropologische Fragestellungen – ein Defizit der Historischen Sozialwissenschaft? in: H. SÜSSMUTH (Hg.), Historische Anthropologie. Der Mensch in der Geschichte, Göttingen 1984, 73–83.

3   Ich teile die Bedenken, die W. KASCHUBA formuliert hat: Kulturalismus: Kultur statt Gesellschaft? in: Geschichte und Gesellschaft 21, 1995, 80–95.

1. Kulturanthropologie, Sozialanthropologie, Ethnologie

Im deutschsprachigen Raum hat die Diskussion über die Bedeutung anthropologischer Ansätze, Methoden und Erkenntnisse für die Geschichtswissenschaft nicht nur sehr spät eingesetzt, sondern auch immer daran gekrankt, daß man sich von den – aus internationaler Sicht – ziemlich abseitigen Vorstellungen über diese Disziplin nicht hat lösen mögen, die sich [|237] durch die Last der heimischen Tradition tief eingeprägt haben. Selbst einem so aufgeschlossenen Anreger wie Thomas Nipperdey ist zu Beginn der siebziger Jahre in seinem Plädoyer für die anthropologische Erweiterung der Geschichte der Lapsus unterlaufen, allein Margaret Mead als Kronzeugin für die Kulturanthropologie angelsächsischer Prägung anzuführen, um diese dann sogleich mit der philosophischen Anthropologie Arnold Gehlens zu verknüpfen und anschließend David Riesmans Studie über die Wandlungen ‚des' amerikanischen Charakters als historisch-anthropologisches Musterbeispiel auszugeben.[4]

Es bedeutet freilich einen fatalen Rückfall noch weit hinter die Position Nipperdeys, wenn neuerdings Ute Daniel und andere in ihrem Ansinnen, über den Begriff der „Kultur" den Begriff der Gesellschaft als Leitbegriff der historischen Forschung auszuhebeln, sich auf die moderne Kulturanthropologie meinen berufen zu können und dies ausgerechnet mit einer Rückbesinnung auf die kulturgeschichtlichen Ansätze Lamprechts und seiner Mitstreiter verbinden wollen.[5] Denn wohin soll der erneute Anschluß an die deutsche kulturgeschichtliche Tradition führen, wenn nicht zurück auf jene *geistes*geschichtlichen Abwege, auf denen – was Nipperdey bereits klar gesehen hat – alle früheren in Deutschland unternommenen Versuche zur Begründung der Kulturanthropologie steckengeblieben sind?[6] Erinnert sei nur an Erich Rothacker, der sich in seiner einflußreichen Kulturanthropologie nur auf die historischen Hochkulturen als besonderen „Veredelungsformen" menschlichen Lebens bezogen hat (klassisches Griechenland, Rom, christliches Mittelalter, Renaissance, mitunter auch China und Japan) und alle unterhalb der durch Literatur, Kunst und Philosophie markierten Schranke verbliebenen Gesellschaften aus seiner Betrachtung ausdrücklich ausschloß: jene

---

4   TH. NIPPERDEY, Die anthropologische Dimension der Geschichtswissenschaft, in: G. SCHULZ (Hg.), Geschichte heute. Positionen, Tendenzen und Probleme, Göttingen 1973, 225–255, hier: 225–228; A. GEHLEN, Der Mensch. Seine Natur und seine Stellung in der Welt, Berlin 1940, Bonn 1950; D. RIESMAN u.a., Die einsame Masse. Eine Untersuchung der Wandlungen des amerikanischen Charakters, Reinbek bei Hamburg 1958 [amerik. 1950]. – Zur philosophischen Anthropologie vgl. den glänzenden Abriß von J. HABERMAS, Philosophische Anthropologie (1958), in: ders., Kultur und Kritik. Verstreute Aufsätze, Frankfurt am Main 1973, 89–111, siehe in diesem Band oben S. 31–46.
5   Vgl. DANIEL, „Kultur" und „Gesellschaft" (wie Anm. 1) 84–87.
6   TH. NIPPERDEY, Kulturgeschichte, Sozialgeschichte, historische Anthropologie, in: VSWG 55, 1968, 145–164, hier: 149–153.

"zahllosen kleinen Stämme, die wacker Ackerbau trieben, ihre Herden hüteten, auf Seeraub auszogen und sich gegenseitig erschlugen".[7]

Im Unterschied zu solchen Vorstellungen eines hochtrabenden abendländischen Provinzialismus hat es die Kulturanthro- [|238] pologie außerhalb Deutschlands immer auf die ‚Gesellschaft' als ganze abgesehen gehabt und sich dabei einem umfassenden Kulturbegriff verpflichtet gewußt, der ausdrücklich auch die niedersten Bereiche des materiellen Lebens mit einschließt und sich dadurch vom idealistischen oder romantischen Pathos im deutschen Verständnis der „Kultur" grundsätzlich unterscheidet. Im angelsächsischen Verständnis – und das ist seit Jahrzehnten international tonangebend – ist die Kulturanthropologie auch gar keine besonders ‚kulturalistische', sondern in erster Linie eine streng *soziologische* Disziplin, die übrigens im britischen Englisch auch gar nicht *cultural*, sondern *social anthropology* heißt. Allein aus diesem Grunde ist es völlig abwegig, ausrechnet von der modernen Kulturanthropologie aus einen Gegensatz zwischen Kultur und Gesellschaft konstruieren zu wollen.[8]

Sodann geht es in der modernen Kultur- und Sozialanthropologie weder um die einfühlsame Idealisierung der Leistungen ‚des' hochkulturellen Menschen noch um die hehre Suche nach der einem solchen Wesen angemessenen ‚Gesellungsformen'. Vielmehr widmet sich diese Disziplin der empirischen Erforschung der primitiven Gesellschaften der außereuropäischen Welt. Im deutschsprachigen Raum wird sie als Ethnologie (früher auch als Völkerkunde) bezeichnet, und zu den wenigen älteren Arbeiten von deutscher Seite, die als eigenständiger Beitrag zur modernen Anthropologie (im internationalen Sinne) gelten dürfen, zählen eben *nicht* diejenigen von Gehlen oder Rothacker, sondern von soziologisch orientierten Ethnologen wie Richard Thurnwald und Wilhelm Mühlmann.[9]

Als Bestimmung des für die Ethnologie spezifischen Gegenstandes ist der Begriff der primitiven Gesellschaft nicht wertend gemeint, sondern streng analytisch zu verstehen. Er trägt dem Umstand Rechnung, daß sich diese Gesellschaften nicht nur von der modernen Gesellschaft, sondern dadurch, daß sie *vorindustriell*, *nichtstaatlich* und *schriftlos* sind, auch von allen historischen Gesellschaften unterscheiden. Im streng analytischen Sinne handelt es sich daher tatsächlich um „geschichtslose Völker", denn der Historiker hat es, angefangen [|239] mit den frühen Hochkulturen, durchweg mit Gesellschaften zu tun, die über die

---

7   E. ROTHACKER, Probleme der Kulturanthropologie, Bonn 1948, 21. Rothacker hat sich in diesem Werk ausdrücklich auf die Kulturgeschichte des ausgehenden 19. Jahrhunderts bezogen.
8   Um sich diese Zusammenhänge zu vergegenwärtigen, genügt schon ein flüchtiger Blick in Standardlehrbücher von amerikanischer und britischer Seite, etwa: F. R. VIVELO, Handbuch der Kulturanthropologie. Eine grundlegende Einführung, Stuttgart 1981 [amerik. 1978]. Über die Abgrenzung von *cultural* und *social anthropology* im Rahmen der Allgemeinen Anthropologie (*general anthropology*), die z.B. auch Archäologie und Humangenetik einschließt, orientiert jedes Lehrbuch der allgemeinen Anthropologie. Glänzend: M. HARRIS, Culture, People, Nature. An Introduction to General Anthropology, New York [6]1993.
9   R. THURNWALD, Die menschliche Gesellschaft in ihren ethno-soziologischen Grundlagen, 5 Bde., Berlin 1931–35; W. E. MÜHLMANN, Rassen, Ethnien, Kulturen. Moderne Ethnologie, Neuwied 1964.

Schrift verfügten und schriftliche Zeugnisse hinterlassen haben. Primitive Gesellschaften dagegen lassen sich nicht auf der Grundlage schriftlicher Zeugnisse darstellen, und was immer über ihre Vergangenheit in Mythen und Erzählungen eingegangen sein mag, muß, wie alles übrige, was wir über sie wissen wollen, von ihren ‚eingeborenen' Mitgliedern erfragt oder aus der unmittelbaren Beobachtung ihres Verhaltens erschlossen werden.[10]

2. Feldforschung, Ethnographie und Funktionalismus

Zur Erforschung fremder Kulturen und primitiver Gesellschaften bedient sich die Ethnologie herkömmlicherweise einer besonderen Methode: der Feldforschung oder teilnehmenden Beobachtung einer bestimmten Kultur. Ihr entspricht als klassische literarische Darstellungsform die ethnographische Monographie.

Diesen Zusammenhang von Methode und Darstellung möchte ich an einem berühmten Beispiel etwas eingehender erläutern: an Bronislaw Malinowskis „Argonauten des westlichen Pazifik" (1922), einem Werk, das nicht nur auf intensiver Feldforschung beruht (das gab es auch schon vorher), sondern in dessen Einleitung die Methode der teilnehmenden Beobachtung erstmals paradigmatisch dargelegt wird und mit dem sein Autor durch die geradezu vollendete Komposition der Darstellung die ethnographische Monographie mit einem Schlag als literarisches Genre etabliert hat.[11]

Das Ziel der Feldforschung formuliert Malinowski emphatisch: Es gilt, in die fremde Gesellschaft „einzutauchen", um „den Standpunkt des Eingeborenen, seinen Bezug zum Leben zu verstehen, und sich *seine* Sicht *seiner* Welt vor Augen zu führen."[12] Dazu muß der Ethnologe alle Kontakte zur eigenen Kultur abbrechen, auch zu deren Repräsentanten vor Ort wie Missionaren, Geschäftsleuten oder Kolonialbeamten (ein Anspruch, den Malinowski selbst in Melanesien nicht durchgehal- [|240] ten hat). Sodann hat er, da er über keinerlei andere Unterlagen verfügt, aus eigener Beobachtung eine Gesamtaufnahme der untersuchten Gesellschaft zu erstellen. „In der Ethnographie ist der Autor sein eigener Chronist und Geschichtsforscher zugleich", denn „seine Quellen ... sind nicht in materiellen Dokumenten erstarrt, sondern liegen im Verhalten und im Gedächtnis lebender Menschen."[13] Aus seinen Beobachtungen, Befragungen und Aufzeichnungen im

---

10 Erst seit kurzem gibt es mit K.-H. KOHL, Ethnologie – die Wissenschaft vom kulturell Fremden. Eine Einführung, München 1993, eine deutsche Einführung, die sich international sehen lassen kann; siehe ferner H. FISCHER (Hg.), Ethnologie. Einführung und Überblick, Berlin ³1992; B. STRECK (Hg.), Wörterbuch der Ethnologie, Köln 1987.

11 B. MALINOWSKI, Argonauten des westlichen Pazifik. Ein Bericht über Unternehmungen und Abenteuer der Eingeborenen in den Inselwelten von Melanesisch-Neuguinea, Frankfurt am Main 1979 [engl. 1922].

12 Ebd., 49 (Hervorhebg. im Orig.).

13 Ebd., 25.

Feld erarbeitet er nach und nach ein umfangreiches dokumentarisches Inventar der fremden Kultur.[14]

In der ethnographischen Darstellung wird das erschlossene Material dann thematisch verarbeitet. Im Mittelpunkt der literarisch an die klassischen europäischen Reiseberichte gemahnenden, aber in charakteristischer Umkehrung des Genres abgefaßten „Argonauten" steht der Kula-Ring: ein System des zeremoniellen Gabentausches (Halsketten aus roten Muscheln gegen Armreifen aus weißen Muscheln, die unablässig in gegenläufiger Richtung kreisen), durch das die auf einem sich über mehrere hundert Kilometer erstreckenden Inselring nordöstlich von Neuguinea lebenden Stämme miteinander verbunden sind. Aus dem Kula-Ring als thematischem Zentrum ergeben sich die übrigen Schwerpunkte der Darstellung: die verschiedenen Formen des Kula, seine sozialen, mythischen und magischen Aspekte; dann die Kanus, ihre Konstruktionsprinzipien, die Arbeitsorganisation bei deren Bau, ihre Besitzformen; schließlich die abenteuerlichen Übersee-Expeditionen, die in den Kanus unternommen werden; dies alles aber eingebunden in das übergreifende Thema des Handels, des Austausches und der Arbeit unter den Bedingungen einer „primitiven" Ökonomie (die sich tatsächlich als hochgradig komplex erweist), und um die Frage kreisend, wie es den Melanesiern gelingt, über riesige Entfernungen hinweg „durch Austausch von Gaben soziale Bindungen zu stiften".[15]

Als Ethnograph zeichnet sich Malinowski durch einen ‚fanatischen Empirismus' (Leach) aus, der in der Anthropologie bis heute als unübertroffen gilt.[16] So beginnt er seine Studie mit einer ungemein plastischen Beschreibung des Landes und [|241] seiner Bewohner, in der er uns nicht nur die Gestalt der Hütten, den Aufbau der Dörfer oder die Anlage der Gärten und ihre Bestellung vor Augen führt, sondern uns ebenso über die Stellung der Frau und die Rolle des Mutterbruders, das Geschlechtsleben und die Hochzeitsbräuche oder die soziale und politische Funktion des Häuptlings unterrichtet. Seine geradezu überwältigende Kenntnis des gesamten ‚Feldes' zeigt sich aber vor allem an der verblüffenden Leichtigkeit, mit der er auch in den thematisch strengsten Abschnitten die Darstellung des gerade behandelten Gegenstandes immer wieder mit Fragen aus – scheinbar – anderen gesellschaftlichen Bereichen verknüpft, etwa wenn er im Zusammenhang mit der Arbeitsorganisation beim Kanubau die magische Regulierung der Arbeit erörtert.[17] Fritz Kramer hat diese Darstellungstechnik als „synthetische Ethnogra-

---

14 Ebd., 23–49 (Darlegung der Methode).
15 Ebd., 216. Zur literarischen Struktur des Werkes vgl. das ausgezeichnete Nachwort von F. KRAMER, in: ebd., 558–570.
16 E. R. LEACH, The Epistemological Background to Malinowski's Empiricism, in: R. FIRTH (Hg.), Man and Culture. An Evaluation of the Work of Bronislaw Malinowski, London 1957, 119–137. Zur Würdigung des Gesamtwerkes von Malinowski vgl. auch TH. MERGEL, TH. WELSKOPP (Hg.), Geschichte zwischen Kultur und Gesellschaft. Beiträge zur Theoriedebatte, München 1997, sowie die treffende Skizze von K.-H. KOHL, Bronislaw Kaspar Malinowski (1884–1942), in: W. MARSCHALL (Hg.), Klassiker der Kulturanthropologie. Von Montaigne bis Margaret Mead, München 1990, 226–247, 348–352 (Anm.).
17 MALINOWSKI, Argonauten (wie Anm. 11) 150–153, 160–183.

phie" bezeichnet und mit dem Kubismus in der zeitgenössischen Malerei verglichen: „Um den Wilden so ins Bild zu setzen, wie er ‚wirklich ist', zeigt Malinowski ihn nicht von einem einzigen Standpunkt aus, sondern in verschiedenen und wechselnden Perspektiven, deren Ansichten er zu einem Bild zusammenfügt."[18] Aus dieser Darstellungstechnik erklärt sich nicht nur die komplexe Architektur der „Argonauten", sondern auch der Gesamtaufbau der trobriandrischen Trilogie. Malinowski hat nämlich dieser Studie noch zwei weitere ethnographische Monographien über dieselbe Kultur folgen lassen, in denen er die darstellerische Perspektive abermals wechselt. Begleitet er in den „Argonauten" die Eingeborenen auf ihren großen Fahrten übers Meer, so folgt er im „Geschlechtsleben der Wilden" ihrem individuellen Lebenszyklus und in den „Korallengärten" dem jahreszeitlichen Wechsel ihrer Arbeit beim Gartenbau.[19]

Malinowskis ethnographische Bändigung seiner Felderfahrung verdankt sich allerdings nicht allein seinem außergewöhnlichen literarischen Talent, sondern hängt auch mit einem spezifischen soziologischen Verständnis zusammen, das seine Schilderungen aus dem Feld von Anfang an durchzieht, auch wenn er es erst später systematisch expliziert hat (worin ohnehin nicht seine Stärke lag). Malinowski begreift die Gesell- [|242] schaft als ein „organisches" Gebilde, dessen Teile unter dem Gesichtspunkt ihrer Funktion für den Zusammenhalt des Ganzen zu erklären sind. Daß diese Vorstellung später in der Ethnologie scharf kritisiert worden ist, braucht uns hier nicht weiter zu interessieren. Für unsere Fragestellung entscheidend ist vielmehr die enorme Wirkung der funktionalistischen Anthropologie und ihres Gesellschaftsmodells auf die Nachbarwissenschaften, zumal in der Weiterentwicklung durch Radcliffe-Brown, der die zentralen Begriffe der Funktion und der Sozialstruktur differenzierter zu fassen verstand.[20] Dadurch wurde die Ethnologie im angelsächsischen Raum, und damit zugleich auf internationaler Ebene, zur wichtigsten Nachbardisziplin der Soziologie. In Deutschland dagegen, obgleich der Strukturfunktionalismus auch hier – mit charakteristischer Verzögerung – zur vorherrschenden soziologischen Theorie der Nachkriegszeit avancierte, fehlte ihr (von ganz wenigen Ausnahmen abgesehen) durchweg der anthropologische Unterbau. Daher hat auch die westdeutsche Soziologie kaum gesehen, daß ihr im wesentlichen von Parsons und anderen Vertretern des „mainstream" der nordamerikanischen Soziologie übernommenes Modell der modernen Gesellschaft als eines in sich geschlossenen Regelsystems im Grunde den anthropologischen Gesamtaufnahmen *primitiver* Gesellschaften entlehnt war, von denen sie keinerlei empirische Anschauung besaß. Umgekehrt hat die angelsächsische

---

18 F. KRAMER, Verkehrte Welten. Zur imaginären Ethnographie des 19. Jahrhunderts, Frankfurt am Main 1977, 82–86, Zit. 85.
19 B. MALINOWSKI, Das Geschlechtsleben der Wilden in Nordwest-Melanesien. Liebe, Ehe und Familienleben bei den Eingeborenen der Trobriand-Inseln, Britisch-Neuguinea, Frankfurt am Main 1979 [engl. 1929]; DERS., Korallengärten und ihre Magie. Bodenbestellung und bäuerliche Riten auf den Trobriand-Inseln, Frankfurt am Main 1981 [engl. 1935].
20 A. R. RADCLIFFE-BROWN, Structure and Function in Primitive Society. Essays and Addresses, London 1952, darin vor allem: On the Concept of Function in Social Science, 1935, 178–187; On Social Structure, 1940, 188–204.

Soziologie die geradezu instinktive Selbstverständlichkeit, mit der sie in allen Fragen der Theoriebildung den vergleichenden Blick auf primitive Gesellschaften richtet, bis heute bewahrt. Darin liegt eine der wesentlichen Errungenschaften des Funktionalismus.[21]

Mit dieser im doppelten Sinne umfassenden Perspektive – der Blick zielt auf moderne *und* primitive Gesellschaften, und dabei jeweils auf die Totalität des gesellschaftlichen Zusammenhangs – hängt eine weitere Errungenschaft eng zusammen, die in Deutschland ebenfalls gern übersehen wird: der funktionalistische Begriff der Kultur. Malinowski hat ihn 1931 anschaulich skizziert. Danach besteht jede Kultur aus einer Vielzahl von Elementen, von kollektiven Errungenschaften, die dem [|243] Menschen als „zweite Umwelt" gegenüberstehen, als solche aber nicht isoliert voneinander verstanden werden können, „weil gerade die Beziehung zwischen ihren Elementen die Bedeutung einer Kultur ausmacht".[22] Es gibt keine soziale Erscheinung, die allein aus sich heraus verstehbar wäre. Vielmehr verweist jede beobachtbare Einzelheit, selbst das einfachste Stück aus dem großen Arsenal der materiellen Kultur, stets auf den gesellschaftlichen Zusammenhang insgesamt: „So führt uns ein zugespitzter Stock, nämlich ein Speer, den man zur Jagd verwendet, zur Untersuchung der Art von Jagd, die man in einer bestimmten Kultur übt, des Jagdrechts, der Jagdorganisation, der Technik, der magischen Riten, der Verteilung der Beute sowie der Beziehung dieser Art des Jagens zu anderen und der allgemeinen Bedeutung der Jagd innerhalb der Ökonomie des Stammes."[23]

3. Dichte Beschreibung

Im Unterschied zu ihrer Bedeutung für die Sozialanthropologie selbst, und zwar nicht nur als Beitrag zum kumulativen Archiv des empirischen Wissens über primitive Gesellschaften, sondern auch für den interkulturellen Vergleich und die anthropologische Theoriebildung, sind die großen ethnographischen Monographien allerdings von Historikern bislang kaum zur Kenntnis genommen worden (auf die Ausnahmen komme ich im nächsten Abschnitt zu sprechen). Vielmehr haben sich auch und gerade die Protagonisten einer anthropologischen Wende in der Geschichtswissenschaft gleich auf jene subversive Kleinform der anthropologischen Darstellung eingeschworen, die der ethnographischen Monographie inzwischen den Rang abgelaufen hat und zum literarischen Faustpfand der interpretativen Anthropologie geworden ist: die „dichte Beschreibung", bei der es nicht mehr um ganze Gesellschaften geht, sondern nur mehr um einzelne ‚Fälle'.

Daraus ergibt sich für die deutsche Debatte eine höchst eigentümliche Konstellation rezeptionsgeschichtlicher Ungleich- [|244] zeitigkeit. Wenn in der aktu-

---

21 Vgl. T. PARSONS, Gesellschaften. Evolutionäre und komparative Perspektiven, Frankfurt am Main 1975 [amerik. 1966].
22 B. MALINOWSKI, Materielle Kultur [amerik. 1931], in: DERS., Schriften zur Anthropologie, Frankfurt am Main 1986, 72–83, Zit. 76.
23 Ebd., 78 f.

ellen Auseinandersetzung um die gesellschaftstheoretische (und damit zugleich: erkenntnistheoretische) Grundlegung der Geschichtswissenschaft inzwischen nicht nur Karl Marx und Max Weber, sondern auch Clifford Geertz und Marshall Sahlins in Spiel kommen, so haben damit die Historiker auch hierzulande endlich Anschluß an den internationalen Diskussionsstand gefunden. Andererseits wird damit aus dem breiten Feld historisch relevanter sozialanthropologischer Konzepte, Methoden und Theorien nur ein winziger Ausschnitt berührt.

Nun ist daran angesichts der späten Rezeption ethnologischer Ansätze in der deutschen Geschichtswissenschaft im Nachhinein nicht mehr viel zu ändern. Wer sich heute als Historiker mit der Anthropologie auseinandersetzt, hat mit (sagen wir) Geertz zu beginnen und kann nicht einfach ein halbes Jahrhundert zu Malinowski zurückspringen. Gleichwohl lassen sich gerade die Neuansätze im Bereich der Anthropologie, die im Zuge ihrer interpretativen Wende entstanden sind, nur vor dem Hintergrund der klassischen Epoche der ethnologischen Feldforschung verstehen – und zwar deshalb, weil sie aus einer Krise der Feldforschung erwachsen sind und sich ausdrücklich gegen die ethnologische Tradition stemmen.

Drei Momente dieses komplexen Abgrenzungsprozesses müssen zum weiteren Verständnis knapp skizziert werden.

1. Die großen ethnographischen Monographien sind in der Epoche kolonialen Friedens zwischen den beiden Weltkriegen entstanden. Selbst da, wo sie (wie bei Malinowski) von einem liberalen Antikolonialismus geprägt sind, zehren sie von einer naiven Ausnutzung der kolonialen Situation. Diese ethnographische Arglosigkeit war nicht lange haltbar und ist im Zuge der Dekolonisation endgültig politisch desavouiert worden.[24] Daraus erklärt sich auch die nachhaltige Politisierung der Anthropologie nach dem Zweiten Weltkrieg, was insbesondere für Frankreich gilt, wo die Ethnologen am frühesten zu einer schonungslosen Selbstkritik ihrer Arbeit fanden (Leiris, Lévi-Strauss).

2. In dem Maße, in dem seit dem Zweiten Weltkrieg die letzten Reste ‚authentischer' Stammesgesellschaften (Lévi- [|245] Strauss) und subsistenzorientierter Wirtschaftsweisen nach und nach der postkolonialen Herrschaftsbildung und dem Sog des Weltmarktes erlegen sind, ist der Sozial- und Kulturanthropologie ihr traditionelles Arbeitsfeld nicht nur politisch entzogen, sondern auch realiter ganz einfach unter den Füßen weggerissen worden.[25]

3. Als literarisches Genre ist die ethnographische Monographie im Laufe der Zeit zu einer kanonisierten Form erstarrt, in der die jeweilige Gesellschaft sche-

---

24 Vgl. G. LECLERC, Anthropologie und Kolonialismus, München 1973 [frz. 1972].
25 Dabei tut es nichts zur Sache, daß es solche von der westlichen Zivilisation gänzlich unberührte Stammeskulturen im Grunde niemals gegeben hat, weil sie von vornherein im Rahmen kolonialer Ausdehnung ‚entdeckt' worden, damit immer schon in den arbeitsteiligen Zusammenhang der Metropolen eingebunden gewesen sind (vgl. E. WOLF, Völker ohne Geschichte. Europa und die andere Welt seit 1400, Frankfurt am Main, New York 1986 [amerik. 1982]). Entscheidend ist vielmehr, daß sich die Vorstellung, der Ethnologe könne ‚im Feld' autonome und in sich abgeschlossene Kulturen beobachten, die ursprünglich zur Begründung der Feldforschung als ethnologischem Paradigma eine durchaus produktive Fiktion gewesen ist, nun nicht länger haltbar war.

matisch in standardisierte Teilbereiche (Verwandtschaftssystem, Sozialorganisation, Wirtschaftsweise, politische Institutionen, Glaube und Magie) zerlegt wird, die der Reihe nach abgehandelt werden – mit dem paradoxen Effekt, daß völlig unterschiedliche Gesellschaften zunehmend nach ein und demselben Strickmuster beschrieben wurden, das in Wirklichkeit eher die funktionale Differenzierung der *modernen* Gesellschaft widerspiegelt als daß es der Komplexität von Stammesgesellschaften gerecht würde, die sich ja gerade durch einen geringen Grad institutioneller Verselbständigung auszeichnen.[26]

All dies hat die Anthropologie in den sechziger Jahren in eine tiefe Krise der Feldforschung geführt, und die „dichte Beschreibung", obgleich sie selbst auch auf der teilnehmenden Beobachtung fremder Kulturen beruht, ist gerade *nicht* als literarische Krönung der Feldforschung zu verstehen, sondern vielmehr als ein aus dieser Krisenerfahrung erwachsener Versuch der Neuorientierung.

Indem sich aber die bisherige Rezeption sozialanthropologischer Ansätze in der deutschen Geschichtswissenschaft von vorneherein ausdrücklich solcher aus der Krise der Feldforschung erwachsener Perspektiven angenommen hat, hat sie die breite *empirische* Tradition der Anthropologie unbesehen ausgeblendet. Damit ist sie zugleich einem verkürzten Verständnis der anthropologischen Neuansätze aufgesessen, was wiederum dazu geführt hat, daß sie die Bedeutung dieser Neuansätze für die historische Praxis viel zu hoch veranschlagt. Ich möchte dies am Beispiel der Diskussion um die „dichte Beschreibung" zeigen. [|246]

Ich beziehe mich dabei auf eine Überlegung, die Hans Medick in seinem wegweisenden Essay „Missionare im Ruderboot"? (dessen selbstironischer Titel oft mißverstanden worden ist) vorgetragen hat. Medick hat darin nicht nur als einer der ersten auf die Bedeutung des Geertzschen Ansatzes auch für die deutsche Geschichtswissenschaft hingewiesen, sondern zugleich versucht, aus dem Konzept der „dichten Beschreibung" und aus dem „Feldforschungsparadigma" ein alternatives Programm der historischen Erkenntnis und Darstellung zu gewinnen. Unter Rückgriff auf Gadamers Explikation des historischen Verstehens kommt Medick zu einer interessanten Deutung der ethnologischen Erfahrung: Im ‚Feld' zeige sich, daß das herkömmliche Prinzip des hermeneutischen Verstehens versage, da zwischen der Kultur des Beobachters und der untersuchten fremden Kultur die ‚wirkungsgeschichtliche Verflechtung' (Gadamer), auf der das hermeneutische Verstehen beruht, gar nicht gegeben ist.[27]

Dieser Hinweis auf die Grenzen der traditionellen Hermeneutik ist auf den ersten Blick schlagend, denn in der Tat zielt der „ethnologische Blick" durchweg auf Gesellschaften, die völlig außerhalb unseres historischen Horizontes liegen und in denen wir fortwährend auf Erscheinungen stoßen, die uns zunächst völlig fremd, undurchschaubar und unverständlich sind. Gleichwohl scheint mir, daß

---

26 Vgl. KOHL, Ethnologie (wie Anm. 10) 119–121.
27 MEDICK, „Missionare im Ruderboot"? (wie Anm. 1) 305 f., in diesem Band oben S. 196 f. [|59 f.]; H.-G. GADAMER, Wahrheit und Methode. Grundzüge einer philosophischen Hermeneutik, Tübingen ³1972, 284–290 (der Begriff der „wirkungsgeschichtlichen Verflechtung": 284).

Medick das Anliegen von Geertz an einem entscheidenden Punkt mißverstanden hat. Er stellt nämlich nicht in Rechnung, daß sich für Geertz die Bedeutung der „dichten Beschreibung" in der Auseinandersetzung mit dem Fremden genau umgekehrt darstellt: Das zunächst Unverständliche zwingt zum genaueren Hinsehen – und erweist sich dadurch als *hermeneutischer* Schlüssel. Durch ihre „komplexe Besonderheit" und ihre spezifische „Umständlichkeit" wirken die ethnologischen Befunde als soziologischer Hebel gegen die „abgestumpfte Wahrnehmung des Vertrauten"; sie dienen dazu, über die schrittweise Entschlüsselung der fremden Beobachtungen „einen Zugang zur Gedankenwelt der von uns untersuchten Subjekte" zu erlangen und „ein fremdes Universum symbolischen Handelns zu durchdringen".[28] Diese [|247] Durchdringung bedeutet aber nichts anders, als daß der Ethnologe am Ende (durch seine Darstellung) genau den wirkungsgeschichtlichen Zusammenhang zu der fremden Kultur stiftet, den es zunächst nicht gab, der aber zu ihrem Verständnis unabdingbar ist. Die „dichte Beschreibung" eröffnet daher einen Horizont des Verstehens, in dem der „Standpunkt des Eingeborenen" mit der Perspektive des fremden Beobachters verschmilzt.[29]

Dafür, daß die „dichte Beschreibung" im Grunde nicht mehr, aber auch nicht weniger als eine durch die ethnologische Felderfahrung fremder Kulturen radikalisierte Hermeneutik darstellt, hat Geertz selbst in der vielleicht hinreißendsten seiner eigenen dichten Beschreibungen, dem Essay über die soziale Bedeutung des Hahnenkampfes auf Bali, gleich zu Beginn ein schönes Beispiel gegeben. Er und seine Frau, so berichtet er, halten sich schon über eine Woche in dem für ihre ethnologischen Untersuchungen erkorenen Dorf auf. Von den Einheimischen aber werden sie nach wie vor mit völliger Gleichgültigkeit behandelt. Inzwischen sind auf dem Dorfplatz die Vorbereitungen für einen Hahnenkampf abgeschlossen – als plötzlich die Polizei auftaucht (Hahnenkämpfe sind verboten) und die beiden Zeugen einer Razzia werden. Indem sie sich aber im allgemeinen Durcheinander vor lauter Schreck einfach so verhalten wie die Dorfbewohner auch und vor der Polizei fliehen, verwandeln sie sich Hals über Kopf in ‚Eingeborene'. Am nächsten Morgen ist der Bann gebrochen. Das Dorf ist wie verwandelt. Obwohl von keiner Seite vorhergesehen oder intendiert, hat sich das instinktiv ‚richtige' Verhalten bei der Razzia gleichsam als hermeneutischer Übergangsritus entpuppt: Geertz ist auf einmal kein Fremder mehr und kann sich an die ethnologische Un-

---

28 GEERTZ, Dichte Beschreibung (wie Anm. 1) 21, 33, 35.
29 Ich habe hier bewußt Gadamers Begriff des Horizontes mit Malinowskis „Standpunkt des Eingeborenen" und dessen Geertzscher Lesart kurzgeschlossen: GADAMER, Wahrheit und Methode (wie Anm. 27) 286–290 (dort übrigens auch einiges zum „Standpunkt des anderen"); MALINOWSKI, Argonauten (wie Anm. 11) 49; C. GEERTZ, „Aus der Perspektive des Eingeborenen". Zum Problem des ethnologischen Verstehens [amerik. 1974], in: DERS., Dichte Beschreibung. Beiträge (wie Anm. 1) 289–309 (bezieht sich auf Malinowskis posthum veröffentlichtes Feldtagebuch).

tersuchung des Hahnenkampfes machen (die übrigens ursprünglich gar nicht in dieser Weise geplant war).[30]

Das Ergebnis ist bekannt: eine atemberaubende Analyse dieser blutigen Institution. Zunächst wird die soziologische Eigenart des Hahnenkampfes skizziert. Im Ring gehen Hähne aufeinander los, doch ‚eigentlich' kämpfen Männer. Deren Iden- [|248] tifikation mit den Hähnen ist umso erstaunlicher, als auf Bali alles tierhafte Verhalten Abscheu hervorruft, hat aber auch deutliche sexuelle Konnotationen: Frauen sind vom Hahnenkampf ausgeschlossen; „Hahn" bedeutet auf Balinesisch wie im Englischen (*cock*) zugleich „Schwanz" (= Penis). Es folgt die Beschreibung des Kampfes selbst: seine äußeren Rahmenbedingungen (Ausmaße des Rings, Bewaffnung der Kampfhähne), seine innere Logik (Regeln, Rolle der Kampfrichter), sein typischer Verlauf. Anschließend geht es um die ökonomischen Implikationen. Beim Hahnenkampf wird gewettet, und dies nach einem höchst komplizierten System. Nachdem das Wettsystem erklärt ist, wird es in seiner soziologischen Bedeutung entfaltet. Es stehen riesige Einsätze auf dem Spiel – daher übrigens auch der Titel des Aufsatzes: Der Begriff „deep play" geht auf Jeremy Bentham zurück, der damit Spiele meinte, deren Einsatz so hoch ist, daß die Beteiligung eigentlich (vom utilitaristischen Standpunkt aus) unvernünftig ist. Doch genau darum geht es beim Hahnenkampf: Mit seinem Einsatz setzt ein Mann seine Ehre, sein Ansehen, seinen sozialen Status aufs Spiel, so daß der Kampf eine „Dramatisierung von Statusinteressen" darstellt. Schließlich erfolgt, als Krönung der Analyse, die kulturelle Interpretation des Hahnenkampfes, aus der ich hier nur eine programmatische Kostprobe gebe: „Als Bild, Fiktion, Modell und Metapher ist der Hahnenkampf eine Ausdrucksform. Seine Funktion ist es nicht, soziale Leidenschaften zu zähmen, noch sie zu schüren (wenn dieses Spiel mit dem Feuer auch ein wenig von beidem tut), sondern sie mit Hilfe von Federn, Blut, Menschenansammlungen und Geld darzustellen."[31]

Selbst diese unbeholfene Zusammenfassung (aber wie läßt sich ein solcher Text überhaupt zusammenfassen?) dürfte zumindest eine gewisse Anschauung davon vermitteln, was Geertz mit der „dichten Beschreibung" im Sinn hat. Es geht, wie er an anderer Stelle sagt, darum, soziale Tatbestände als „geschichtete Hierarchie bedeutungsvoller Strukturen" zu erkennen und darzustellen.[32]

Wie zuvor bei Malinowski empfiehlt es sich auch hier, zur Abrundung das Geertzsche Konzept der Kultur zu skizzieren. [|249] Er plädiert für einen „semiotischen Kulturbegriff", den er folgendermaßen definiert: „Als ineinandergreifende Systeme auslegbarer Zeichen (wie ich unter Nichtbeachtung landläufiger Verwendungen Symbole bezeichnen würde) ist Kultur keine Instanz, der gesellschaftliche Ereignisse, Verhaltensweisen, Institutionen oder Prozesse kausal zugeordnet

---

30 C. GEERTZ, „Deep Play": Bemerkungen zum balinesischen Hahnenkampf [amerik. 1972], in: DERS., Dichte Beschreibung. Beiträge (wie Anm. 1) 202–260 (die Schilderung der Razzia: 202–208).
31 Ebd., 246.
32 GEERTZ, Dichte Beschreibung (wie Anm. 1) 12.

werden könnten. Sie ist ein Kontext, ein Rahmen, in dem sie verständlich – nämlich dicht – beschreibbar sind."[33]

Vor dem Hintergrund der bisherigen Erörterung läßt sich hieraus folgende Schlußfolgerung ziehen. „Dichte Beschreibung" bezeichnet eine methodische Operation, die an eine bestimmte Vorstellung von Kultur und Gesellschaft gekoppelt ist. Sie zielt darauf ab, *Kultur als Kontext* darzustellen, indem sie einzelne soziale Tatbestände in ihrer Bedeutung im gesellschaftlichen Zusammenhang entfaltet, der selbst wiederum nur als mehrschichtiger Bedeutungszusammenhang faßbar ist. Um welche sozialen Tatbestände es sich dabei handelt, ist im Prinzip gleich. Entscheidend ist nur, daß sie gleichsam semantische Knotenpunkte im Netz der sozialen Beziehungen bilden und als solche geeignet sind, die Muster im kulturellen Gewebe der Gesellschaft erkennbar zu machen. Dementsprechend gilt, daß das Geschäft des Verständnisses einer Kultur niemals zu Ende sein kann, sondern einen endlosen Zirkel bildet (oder eine Spirale) – gerade so wie im hermeneutischen Verständnis: „Eine Untersuchung stellt einen Fortschritt dar, wenn sie tiefer eindringt – was immer das heißen mag – als die ihr vorausgehenden."[34]

4. Sozialanthropologische Ansätze in der Geschichtswissenschaft

Die bisherigen Versuche, sozialanthropologische Erkenntnisse und Methoden für die Geschichtswissenschaft fruchtbar zu machen, lassen sich der Einfachheit halber in drei Gruppen einteilen – je nachdem, wie sich die Historiker des ethnologischen Materials bedienen und auf welchen Pfaden sie sich ins ethnographische Feld begeben haben. [|250]

1. Auf dem in den sechziger Jahren eingeschlagenen Pfad kamen die Historiker zunächst dahin, sich der anthropologischen Literatur zu bedienen, um aus dem reichhaltigen empirischen Fundus an Erkenntnissen über menschliche Verhaltensweisen Anregungen für die eigene Arbeit zu gewinnen. Edward Thompson beispielsweise verfolgte in einer klassischen Untersuchung über den Zusammenhang von Zeitökonomie, Arbeitsdisziplin und Industriekapitalismus am Beispiel Englands, wie sich unsere Vorstellung von der Zeit im Zuge des Industrialisierungsprozesses verändert hat, welcher sozialen und psychischen Veränderungen es bedurfte, damit ein Satz wie „Zeit ist Geld" zum Glaubensbekenntnis einer ganzen Gesellschaftsformation werden konnte. Um die ganz anders geartete Zeitwahrnehmung in vorindustriellen Gesellschaften zu illustrieren, führte er gleich zu Beginn seines Beitrags neben einigen historischen Beispielen aus dem Mittelalter die westafrikanischen Nuer an, die er natürlich nicht aus eigener Anschauung kannte, sondern nur aus der ethnographischen Monographie von Evans-Pritchard. Die anschließende Abhandlung des eigentlichen Themas kulminierte in einer Darstellung des Kampfes um die Kontrolle über die Zeit im frühindustriellen England. In einigen Baumwollfabriken war es den Arbeitern untersagt, eine eige-

---

33 Ebd., 21.
34 Ebd., 36.

ne Uhr zu tragen. Sie hatten sich bei der Arbeit nach der Fabriksirene zu richten, sollten aber keine Möglichkeit haben, die Zeit zwischen den Signalen zu wissen. Und als gelte es, diesen Skandal nochmals durch einen ethnographischen Kontrast zu unterstreichen, kam Thompson am Schluß noch einmal zu den Nuer zurück – mit dem Hinweis, daß es in ihrer Sprache kein Wort für die Zeit gibt.[35]

2. Seit dem Ende der sechziger Jahre gingen vor allem englische und amerikanische Historiker dann zu einer breiteren thematischen Rezeption der Anthropologie über, indem sie zu bestimmten, mehr oder weniger fest umrissenen Gegenständen mittlerer Größenordnung einschlägige ethnologische Befunde, wenn möglich auch aus mehreren Kulturen, in vergleichender Perspektive in die eigene Forschung einbrachten. Nicht zufällig führte dieser Weg vor allem auf Gebiete, die von histori- [|251] scher Seite lange Zeit vernachlässigt worden waren, aber zu den Standardthemen der anthropologischen Forschung gehörten, so daß sich hier systematische Anknüpfungspunkte anboten. Das Paradebeispiel dafür ist die Sozialgeschichte von Haushalt, Familie und Verwandtschaft, ein zum Verständnis auch der traditionellen europäischen Gesellschaften zentraler Gegenstand, der gleichwohl von Historikern kaum ernsthaft behandelt werden konnte, solange er zwischen alteuropäisch-aristokratischem Idealismus („ganzes Haus") und hilfswissenschaftlichem Antiquarianismus (Genealogie) zerrieben wurde. Vor allem im angelsächsischen Raum, aber auch in Frankreich griffen die Historiker, nachdem sie diesen Bereich zunächst mit Hilfe der Demographie (in solider quantitativer Rodungsarbeit) als historisch-sozialwissenschaftliches Forschungsfeld systematisch erschlossen hatten, auch anthropologische Untersuchungen zu Familie und Verwandtschaft auf. Zum Teil in enger Zusammenarbeit mit Anthropologen unternahmen sie detaillierte Fallstudien ebenso wie breit angelegte interkulturelle Vergleiche (man denke nur an die Pionierarbeiten von Peter Laslett, Jack Goody, Gene Hammel und Alan Macfarlane) und gelangten auf diesem Weg zu einem völlig neuen Bild der historischen Familienformen im europäischen Raum.[36]

3. Zu Beginn der siebziger Jahre erfolgte dann, gewissermaßen auf einem Mittelweg zwischen den beiden bisher beschriebenen Pfaden, eine *methodische* Schärfung des „ethnologischen Blicks" durch die Ausrichtung auf thematisch engere historische Untersuchungsfelder. Auch hier war wiederum Edward P. Thompson bahnbrechend. In seiner Untersuchung über die Brotkrawalle und Hungerunruhen im England des 18. Jahrhunderts erhob er ausdrücklich ethnologische Untersuchungen – Malinowskis „Argonauten" und Peter Worsleys Studie

---

35 E. P. THOMPSON, Zeit, Arbeitsdisziplin und Industriekapitalismus [engl. 1967], in: R. BRAUN u.a. (Hg.), Gesellschaft in der industriellen Revolution, Köln 1973, 81–112, hier 82 f., 96, 103 f.; E. R. EVANS-PRITCHARD, The Nuer, Oxford 1940.
36 J. GOODY, Production and Reproduction. A Comparative Study of the Domestic Domain, Cambridge 1970; A. MACFARLANE, The Family Life of Ralph Josselin: A Seventeenth-Century Clergyman. An Essay in Historical Anthropology, Cambridge 1970; P. LASLETT, R. WALL (Hg.), Household and Family in Past Time, Cambridge 1972; E. A. HAMMEL, P. LASLETT, Comparing Household Structure Over Time and Between Cultures, in: Comparative Studies in Society and History 16, 1974, 73–109; J. GOODY u.a. (Hg.), Family and Inheritance. Rural Society in Western Europe, 1200–1800, Cambridge 1976.

über den antikolonialen Millenarismus in Melanesien[37] – zum modelltheoretischen Vorbild einer „dichten" historischen Beschreibung, mit dem Ziel, die Lebensmittelrevolten als „hochkomplexe Form direkter Volksaktion" zu begreifen und deren soziale und kulturelle „Logik" zu entschlüsseln. Damit setzte er sich zugleich gegen die damals vorherrschende Deu- [|252] tung des sozialen Protestes als gleichsam tierischer, durch blinde Wut – oder schiere Verzweiflung – angetriebener Gefühlsausbrüche des tumben Mobs ab: „Wir wissen alles über das feine Gespinst von sozialen Normen und Reziprozitäten, die das Leben der Trobriand-Insulaner beherrschen, und über die psychischen Energien, die bei den Cargo-Kulten der Melanesier eine Rolle spielen. Aber plötzlich, an irgendeinem Punkt der Entwicklung, wird dieses unendlich komplexe soziale Wesen, das melanesische Individuum, in unseren historischen Darstellungen der englische Bergmann des 18. Jahrhunderts, der sich mit seinen Händen ‚spasmodisch' auf den Bauch schlägt und auf elementare ökonomische Stimuli reagiert."[38] Die politische Pointe dieser ironischen Selbstbezichtigung lag darin, daß Thompson, der sich bereits durch seine legendäre Studie „Making of the English Working Class" (1963) als führender Vertreter einer unorthodox marxistischen Sozialgeschichte etabliert hatte, damit den ökonomischen Reduktionismus der wachstumstheoretischen Wirtschafts- und Sozialgeschichte à la Rostow traf, die damals international tonangebend war.

In den vergangenen fünfzig Jahren hat wohl kaum eine Untersuchung die sozialgeschichtliche Forschung über die einfachen Leute nicht allein in England, sondern überall auf der Welt so nachhaltig beeinflußt wie Thompsons „moral economy of the English crowd". Ihre außerordentliche Wirkung erklärt sich durch die Art und Weise, wie Thompson seinem selbst gesteckten Ziel, die Brotkrawalle als „ein Verhaltensmuster zu beschreiben, dessen sich ein Trobriand-Insulaner nicht hätte schämen müssen",[39] gerecht wurde: durch eine Form der Analyse, die in der Tat an die „synthetische Ethnographie" Malinowskis erinnert. Ausgehend von der ‚Beobachtung' des unmittelbaren Verhaltens der ‚wilden' Volksmassen (auf der Basis zeitgenössischer Berichte über die Unruhen) erschließt sich der soziale Sinn der Hungerrevolten durch einen mehrfachen Wechsel der analytischen Perspektive. Auf der Ebene der Ereignisse selbst werden zunächst die typischen Aktionsformen beschrieben: Beschlagnahme von Kornladungen, kollek- [|253] tive Preisfestsetzung, öffentlicher Verkauf zu fairen Preisen. Sodann wird die soziale Logik dieser Handlungsmuster aufgeschlüsselt: Es geht um die rituelle Inszenierung eines freien Marktes, der als sozialer Ort erscheint, auf dem zu bestimmten Zeiten lebendige Menschen zusammentreffen, um ihre Belange als Produzenten und Konsumenten vor aller Augen auszuhandeln. Dieses Verständnis des Marktes ist wiederum Bestandteil eines spezifischen Wertekodexes: es verweist auf den tradi-

---

37 P. WORSLEY, Die Posaune wird erschallen. ‚Cargo'-Kulte in Melanesien, Frankfurt am Main 1973 [engl. 1957, erw. 1968].
38 E. P. THOMPSON, Die ‚sittliche Ökonomie' der englischen Unterschichten im 18. Jahrhundert [engl. 1971], in: D. PULS (Hg.), Wahrnehmungsformen und Protestverhalten. Studien zur Lage der Unterschichten im 18. und 19. Jahrhundert, Frankfurt am Main 1979, 13–80, Zit. 15.
39 Ebd., 66.

tionellen Erfahrungsraum der Unterschichten und die daraus erwachsende Vorstellung einer „sittlichen Ökonomie". Diese schließlich artikuliert sich jedoch erst im Kontext der Auseinandersetzung mit dem – neuen – Modelldenken der politischen Ökonomie, für das der Markt nur mehr einen abstrakten Mechanismus zum Ausgleich von Angebots- und Nachfrageströmen darstellt.

Thompsons Rekonstruktion der „moral economy" der englischen Unterschichten im 18. Jahrhundert erschien im Februar 1971 in der legendären Zeitschrift „Past and Present". Im selben Heft befaßte sich Natalie Davis mit der Rolle organisierter Jugendgruppen im Karneval und bei den Charivari in Frankreich im 16. Jahrhundert und griff dabei auf die anthropologischen Arbeiten von Arnold van Gennep und Victor Turner zurück.[40] Wenig später legte sie (wiederum in „Past and Present") ihre mittlerweile berühmte Analyse der „Riten der Gewalt" in den konfessionellen Auseinandersetzungen im Frankreich des 16. Jahrhunderts vor, in der sie ausdrücklich an Thompsons Beitrag anknüpfte.[41] Auch methodisch folgte sie seinem Beispiel: Ausgehend von den ‚Beobachtungen' in zeitgenössischen Berichten, ging es auch ihr darum, die soziale Logik der blutigen Auseinandersetzungen im ersten Jahrzehnt der Hugenottenkriege (bis zur Bartholomäusnacht 1572) zu entschlüsseln. Gleichzeitig führte sie seinen Ansatz durch eine engere Anbindung der historischen Analyse an anthropologische Erkenntnisse weiter, indem sie sich etwa in der Deutung solcher Phänomene wie des Bildersturms oder der Leichenschändung auf Mary Douglas' vergleichende Untersuchungen zum Thema Verunreinigung und Tabu bezog.[42] [|254]

Die Arbeiten von E. P. Thompson und Natalie Davis markieren eine strategische Weichenstellung. Denn damit lagen genau zu der Zeit, als Clifford Geertz mit der „dichten Beschreibung" die hermeneutische Wende der Ethnologie einleitete, neben dessen eigenen ethnologischen auch schon die ersten *historischen* Fallstudien vor, die sich implizit dieser Darstellungsform bedienten.

Inzwischen sind die angedeuteten Pfade, auf denen sich zunächst nur wenige historische Pioniere ins ethnologische Terrain gewagt hatten, hinreichend breitgetreten, um einen regen Verkehr in beiden Richtungen zu erlauben. Mehr noch, im Grenzgebiet zwischen Geschichte und Anthropologie sind neue Untersuchungsfelder entstanden, die sich zunehmend ausdehnen und dabei zugleich ausdifferenzieren. So ist aus der anthropologisch orientierten Familiengeschichte längst die Historische Anthropologie der Familie als eigenständiger Forschungsbereich hervorgegangen, der sich durch eine eindrucksvolle interdisziplinäre Zu-

---

40 N. Z. DAVIS, Die Narrenherrschaft [engl. 1971], in: DIES., Humanismus, Narrenherrschaft und die Riten der Gewalt. Gesellschaft und Kultur im frühneuzeitlichen Frankreich, Frankfurt am Main 1987, 106–135, 277–291 (Anm.); A. VAN GENNEP, Manuel de folklore français, 2 Bde., Paris 1943–49; V. TURNER, Das Ritual. Struktur und Anti-Struktur, Frankfurt am Main 1989 [amerik. 1969].
41 N. Z. DAVIS, Die Riten der Gewalt [engl. 1973], in: DIES., Humanismus (wie Anm. 40) 171–209, 297–308 (Anm.).
42 Ebd., 175–179, 198–200; M. DOUGLAS, Reinheit und Gefährdung. Eine Studie zu Vorstellungen über Verunreinigung und Tabu, Berlin 1985 [engl. 1966].

sammenarbeit zwischen Anthropologen und Historikern auszeichnet.[43] Aus der Geschichte der Familie ist die Geschichte der Sexualität als eigenes Feld erwachsen, aus diesem wiederum die Geschichte des menschlichen Körpers. Daneben hat die Berücksichtigung ethnologischer Erkenntnisse auch auf älteren Forschungsgebieten neue Perspektiven eröffnet, etwa im Bereich des Volksglaubens, der Magie und der Hexerei; oder beim Studium von sozialer Ungleichheit und Klassenstrukturen, wenn es um Nachzeichnung der „inneren Dynamik" der Klassenbeziehungen geht; oder in der Geschichte der Arbeiterschaft und der Arbeiterbewegung, wo man Klassen als „kulturelle Formationen" begreift.

Diese Entwicklung hat den Gegenstandsbereich und das methodische Repertoire der historischen Forschung enorm erweitert. Andererseits hat dieser erfreuliche Trend auch die üblichen Schattenseiten wissenschaftlicher Wachstumsschübe. „Dichte Beschreibung", „ethnologischer Blick" und „Kultur" sind zu modischen Passepartouts geworden, deren beinahe beliebige Verwendung es mit sich bringt, daß – von glühenden [|255] Befürwortern ebenso wie von vehementen Gegnern – vieles in einen Topf geworfen wird, was nicht zusammengehört, und die Grenzen zwischen historischer Anthropologie und Mikrogeschichte, Mentalitätsgeschichte, Volkskunde, Alltagsgeschichte und allgemeiner Kultur- und Sittengeschichte zuweilen bis zur Unkenntlichkeit verwischt werden.[44] Das führt zu grotesker Unverbindlichkeit und zu erstaunlichen Gemeinplätzen. So soll es nach Meinung Richard van Dülmens in der historischen Anthropologie (die er auch gerne als historische Kulturforschung bezeichnet) doch tatsächlich um „den Menschen als Subjekt der Geschichte" gehen; und zu diesem Zweck wünscht er sich „Analysen und Untersuchungen konkret handelnder und leidender Menschen an einem bestimmten Ort zu einer bestimmten Zeit in ihrer spezifischen Befindlichkeit und Einstellung, Weltdeutung und Phantasie, wie sie sich erfahren und die Welt mitgestalten".[45] Hätten wir demnach in Zukunft auch jede konventionelle Biographie einer großen geschichtlichen Persönlichkeit als grundlegenden Beitrag zur Historischen Anthropologie zu reklamieren?

Unverbindlichkeit führt leicht zu methodischer Verwirrung. Wenn die „dichte Beschreibung" in aller Munde ist, weiß kaum noch jemand, was denn eigentlich genau darunter zu verstehen ist. Die einen setzen sie einfach mit „Feldforschung" gleich und schließen daraus, daß sie für die historische Arbeit normalerweise nicht

---

43 J. GOODY, Die Entwicklung von Ehe und Familie in Europa, Frankfurt am Main 1986 [engl. 1983]; M. SEGALEN, Sociologie de la famille, Paris 1981; A. PLAKANS, Kinship in the Past. An Anthropology of European Family Life, Oxford 1984; M. MITTERAUER, Historisch-anthropologische Familienforschung. Fragestellungen und Zugangsweisen, Wien 1990.

44 Ein besonders krasses Beispiel liefert R. VAN DÜLMEN, Historische Kulturforschung zur Frühen Neuzeit. Entwicklung – Probleme – Aufgaben, in: Geschichte und Gesellschaft 21, 1995, 403–429, dessen Verweismasse nicht allein uferlos, sondern an vielen Punkten irreführend oder schlicht falsch ist. Bestens orientiert und klug abwägend dagegen ist H. WUNDER, Kulturgeschichte, Mentalitätengeschichte, Historische Anthropologie, in: R. VAN DÜLMEN (Hg.), Fischer Lexikon Geschichte, Frankfurt ²1990, 65–86.

45 So in seinem Bericht über die Podiumsdiskussion zur Historischen Anthropologie auf dem letzten Historikertag, in: R. VAN DÜLMEN, Bericht über die 40. Versammlung deutscher Historiker in Leipzig. 28. September bis 1. Oktober 1994, Leipzig 1995, 257 f., Zit. 257.

in Frage kommt. Andere fassen darunter gleich jede Darstellung, die besonders eng („dicht") an die Quellen angelehnt ist oder auf besonders reichhaltigen („dichten") Quellen fußt.

Was die zweite – inzwischen populärere – Auffassung betrifft, so ist es bezeichnend, daß immer wieder historische Fallstudien als dichte Beschreibungen angeführt werden, die damit gar nichts zu tun haben, wie etwa Emmanuel Le Roy Laduries „Montaillou" und Carlo Ginzburgs „Käse und die Würmer". Im ersten Fall, dem wohl eindrucksvollsten Portrait einer dörflichen Gesellschaft im Spätmittelalter, wird das Alltagsleben der Bauern und Hirten zwar in solch praller Anschaulichkeit geschildert, daß man beinahe meinen könnte, man habe eine [|256] ethnographische Dorfstudie vor sich. Doch wenn überhaupt, so weist die Schilderung Le Roy Laduries allenfalls thematisch einige Berührungspunkte zur Ethnologie auf (Gesten, Rituale, Körper, Magie). Methodisch dagegen handelt es sich um eine absolut konventionelle historische Darstellung. „Montaillou" ist nicht mehr, allerdings auch nicht weniger als eine hinreißende Erzählung, die auf dem dokumentarischen Glücksfall außergewöhnlich ausführlicher Inquisitionsprotokolle beruht. Le Roy Ladurie hat sich im Grunde genommen darauf beschränkt, diese eine Quelle inhaltlich zu plündern. Und er hat gut daran getan, denn mehr war hier auch gar nicht zu leisten. Da gab es nichts an mehrschichtigen Bedeutungen freizulegen, weil der Sinn der Zeugnisse auf der Hand lag und die Aussagen der Bauern und Hirten einfach wörtlich genommen werden konnten.[46] Ähnliches gilt für Carlo Ginzburgs faszinierende Rekonstruktion der geistigen Welt des Menocchio, jenes Müllers aus dem Friaul, der in zwei Inquisitionsprozessen mit atemberaubender Offenheit über seine Gedanken, Träume und Hoffnungen Auskunft gab, bevor er gegen Ende des Jahres 1600 verbrannt wurde. Auch hier war keine „dichte Beschreibung" erforderlich, denn auch an diesen Quellen war nichts zu dechiffrieren. Sie waren bloß ‚verkehrt herum' zu lesen: nicht als Beweis für ketzerische Anschauungen, sondern als subjektive Verarbeitung populärer Vorstellungsmuster. Daher besticht Ginzburgs verkehrte Lektüre vor allem durch ihren subversiven Effekt, kommt sie doch, indem sie diesen einfachen Mann in seinem eigenwilligen Weltbild wenigstens nachträglich gegen seine Glaubenspeiniger unsterblich gemacht hat, einer historiographischen Umkehrung seines damaligen Todesurteils gleich. Zu diesem populistischen Bravourstück bedurfte es jedoch keiner besonderen anthropologischen Raffinesse.[47]

Umgekehrt gibt es inzwischen eine historische Adaptionsform der „dichten Beschreibung", die weit über die ersten Ansätze bei E. P. Thompson und Natalie Davis hinausgeht und wohl die bislang wichtigste methodische Leistung auf dem Gebiet der historischen Anthropologie darstellt, über die aber kaum jemand spricht. Ich meine die „dichte Beschreibung" im [|257] Rahmen einer historisch-anthropologischen Gemeindestudie, wie sie erstmals von David Sabean für das

---

46 E. LE ROY LADURIE, Montaillou. Ein Dorf vor dem Inquisitor 1294 bis 1324, Berlin 1980 [frz. 1975].
47 C. GINZBURG, Der Käse und die Würmer. Die Welt eines Müllers um 1600, Frankfurt am Main 1979 [ital. 1976].

schwäbische Dorf Neckarhausen unternommen worden ist.[48] Daß diese Studie hierzulande bislang kaum zur Kenntnis genommen worden ist, scheint mir wiederum symptomatisch für den hohen Grad an Beliebigkeit, den die Diskussion über die anthropologische Öffnung der Geschichtswissenschaft inzwischen erreicht hat. Während großer Eifer darauf verwendet wird, fragwürdige ideologische Extrempositionen („Kultur" statt Gesellschaft) zu fixieren, scheinen die *empirischen* Fortschritte in der Forschung selbst kaum mehr zu interessieren. Dies ist um so verwunderlicher, als Sabean zu denen gehört, denen wir es zu verdanken haben, daß die Debatte über die Bedeutung anthropologischer Perspektiven für die Geschichtswissenschaft hierzulande überhaupt in Gang gekommen ist. (Ich vermute sogar, daß *er* in Göttingen den Karren erst wirklich ins Rollen gebracht hat.)

Damit kann ich nun wieder den Faden aufnehmen, von dem ich ausgegangen bin. Denn die sozialanthropologische Kritik an der Historischen Sozialwissenschaft, wie sie zu Beginn der achtziger Jahre namentlich von Sabean, Medick und Lüdtke vorgetragen wurde, kam gewissermaßen aus zweiter Hand. Ausgehend von den historischen Pionieren der „dichten Beschreibung" (E. P. Thompson, Natalie Davis) und in Anknüpfung an anthropologische Entwürfe zur kulturellen Praxis (Bourdieu, Sahlins) wurde die ethnologische Perspektive zunächst ‚nur' in Form strategischer Fallstudien erprobt, auf dem Gebiet der Arbeitsprozesse und Klassenbeziehungen, im Bereich der Familienforschung und schließlich im Hinblick auf Herrschaftsbeziehungen.[49] Zwar wurde der eigene Ansatz schon recht früh, vor allem im Rückgriff auf Clifford Geertz, programmatisch formuliert.[50] Aber er blieb trotz der vielen kleinen Vorstöße ins Feld der plebejischen Kultur oder der unehelichen Kinder und ihrer Mütter im Grunde uneingelöst, solange die wirklich „dichte" empirische Probe aufs Exempel noch ausstand: die mikrohistorisch-anthropologische Gemeindestudie, die auf der Grundlage der *gesamten* Überlieferung [|258] eines Ortes das Alltagsleben einer historischen Gemeinschaft über mehrere Jahrhunderte nachzeichnet.

Sabean ist mit seiner Studie über Neckarhausen genau diese Probe aufs Exempel gelungen. Da ich sie an anderer Stelle ausführlich vorgestellt habe, kann ich mich hier auf die für unseren Zusammenhang entscheidenden Punkte beschränken.[51]

Durch die lückenlose Erfassung des gesamten für die Bewohner dieses Dorfes überlieferten Quellenmaterials und die (computergestützte) Vernetzung aller Per-

---

48 D. SABEAN, Property, Production, and Family in Neckarhausen, 1700–1870, Cambridge 1990.
49 Vgl. die Sammelbände: R. BERDAHL u.a., Klassen und Kultur. Sozialanthropologische Perspektiven in der Geschichtsschreibung, Frankfurt am Main 1982; H. MEDICK, D. SABEAN (Hg.), Emotionen und materielle Interessen. Sozialanthropologische und historische Beiträge zur Familienforschung, Göttingen 1984; A. LÜDTKE (Hg.), Herrschaft als soziale Praxis. Historische und sozial-anthropologische Studien, Göttingen 1991.
50 MEDICK, „Missionare im Ruderboot"? (wie Anm. 1); SABEAN, Kontext (wie Anm. 1).
51 TH. SOKOLL, Familien hausen. Überlegungen zu David Sabeans Studie über Eigentum, Produktion und Familie in Neckarhausen 1700–1870, in: Historische Anthropologie 3, 1995, 335–348.

sonen, Sachen und Begebenheiten bewegt sich Sabean wie ein Anthropologe im Feld. Im Unterschied zu Le Roy Laduries „Montaillou" kann Sabeans Neckarhausen tatsächlich als historiographisches Pendant einer ethnographischen Monographie gelten, die alle Bereiche dieses dörflichen Mikrokosmos entfaltet: Produktionsweise, Landbesitz, Sozialstruktur, Einkommen, Haushaltsausstattung, Bevölkerung, Familie und Verwandtschaft, Lokalverwaltung, dörfliche Politik und soziale Kontrolle, Streitfälle und Bildung. Gleichzeitig aber gelingt es Sabean, diese Bereiche durch die genaue Lektüre einzelner Fälle so miteinander zu verzahnen, daß man tatsächlich von einer „dichten Beschreibung" sprechen kann.

Um diese besondere Leistung Sabeans noch etwas genauer zu fassen, möchte ich seine Darstellung an einem strategischen Punkt – der Behandlung der Familie – mit der Dorfstudie über Terling von Keith Wrightson und David Levine vergleichen, der besten unter den historischen Gemeindestudien, wie sie in Großbritannien auf der Basis demographischer Totalerhebungen seit den siebziger Jahren durchgeführt wurden (in Frankreich gab es ähnliches).[52] In der sektoralen Rekonstruktion des dörflichen Mikrokosmos (Produktionsweise, Landbesitz, Sozialstruktur etc.) gehen Wrightson und Levine im Prinzip schon genauso vor wie Sabean, wenn auch noch nicht mit derselben Detailgenauigkeit. Und wie ihn interessiert die beiden die Familie nicht an sich, sondern im Rahmen ökonomischer, sozialer und kultureller Verhältnisse. Aber sie behandeln die Familie (der historisch-demographischen Euphorie ihrer Zeit entsprechend) in erster Linie als demographische Schaltstelle. [|259] Es ist eine statistische „black box", in die Männer und Frauen eingehen und aus der Kinder herauskommen. Was sich im Innern der Kiste abspielt, bleibt unsichtbar. Das hängt auch mit dem Mangel an entsprechenden Quellen zusammen, den man Wrightson und Levine naturgemäß nicht anlasten kann. Für den Vergleich mit Sabean tut dies aber nichts zur Sache, denn obwohl er seinerseits auch im demographischen Bereich über ungleich mehr Material verfügt, macht er gerade davon kaum mehr Gebrauch. Eher beiläufig, fast widerwillig teilt er ein paar dürre Zahlen zum Heiratsalter und zur Bevölkerung mit. Das ist alles. Er unternimmt keine aggregative Analyse der Pfarregister. Das Standardrepertoire jeder ordentlichen Familienrekonstitution – Analyse der ehelichen Fruchtbarkeit, der Säuglings- und Kindersterblichkeit, der Mortalitätslevel für Erwachsene – schlägt er in den Wind. Stattdessen interessiert ihn die Familie von innen. Für Sabean ist die Familie keine „black box" mehr. Er hat die demographische Kiste geöffnet, und jetzt sehen wir, was sich darinnen abspielt.

Wir werden Zeuge der Auseinandersetzungen zwischen den Eheleuten. Wenn die Konflikte so scharf wurden, daß sie bis vor das Konsistorialgericht führten, erfahren wir, welches in den Augen der Männer bzw. der Frauen die wesentlichen Streitpunkte waren. Wenn es noch härter zur Sache ging, können wir die Gewalt in der Ehe genau beobachten: auf welche Körperteile der Frau die Männer es bei tätlichen Angriffen abgesehen hatten und welche Waffen sie dabei benutzten, ob es nur die Hand oder Faust war oder ein Stock, Messer oder gar Schwert.

---

52   K. WRIGHTSON, D. LEVINE, Poverty and Piety in an English Village. Terling, 1525–1700, New York 1979 (Oxford 1995).

Das ist aber nur die Oberfläche der Auseinandersetzungen. Sabean kennt in jedem Streitfall den materiellen Hintergrund. Er kennt die Zusammensetzung des Heiratsfonds, weiß also, wie viel die Frau im Vergleich zum Mann mit in die Ehe einbrachte. Er kennt die Struktur des Haushaltes, weiß nicht nur, wer gerade mit wem zusammenwohnt, sondern auch, wie die aktuelle Verfügung über den Wohnraum zustande gekommen ist; was es bedeutet, wenn etwa zunächst die Mutter stirbt, eine Tochter heiratet, der Schwiegersohn einzieht, der Vater erneut [|260] heiratet und den beiden Töchtern bei dieser Gelegenheit ihren Teil am Erbe der verstorbenen Mutter abkauft, um die Herrschaft im Hause zu behalten, dann aber, nach dem Tod des Vaters, die andere Tochter, die inzwischen ein Kind hat, mit ihrem Mann den Haushalt übernimmt, nachdem ihr die Stiefmutter und ihre Schwester die jeweiligen Eigentumstitel an demselben Haus verkauft haben.

Ich habe hier einen etwas komplexeren Fall angeführt, um zu verdeutlichen, worin der neue dokumentarische Standard und die methodische Expertise bestehen, die Sabean mit seiner Studie erreicht hat. Er weiß über sein Dorf und dessen ‚Eingeborene' mehr, als sich Malinowski jemals hätte träumen lassen können. Und er kann aus seinem Archiv zu jedem Konflikt durch die Vernetzung unterschiedlicher Zeugnisse Bedeutungsschichten ausheben, die so tief liegen, daß sie, hätte sich die Angelegenheit im Busch abgespielt, vermutlich selbst der scharfen Beobachtungsgabe eines Geertz entgangen wären.

Dennoch weiß ich nicht, ob Sabeans Weiterentwicklung der „dichten Beschreibung" nicht am Ende in eine methodische Sackgasse münden könnte. Konsequent weitergeführt, liefe eine mit derselben Hingabe unternommene mikrokosmische Rekonstruktion weiterer Gemeinden auf die dokumentarische Verselbständigung jeder einzelnen Fallstudie hinaus – auf eine Situation, in der sich nur noch sagen ließe: Neckarhausen ist nicht Terling, sondern eben Neckarhausen. Jedenfalls sehe ich nicht, wie sich auf der Grundlage von sagen wir fünfzig historisch-anthropologischen Gemeindestudien des Neckarhausener Formats vergleichende Perspektiven entwickeln ließen – es sei denn, die empirischen Befunde würden an einzelnen Punkten unter systematischen Fragestellungen gebündelt. Dadurch würde zwar die ‚kontextuelle' Dokumentation der einzelnen Studien wieder zerschnitten. Ich glaube aber, daß darin die einzige Möglichkeit besteht, die – hoffentlich – weiter wachsenden Wissensbestände der mikrohistorischen Anthropologie auf Dauer zu handhaben. Die Ergebnisse der mikrohistorischen Fallstudien sind an Fragestellungen mittlerer Reichweite zurückzubinden, wie es etwa im Bereich der Historischen [|261] Anthropologie der Familie in den Arbeiten Mitterauers bereits geschieht. Das bedeutet jedoch, daß die Mikrohistorie ihre Frontstellung gegen die Strukturgeschichte aufgeben und sich wieder stärker den herkömmlichen sozialwissenschaftlichen Methoden öffnen muß, von denen sie ursprünglich ihren Ausgang genommen hat.

5. Perspektiven und Konsequenzen

Um den Ertrag der bisherigen Versuche, sozialanthropologische Fragestellungen, Methoden und Erkenntnisse für die historische Arbeit fruchtbar zu machen, abschließend zu sichern und daraus Perspektiven für die weitere Arbeit zu gewinnen, möchte ich sie zunächst nach der Art der disziplinären Vereinnahmung unter drei Stichworten zusammenfassen: assoziative Anregung, thematische Erschließung und methodische Radikalisierung.

Das erste Verfahren ist ebenso unprätentiös wie unproblematisch, aber auch weitgehend unsystematisch. Wenn ich mir über die Bedeutung der eigenen Uhr für die Lebensweise von Fabrikarbeitern im 19. Jahrhundert klar werden will, so ist es sinnvoll, etwas über die Zeiterfahrung in Kulturen zu wissen, die über keinerlei Möglichkeit der apparativen Zeitmessung verfügen. *Welche* Beispiele ich dabei wähle, ist im Prinzip gleich. Als Faustregel mag allenfalls gelten, sich möglichst ‚wilder' Beispiele zu bedienen, weil der Vergleich mit den Bedingungen einer fremden Kultur in der Regel um so erhellender ist, je stärker er den Kontrast zu den gewohnten Bedingungen der eigenen Kultur markiert. In einem ähnlichen Sinne hat Lévi-Strauss den Anthropologen einmal als den „Astronomen der Sozialwissenschaften" bezeichnet: er befaßt sich mit sozialen Tatsachen, die von der vertrauten Umgebung möglichst weit entfernt sind und sich gerade dadurch als Schlüssel zum Verständnis erweisen.[53]

Auch das zweite Verfahren mag sich des kontrastiven Vergleichs bedienen, setzt diesen aber weniger beliebig ein, son- [|262] dern vielmehr systematisch und auf Untersuchungsgebieten mittlerer Größenordnung, die bestimmten Standardthemen in der Ethnologie entsprechen. Der Vergleich liefert hier nicht den wilden Kontrast, sondern er dient – ähnlich wie bei der Rezeption soziologischer und ökonomischer Ansätze in der Historischen Sozialwissenschaft in den siebziger Jahren – als systematische Matrix zur Erschließung und Bearbeitung neuer Themen mit Hilfe der Fragestellungen, Methoden und Theorien einer systematischen Nachbardisziplin.

Das dritte Verfahren schließlich besteht darin, durch die „dichte Beschreibung" historischer Fälle nach ethnologischem Vorbild eine Radikalisierung des hermeneutischen Verstehens zu erreichen. Auch hierbei spielt es wiederum keine Rolle, um welche Vorbilder und Fälle es sich handelt – ob um Hahnenkampf, Brotkrawall oder religiöse Revolte; und es ist im Grunde auch völlig unerheblich, wann und wo diese spielen – ob im 20. Jahrhundert auf Bali, im 18. Jahrhundert in England oder im 16. Jahrhundert in Frankreich. Im Gegenteil, der analytische Effekt ist gerade deshalb so schlagend, weil es sich um Fälle aus völlig unterschiedlichen historischen und kulturellen Milieus handelt, die dennoch als soziale Tatsachen in derselben Weise beschrieben werden können. Immer geht es um ‚wilde' Formen des (meist: kollektiven) Verhaltens, die dem aus einer fremden Kultur kommenden Beobachter auf den ersten Blick unverständlich erscheinen, sich aber bei genauerem Hinsehen als durchaus sinnvoll erweisen.

---

53   C. Lévi-Strauss, Strukturale Anthropologie I, Frankfurt am Main 1967 [frz. 1958], 406.

Auf diese Weise ist durch den „ethnologischen Blick" eine Vielzahl von Erscheinungen zum Gegenstand ernsthafter historischer Analyse geworden, der frühere Generationen nur mit abschätziger Ignoranz begegnet sind. Es geht aber nicht nur um eine enorme Ausweitung des historischen Untersuchungsfeldes. Vielmehr ergeben sich auch eine Reihe methodischer Implikationen, von denen ich drei hervorheben möchte.

1. In der klassischen Formulierung von Geertz geht die interpretative Anthropologie davon aus, daß der Mensch in jeder Gesellschaft „in selbstgesponnene Bedeutungsgewebe verstrickt ist", deren Summe die betreffende „Kultur" ausmacht. [|263] Damit ist der herkömmliche Kulturbegriff, zumal deutscher Provenienz, endgültig passé. Kultur ist kein besonderer *Bereich* der Gesellschaft, und schon gar nicht ein besonders abgehobener, nur deren vornehmeren Mitgliedern vorbehaltener. Kultur ‚passiert', wo immer Menschen – gleich welchen Standes, welcher Klasse, welcher Sprache – aufeinander treffen oder miteinander zu tun haben, da die Menschen ihr – um den Geertzschen Faden aufzunehmen – selbstgesponnenes Bedeutungskleid, ihre soziale Haut, schlechterdings nicht abstreifen können.

2. Als ‚wilde' Hermeneutik bietet die dichte Beschreibung ein heilsames Korrektiv zur traditionellen Vorstellung des historischen Verstehens, die eine (hoch)kulturelle Identität des Forschers mit seinem Objekt unterstellt und unter dem Motto der „Einfühlung" zu ebenso naiven wie elitären Rückprojektionen führt, die den Historiker in der Illusion wiegen, er sei in der Welt seiner Helden zu Hause und könne – genau deshalb – deren Geschichte so kunstfertig erzählen (Golo Mann als eingebildeter Zeitgenosse Wallensteins). Demgegenüber geht die anthropologisch orientierte Geschichtswissenschaft von den historischen Differenzen und Brüchen auch innerhalb der *eigenen* Kultur aus und sieht gerade darin eine Brücke zu neuen historischen Erkenntnissen. Robert Darnton hat dies auf die treffende Formel gebracht, für die historische Forschung könne gerade „das rätselhafteste Moment das meistversprechende sein".[54]

3. Der ethnologische Blick auf das Fremde in der eigenen Geschichte und dessen Deutung durch die dichte Beschreibung eröffnen eine neue Antwort auf die alte Frage nach dem Verhältnis von Ausnahme und Regel: Die Ausnahme *erschließt* die Regel; das Absonderliche wirft ein Licht auf das Normale. Dies ist auch unter dem Gesichtspunkt der historischen Quellenkritik von höchstem Interesse (was in der bisherigen Diskussion noch viel zu wenig thematisiert worden ist), da bekanntlich gerade im Bereich der alltäglichen Begebenheiten und Gewohnheiten, Verhaltensformen und Vorstellungsmuster die größten dokumentarischen Lücken klaffen, während [|264] das Außergewöhnliche reichhaltig bezeugt ist. So gibt es über die ‚normale' Gewalt in der Ehe so gut wie keine direkten Zeugnisse, während dann, wenn ein Mann seine Frau so oft und so brutal schlug, daß es den üblichen Rahmen sprengte und der Fall vor Gericht verhandelt wurde, die Angelegenheit auch historisch greifbar wird. Bei einigermaßen dichter Akten-

---

54 R. DARNTON, Das große Katzenmassaker. Streifzüge durch die französische Kultur vor der Revolution, München 1989 [amerik. 1984], 297.

lage läßt sich daraus nun aber nicht nur dieser Extremfall rekonstruieren. Vielmehr kommen in der Verhandlung des abweichenden Verhaltens in der Regel auch so viele Begleitumstände und im Hinblick auf den besonderen Fall an sich nebensächliche Einzelheiten zur Sprache (und damit in die Akten), daß dadurch zugleich der Rahmen des normalen Verhaltens sichtbar wird. Der Begriff des „normalen Ausnahmefalls" (Medick) trägt diesem Umstand analytisch Rechnung.^{55}

Gerade die mikro-analytischen Ansätze der Sozialanthropologie haben in der Geschichtswissenschaft aber auch ihre Grenzen, die ebenso deutlich benannt werden müssen wie ihre Chancen. So sind gerade die besten dichten Beschreibungen auf eigenartige Weise unhistorisch. Sie behandeln zwar historische Fälle, aber je genauer sie deren feinmaschige soziale Textur herausarbeiten, um so mehr müssen sie die Geschichte gleichsam stillstellen. Zwar spielen die religiösen „Riten der Gewalt", die Natalie Davis beschrieben hat, im Frankreich des 16. Jahrhunderts. Aber die Frage, welcher Stellenwert ihnen für die langfristige Entwicklung Frankreichs zukommt oder ob im 17. oder 18. Jahrhundert die konfessionellen Auseinandersetzungen anders aussahen, stellt sie sich überhaupt nicht. Ebenso spielen die Brotkrawalle, die Edward Thompson untersucht hat, zwar im England des 18. Jahrhunderts, aber auch er weiß nichts darüber zu sagen, ob es die „sittliche Ökonomie" der englischen Unterschichten vielleicht auch schon im 16. oder 17. Jahrhundert gab. *Soziologisch* gesehen sind solche Fragen auch durchaus unerheblich, sofern es hier gar nicht um Frankreich im 16. oder England im 18. Jahrhundert geht, sondern um ‚die' religiöse Revolte im Zeitalter des Glaubenskampfes und um ‚den' Brotkrawall im Übergang von der vorindustriellen zur industriellen Gesellschaft. Aus *historischer* [|265] Sicht dagegen gibt es keine rein systematischen Exempla, und daher müssen auch die zeitlosesten Fallstudien interpretatorisch immer wieder an den Gang der allgemeinen gesellschaftlichen Entwicklung zurückgebunden werden. Allein aus diesem Grund kann die dichte Beschreibung nur als *eine* Form der Darstellung Geltung beanspruchen, neben der andere, weitmaschigere und grobsinnigere Formen ihre eigene Berechtigung behalten.

Methodisch liegt das eigentliche Problem der dichten Beschreibung jedoch gar nicht da, wo man es nach den herkömmlichen historischen Vorurteilen gegen zeitlich eingefrorene Analysen vermuten würde. Es liegt vielmehr darin, daß dieses Verfahren bei aller ‚mikroskopischen' Konzentration selbst nicht ohne makroskopische Orientierungen auskommt, weil auch die exemplarische Deutung einzelner Fälle immer schon auf die Ergebnisse übergreifender systematischer Untersuchungen angewiesen ist. Wenn Geertz seine dichte Beschreibung des balinesischen Hahnenkampfes so treffsicher durchführen konnte, dann nur deshalb, weil er mit den grundlegenden Institutionen dieser Gesellschaft und ihrer Struktur

---

55 H. MEDICK, Entlegene Geschichte? Sozialgeschichte und Mikro-Historie im Blickfeld der Kulturanthropologie, in: J. MATTHES (Hg.), Zwischen den Kulturen? Die Sozialwissenschaften vor dem Problem des Kulturvergleichs, Göttingen 1992, 167–178, hier 173 f. Der Begriff scheint mir treffender als der des „außergewöhnlichen Normalen", den Eduardo Grendi geprägt hat.

im Großen bereits vertraut war. Nicht zufällig hat er sich auf sein „tiefes Spiel" mit den Hähnen und ihren Haltern erst eingelassen oder, genauer gesagt: überhaupt erst einlassen können, nachdem er sich zuvor über zwei Jahrzehnte lang in aller Breite mit der ökonomischen, sozialen und kulturellen Entwicklung Balis beschäftigt hatte. Davon zeugen seine älteren Arbeiten, die bezeichnenderweise im Rahmen der vergleichenden Modernisierungsforschung entstanden sind und methodisch durchaus konventionell operieren, auch wenn sie in diesem Rahmen zu den originellsten Untersuchungen zählen.[56]

Das Geertzsche Programm der „dichten Beschreibung" ist eine der theoretisch instruktivsten und literarisch brillantesten Skizzen des alten Problems der hermeneutischen Erkenntnis – aber gerade deshalb bietet es für Historiker methodisch gar nicht so viel umwerfend Neues. Wenn wir also (in guter deutscher Tradition) dabei bleiben wollen, daß sich jeder Historiker und jede Historikerin, möglichst schon während des Stu- [|266] diums, neben der empirischen Seite des Fachs auch Fragen des historischen Verstehens annehmen sollte, dann müssen wir uns nicht nur, wie bisher, mit Droysen und Marx, Dilthey und Max Weber, Gadamer und Habermas auseinandersetzen, sondern ebenso gut mit Clifford Geertz. Wenn wir heute ernsthaft über Hermeneutik reden wollen, dürfen wir vom balinesischen Hahnenkampf nicht schweigen. Aber dann sollten wir eben auch wissen, daß dies mit der ursprünglichen, um nicht zu sagen: ‚eigentlichen' Ethnologie nicht mehr viel zu tun hat. Wenn es uns dagegen um den reichen Fundus an empirischem Wissen über vorindustrielle Gesellschaften geht, den diese Disziplin in jahrzehntelanger Kärrnerarbeit zusammengetragen hat, müssen wir noch weit hinter die dichten Beschreibungen zurück: zu den klassischen ethnographischen Monographien von Malinowski, Firth, Evans-Pritchard oder Leach, den vergleichenden Studien von Mauss, Polanyi, Godelier oder Bourdieu und den großen thematischen Synthesen von Lévi-Strauss oder Marvin Harris. Gerade als Historiker haben wir nach wie vor allen Grund, uns auf diesem Weg noch viel tiefer in den ethnologischen Busch zu begeben.

---

56 C. GEERTZ, Sozialer Wandel und wirtschaftliche Modernisierung in zwei indonesischen Städten: eine Fallstudie, in: BRAUN, Gesellschaft in der industriellen Revolution (wie Anm. 35) 54–76 [amerik. 1962]; DERS., Agricultural Involution. The Process of Ecological Change in Indonesia, Berkeley, Los Angeles 1963.

6. Literaturhinweise

6.1. Ethnologie

P. BOURDIEU, Entwurf einer Theorie der Praxis auf der ethnologischen Grundlage der kabylischen Gesellschaft, Frankfurt am Main 1976.
C. GEERTZ, Dichte Beschreibung. Beiträge zum Verstehen kultureller Systeme, Frankfurt am Main 1983 [amerik. 1973].
M. HARRIS, Culture, People, Nature. An Introduction to General Anthropology, New York [6]1993.
K.-H. KOHL, Ethnologie – die Wissenschaft vom kulturell Fremden. Eine Einführung, München 1993.
B. MALINOWSKI, Argonauten des westlichen Pazifik. Ein Bericht über Unternehmungen und Abenteuer der Eingeborenen in den Inselwelten von Melanesisch-Neuguinea, Frankfurt am Main 1979 [engl. 1922].
M. SAHLINS, Stone Age Economics, London 1974 (1972).
B. STRECK (Hg.), Wörterbuch der Ethnologie, Köln 1987.
F. R. VIVELO, Handbuch der Kulturanthropologie. Eine grundlegende Einführung, Stuttgart 1981 [amerik. 1978].

6.2. Historische Umsetzung sozialanthropologischer Ansätze

R. BERDAHL u.a., Klassen und Kultur. Sozialanthropologische Perspektiven in der Geschichtsschreibung, Frankfurt am Main 1982.
N. Z. DAVIS, Humanismus, Narrenherrschaft und die Riten der Gewalt. Gesellschaft und Kultur im frühneuzeitlichen Frankreich, Frankfurt am Main 1987.
K. POLANYI, The Great Transformation. Politische und ökonomische Ursprünge von Gesellschaften und Wirtschaftssystemen, Frankfurt am Main 1978.
D. SABEAN, Property, Production and Family in Neckarhausen, 1700–1870, Cambridge 1990.
N. SCHINDLER, Widerspenstige Leute. Studien zur Volkskultur in der frühen Neuzeit, Frankfurt am Main 1992.
E. P. THOMPSON, Plebejische Kultur und moralische Ökonomie. Aufsätze zur englischen Sozialgeschichte des 18. und 19. Jahrhunderts, Frankfurt am Main, Berlin, Wien 1980.

6.3. Debatte über sozialanthropologische Perspektiven in der Geschichtswissenschaft

F.-J. BRÜGGEMEIER, J. KOCKA (Hg.), „Geschichte von unten – Geschichte von innen". Kontroversen um die Alltagsgeschichte, Hagen (Fernuniversität) 1985.
D. GROH, Anthropologische Dimensionen der Geschichte, Frankfurt am Main 1992.
H. MEDICK, „Missionare im Ruderboot"? Ethnologische Erkenntnisweisen als Herausforderung an die Sozialgeschichte, in: Geschichte und Gesellschaft 10, 1984, 295–319; überarb. in: A. LÜDTKE (Hg.), Alltagsgeschichte. Zur Rekonstruktion historischer Erfahrungen und Lebensweisen, Frankfurt am Main, New York 1989, 48–84, in diesem Band oben S. 183–210.
N. SCHINDLER, Spuren in die Geschichte der ‚anderen' Zivilisation. Probleme und Perspektiven einer historischen Volkskulturforschung, in: R. VAN DÜLMEN, N. SCHINDLER (Hg.), Volkskultur. Zur Wiederentdeckung des vergessenen Alltags (16.–20. Jahrhundert), Frankfurt am Main 1984, 13–77, 381–394.
H. SÜSSMUTH (Hg.), Historische Anthropologie. Der Mensch in der Geschichte, Göttingen 1984.

SYSTEMATISCHE UND HISTORISCHE ANTHROPOLOGIE.
ADNOTEN ZU HANS MEDICKS
„QUO VADIS HISTORISCHE ANTHROPOLOGIE"

von Wolfgang Sofsky

Der Begriff der Anthropologie ist auf fatale Weise vieldeutig. Nahezu jede kultur- oder sozialwissenschaftliche Teildisziplin nennt eine Anthropologie ihr eigen. Aus diesem Vorrat kann man sich nahezu beliebig bedienen, um einem Projekt den Nimbus des Grundsätzlichen zu verleihen. Die Historiographie steuert zur Frage nach der Conditio humana zunächst den Grundsatz bei, die menschliche Existenzweise sei wesentlich historisch. Daß der Mensch nur in der Geschichte erfahren könne, wer er sei, gehört zu den alten Glaubenssätzen des Historismus. Doch gilt die Geschichte nicht nur als der letzte Ursprung anthropologischen Wissens, der Mensch selbst wird zum genuin historischen Lebewesen erklärt. Gespeist von Mißtrauen gegen den Universalismus der Aufklärung, argwöhnisch gegenüber der vermeintlich konservativen oder gar eurozentrischen Rekonstruktion von Invarianzen und unverzagt in der Hoffnung auf die Veränderbarkeit der Lebensbedingungen und Verhaltensweisen, behauptet eine historische Anthropologie die unhintergehbare Historizität der Ideen, Handlungen, Wahrnehmungen und Lebensformen.

Diese Idee scheint der Geschichtswissenschaft so selbstverständlich, daß sie gar nicht eigens thematisiert wird. Dabei ist diese Voraussetzung ihrem Status nach ebenso weitreichend wie alle Thesen über die Invarianzen des Homo sapiens und seiner sozialen Ordnungsformen. Auch Geschichtlichkeit ist nichts anderes als eine „Konstante" oder „Grundbefindlichkeit" des Gattungswesens.

Allerdings geht die Historizitätsthese gelegentlich mit einem fragwürdigen Wertrelativismus einher. Er beruht auf der beliebten Verwechslung von Genesis und Geltung. Aber die Tatsache, daß eine Idee unter gewissen Zeitumständen aufgekommen ist, besagt über ihre Wahrheit nicht das Geringste. Nicht wer wann etwas sagt, entscheidet über die Wahrheit einer Behauptung, sondern ob das, was behauptet wird, der Fall ist. Sowenig der Hinweis, das moderne historische Denken sei ein Kind der Romantik, etwas über die Geltung der Historizitätsthese besagt, so wenig ist die Idee der Universalität widerlegt durch den Hinweis, sie sei in der europäischen Aufklärung, in der Renaissance oder den Hochreligionen verwurzelt. Die Metapher von der Weiblichkeit des Orients hat, nebenbei bemerkt, mit Universalismus nichts zu tun. Daß Ideen, welcher Couleur auch immer, zur Legitimation von Machtpolitik dienen und manche Zeitgenossen in ihrem missionarischen oder kulturimperialistischen Eifer bestärkt haben, ist ebenfalls kein Argument gegen ihren empirischen Wahrheits- oder normativen Geltungsanspruch. Was dem Universalismus angekreidet wird, läßt sich unschwer an den politisch korrekten Kulturrelativismus zurückgeben. Er hat es nämlich mit dem

Folgeproblem des Quietismus zu tun. Wenn alle kulturellen Praktiken als legitim gelten und alle Werte gleichwertig sind, nur weil sie in einer ehrwürdigen Tradition beheimatet sind, dann gibt es keinen Grund, gegen die Todesstrafe, gegen die grausame Beschneidung jun- [|458] ger Mädchen, gegen rassistische Säuberungen, gegen die Zerstörung von Denkmälern oder gegen einen kriegerischen Rachefeldzug vorzugehen. Das schlechte Gewissen über die Verbrechen des europäischen Kolonialismus ist offenbar ein schlechter Ratgeber für die Beurteilung von Ideen und kulturellen Praktiken.

Welche Eigenschaften und Strukturen der menschlichen Existenz variabel und welche invariant sind, ist mithin keine Frage der Ideologie, sondern der Theorie und Empirie. Welche Zeitkonzepte in einer Gesellschaft jeweils vorherrschen, ob sie eher statisch oder dynamisch, kalt oder warm sind, läßt sich a priori gar nicht entscheiden. Daß es soziale Kollektive und Gesellschaften gibt, die sich für ihre Vergangenheit nicht interessieren, weil sie in einer Art „ewigen Gegenwart" leben, ist vielfach belegt. Solche Gesellschaften erfinden ihre Geschichte erst, wenn sie von außen bedroht sind oder einen Rechtsanspruch geltend machen wollen.

Methodisch ist die Aversion gegen eine systematische Anthropologie ohnehin unhaltbar. Historischer Wandel läßt sich überhaupt nur nachweisen, wenn zugleich die Substanzen identifiziert werden, deren Eigenschaften oder Relationen sich verändert haben sollen. Vom Wandel der Produktionsweisen, Machtverhältnisse, Wahrnehmungen, Denkweisen, Körpergefühle oder Sinnzuschreibungen läßt sich vernünftig nur reden, wenn man zugleich eine Vorstellung davon hat, worin die allgemeinen Strukturen der Arbeit, der Macht, der Sinne, des Denkens, Fühlens oder des Sozialen bestehen. Diese Universalien der menschlichen Existenz zwischen Freiheit und Natur sind der Gegenstand der systematischen Anthropologie. Sie bilden allererst die kategorialen Referenzen für die empirische Morphologie und den vielfach geforderten Vergleich der Zeiten und Kulturen. Will die historische Anthropologie nicht nur einfach die bewährte Mikro-, Kultur- oder Alltagsgeschichte umetikettieren und sich mit einer speziellen Lesart der Ethnologie begnügen, aus der die funktionale Sozialanthropologie ebenso ausgespart bleibt wie die strukturale Anthropologie, wird sie schwerlich umhin kommen, sich der konzeptuellen Grundlagen zu versichern, die sie unbefragt voraussetzt. Sie begäbe sich ihres Beitrages zur allgemeinen Anthropologie, führte sie nur die alten Grabenkämpfe fort und proklamierte sie einen Kulturbegriff, dessen Extension so weit gefaßt ist, daß er jede Intension einzubüßen droht. Wenn alles Kultur ist, dann ist Kultur nichts. Die Berührungsängste gegenüber der Erforschung von Invarianzen und Universalien ist mithin nicht nur unbegründet. Sie beruhen auf logischen und theoretischen Fehlschlüssen. Und sie verschenken die Erkenntnis- und Erklärungschancen, welche eine wohlverstandene historische Anthropologie wahrnehmen könnte.

Die Rede von anthropologischen Universalien impliziert nicht, daß in jeder Sekunde und an jedem Ort des Erdballs dasselbe der Fall wäre. In einem ganz harmlosen Sinne besagt die Rede von Universalien zunächst nur, daß sich Grundmuster zu verschiedenen Gelegenheiten herausbilden und wiederholen, ohne daß zwischen den Ereignissen, Zuständen oder Prozessen ein historischer Zusammenhang besteht. Um hierfür nur drei Beispiele zu geben:

1. Im Zustand der Halluzination operiert die menschliche Imagination, dieses geheime Reich unendlicher Kreativität, offenbar über die Jahrtausende mit denselben Schemata. Die Gitter- und Punktmuster in der paläolithischen Höhle Pech Merle sind exakt die gleichen wie jene auf den südafrikanischen Felsbildern der Buschmänner und den Zeichnungen von Menschen in einem modernen amerikanischen Hypnoselabor. Die ersten Kunstwerke der Menschheit, so die bedenkenswerte Schlußfolgerung, scheinen das Werk von Schamanen, zumindest aber von Künstlern unter Drogeneinfluß zu sein.

2. Übergangsriten, diese altbekannten Verfahren des geordneten biographischen und sozialen Wandels, weisen offenbar in [|459] allen Kulturen einen regelhaften Schematismus von Trennung, Krise und Assoziation auf, so variabel die verwendeten Zeichen, Gesten, Körper und Objekte auch sein mögen. Dieses Muster ist so leistungsfähig, daß es überall Verwendung findet, von der sozialen Geburt über den formellen Wechsel der Gruppenzugehörigkeit bis zur letzten Passage. Und es ist so regelhaft, daß es soziale Zustände der Ausgelassenheit, manchmal sogar des kollektiven Orgiasmus zuläßt, ohne die Struktur der Gesellschaft letztlich zu gefährden.

3. Viele Formen des Sozialen unterliegen eigenen Bewegungsgesetzen, die sich im Verhalten der Akteure durchsetzen. Gespräche, Tausch und Gabe, Rivalitäts- und Statuskämpfe, Gerüchte, Degradierungszeremonien, Delegationsbeziehungen, Oligarchiebildung, Machthierarchien oder kollektive Gewaltaktionen zeichnen sich durch eine Eigendynamik aus, und zwar unabhängig von dem Kontext, in dem sich der Prozeß jeweils vollzieht. Die Formen der Wechselseitigkeit wirken wie soziale Programme, die durch das Verhalten der Menschen initialisiert und in Gang gehalten werden.

Da das Tun der Menschen meist mehr tut, als sie von ihrem Tun wissen, ist die Anthropologie gut beraten, sich von jedem Anthropozentrismus zu verabschieden. Über die Stellung des Menschen im Kosmos erlangt man nur Auskunft, wenn man die Vorstellung aufgibt, die Menschen seien die Subjekte ihrer Geschichte oder könnten es irgendwann einmal werden. Weder in seinem Geist, seinem Körper noch in der Gesellschaft und ihrer Geschichte ist der Mensch „Herr im eigenen Haus". Diese Bescheidenheit folgt dem Weg, den die Wissenschaften seit Kopernikus, Darwin, Marx, Freud bis zur aktuellen Neurobiologie gegangen sind. Daß die Menschen ihre Imaginationen, Gefühle und Gedanken, ihr Verhalten und ihre Institutionen selbst regierten, gehört zu den Illusionen einer am Handlungs- oder Praxisbegriff ausgerichteten Anthropologie. Selbst Revolutionen, diese hohen Zeiten der freien Aktion, zeitigen meist Wirkungen, die den Absichten der Akteure konträr entgegenstehen. Hinter die Einsicht, daß die allermeisten sozialen Ereignisse nichtintendierte Folgen eigenen oder fremden Verhaltens sind und den Menschen als Widerfahrnisse auferlegt sind, kann auch eine historische Anthropologie nicht zurück. Das zentrale Thema der Anthropologie, das Leben und Überleben der Menschen, stellte sich gar nicht, bestünden Kultur, Gesellschaft, Politik und Ökonomie vornehmlich in willentlichen Aktionen und nicht in

Formen, Objektivationen, Zwängen. Zu warnen ist daher auch vor der ebenso inflationären wie vagen Idee der „sozialen Konstruktion". Sie suggeriert, die soziale Welt stünde der menschlichen Willkür zu Gebote. Doch eine Geschichte der Vorstellungen vom Körper ist keine Geschichte des Körpers, eine Geschichte der Diskurse über Homosexualität keine Geschichte der Homosexualität. Eine Untersuchung über den Begriff der Emotion im viktorianischen Zeitalter, liefert einen Beitrag zur Ideengeschichte, nicht aber zur Geschichte der Gefühle, sofern derartige Erregungszustände denn überhaupt eine Geschichte haben.

Die antiessentialistische Polemik gegen die Universalien, macht es sich zu einfach, wenn sie die kritisierten Konzepte historisch zu niedrig ansetzt. Der bürokratische Zentralstaat ist historisch gewiß nicht universal, aber er ist natürlich auch kein Monopol der europäischen Moderne. Die elementaren Strukturen der Macht wie Stellvertretung oder Koalition dürften sich ohnehin in so gut wie allen bekannten Gesellschaften wiederholen, auch in segmentären und akephalen Stammesgesellschaften. Die Kernfamilie aus zwei oder drei Generationen ist naturgemäß keine Universalie, wohl aber sind es die Strukturelemente der Verwandtschaft. Die „Gesamtgesellschaft" in den Grenzen des Nationalstaates ist bekanntlich eine Erfindung des 19. Jahrhunderts. Für die Untersuchung sozialer Kollektive, welche [|460] nicht durch nationale Zugehörigkeit, moderne Staatssouveränität und eine homogene Leitkultur gekennzeichnet sind, verbietet sich dieser Begriff von vornherein. Es ist nicht sonderlich weitsichtig, die Untersuchung sozialer Strukturen mit Hilfe eines derart begrenzten Konzepts der Sozialstruktur zu verfolgen. Weniger in der Ignoranz gegenüber der lokalen Realisierung makrohistorischer Prozesse liegt die Begrenzung des altväterlichen Gesellschaftsbegriffs der Sozialgeschichte, sondern in seiner fehlenden Abstraktion. Er ignoriert schlichtweg die Hauptentdeckung der modernen Soziologie, das Zwischenreich des Sozialen, die Formen der Wechselseitigkeit, die Funktionslogik sozialer Systeme. In der Mannigfaltigkeit der Sozialformen ist Gesellschaft lediglich ein, wenngleich nicht ganz unwichtiger Anwendungsfall.

Eine systematische Anthropologie, wie sie hier nur anzudeuten ist, nimmt ihren Ausgang von den Grundstrukturen der menschlichen Existenz, dem Verhältnis des Menschen zu den Dingen, zu anderen Personen und zu sich selbst. Eine Anthropologie der Sachverhältnisse befaßt sich mit jenen Strukturen des Handelns, Wahrnehmens, Denkens und Fühlens, mit denen Menschen den materiellen Dingen ihrer Umwelt begegnen. Darunter fallen die heiligen Objekte der Rituale ebenso wie die Techniken und Gegenstände der Arbeit, das Mobiliar der Lebenswelt, der unveräußerbare Besitz, die Dinge des Gebrauchs und die Güter des Verbrauchs. Auch die Systeme der Zeichen rechnen hierzu, die Schrift, die Bilder und Geräusche. Gewiß sind die kulturellen Ontologien variabel. In manchen Kulturen gelten einige Dinge als personal beseelt oder von Geistern besetzt, die in anderen für leblos und anorganisch gehalten werden. Doch die ontologische Trennung zwischen Personen und Dingen scheint ähnlich universal zu sein wie die logische Subjekt-Prädikat-Struktur der allermeisten Sprachen, wie das kognitive Ordnungsraster der Klassifikation, die Strukturen des Wissens oder die analogischen Operationen des wilden Denkens.

Die Anthropologie der Sozialformen befaßt sich mit den Mustern der Wechselseitigkeit und der Dynamik sozialer Strukturen. Weniger die individuellen und kollektiven Akteure stehen hier im Zentrum als ihre Beziehungen und Figurationen: das Nebeneinander der Serialität, das Miteinander der Kooperation, das Zueinander der Interpersonalität, das Über- und Untereinander der Macht und das Gegeneinander des Konflikts oder der Feindschaft. Die Grundformen des Sozialen weisen, so die Vermutung, invariante, kontextfreie Merkmale auf, unabhängig von den beteiligten Akteuren. Und sie zeichnen spezifische Entwicklungspfade vor, programmierte Standardabläufe und Systemprozesse. Erinnert sei nur an den in sozialer Stellvertretung eingebauten Mechanismus der Oligarchiebildung, an die sich selbst erfüllende Prophezeiung vieler Gerüchte, die Veralltäglichung von charismatischer Herrschaft oder die Dynamik zwischen Etablierten und Außenseitern. Obwohl selbst keine historische Disziplin, untersucht eine systematische Anthropologie des Sozialen stets auch zeitliche Strukturen, Ablaufmuster, die Eigendynamik sozialer Prozesse, die Kreisläufe reproduktiver Mechanismen.

Die Anthropologie der Selbstverhältnisse schließlich beginnt mit der somatischen Doppelexistenz des Menschen als Körper und Leib. Körpertechniken, Heilverfahren oder sensomotorische Routinen sind universale Methoden, eine vollständige Instrumentalität des Körpers zu erreichen, welche jedoch zuletzt an dessen Widerständigkeit scheitern muß. Am anderen Ende der Skala existenzieller Universalien steht das Widerfahrnis des Schmerzes. Er wird zwar kulturell verschieden bewertet, doch dies dürfte an der phänomenalen Empfindungsqualität der Gebrochenheit der physischen Existenz wenig ändern. Die Anthropologie der Sinne hat es nicht nur mit der Struktur der Wahrnehmung äußerer Objekte zu tun, sondern auch mit der Körperlichkeit der [|461] Gefühle und der Selbstgegebenheit im Sehen, Hören, Tasten oder Riechen. Der mentale Selbstbezug wiederum umfaßt die Vorstellungen, Phantasien, Bilder und Urteile, die der Mensch von sich selbst hat, die Strukturen des Selbstbewußtseins und dessen Konstitution in sozialer Reziprozität. Hier ist die gesamte Skala von der Selbstvergessenheit über die Selbstaufmerksamkeit bis zur Selbstfixierung zu rekonstruieren. Die Anthropologie des praktischen Selbstverhältnisses schließlich widmet sich den Techniken, mit denen der Mensch zeigt, wer er sein will. Hierzu rechnen die Modi der Mimik und Gestik ebenso wie gezielte Techniken der Selbstdarstellung, Selbstbehauptung und Selbstentfaltung. Unter dem Titel der „Identität" verbirgt sich eine Vielzahl von Selbstverhältnissen, die jeweils einer genaueren Analyse bedürfen.

Es liegt auf der Hand, daß zwischen den drei Objektbereichen der systematischen Anthropologie zahlreiche Verknüpfungen bestehen. Arbeitskooperationen oder Tauschprozesse stellen Reziprozität vermittels gemeinsamer Sachreferenz her. Selbstbilder entwickeln und revidieren sich in der Interaktion mit fremden Zuschreibungen, Selbstbehauptung ist nur möglich durch soziale Negation und Distanz. Die Wahrnehmung materieller Objekte ist vielfach überformt durch kulturelle Gewohnheiten und Regeln der Aufmerksamkeit, der praktische Umgang mit reinen und unreinen Substanzen geht einher mit kollektiven Phantasien über Gefährdung und Tabu. Diese Kombinationen, Verflechtungen und Dependenzen sind jedoch kein Grund gegen eine analytische Unterscheidung. Synthesen lassen sich ungleich besser analysieren, wenn man ihre Elemente kennt.

Die historische Anthropologie ist ihrem Status nach – wie die Ethnologie, die Sozialforschung, die empirische und phänomenologische Psychologie, die biologische Verhaltensforschung, die Archäologie oder Paläoanthropologie zunächst eine empirische Disziplin. Was der Ethnologie der Raum, ist der Historie die Zeit: Schauplatz und Aktionsfeld der menschlichen Spezies in all ihren Ausprägungen. Wie jede empirische Disziplin dient sie der Widerlegung und Falsifikation theoretischer Hypothesen. Gegenüber der systematischen Anthropologie kommt ihr mithin ein empirisches Vetorecht zu, und zwar nicht nur durch das Studium des historischen Einzelfalls, sondern auch durch eine theoretisch angeleitete Komparatistik mehrerer typischer Konstellationen. Und wie wir der Ethnologie die Entdeckung fremder Kulturmuster verdanken, die der eigenen Kultur zuletzt so fern gar nicht sind, so darf man sich von der historischen Anthropologie weitere Expeditionen in vergangene Zeiten erwarten, die darüber aufklären, wie Menschen das geworden und geblieben sind, was sie sind.

ETHNOHISTORIE UND HISTORISCHE ANTHROPOLOGIE

von Andre Gingrich und Werner Zips

Eine retrospektive Sicht auf das Verhältnis von Ethnologie und Geschichte stellt sich im deutschsprachigen Kontext etwas anders dar als im englischsprachigen Raum; davon wiederum unterschieden sind die wissenschaftlichen Ausrichtungen in der frankophonen Literatur: Was für die unterschiedlichen Entwicklungen des Gesamtfaches in diesen drei Sprachräumen (wie auch in anderen) gilt, das zeigt sich umso deutlicher auch im speziellen Feld des Wechselverhältnisses von Ethnologie und Geschichte, von Historischer Anthropologie und von Ethnohistorie.

Nun ist der vorliegende Text nicht primär als historisch-retrospektive Einführung in die Thematik konzipiert. Vielmehr stehen Gegenwart und Zukunft von historischem Arbeiten in der Ethnologie (Kultur- und Sozialanthropologie) im Mittelpunkt dieses Beitrages. Daher bildet eine historisch-retrospektive Rekapitulation nur den ersten, einführenden Abschnitt. Auf diesen folgt zweitens ein Überblick über die heute aktuellen, theoretischen Hauptansätze – so wie sie sich für einen aktuellen, deutschsprachigen Kontext darstellen, der sich nicht abschottet, sondern zunehmend selbst transnational vernetzt. Vor diesem Hintergrund führt der dritte Abschnitt schließlich in exemplarischer Weise einige methodologische und wissenschaftstheoretische Hauptelemente für historisches Arbeiten in der Anthropologie näher aus, die Schlußbemerkungen bilden den vierten Abschnitt. [|274]

1. Elemente einer historischen Rekapitulation

Im angelsächsischen Raum erfolgte rund um die Wende vom 19. zum 20. Jahrhundert die Abwendung vom Evolutionismus in zweierlei Richtungen. Die von Franz Boas etablierte Richtung des *historischen Partikularismus* setzte den evolutionären Spekulationen die akribische, einzelhistorische Untersuchung kleinerer und größerer Lokalkulturen entgegen; daneben besteht ein schwächer ausgeprägter Evolutionismus in Teilen der US-Anthropologie weiter fort. Demgegenüber etablierte sich im Bereich der britischen Sozialanthropologie, nach einem diffusionistischen Zwischenspiel, ab den 1920er Jahren jene funktionalistische Tradition, die mit Malinowski und Radcliffe-Brown eine besonders deutliche Abgrenzung zur Geschichte vornimmt: Die Existenz und Wirkungsweise soziokultureller Phänomene ist hier primär durch Funktionen und Zwecke in der Gegenwart beschrieben; Geschichtsschreibung selbst ist in dieser Sicht funktional bestimmt durch die Notwendigkeit von historischer Legitimierung der Gegenwart.[1]

Von diesem *mainstream* der internationalen Anthropologie her betrachtet, nimmt die deutschsprachige Ethnologie in ihrem Verhältnis zum Historischen quer durch die erste Hälfte des 20. Jahrhunderts eine zunehmend abgehobene Sonderentwicklung. Diese ist geprägt durch die lokalen Sonderformen des Diffusionismus, der hier einen schwach ausgeprägten und akademisch marginalisierten Evolutionismus ebenso wie den Empirismus (Bastian, Museen) viel nachhaltiger ablöst. Ab den 1920er Jahren etabliert dieser Diffusionismus sich vor allem in den beiden großen, lokal dominanten *Schulen* der *Frankfurter Kulturmorphologie* und der *Wiener Kulturkreislehre*. Beide Forschungsrichtungen fassen Kulturelles primär als historisches Ergebnis von Übertragungs- und Wanderungsprozessen.[2] In manchen minoritären Arbeitssträngen jener Zeit wird den Dogmen der „großen Schulen" freilich frühzeitig widersprochen. Robert Heine-Geldern, der während der NS-Zeit dann in den USA Zuflucht findet, sucht noch von Wien aus den Diffusionsgedanken eher mit Überlegungen der Boas-Schule zu verbinden; Richard Thurnwald und W. E. Mühlmann verbinden Affinitäten zum sozial-wissenschaftlichen Funktionalismus britischer Provenienz mit stärkeren Bezügen zu lokaler Historiographie und (Mühlmann) zu phänomenologischer Methode. Etliche andere, etwas weniger theorie-orientierte Ansätze gehen schon ab den 1930er Jahren einige Schritte weiter in Richtung einer konkret-lokalhistorischen Arbeitsweise (Baumann, Hirschberg). Manche unter ihnen verfallen allerdings alsbald den Verführungen des NS-Regimes, welches die „großen Schulen" durch eigene Parteigänger ablöst. „Umschreiben der Geschichte" im Dienst der rassistischen NS-Ideologie und ihrer Vernichtungs- und Expansionspläne lautet das nationalsozialistische Primat auch für die *Historische Völkerkunde* bis 1945.[3] [|275]

Die Nachkriegsordnung bietet daher hinsichtlich des Verhältnisses von Ethnologie und Geschichte über längere Zeit hinweg im deutschsprachigen Raum ein nur mäßig kreatives Bild. In der DDR wird eine Spielart des *Historischen Materialismus* sowjetischer Prägung auch in der Ethnologie (Ethnographie) etabliert. In der BRD und Österreich hingegen kehren zunächst die alten „großen Schulen" wieder in ihre früheren Positionen zurück. Nur langsam und zäh lösen sich die starren Fronten von Dogmatik und Ideologie auf: Ulla Johansen und Karl Jettmar initiieren Forschungsprogramme, die großräumige Kulturkontakte mit lokaler Ethnographie und Geschichte verbinden, historische Ethnographie prägt auch Teile der Werke von Hans Fischer und Erhard Schlesier. Nicht zu unterschätzende weitere Beiträge kommen aus den Museen, wo konkret-historische Einzeluntersuchungen eine größere Selbstverständlichkeit darstellen. Ab den 1960er Jahren beginnt sich

---

1 A. BARNARD, History and Theory in Anthropology, Cambridge 2000.
2 A. GINGRICH, Erkundungen. Themen der ethnologischen Forschung, Wien, Köln, Weimar 1999.
3 P. LINIMAYR, Wiener Völkerkunde im Nationalsozialismus. Ansätze zu einer NS-Wissenschaft, Frankfurt am Main, Berlin, Bern, Wien 1994.

in Wien die *Ethnohistorie* zu formieren – zunächst erneut um Walter Hirschberg, dann zunehmend um Karl R. Wernhart und vor allem Christian F. Feest, der sich dabei besonders um Anknüpfungen an der *ethnohistory* der US-Anthropologie verdient macht.

Während in der DDR „im Verborgenen" allmählich so manche gediegene, historisch-ethnographische Einzeluntersuchung entsteht, die heute zu Unrecht ignoriert wird, leiten in der BRD erst die Spätwirkungen des Jahres 1968 eine wirkliche Wende im Verhältnis von Ethnologie und Geschichte ein. Ab den 1970er Jahren verbreitet sich hier der Einfluß mehr oder minder „ethno-historischer" und historisch-anthropologischer Forschungsansätze: einerseits vor allem in regionaler Hinsicht, – so etwa für das präkolumbische Amerika (Bonn, Freiburg), andererseits aber auch als neomarxistische Projekte (Krader, Dostal).

Neomarxismus, Ethnohistorie, und diffusionistische Restbestände – so in etwa kann, in skizzenhaft überzeichneter Weise – die historisch-ethnologische „Landschaft" des westlichen Teils des deutschsprachigen Raumes für die 1980er und frühen 90er Jahre charakterisiert werden, zum Ende der Nachkriegsordnung.

Der Fall der Mauer markiert das Ende dieser Nachkriegsordnung und fällt zusammen mit einer neuerlich intensivierten Phase von intellektueller und wissenschaftlicher Globalisierung. In dieser ist die zunehmende Auseinandersetzung mit internationalen Entwicklungen im eigenen Fachbereich unumgänglich. Auf welche internationalen Haupttendenzen also trifft diese soeben skizzierte deutschsprachige „Landschaft" im hier interessierenden Zusammenhang am Ende des Kalten Krieges?

Auf den ersten Blick hat sich im anglophonen Bereich im Verhältnis von Anthropologie und Geschichte gar nicht so viel Aufregendes geändert: In der britischen *Social Anthropology* jedenfalls dominiert bis weit in die 80er Jahre hinein das traditionell-distanzierte Verhältnis zur Geschichte: Im Werk eines [|276] Ernest Gellner etwa geht es trotz allem Zugeständnis an „Pendelbewegungen" letztlich doch primär um den Nachweis von mehr oder minder ausgeprägter Konstanz. Auch hier sind es eher neomarxistische Einflüsse, die von Max Gluckmann bis Maurice Bloch reichen, welche am ehesten historischen Wandel in die anthropologische Forschung integrieren. *Ethnohistory* findet sich nur bei wenigen britischen Nachkriegsautoren (I. Lewis), viel eher hat sie in Nordamerika weiterhin einen, wenn auch schwächer gewordenen Fortbestand, der sich aus der Boas-Tradition ableitet und jetzt durch die postmodernen Debatten der 1980er Jahre in manchen Spielarten gefiltert ist.[4]

Wichtiger allerdings sind hier zwei andere Arbeitsrichtungen Historischer Anthropologie geworden:

---

4 A. KUPER, Anthropology and Anthropologists. The modern British School, London, New York 1992.

Das sind zum einen die kulturalistischen Ansätze Historischer Anthropologie, wie sie einerseits schwächer ausgeprägt in Teilen des Werkes von Clifford Geertz[5] vorliegen, wie sie aber andererseits besonders prononciert von Marshall Sahlins[6] vertreten wurden: In seinen Schriften integriert das Primat des Kulturellen die Dialektik von Struktur und Geschichte – wobei auch in der *Weltgeschichte* das universalisierte euro-amerikanische Kulturkonzept mit offenen, anderen Lokalkulturen interagiert, auf durchaus wechselhafte Weise. Unterwerfung oder Widerstand sind dabei Extreme in einer viel weiteren Bandbreite, die auch kreative, lokale Aneignung des dominant Globalen umfassen kann. Damit bleibt das Sahlinssche Werk eine brillante Herausforderung auch für all jene, die sein Primat des Kulturellen nicht teilen.

Zum anderen gilt es hier aber das besondere Gewicht der *globalen* und *transnationalen* Ansätze Historischer Anthropologie hervorzuheben. Darin liegt wohl die zweite entscheidende, neue Herausforderung für die deutschsprachige Landschaft heute: die kreative, intensive Auseinandersetzung mit diesen Zugängen, welche natürlich ihrerseits diese *globale* Perspektive dem Dialog mit der aktuellen Phase der Globalisierung verdanken.[7] Als Gründerfigur zu nennen ist hier der in Wien aufgewachsene und 1938 in die Emigration gezwungene Eric Wolf: Mit seinem *Die Völker ohne Geschichte*[8] hat er grundlegend neue Standards gesetzt, welche seither die „reine" Beschränkung auf Lokalgeschichte zum Anachronismus machen. Dazu tritt nun das Werk von Arjun Appadurai,[9] dessen Betonung von *transnationalen Flüssen (flows)*, von Elementen der Deterritorialisierung und von *ethnoscapes* auch und gerade für Historische Anthropologie und Ethnohistorie heute von größter Relevanz ist. [|277]

2. Versuch einer aktuellen Zwischenbilanz

Der französische Anthropologe Maurice Godelier hat einmal recht apodiktisch festgestellt: Die Geschichte erklärt nichts, sie ist das zu Erklärende. Daher sei die anthropologische Erklärung von Historischem das Selbstverständliche, die historische Erklärung von aktuell-Kulturellem hingegen sei kaum möglich.[10]

Man muß dieses Verhältnis nicht unbedingt so eingeschränkt verstehen wie Godelier; er selbst hat diese Sicht später modifiziert. Tatsache ist allerdings, daß

---

5   C. GEERTZ, Nagara: The Theatre State in Nineteenth-Century Bali, Princeton/N. J. 1980.
6   M. SAHLINS, Inseln der Geschichte, Hamburg 1992; DERS., Culture in Practice. Selected Essays, New York 2000.
7   A. GINGRICH, R. FOX (Hg.), Anthropology, by Comparison, London, New York 2002.
8   E. WOLF, Die Völker ohne Geschichte. Europa und die andere Welt seit 1400, Frankfurt am Main, New York 1991.
9   A. APPADURAI, Modernity at Large: Cultural dimensions of globalization, Minneapolis, London 1996.
10 M. GODELIER, Ökonomische Anthropologie. Untersuchungen zum Begriff der sozialen Struktur primitiver Gesellschaften, Reinbek bei Hamburg 1973.

es heute mehrere unterschiedliche Grundzugänge zum Verhältnis zwischen Geschichte und Anthropologie gibt: Geschichte als kulturelle Legitimierung der Gegenwart ist nicht identisch mit einem Verständnis von kultureller Gegenwart als Resultat geschichtlicher Prozesse; die kulturanthropologische Interpretation historischer Prozesse wiederum ist nicht identisch mit der Historisierung des Gegenwärtigen. Auch deutschsprachige EthnologInnen sehen sich daher heute mit einer Situation des Pluralismus in diesem Verhältnis von Geschichte und Anthropologie konfrontiert.

In diesem neuen, kreativen Pluralismus hat der Terminus *Ethnohistorie* einen Bedeutungswandel erfahren. Während die frühere Begriffsbildung manchmal eine Beschränkung auf *ethnische Geschichte* suggerierte, betonen neuere Konzeptionen die transkulturellen und relationellen Perspektiven.[11] Gegenüber dieser möglichen Auslegung als einer Geschichte des „ethnisch Besonderen" bietet der Terminus *Historische Anthropologie* den Vorteil, auch das Allgemeine und nicht nur das Besondere zu akzentuieren.

Wesentlich für eine aktuelle Zwischenbilanz inmitten dieses neuen Pluralismus ist weiters die doppelte Relativierung des Lokalen: Zum einen ist Lokales auch für historisch-anthropologische Forschung nicht länger als a priori „Abgeschottetes" untersuchbar: *Flows* hat es auch in der Vergangenheit gegeben, auch das historisch-Lokale war selten ein Isoliertes. In neuer Form erfährt daher, gerade in einer Periode der Globalisierung, der Diffusionsgedanke seine unabwendbare Aufwertung.

Zum anderen aber sind *überlokale* (regionale, kontinentale, globale) Einflüsse auf das Lokale auch lange vor 1989 Selbstverständlichkeiten des historischen Prozesses, wie auch die Anthropologie spätestens seit Eric Wolf weiß. Dieser Dialektik zwischen *Offen-Lokalem* und (mehr oder minder) Globalem also hat sich die Historische Anthropologie a priori zu stellen.

Mit der obigen wissenschaftsgeschichtlichen, theoretischen und inhaltlichen Annäherung verfolgen wir die Intention, die heutigen Rahmenbedingungen einer postkolonialen Historischen Anthropologie stärker zu akzentuieren. Selbstredend formuliert dieser Überblick nur heuristische Ziele, wie sie einer [|278] Einführung in die Ethnologie angemessen sind, und beansprucht keine definitorische Festlegung, was Historische Anthropologie zu sein hat und vor allem, was sie nicht zu sein hat. Auch Fragen, die sich nicht unmittelbar auf Prozesse der Herrschaftsgewalt, der Machtbeziehungen und der Hegemonie während und nach dem Kolonialismus richten, besitzen eine relevante Bedeutung für das grundlegende Erkenntnisinteresse einer geschichtsbewußten Wissenschaft vom Menschen. Partikulare Themen der ethnologischen Geschichtsforschung werden auch weiterhin die Blindstellen der eurozentrischen Herrschaftsgeschichte in Bezug auf die „geschichtslosen Völker" sichtbar machen. Auf der allgemeinsten Ebene geht es der

---

11 K. R. WERNHART, W. ZIPS, Einführung in die theoretischen und methodologischen Grundlagen der Ethnohistorie, in: DIES. (Hg.), Ethnohistorie. Rekonstruktion und Kulturkritik, Wien 2001, 13–40.

interdisziplinären Forschungsrichtung der Historischen Anthropologie um das Sichtbarmachen des individuellen und sozialen Handelns von Menschen, das von der bisherigen Geschichtsschreibung ungenügend wahrgenommen wurde.

Verantwortlich für diese selektive Wahrnehmung waren und sind die verschiedenen Zentrismen (Eurozentrismus, Ethnozentrismus, Orientalismus, Tempozentrismus, Androzentrismus u.a.), deren Gemeinsamkeit in der Privilegierung der eigenen Vorherrschaft besteht. Eine nach Machterhaltungsinteressen normierte Weltordnung verrät nur allzu oft ihre enge Verwandtschaft mit den historischen Formen der Unterordnung anderer Erfahrungswelten und Traditionen durch räumliche Expansion, geistige Vereinnahmung und Subsumption in das eigene Weltbild.[12]

Daher kommt auch den scheinbar unpolitischen „Kleinthemen", den sogenannten *partikularen micro-studies*, die wichtige Funktion zu, das Marginalisierte, oftmals Ausgeschlossene und Nichtanerkannte in den Mittelpunkt des Interesses zu stellen. Diese „Zentrierung" geht mit einer tendenziellen Dezentralisierung der *Makrogeschichte* einher, was sich gegen die Verabsolutierung von Eigenheit und gegen die Objektivierung von Fremdheit, das so genannte *Othering* richtet. Daraus ergibt sich, daß die Historische Anthropologie ein praktisches Forschungsinteresse erfüllt, das aus der Wahrnehmung der Gegenwart auf die historischen Konstitutionsprozesse der sozialen Strukturen und Praktiken blickt, um für zukünftiges Handeln begründete Entscheidungsoptionen anbieten zu können. Eingedenk der unübersehbaren globalen Risikolage, die sich nach den Ereignissen des Jahres 2001 (beginnend mit der China/USA-Krise bis zu den Terroranschlägen in den USA und den Kampfhandlungen in Afghanistan) dramatisch zugespitzt hat, muß sich die historisch-anthropologische Forschung von früheren Dogmen der regionalen Völkerkunde (*Einheit von Zeit und Raum*) lösen, um etwa zur Entschärfung und zu Lösungsoptionen von transnationalen und transkulturellen Konflikten beitragen zu können.[13]

Das Erkenntnisinteresse bestimmt daher ebenso wie die Problemlage die Methodenwahl. Die wichtigste Frage, die sich jede/r Wissenschaftler/in vor Beginn eines Forschungsvorhabens stellen muß, lautet: Was will ich wissen? [|279] Von der Schlüssigkeit dieser trivial anmutenden Fragestellung hängt der Projekterfolg entscheidend ab. Nach der möglichst klaren Formulierung und inhaltlichen Bestimmung der Fragestellung richtet sich die Auswahl der geeigneten Methoden bei der Suche nach Antworten. Aus einem Set grundsätzlich möglicher Forschungsmethoden ist daher die jeweils adäquate Kombination für die empirische Aufgabenstellung herauszufinden. Nur im seltenen Einzelfall wird eine ganz bestimmte Methode ausreichen. In der Regel wird schon die interdisziplinäre Ausrichtung

---

12 Vgl. O. SCHÄFFTER, Modi des Fremderlebens. Deutungsmuster im Umgang mit Fremdheit, in: DERS. (Hg.), Das Fremde. Erfahrungsmöglichkeiten zwischen Faszination und Bedrohung, Opladen 1991, 7–28, hier 11.
13 Vgl. A. APPADURAI, Global Ethnoscapes: Notes and Queries for a Transnational Anthropology, in: R. G. FOX (Hg.), Recapturing Anthropology. Working in the Present, Santa Fé 1991, 191–210. hier 191 ff.

(Geschichtsforschung/Anthropologie) eine parallele oder diachrone Anwendung mehrerer Methoden nahelegen.

Dieser Methodenpluralismus hängt eng mit der unterschiedlichen Zugänglichkeit der verschiedenartigen Quellen zusammen. Es liegt auf der Hand, daß schriftliche Aufzeichnungen aus der Feder eines Kolonialbeamten im frühen 18. Jahrhundert eine andere Erhebungs- und Auswertungsmethode verlangen, als die mündlichen Überlieferungen der Nachkommen einer von den schriftlichen Quellen beschriebenen sozialen Gruppe. Dasselbe gilt für die archäologisch auffindbaren Artefakte ihrer ökonomischen, religiösen und politischen Praktiken in der Vergangenheit, für die durch einen linguistischen Vergleich feststellbaren Prozesse des kulturellen Kontakts, der Auseinandersetzung und Integration, sowie für den technologisch-ergologischen Vergleich der Arbeitsweisen und Gerätschaften in Gebieten, die nachweislich miteinander in Kontakt standen oder für die ökologische Erhebung der Landschaftsveränderungen im Zusammenhang mit menschlichem Einfluß.[14]

3. Konzepte und Methoden historisch-ethnologischer Forschung

3.1. Oral History und Oraltraditionen

Oral History-Forschung besitzt in der Ethnohistorie einen großen Stellenwert für die notwendige Dekonstruktion der Herrschaftsgeschichte als Vorbedingung einer Rekonstruktion der Perspektiven aller beteiligten historischen Akteure. Mündliche Methoden der Geschichtsforschung, wie sie in der Geschichtswissenschaft im Rahmen der so genannten *Geschichte von unten* in den 1980er Jahren populär wurden, gehören seit Franz Boas zum Inventar ethnologischer Geschichtsforschung. Im Mittelpunkt dieses Ansatzes stand lange Zeit die Frage nach dem Status von Oraltraditionen.[15] Sie bilden ein Gegengewicht zu den Darstellungen der schriftlichen europäischen Quellen und erlauben damit das historische Spannungsverhältnis nach- [|280] zuvollziehen. Auch diese Berichte sind freilich keine getreulichen Wiedergaben der historischen Realität, wie man früher annahm, sondern interessegeleitete Vermittlungen der Vergangenheit. Als narrative Quelle stellen sie einen alternativen Geltungsanspruch auf historische Wahrheit dar.[16]

Oraltraditionen beinhalten ebensowenig wie die biographischen Erzählungen von Geschichte neutrale Informationen. Der Einbezug der Oral History führt daher keineswegs von einer Sozialgeschichte zur Individualgeschichte, indem der Blick auf die Strukturen zugunsten persönlicher Sichtweisen zurückgedrängt wird. Vielmehr bemüht sich die (ethno)historische Rekonstruktion um eine größere Ge-

---

14 Vgl. E. HABERLAND, Historische Ethnologie, in: H. FISCHER (Hg.), Ethnologie. Einführung und Überblick, Berlin 1988, 287–312, hier 297–307.
15 J. VANSINA, Oral Tradition as History, Madison/Wisconsin 1985.
16 Vgl. J. VANSINA, Living with Africa, Madison/Wisconsin 1994, 207 ff.

nauigkeit in der Erfassung des Strukturellen.[17] Oral History-Forschung kann sich sowohl auf die unmittelbare Erfahrung lebender historischer Akteure beziehen, die sie regelmäßig durch Narrative Interviews nachfragt, als auch auf die historischen Überlieferungen vergangener Generationen. Diese Oraltraditionen sind als Prozesse der Weitergabe zu verstehen, welche Transformationen und strategische Abwägungen implizieren. Wenn auch das Erzählen von Geschichte als Handeln verstanden wird, kann der politische Gehalt dieser „Erinnerungen von Überlieferungen" interpretativ berücksichtigt werden.

Mündliche Überlieferungen entspringen ebenso wie schriftliche Repräsentationen bestimmten Motivlagen und verfolgen persönliche und politische Interessen. Deshalb ist es unabdingbar, quellenkritisch die Frage nach den geschichtlichen, biographischen und metahistorischen (literarischen) Bedingungen der jeweiligen erzählten Repräsentationen zu stellen.[18] Sie besitzen keinen grundsätzlich höheren oder besseren Status als schriftliche Quellen, aber – und das ist vielleicht im Rahmen der Historischen Anthropologie eine noch wichtigere Feststellung – auch keinen niedrigeren oder schlechteren. Beide Hauptgruppen von Quellen können sich mitunter komplementär zueinander verhalten oder auch konkurrierend im Widerstreit der Positionen. In jedem Fall heißt das, der Dialektik der historischen Strukturen in der methodischen Gegenüberstellung unterschiedlicher Perspektiven (juxtaposition) nachzuspüren. Dafür kann eine Reihe anderer Methoden (linguistische Analysen, komparative und kulturökologische Untersuchungen usw.) wertvolle Unterstützung liefern.[19]

In der folgenden Besprechung wollen wir uns auf die beiden wichtigsten Methoden der Archivforschung und der Feld(er)forschung durch Oral History konzentrieren. Methodenpluralismus bedeutet in der Historischen Anthropologie das genaue Gegenteil einer willkürlichen Aneinanderreihung unterschiedlicher Vorgangsweisen. Eingedenk der zumeist widersprüchlichen Geschichtsinterpretationen aller beteiligten Parteien im Aufeinandertreffen der verschie- [|281] denen Kulturen erlaubt nur die methodenpluralistische Haltung, das Spannungsverhältnis zwischen den differenten Wirklichkeitskonstruktionen zu rekonstruieren. Während der Umgang mit schriftlichen Quellen in der Geschichtsforschung bis in die jüngere Gegenwart im Zentrum der methodischen Vorgangsweisen stand und erst in den 1960er Jahren von der Oral History, Alltagsgeschichte und *Geschichte von*

---

17 W. ZIPS, Geschichte von Drüben? Gedanken zu kommunikativen Forschungsansätzen in der Geschichtswissenschaft und ihrer Praktikabilität für die ethnologische Feldforschung, in: Wiener Ethnohistorische Blätter 30, 1986, 3–36, hier 15; DERS., Black Rebels. African Caribbean Freedom Fighters in Jamaica, Princeton, Kingston/Jamaica 1999.
18 J. CLIFFORD, Introduction: Partial Truths, in: DERS., G. E. Marcus (Hg.), Writing Culture. The Poetics and Politics of Ethnography, Berkeley, Los Angeles, London 1986, 1–26; M.-R. Trouillot, Anthropology and the Savage Slot, in: Fox, Recapturing Anthropology (wie Anm. 13) 17–44.
19 W. ZIPS, Theorie einer gerechten Praxis oder: Die Macht ist wie ein Ei, Wien 2002; K. R. WERNHART, Die Quellengattungen und Nachbarwissenschaften der Ethnohistorie, in: DERS., ZIPS, Ethnohistorie (wie Anm. 11) 57–73.

unten ergänzt und oftmals kontrastiert wurde, gehört die kommunikative Forschung im Rahmen einer Feldforschung zu den unabdingbaren Konditionen des anthropologischen Arbeitens. Dabei hat der Begriff der Feldforschung aber einen Bedeutungswandel erfahren.

3.2. Praxis und (Handlungs-)Feld

Oftmals wird es also einen Anknüpfungspunkt in der Gegenwart verlangen, um die historische Dimension menschlichen Handelns zu erfassen. Daher ist es nur im Einzelfall, bei einer eng umrissenen Fragestellung, möglich, ausschließlich vom Schreibtisch aus, mit Archivquellen und Literaturstudien, zu arbeiten. Dafür muß dann die Fragestellung entsprechend auf die europäischen Perspektiven eingeschränkt werden. Die Erarbeitung dieser, zumeist von kolonialen Organwaltern stammenden Korrespondenz kann eine wesentliche Vorarbeit für die Rekonstruktion der interkulturellen Beziehungen leisten. Sie kann die Sichtweisen, Diskussionspunkte und Wissensbestände unterschiedlicher Herrschaftssubjekte (zumeist Angehörige der kolonialen Verwaltung) und anderer sozialer Akteure aus Europa in einer zeitlichen Dimension erheben. Mit der tatsächlichen Praxis stimmen diese ideologischen und strategischen Überlegungen freilich kaum überein.

Dafür bedarf es der Berücksichtigung anderer Perspektiven, die sich aus den Archiven nur ungenügend erschließen. Der Zugang zu diesen oftmals nicht verschriftlichten Daten ist daher auf die Verwendung kommunikativer Methoden angewiesen. Diesen bleibt es vorbehalten, mündliche Überlieferungen und dynamisch veränderte Deutungen der Geschichte nachzufragen. Ihre Aussagen sind, wie bereits erwähnt, ebensowenig soziale Fakten wie die interessengesteuerten Repräsentationen der schriftlichen Quellen. Feldforschung durch partizipatorische und retrospektive Verfahren gehört damit zum Kern auch des methodischen Inventars der Historischen Anthropologie, was den vielleicht klarsten ethnologischen Unterschied zur Geschichtsforschung ausmacht. Dieser Begriff der Feldforschung meint jedoch nicht mehr den früher gebräuchlichen räumlich-regionalen Gehalt – der sich hinter der androzentrisch-abenteuerlichen Metapher für ethnologische Forschung schlechthin verbarg (*go to the field young man*) – sondern das Verständnis eines sozialen Feldes (der Ökonomie, des Rechts, der Religion, der Kunst, [|282] des Sports, der Wissenschaft, der Literatur, der Bürokratie, des Journalismus usw.). Die Bestimmung und heuristische Eingrenzung dieses Feldes obliegt den sozialwissenschaftlichen AkteurInnen selbst. Ob der gewählte Ausschnitt der Beobachtung sinnhaft ist, richtet sich nach den Grenzen der relativen Autonomie eines Feldes, die wiederum nur empirisch, anhand der mehr oder weniger institutionalisierten Eintrittshürden und der Wirksamkeit der Kräfte auf alle Handelnden, die das Feld betreten, bestimmt werden kann.[20]

---

20 P. BOURDIEU, L. J. D. WACQUANT, The Purpose of Reflexive Sociology (The Chicago Workshop), in: DIES. (Hg.), An Invitation to Reflexive Sociology, Cambridge 1992, 62–216, hier 100 ff.

Ein solches relativ eigenständiges Feld ist vergleichbar mit einem Spielfeld, in dem unterschiedliche Individuen und Gruppen um (Macht-)Positionen kämpfen. Daraus ergibt sich, daß jede Momentaufnahme eines Feldes einen Endpunkt akkumulierter Geschichte abbildet. Jede synchrone Analyse eines Feldes benötigt daher zum adäquaten Verständnis eine historische (gewissermaßen genetische) Entstehungsgeschichte seiner Strukturen. Deren dynamische Konstitution ergibt sich erst aus den Spannungen zwischen den einzelnen Positionen innerhalb des Feldes sowie aus den Beziehungen zu anderen Feldern, speziell zum Feld der Macht.[21]

Mit dieser *strukturgeschichtlichen* Sichtweise eröffnet sich ein Zugang zu konkreten Feldern der Betrachtung, der in jedem historischen Moment sowohl das Produkt der vorangegangenen Kämpfe um die Erhaltung oder Veränderung der Strukturen eines Feldes als auch das Prinzip nachfolgender Transformationen erkennt. Selbstredend bedeutet die „relative Bestimmung" dieses Objektfeldes keine Isolation zu anderen Feldern. Vielmehr „zwingt" der relationale Gehalt des Feldbegriffes gerade zur Beachtung der externen Beziehungen mit anderen Feldern, insbesondere mit dem erwähnten Feld der Macht. Die soziale Welt in Feldern zu denken, heißt relational zu denken, wie Bourdieu und Wacquant[22] betonen: „*(T)he real is the relational.*"

Ein Feld ist danach als Netzwerk oder Konfiguration von objektiven Beziehungen zwischen den einzelnen Positionen aufzufassen, die unabhängig vom individuellen Bewußtsein und Willen existieren. In diesem Sinn verstanden, geht es bei den Methoden zur historischen Feldforschung um die Erklärung der Beziehungen innerhalb eines Feldes sowie zwischen dem untersuchten Feld und anderen Feldern. Damit einhergeht auch ein Bedeutungswandel des Begriffes *Feldforschung* hin zu einem pluralen Verständnis der sozialgeschichtlichen *Felder-Forschung* im Rahmen der Historischen Anthropologie.[23]

Das Handeln der Akteure, ihre subjektiven Entscheidungen innerhalb der Spielräume, die von den in einem Feld herrschenden Strukturen vorgegeben werden, steht im Mittelpunkt des empirischen Interesses. Demgemäß läßt sich der Habitus – als Schlüsselbegriff der Praxis-Theorie von Pierre Bourdieu – auch als „Spielgefühl" übersetzen. Es beruht auf den weitgehend unbewußten Wahrnehmungs-, Deutungs- und Handlungsmustern, die dem ein- [|283] zelnen durch Sozialisation eingeschrieben werden. Sozialisation meint insofern weniger einen Prozeß des aktiven Lernens, sondern das passive Formen des Individuums durch gesellschaftliche Strukturierung. Strukturen, sowohl die im Habitus des einzelnen verinnerlichten, als auch die objektiven Strukturen der spezifischen Logik eines Feldes, sind nur in praxi, das heißt in ihrem praktischen Vollzug sichtbar. Zugleich besitzt das soziale Handeln der Akteure aber auch eine verändernde Potenz.

---

21 P. BOURDIEU, Der Tote packt den Lebenden. Schriften zu Politik und Kultur 2, Hamburg 1997, 80.
22 BOURDIEU, WACQUANT, The Purpose (wie Anm. 20) 97.
23 Vgl. M. KREMSER, Von der Feldforschung zur Felder-Forschung, in: WERNHART, ZIPS, Ethnohistorie (wie Anm. 11) 135–144.

Dieses sozialtheoretische Verständnis, das die Trennung objektivistischer und subjektivistischer Untersuchungsansätze zu überwinden trachtet, tendiert zu einem Konzept einer Strukturgeschichte, die empirisch an der Logik der Praxis ansetzt: „Dieses praxeologische Paradigma räumt dem Handeln und Deuten der einzelnen einen anderen Status ein als der Kulturrelativismus in der Ethnologie bzw. Sozial- und Kulturanthropologie oder als der idealistische Historismus in den Geschichtswissenschaften: Die einzelnen erscheinen hier weder ‚frei', ihren Willen durchzusetzen, noch gänzlich durch äußere Umstände, Verhältnisse und deren Strukturen bestimmt, sie finden – von extrem seltenen Ausnahmen abgesehen – immer Handlungs- und Deutungsspielräume vor und müssen sich deshalb immer wieder für eine/ihre Deutung, für eine/ihre Handlung entscheiden."[24]

Den theoretischen Vorgaben einer praxisbezogenen Strukturgeschichte entspricht in besonderem Maße das Narrative Interview, das wir im folgenden hervorheben wollen.

3.3. Das Narrative Interview

Neben der partizipierenden Erfahrung bieten sich vor allem Narrative und biographische Interviews an, um die subjektive Perspektive der Erinnerungen an alltagsweltliche Praktiken und die individuellen Bewertungen der historischen Verhältnisse durch die Akteure mit den strukturalen Handlungsspielräumen in einen wirkungsgeschichtlichen Zusammenhang zu versetzen. Vom Interviewten wird dabei keine „poetisierende Erzählkunst" erwartet, sondern die Bereitschaft, sich einem mehrstufigen Verfahren der kommunikativen Forschung zu unterziehen, das eine längere Periode des sozialen Kontaktes erfordert. Narrative Interviews produzieren als „forschende Gespräche" Erzählungen; sei es über bestimmte Thematiken (wobei sie dann sogenannten Experten-Interviews ähnlich werden), sei es über Lebensgeschichten oder Teile davon (in biographisch-narrativen Interviews). Dabei obliegt es den Erzählenden, den thematisch vor-dimensionierten Erzählraum mit ihrem (historischen) praktischen Sinn aufzufüllen. Dieser gedachte Raum wird von der thematischen Orientierung idealerweise so geöffnet, daß der/die ErzählerIn detailreich, ausschweifend und assoziativ über Geschehnisse berichten kann, [|284] an denen er/sie als AkteurIn teilgenommen hat. Im ersten narrativen Abschnitt der Eingangserzählung sollen die Erzählenden ihre historischen Praktiken so frei zur Sprache bringen können, daß durch die Serie von Entscheidungen zwischen Erzähloptionen die historischen Handlungsentscheidungen durchschimmern. Auf diese Weise versucht das Instrument des Narrativen Interviews, den theoretisch begründeten Zusammenhang zwischen Feld, Habitus und Praxis auf methodologischer Ebene zu erhalten.[25]

---

24 R. SIEDER, Erzählungen analysieren – Analysen erzählen, in: WERNHART, ZIPS, Ethnohistorie (wie Anm. 11) 145–172, hier 147.
25 Siehe genauer ebd. sowie F. SCHÜTZE, Die Technik des narrativen Interviews in Interaktionsfeldstudien – dargestellt an einem Projekt zur Erforschung von kommunalen Machtstrukturen.

Als mündliche Geschichten („Oral History") sind die Erzählungen allerdings ebensowenig in der Lage, ein vergangenes Geschehen abzubilden wie irgendein schriftlich überlieferter Text: „Jede Erzählung und jeder Text ist eine Präsentation mit symbolischen Mitteln und enthält eine Serie von Interpretationen, für die der Erzähler im Akt des Erzählens eine Komposition sucht und findet. Aber wir können davon ausgehen, daß die Prinzipien der Erzählung, die sich im Text als ihrem Protokoll wiederfinden, deutbar sind in bezug auf jene Prinzipien, welche die in der Vergangenheit getroffenen Entscheidungen orientiert haben könnten."[26] Damit ist die methodologische Vorstellung verbunden, daß sich derselbe Habitus, der bereits das historische Handeln der Interviewten disponiert hat, auch als schöpferisches Prinzip in der Erzählung wiederfindet. In diesem Sinn würden die narrativen Repräsentationen der (historischen) Praxis gewissermaßen den Habitus hinter der historischen Praxis „verraten".

Durch die einzelnen methodischen Abschnitte der Eingangserzählung, des immanenten (am Text orientierten) und des exmanenten (auf die Auslassungen bezogenen) Nachfragens, der Rekonstruktion von Routinen, des Reasonings als freierem Teil des Gesprächs, der eine reflektierte Haltung anregt sowie der Nachgespräche,[27] wird versucht, einen praxeologischen Blick auf die individuelle Laufbahn – das Trajektorat des Handelnden in einem bestimmten Feld – zu gewinnen. Die praxeologische Perspektive beruht auf einem handlungstheoretischen Verständnis, das nach der sozial erzeugten Logik bzw. den Handlungsbedingungen der Praxis fragt. Dabei kommt es darauf an, das soziale Altern – die Laufbahn – in Bezug zu den aufeinander folgenden Zuständen des Feldes, in dem sie sich abgespielt hat, zu verstehen. Denn das Individuum handelt innerhalb eines Ensembles objektiver Beziehungen, die es mit der Gesamtheit der anderen Akteure vereinigt haben, welche im selben Feld engagiert sind und damit demselben Möglichkeitsraum gegenüberstehen.

Um die lebensgeschichtlichen Idealisierungen in der sozialen und historischen Dimension des Handelns deuten zu können, ist es notwendig, den Begriff der Laufbahn als eine Abfolge von nacheinander durch denselben Akteur (oder eine bestimmte Gruppe) besetzten Positionen zu konstruieren. Damit soll der Tendenz jeder (auch wissenschaftlichen) Befragung zu einer offi- [|285] ziellen Selbstpräsentation des Befragten entgegengewirkt werden. Methodologisch stellt die relationale Textanalyse darauf ab, der „biographischen Illusion", die sich hinter dem „perfekten sozialen Artefakt der Lebensgeschichte" verbirgt, den Status der Selbstverkennung abzunehmen.[28]

Universität Bielefeld, Fakultät für Soziologie, Arbeitsberichte und Forschungsmaterialien, Nr. 1, Januar 1978.
26 SIEDER, Erzählungen (wie Anm. 24) 152.
27 Ebd., 150 ff.
28 Ebd., 160 ff.; vgl. dazu auch P. BOURDIEU, Die biographische Illusion, in: BIOS. Zeitschrift für Biographieforschung und Oral History 1990/1, 75–81, hier 81.

Allein der interpretative Zeitaufwand für ein Narratives Interview und die einzelnen Schritte der sequentiellen Textanalyse[29] legen aber nahe, daß keineswegs alle kommunikativen Forschungsmethoden der ethnologischen Feldforschung ein derartig hohes Komplexitätsniveau erreichen sollten. Informelle Konversationen und politisch-philosophische Diskussionen in freier, methodisch unkontrollierter Atmosphäre sind geeignet, die benötigte alltagsweltliche Kompetenz im spezifischen sozialen Raum entscheidend zu erhöhen.

Darüber hinaus sind Experten-Interviews, die über eine individuell zugeschnittene Fragestellung spezialisiertes Wissen nachfragen, von eminenter Bedeutung. Oft ergibt sich die Anwendung einer Methode geradezu aus der vorhergehenden (methodisch) zwanglosen Kommunikation. Diese kann von alltäglichen Konversationen über informelle themenorientierte Diskussionen und private Austauschformen zwischen „alten Bekannten" reichen, die der Logik des Vertrauens folgen, bis hin zu formellen Interviews mit narrativem oder biographisch-narrativem Status und standardisierten Befragungen (Experten-Interviews). Die hier nur kurz skizzierten Vorgangsweisen der Oral-History-Forschung entsprechen den üblichen dialogischen Produktionsprozessen der ethnohistorischen Forschung.[30] Gemeinsam mit anderen Quellen – vor allem mit den der kolonialen Perspektive entstammenden Archivquellen – sollen sie das gewählte (Betrachtungs-)Feld als reales historisches (Spannungs-)Feld zwischen Gegensätzen und Hierarchien rekonstruieren helfen, die effektiv die sozialen Gruppen organisierten. Da diese Herrschaftsbeziehungen (vor dem dargelegten theoretischen Hintergrund) dem Habitus, der sie reproduziert, in unkenntlicher Form zugrundeliegen, werden sie in den (ebenso vom Habitus organisierten) Gesprächsformen und Interview-Äußerungen nur in unbewußter, d.h. verkannter Form sichtbar. Ihre Offenlegung kann daher nur durch ihre enge Vernetzung sowohl untereinander als auch mit allen anderen verfügbaren (v.a. schriftlichen) Quellen und den Wahrnehmungen der unmittelbaren Beobachtung symbolischer Praktiken zu einer relationalen Konstruktion des Feldes erfolgen.

Als schriftliche Quellen kommen u.a. Memoiren, Tagebücher, Bordbücher, Briefe, Urkunden und Dekrete, Verträge, Behördenberichte und gerichtliche Dokumente, Fallbücher und Akten sowie geschichtliche Aufzeichnungen der historischen Akteure in Betracht, die sich sowohl in Privatbesitz als auch in [|286] staatlichen Archiven befinden können. Darüber hinaus kann unterschiedlichen anderen Quellengattungen (z.B. Abbildungen, Karten, Film- und Tonaufnahmen, Flugschriften, Realien, unpublizierten Forschungsberichten und Onlineressourcen im

---

29 Vgl. SCHÜTZE, Die Technik (wie Anm. 25) und G. ROSENTHAL, Erlebte und erzählte Lebensgeschichte. Gestalt und Struktur biographischer Selbstbeschreibungen, Frankfurt am Main 1995.
30 Siehe genauer WERNHART, ZIPS, Einführung (wie Anm. 11) 31 ff.

Internet) je nach empirischer Fragestellung eine entsprechend gewichtige Bedeutung zukommen.[31]

3.4. Eine praxeologische Strukturgeschichte

Im praxeologischen Erkenntnismodus werden die individuellen und sozialen Praktiken auf ihre Strukturierung durch *Sozialisation* zurückgeführt; allerdings nicht in der deterministischen oder objektivistischen Wendung des strukturfunktionalistischen Paradigmas, welche die handelnden Individuen zu völlig determinierten Marionetten der herrschenden Strukturen macht. Vielmehr wird das soziale Handeln menschlicher Akteure in seiner subjektiven Dimension insofern ernst genommen, als es auf seine interessegeleiteten, „strategischen" Entscheidungen hinterfragt wird. Entgegen subjektivistischen Idealisierungen, die ein frei handelndes, von sozialen Zwängen weitgehend unabhängiges Subjekt suggerieren, werden diese Entscheidungen aber nicht als Ausdruck eines „freien, selbstbestimmten" Individuums aufgefaßt, sondern als vorstrukturierte Realisierungen der Handlungs- und Deutungsspielräume in den unterschiedlichen Feldern eines sozialen Raumes. Praxis wird damit zum einzig möglichen, beobachtbaren Anhaltspunkt empirischer historischer und sozialwissenschaftlicher Forschung. Das Interesse am konkreten Handeln erschöpft sich aber nicht in den deskriptiven Absichten einer *ethnographischen* Bestandsaufnahme, sondern richtet sich analytisch auf seine soziale (Erzeugungs-)Logik. Gesellschaft und Individuum, Struktur und Praxis werden auf eine Weise miteinander verknüpft, die den dualistischen Rahmen von System und Lebenswelt, als entkoppelte Foren von instrumentellem und kommunikativem Handeln, sprengt. Soziale Strukturen, verstanden als historische Arbeit aufeinander folgender Generationen (*Phylogenese*), werden im praxeologischen Paradigma nicht mehr nur außerhalb der Individuen wahrgenommen. Durch Verinnerlichung bzw. Verkörperung (*Interiorisierung*) formen sie den (sozialen) Habitus jedes Individuums (*Ontogenese*), abhängig von seinen Erfahrungsmöglichkeiten.

Darin liegt der Kern der doppelten Historizität mentaler Strukturen. Soziales Sein und Geschichte werden damit untrennbar aufeinander zurückgeführt.[32] Als ein durch Sozialisation erworbenes (strukturiertes) Bündel aus Wahrnehmungs-, Deutungs- und Handlungsschemata strukturiert der Habitus die Praktiken und Gedanken der handelnden Individuen. In diesem Sinn ist der Schlüsselbegriff des Habitus als strukturierte und strukturierende Strukturen – Dispositionen für jedwede Praxis – [|287] verstehbar. Aber dieses vom Habitus angeleitete Handeln erfolgt wie erwähnt in vorkonstituierten Feldern. Sie sind analytisch gefaßte, relativ autonome Handlungszusammenhänge von Positionen, deren Stellung zueinander durch die disponierten Praktiken der Akteure reproduziert und dabei verändert wird. Praxis transzendiert die unmittelbare Gegenwart über die praktische (d.h.

---

31 Siehe genauer WERNHART, Die Quellengattungen (wie Anm. 19) 57–68.
32 BOURDIEU, WACQUANT, The Purpose (wie Anm. 20) 139.

nicht notwendigerweise bewußte) Mobilisierung der Vergangenheit und die (mit gleicher Bedeutung) praktische Antizipation der Zukunft, die der Gegenwart als objektive Potentialität eingeschrieben ist. Ihre soziale Logik ist eben kein (notwendigerweise) bewußter und wohlerwogener Plan, im Sinne eines zukunftsorientierten Projekts. Trotzdem erfüllt die praktische Aktivität einen (praktischen) Sinn, wenn sie von einem Habitus hervorgebracht wird, der den innewohnenden „Spielregeln" eines Feldes angemessen ist. Auch diese „Spielregeln" sind freilich keine expliziten Regeln wie normative Verhaltensanordnungen, sondern Regelmäßigkeiten – strukturelle Tendenzen des in einem Feld üblichen, erwarteten und insofern „vernünftigen Verhaltens". Da der Habitus selbst das „Produkt" von (fr.) *incorporation* (dt.: Verinnerlichung bzw. Verkörperung oder Einverleibung, engl.: *embodiment*) dieser Regelmäßigkeiten ist, beinhaltet er eine Antizipation dieser Regelmäßigkeiten. Vereinfacht gesagt: der Habitus ist prädisponiert für die Positionskämpfe in jenen sozialen Handlungsfeldern, deren strukturelle Tendenzen er verinnerlicht hat.[33]

Die solchermaßen radikale Historisierung von Strukturellem, welche die praxeologische Forschung vor Augen hat, unterscheidet die Theorie der Praxis von anderen Theorien des kommunikativen Handelns. Mit dem Begriff der Praxeologie ist damit ein empirischer (d.h. auf methodischer Erfahrung beruhender) Forschungsansatz gemeint, der die individuell unbewußte Logik des praktischen Handelns zu erkennen sucht. In der Konsequenz zwingt die praxeologische Sichtweise zur empirischen Verankerung des analytischen Vorgehens. Nur in der Praxis können *strukturelle Wirkungsmechanismen* erkannt werden. Erst im (historischen) Verständnis der doppelten Historizität mentaler Strukturen, wie es in den Habitus-Begriff eingelassen ist, kann die soziale Integration in den Interaktionszusammenhängen unterschiedlicher Felder anthropologisch fundiert werden. Demgemäß beschreibt Bourdieu „seine" Praxeologie als universale Anthropologie, welche die Historizität – mithin auch die Relativität – kognitiver Strukturen berücksichtigt. Die Praxis gilt ihr als jener Ort, an dem die Handelnden (*universal*) die partikularen historischen Strukturen „zum Arbeiten bringen".[34]

Mit der Entscheidung für eine praxeologische Erkenntnisweise verbindet sich eine Art *wissenschaftlicher Habitus*, den Bourdieu mit dem relationalen (auf die Erkenntnis von Wechselbeziehungen abstellenden) Denken umreißt. Die Schlüsselbegriffe, insbesondere die Konzepte von Feld und Habitus im- [|288] plizieren logisch ein vernetztes Denken sozialer Praxis. Als zwei Formen der Existenz von Geschichte verweisen die beiden Konzepte kontinuierlich aufeinander. Ein Feld wird erst sichtbar in den Praktiken konkreter Individuen, die ihrerseits *Emanationen* des Feldes sind. Daher verkörpern die Handelnden die Geschichte des Feldes. Ihre Handlungen zeigen ihre spezifische soziale Logik nur im Hinblick auf die historischen Dimensionen eines Feldes, als eine aus den Schauplätzen historischer Kämpfe hervorgegangene Arena für die gegenwärtigen Auseinandersetzungen

---

33 Vgl. ebd., 138.
34 Ebd., 139.

und Konflikte um Distinktion und die zukünftige Verteilung der (im Feld) verfügbaren materiellen und immateriellen Güter.[35]

Bourdieu[36] vergleicht diese sozialwissenschaftliche Vorgangsweise mit jener der Architekten des 19. Jahrhunderts, die in beeindruckenden Kohlezeichnungen zuerst Skizzen der Gesamtheit eines Gebäudes anfertigten, um schließlich jenen Teil darin zu positionieren, den sie im Detail repräsentieren wollten. Dieser vielsagende Vergleich läßt sich auch auf das zentrale Bemühen der Historischen Anthropologie erweitern, das darin besteht, die Geschichte der lokalen Kulturen im Wirkungszusammenhang mit regionalen und letztlich globalen Bedingungen zu rekonstruieren. Der relationale Begriffsinhalt des Feldes verlangt also neben einer Bestimmung der vertikalen historischen Beziehung des Feldes zu „seiner" Geschichte auch die Frage nach der horizontalen Beziehung des Feldes zu anderen Feldern, insbesondere zum Feld der Macht. Damit intendiert Bourdieu, eine Art selbstgetriebenes Forschungsprogramm (*self-propelling program*) anzubieten, das die verfügbaren Daten in einem kohärenten System von Beziehungen ordnet. Sein Vorteil liegt darin, dem *isolierten Objektbereich* der Untersuchung keine Mechanismen und Prinzipien einzuschreiben, die quasi extern in der Beziehung des Feldes zu anderen Feldern begründet sind.[37]

Mit dem relationalen Entwurf verfolgt die analytische Rekonstruktion der Logik der Praxis – jeder möglichen Praxis – eine Art historische Soziologie von Herrschaft und Macht. Ihr liegt folgende Sozialtheorie zugrunde: Dem Habitus des einzelnen sind die objektiven historischen Machtbeziehungen durch die Sozialisation in den Handlungsfeldern seiner *sozialen Reichweite* eingeschrieben. Nach diesem Theorieverständnis geht „die" Geschichte durch den zwischen Habitus und Feld stattfindenden Austausch eine Beziehung mit sich selbst ein. In der Reproduktion von Herrschaft äußert sich eine ontologische Mittäterschaft zwischen Handelndem und sozialer Welt.[38] Habitus ist – „wie ein Fisch im Wasser" – zu Hause in den Feldern, die er „bewohnt". Als das verkörperte Soziale interiorisiert der Habitus die Strukturen des Sozialen, die er über das praktische Handeln wieder exteriorisiert, d.h. für die Reproduktion der Strukturen „abgibt". Sein konkretes Handeln beruht auf dem praktischen Wissen der Bedeutungen und [|289] Interessen im jeweiligen Feld. Es besteht gewissermaßen eine stillschweigende Übereinkunft (*ontological complicity*) zwischen (individuellen) Dispositionen und (sozialen) Positionen. Sie drückt sich in einer praktischen Übereinstimmung zwischen dem „Spielgefühl" (*sense of the game*) und dem Spiel selbst aus – ein „re-

---

35 Vgl. W. ZIPS, „The Good, the Bad, and the Ugly." Habitus, Feld, Kapital im (Feld des) jamaicanischen Reggae, in: WERNHART, ZIPS, Ethnohistorie (wie Anm. 11) 221–238, hier 228.
36 P. BOURDIEU, The Practice of Reflexive Sociology (The Paris Workshop), in: BOURDIEU, WACQUANT, An Invitation (wie Anm. 20) 217–260, hier 232 f.
37 Ebd.; ZIPS, Theorie (wie Anm. 19) 243 f.
38 Vgl. P. BOURDIEU, Acts of Resistance. Against the Tyranny of the Market, New York 1998, 29 ff.

gelmäßig" blindes Spielverständnis, das erklärt, warum der Handelnde das tut, was er tun muß, ohne es eben explizit zum Ziel zu machen.[39]

Dem mit dem Habitus-Begriff verbundenen sozialtheoretischen Verständnis Bourdieus wurde oft vorgehalten, daß es die Veränderbarkeit der sozialen Welt (zu) gering schätzt, indem es die unbewußte Komplizenschaft des Individuums mit seiner eigenen Beherrschung durch allmächtige Strukturen (über)betont. Dem hat Bourdieu entgegengehalten, daß die Entschleierung hartnäckiger Herrschaftsstrukturen mithin eine Vorbedingung zu deren Destabilisierung erfüllt. Gerade diese Hartnäckigkeit von irrationalen Herrschaftsbeziehungen verlangt aus einer kritischen Sicht zuerst nach der Offenlegung ihrer Wirkungsprinzipien. Dadurch kann Veränderung impliziert und nötigenfalls Widerstand aktiviert werden. Der praxeologische Erkenntnismodus legt es darauf an, die am besten verborgenen bzw. verschleierten Formen der Herrschaftsreproduktion, deren Effizienz regelmäßig aus ihrer Unbewußtheit gespeist wird, sichtbar zu machen.[40]

4. Ausblickende Schlußbemerkung

Hinter der Bezeichnung *Historische Anthropologie* steht nicht bloß das Bemühen, die interdisziplinären Palisaden zwischen Geschichtswissenschaft und Ethnologie zu überwinden, sondern eine transkulturelle Haltung. Eine Wissenschaft vom Menschen (*Anthropologie*), die zum Wohl aller Menschen und nicht nur des eigenen Teiles dieser Menschheit beitragen möchte, muß die Kluft zwischen Überfluß und Armut, zwischen Beherrschung und Widerstand sowie zwischen Recht und Gerechtigkeit auf ihre historischen Ursachen hin untersuchen. Darin liegt ein unabdingbarer, aber nicht ausschließlicher Teil der Grundlagenforschung.

Historische Forschung im Bereich der Ethnologie ist in diesem Sinne immer Beziehungsforschung. Ihre kritische Perspektive basiert auf der Zielsetzung, bestehende Differenzen im Recht auf Selbstbestimmung sowohl sichtbar zu machen als auch zu verkleinern. Das kann auch bedeuten, kulturelle Differenzen zu schützen – nämlich dann, wenn eine herrschende Gruppe (gleichgültig ob Minderheit oder Mehrheit) eine unterlegene Gruppe assimilieren möchte. Historische Anthropologie blickt daher regelmäßig auf ein Feld [|290] der Macht(-Beziehungen). Selbstredend ist es aber auch heute nicht verboten, partikulare Themen zu bearbeiten. Warum sollte beispielsweise die Entstehung und geschichtliche Verbreitung des westafrikanischen Brettspiels Oware kein akzeptables Thema für eine Diplomarbeit oder ein wissenschaftliches Projekt sein? Nicht jede Forschung im Bereich der Historischen Anthropologie muß die Herrschaftsgeschichte der Makrostrukturen zum Gegenstand haben.

---

39 BOURDIEU, WACQUANT, The Purpose (wie Anm. 20) 128; vgl. ZIPS, Theorie (wie Anm. 19) 257 ff.
40 BOURDIEU, WACQUANT, The Purpose (wie Anm. 20) 81; vgl. genauer ZIPS, Theorie (wie Anm. 19) 262 ff.

Angesichts der Gleichförmigkeiten einer unidirektionalen Globalisierung besteht bei vielen Menschen in westlichen Gesellschaften eine Nachfrage nach Alternativen zu den beschränkten lebensweltlichen Angeboten der eigenen Konsumgesellschaft. Ob sie das wollen oder nicht, finden die Anbieter ethnologischer Informationen ihren wichtigsten Absatzmarkt an der Schnittstelle zwischen einer zur Stagnation der personalen, sozialen oder kulturellen Entwicklung tendierenden Unterhaltungsindustrie und den ergänzenden Entfaltungsmöglichkeiten exotischer fremder Kulturen. In zahlreichen ästhetisch-expressiven Feldern (Musik, bildende Kunst, Tanz, Theater, Film, Mode, Werbung) wurde die Fremdheit in exoti(sti)scher Verzerrung freilich bereits längst kommodifiziert. Manche Sparten entwickelten sogar ein spezialisiertes Entrepreneurship für ehemals marginalisierte Produkte und Lebensformen.[41]

In einer zunehmend sinnentleert und entfremdet erlebten Scheinerlebnis-Gesellschaft liefern gerade historisch arbeitende EthnologInnen bedeutungsvolle Wissens- und Sinngehalte. Aber erst nach der (selbst)kritischen Hinterfragung der eigenen und fremden Beziehungsanteile kann die praxisbezogene Aufgabenstellung einer Historischen Anthropologie wahrgenommen werden, die sich mit der historistischen Haltung einer *l'histoire pour l'histoire* nicht begnügt. Darin unterscheidet sich die machtkritische Historische Anthropologie von früheren Konzeptionen der Ethnohistorie, die eine kulturrelativistische enzyklopädische „Geschichte der Völker" vor Augen hatte. Gemeinsam mit neueren Entwürfen der Ethnohistorie[42] versteht sich Historische Anthropologie als Grundlagenforschung, die den Ursachen von Konflikten nachgeht. Die Analyse der historischen Genese von Machtbeziehungen in einem bestimmten Untersuchungsfeld verbindet sich daher mit einer Positionierung, die dazu beitragen möchte, den unsäglichen „Kampf der Kulturen" in die Vergangenheit zu sperren und aus der Zukunft zu bannen.

---

41 GINGRICH, Erkundungen (wie Anm. 2).
42 Vgl. WERNHART, ZIPS, Einführung (wie Anm. 11).

5. Einführende Literatur

GINGRICH, A., Erkundungen: Themen der ethnologischen Forschung, Wien, Weimar, Köln 1999.
Diese leicht leserliche Aufsatzsammlung zu aktuellen Fragen ethnologischer und historisch-anthropologischer Forschung behandelt die Relevanz der Feldforschung, die Notwendigkeit einer historisch-theoretischen Sichtung der eigenen Disziplin und die Bedeutung neuer, auch historischer Forschungsaufgaben für das Fach anhand konkreter Beispiele.

GINGRICH, A., R. FOX (Hg.), Anthropology by Comparison, London, New York 2002.
Dieser Sammelband diskutiert die methodische Vielfalt von Instrumentarien des Faches Sozial- und Kulturanthropologie (Ethnologie) anhand regionaler, historischer, „kontrollierter" und anderer Vergleichsverfahren. Neben den Herausgebern selbst sind die AutorInnen der Beiträge Marilyn Strathern, Kirsten Hastrup, Marit Melhuus, James Peacock, Jan de Wolf, Adam Kuper, Emmanuel Desveaux, Christina Toren und Thomas Fillitz.

WERNHART, K. R., W. ZIPS (Hg.), Ethnohistorie. Rekonstruktion und Kulturkritik: Eine Einführung, Wien 2001.
Dieser speziell für Studierende geschriebene Sammelband gibt einen einführenden Überblick über ethnohistorische Methoden und Theoriebildung. Diskutiert werden feministische Anthropologie, Ethnizitäts- und Migrationsforschung, Ethnoarchäologie, Postmoderne, Feldforschung, Diskurstheorie und praxeologische Sozialwissenschaft.

WOLF, E., Die Völker ohne Geschichte. Europa und die andere Welt seit 1400, Frankfurt am Main, New York 1991.
Ein „Klassiker" der internationalen historischen Anthropologie und eine „Muß"-Lektüre für jede und jeden, die für dieses Gebiet Interesse haben – zugleich einer der *bestseller of all times* unseres Faches überhaupt. Mit diesem Werk etablierte Eric Wolf innerhalb der Anthropologie endgültig eine Sichtweise, mit der das zuvor dominante Bild von abgeschotteten und ahistorischen Lokalgesellschaften obsolet wurde.

ZIPS, W., Theorie einer gerechten Praxis oder: Die Macht ist wie ein Ei, Wien 2002.
In diesem Band werden die Gesellschaftstheorien von Jürgen Habermas und Pierre Bourdieu mit methodologischen Überlegungen aus der Postmodernen Anthropologie zusammengeführt und zu einem Entwurf einer Anthropologie der Gerechtigkeit verknüpft. Als empirisches Beispiel dient die rechtspluralistische Situation im postkolonialen Jamaica.

VI. HISTORIZITÄT KULTURWISSENSCHAFTLICHER ANTHROPOLOGIE

GRUNDZÜGE UND PERSPEKTIVEN HISTORISCHER ANTHROPOLOGIE.
PHILOSOPHIE, GESCHICHTE, KULTUR

von Christoph Wulf

In epistemologischer Hinsicht konstituiert sich Historische Anthropologie heute in der Auseinandersetzung mit der Philosophischen Anthropologie deutscher Herkunft, der in Frankreich entstandenen Schule der *Annales* und der Kulturanthropologie angelsächsischen Ursprungs. Trotz ihrer disziplinären, epistemologischen und methodischen Unterschiedlichkeit sind in diesen Strömungen wichtige Beiträge zum anthropologischen Wissen erarbeitet worden, die sich ergänzen, zum Teil jedoch auch unvermittelbar nebeneinander stehen. Während sich die Kultur- bzw. Mentalitätsgeschichte der Historiker in epistemologischer und methodischer Hinsicht noch eher mit der Kulturanthropologie der Ethnologen vermitteln läßt, unterscheiden sich beide Disziplinen vom Anliegen und methodischen Vorgehen der Philosophischen Anthropologie nachhaltig. Ging es deren Vertretern darum, Erkenntnisse über das Gattungswesen „Mensch" zu gewinnen, so untersuchten die Historiker die Menschen in ihren historischen und die Ethnologen eher in ihren aktuellen kulturell unterschiedlichen Lebensbedingungen.

In epistemologischer Hinsicht stand in der *Philosophischen Anthropologie* der Vergleich zwischen Mensch und Tier, genauer zwischen dem menschlichen und dem tierischen Körper im Mittelpunkt. Mit seiner Hilfe galt es universelle Merkmale des Menschen zu identifizieren. Dazu stützte man sich auf ein biologisches, vor allem morphologisches Wissen. Auf seiner Basis gelangte man zur Identifizierung von Merkmalen des Körpers, die für alle Menschen als charakteristisch angesehen wurden. Zu diesen gehörten u.a.:

die konstitutionelle Frühgeburt, der Status als Mängelwesen, der Hiatus zwischen Reiz und Reaktion, der aufrechte Gang, die Größe des Gehirns, die exzentrische Positionalität. Diese Charakteristika der *conditio humana*, die sich um weitere ergänzen lassen, werden als Konstitutionsbedingungen des Menschen angesehen, die unabhängig von Unterschieden der historischen und kulturellen Entwicklung Geltung beanspruchen.

Max Scheler[1], Helmuth Plessner[2] und Arnold Gehlen[3], die zu den wichtigsten Vertretern der Philosophischen Anthropologie gehören, bleiben lange der Orientierung am Gattungswesen Mensch verhaftet.[4] So geht es Max Scheler in seiner 1928 erschienenen Schrift um die „Stellung des Menschen im Kosmos", die er im Ver- [|1100] gleich zu anderen Formen des Lebendigen durch den Geist gegeben sieht. Der Geist ermöglicht dem Menschen Gegenstandsbewußtsein und *Weltoffenheit*. Für Helmuth Plessner steht zu dieser Zeit die Frage nach dem Verhältnis von Pflanze, Tier und Mensch im Mittelpunkt. Nach seiner Auffassung liegt die Besonderheit des Menschen in der *Exzentrizität*.[5] Diese macht es möglich, daß Menschen ihren Körper sowohl im Modus des Seins als auch im Modus des Habens erfahren. Einerseits spüren sie z.B. ihre Hand als Teil ihres Leibes, indem sie sie fühlen und empfinden. Andererseits erleben sie die Hand als ein Organ, das sie einsetzen, über das sie verfügen und deren Gebrauch sie kontrollieren können. Auch in Arnold Gehlens Anthropologie steht die Besonderheit des Menschen im Vergleich zum Tier im Mittelpunkt. Hier wird der Mensch als *Mängelwesen* begriffen. Unter Rückgriff auf Herder, der bereits hundert Jahre zuvor im Mangel das konstitutive Moment menschlicher Existenz gesehen hatte, versucht Gehlen eine Theorie des Menschen zu entwickeln. Um als einzelner und als Gattung überleben zu können, müssen individuelle und kollektive Handlungen darauf zielen, die für den Menschen konstitutiven Mängel zu überwinden. Im Rahmen dieses Prozesses entstehen Kultur und die ihr Kontinuität verleihenden Institutionen. So interessant derartige Versuche sind, einen Begriff vom Menschen aus einem Merkmal zu entwickeln, so sehr sind sie an normative Vorstellungen vom Menschen gebunden, deren Kulturalität und Historizität nicht reflektiert werden.

Kritisch läßt sich gegen diese Auffassung einwenden, daß es den universellen Menschen, von dem die Philosophische Anthropologie handelt, nicht gibt, sondern daß Menschen immer nur in historischen und kulturellen Ausprägungen anzutreffen sind. Der dem philosophischen Denken zugrundeliegende universelle Mensch ist eine Abstraktion, die in der geschichtlichen und kulturellen Welt keine Entsprechung hat und die suggeriert, es gäbe den Menschen außerhalb historischer und kultureller Spezifizierungen. Gegenüber dieser Abstraktion wird von Seiten der Historischen Anthropologie und der Kulturanthropologie auf der Notwendigkeit bestanden, die Menschen in ihren historischen und kulturellen Aus-

---

1 M. SCHELER, Die Stellung des Menschen im Kosmos, Darmstadt 1928.
2 H. PLESSNER, Die Stufen des Organischen und der Mensch: Einleitung in die philosophische Anthropologie, Frankfurt am Main 1981 [1. Aufl. 1928].
3 A. GEHLEN, Der Mensch. Seine Natur und seine Stellung in der Welt, Wiesbaden ^{9}1978.
4 Vgl. auch B. GROETHUYSEN, Philosophische Anthropologie, München 1969; M. LANDMANN u.a., De Homine. Der Mensch im Spiegel seiner Gedanken, München 1962; A. PORTMANN, Biologie und Geist, Freiburg 1963; vgl. disziplinspezifisch ansetzend auch H.-G. GADAMER, P. VOGLER (Hg.), Neue Anthropologie, 7 Bde., München 1972–1975.
5 Vgl. in diesem Zusammenhang J. FISCHER, Exzentrische Positionalität. Plessners Grundkategorie der Philosophischen Anthropologie, in: Deutsche Zeitschrift für Philosophie 48/2, 2000, 265–288; H.-P. KRÜGER, Zwischen Lachen und Weinen, Berlin 1999.

prägungen zu untersuchen. In diesen zeigen sich jeweils unterschiedliche Merkmale, die erst die Menschen zu Menschen machen.

Mit der historischen Wendung wird diese Perspektive in der Anthropologie weiter verfolgt. In der Geschichtswissenschaft wird sie sichtbar, seit in der französischen „*Schule der Annales*" und der von ihr ausgehenden *Mentalitätsgeschichte* anthropologische Themen bearbeitet werden. Diese Ausrichtung auf anthropologische Themen führt zu einer Neuorientierung der Geschichtsschreibung. Sie ergänzt die Darstellungen und die Analyse der Ereignisgeschichte und die Untersuchungen der Struktur- und Sozialgeschichte. Mit der Konzentration auf anthropologische Themen werden in stärkerem Maße sowohl die gesellschaftlichen Strukturen sozialer Wirklichkeit als auch die subjektiven Momente des Handelns sozialer Subjekte thematisiert. So werden elementare menschliche Verhaltensweisen und Grundsituationen erforscht. [|1101]

Im Unterschied zu den Ansätzen, die den allgemeinmenschlichen Charakter dieser Grundphänomene betonen, wird in der anthropologisch orientierten Geschichtswissenschaft der spezifische historische Charakter der jeweiligen Phänomene untersucht. Die Studien Fernand Braudels zum Mittelmeer[6], Emmanuel Le Roy Laduries über das Dorf Montaillou vor dem Inquisitor[7], Carlo Ginzburgs über die Welt eines Müllers um 1600[8] sind dafür gelungene Beispiele. Weniger genau im Detail ist zwangsläufig die Erforschung historischen Wandels im Bereich der „menschlichen Elementarerfahrungen" bzw. der Mentalitätsgeschichte.[9] Hier begrenzt die Unzulänglichkeit der Quellenlage die Möglichkeiten historischer Forschung. Historisches Wissen entsteht in der Spannung zwischen Ereignis und Erzählung, zwischen Realität und Fiktion, zwischen Strukturgeschichte und narrativer Geschichtsschreibung. Eine deutliche Grenzziehung zwischen Erzählung und Beschreibung ist nicht möglich. Geschichtsschreibung ist kontrollierte Fiktion und Konstruktion. Der historische Wandel von Mentalitäten wird erst über lange Zeiträume greifbar. Mentalitäten bilden keine in sich geschlossenen Blöcke; vielmehr sind sie füreinander durchlässig und miteinander verschränkbar. Sie präformieren Handlungen in konkreten Situationen. Mentalitäten enthalten Orientierungs- und Entscheidungshilfen für soziales Handeln. Sie sind kultur-, schicht- und gruppenspezifisch. Wie Habitusformen entstehen sie unter spezifischen gesellschaftlichen Bedingungen. Mentalitäten strukturieren das gesellschaftliche Handeln sozialer Subjekte vor, ohne es festzulegen; sie erlauben es dem einzelnen, anders zu sein und anders zu handeln. Sie sind offen für Veränderungen und historischen Wandel. Das Verständnis ihrer Geschichtlichkeit macht den Blick frei für die Offenheit der Geschichte.

---

6 F. BRAUDEL, Das Mittelmeer und die mediterrane Welt in der Epoche Philipps II., 3 Bde., Frankfurt am Main 1990.
7 E. LE ROY LADURIE, Montaillou. Ein Dorf vor dem Inquisitor, Frankfurt am Main 1980.
8 C. GINZBURG, Der Käse und die Würmer. Die Welt eines Müllers um 1600, Berlin 1990.
9 U. RAULFF (Hg.), Mentalitäten-Geschichte, Berlin 1989; P. DINZELBACHER (Hg.), Europäische Mentalitätsgeschichte, Stuttgart 1993.

Auch die *Kulturanthropologie* bzw. Ethnologie bietet der Historischen Anthropologie wichtige, erst in Ansätzen verarbeitete Anregungen.[10] In ihrer Sicht ist es „außerordentlich schwer, zwischen dem Natürlichen, Universellen und Dauerhaften im Menschen und dem Konventionellen, Lokalen und Veränderlichen eine Grenze zu ziehen. Ja mehr noch, es liegt nahe, daß eine solche Grenzziehung die menschlichen Verhältnisse verfälscht oder zumindest fehlinterpretiert."[11] Man findet den Menschen nicht „hinter" der Vielfalt seiner historischen und kulturellen Ausprägungen, sondern in ihnen. Deshalb reicht es nicht aus, z.B. „Generation", „Familie", „Erziehung" als kulturelle Universalien zu identifizieren; vielmehr bedarf es der Untersuchung solcher Institutionen in verschiedenen Kulturen. Daraus ergibt sich die *außerordentliche Vielgestaltigkeit von Kultur.* Gerade diese liefert Aufschluß über den Menschen. Allerdings käme es weniger darauf an, „die empirischen Gemeinsamkeiten seines (des Menschen, Ch. W.) von Ort zu Ort und Zeit zu Zeit so unterschiedlichen Verhaltens hervorzuheben, als vielmehr die Mechanismen, mittels derer die ganze Bandbreite und Unbestimmtheit seiner angeborenen Vermögen auf das eng begrenzte und hochspezifische Repertoire seiner tatsächlichen Leistungen reduziert wird ... Ohne die [|1102] Orientierung durch Kulturmuster – organisierte Systeme signifikanter Symbole – wäre das Verhalten des Menschen so gut wie unbezähmbar, ein vollkommenes Chaos zielloser Handlungen und eruptierender Gefühle, seine Erfahrung nahezu formlos. Kultur, die akkumulierte Gesamtheit solcher Muster, ist demnach nicht bloß schmückendes Beiwerk, sondern – insofern sie die Grundlage seiner Besonderheit ist – eine notwendige Bedingung menschlichen Daseins."[12]

Sahlins denkt in die gleiche Richtung, wenn er nach den Mechanismen fragt, mit deren Hilfe kulturelle Schemata entwickelt werden; er betont, daß das kulturelle Schema „durch einen dominanten Bereich der symbolischen Produktion ... vielfältig gebrochen" wird. In der Folge geht er davon aus, daß es „einen bevorzugten Ort des symbolischen Prozesses" gibt, „von dem ein klassifikatorisches Raster ausgeht, das über die gesamte Kultur gelegt wird". Für die westliche Kultur wird dieses in der „Institutionalisierung des Prozesses in der Güterproduktion" gesehen. Dadurch unterscheidet sie sich von einer „primitiven" Welt, „wo die gesellschaftlichen Beziehungen, besonders die Verwandtschaftsbeziehungen, der Ort der symbolischen Unterscheidung bleiben und andere Tätigkeitsbereiche durch die operativen Verwandtschaftsunterscheidungen bestimmt werden".[13]

Als Wissenschaft vom *Fremden* hat die Kulturanthropologie die Erforschung anderer Kulturen zur Aufgabe. Die dabei gewonnenen Erkenntnisse haben nachhaltige Wirkungen auf das Verständnis des Fremden in der eigenen Kultur und auf den Kulturbegriff. Infolge der neueren epistemologischen Entwicklungen wird in der ethnologischen Forschung von einem *differenzierten Kulturbegriff* ausgegan-

---

10 Vgl. S. B. ORTNER, Theory in Anthropology, in: Comparative Studies in Society and History. An International Quarterly 26, 1984, 126–165.
11 C. GEERTZ, Kulturbegriff und Menschenbild, in: R. HABERMAS, N. MINKMAR (Hg.), Das Schwein des Häuptlings, Berlin 1992, 56–82, in diesem Band S. 47–66, hier 49 [|59].
12 Ebd., S. 57 f. [| 70 f.].
13 M. SAHLINS, Islands of History, Chicago 1985, 296.

gen, in dessen Rahmen die Bearbeitung von Differenz eine zentrale Rolle spielt. Angesichts der Globalisierung von Politik, Wirtschaft und Kultur kommt es zur Überlappung, Durchmischung und kulturellen Assimilation von Globalem, Nationalem, Regionalem und Lokalem.[14] In der Folge werden neue Formen des Umgangs mit dem Fremden, d.h. mit den Angehörigen anderer Kulturen erforderlich. Dabei entsteht die Frage nach dem Verstehen des Nichtverstehens fremder Kulturen.

Der Vergleich menschlicher Äußerungen in unterschiedlichen Kulturen macht deutlich, wie sehr die Untersuchung kultureller Phänomene neue Unsicherheiten und Fragen aufwerfen kann. Mit der Erforschung heterogener Kulturen liefern kulturanthropologische Arbeiten einen wichtigen Beitrag zur Ausweitung und Vertiefung der Anthropologie. Die Erforschung multikultureller Lebensbedingungen kann dazu beitragen, die Offenheit kultureller Entwicklungen zu erhalten und einen Beitrag zur [|1103] „Bewahrung des Möglichen" zu liefern. Denn: „Kultur … ist die Bewahrung des Möglichen. Die Weite ihres Horizonts ist der Lohn der Kontingenz."[15]

Ethnographische Methoden führen zu anderen Formen des Wissens als philosophisches Denken und historische Quellenarbeit. Sie sensibilisieren nicht nur für das Fremde anderer Kulturen, sondern auch für das Fremde der eigenen Kultur. Daher trägt der Rückbezug der kulturanthropologischen Perspektive auf die Kulturen Europas zu einer erheblichen Ausweitung der anthropologischen Forschung bei.

Im Mittelpunkt *Historischer Anthropologie* steht nicht die Natur des Menschen, sondern die historisch-kulturelle Vielfalt menschlichen Lebens. Historische Anthropologie ist keine wissenschaftliche Disziplin, sondern eher eine Betrachtungsweise menschlicher Phänomene; weniger die Gegenstände und Themen als die Perspektiven, unter denen sie bearbeitet werden, definieren ihren Bereich. Historische Anthropologie bezeichnet den Versuch, methodisch und thematisch unterschiedliche anthropologische Perspektiven aufeinander zu beziehen und ihre Forschungen in einer Epoche durchzuführen, in der der normative Charakter traditioneller Anthropologie seinen allgemeinen Anspruch und seine Bindungskraft verloren hat und in der der Glaube, menschliche Geschichte würde im Sinne der Vernunft gestaltet, erschüttert worden ist. In der Historischen Anthropologie werden „Selbstverständlichkeiten" gesellschaftlichen und kulturellen Lebens in Frage gestellt, verfremdet und zu Gegenständen und Themen der Forschung gemacht. Zentriert wird die Aufmerksamkeit auf menschliche Kulturen in bestimmten Räumen und Zeiten und auf die sich dort vollziehenden Veränderungen. Mit dieser Ausrichtung unterscheiden sich die Forschungen Historischer Anthropologie von den Arbeiten einer auf die Konstanten des Menschen zielenden Anthropolo-

---

14 U. BECK, Was ist Globalisierung? Frankfurt am Main 1997; A. APPADURAI, Modernity at Large, Santa Fé 1996; M. AUGE, Pour une anthropologie des mondes contemporains, Paris 1994; CH. WULF, CH. MERKEL (Hg.), Globalisierung als Herausforderung der Erziehung, Münster, New York 2002.
15 R. KONERSMANN (Hg.), Kulturphilosophie, Leipzig 1996, 354.

gie. Sie reflektieren die Möglichkeiten und Grenzen ihrer Erkenntnisse und betonen deren kulturellen, historischen und damit relativen Charakter. Ihre Forschungen sind pluralistisch und transdisziplinär organisiert; sie bilden heute das Zentrum der Kulturwissenschaften.[16]

Historische Anthropologie wird als Bezeichnung verwendet für vielfältige transdisziplinäre Bemühungen, nach dem Ende der Verbindlichkeit einer abstrakten anthropologischen Norm, weiterhin Phänomene des Menschlichen zu erforschen. Historische Anthropologie steht in der Spannung zwischen Geschichte und Humanwissenschaften. Sie erschöpft sich jedoch weder in einer Geschichte der Anthropologie als Disziplin noch im Beitrag der Geschichte als Disziplin zur Anthropologie. Sie versucht vielmehr die Geschichtlichkeit ihrer Perspektiven und Methoden und die Geschichtlichkeit ihres Gegenstandes aufeinander zu beziehen. Historische Anthropologie kann daher die Ergebnisse der Humanwissenschaften, aber auch die einer geschichtsphilosophisch fundierten Anthropologiekritik zusammenfassen und für neuartige, paradigmatische Fragestellungen fruchtbar machen. Im Kern ihrer Bemühungen herrscht eine Unruhe des Denkens, die nicht stillgestellt werden kann. Historische Anthropologie ist weder auf bestimmte kulturelle Räume noch auf einzelne Epochen beschränkt. In der Reflexion ihrer eigenen Geschichtlichkeit und kulturel- [|1104] len Bedingtheit vermag sie sowohl den Eurozentrismus der Humanwissenschaften als auch das lediglich antiquarische Interesse an Geschichte hinter sich zu lassen und offenen Problemen der Gegenwart wie der Zukunft den Vorzug zu geben.[17]

Nicht länger sind es also die Stellung des Menschen im Kosmos, der Vergleich mit dem Tier oder mit der Maschine, die im Mittelpunkt der Anthropologie stehen. Statt dessen untersuchen historisch-anthropologische Forschungen die kulturelle Vielfalt gesellschaftlichen Lebens.[18] Ein starkes Interesse gilt auch der Erforschung der Phänomene der Gegenwart. Die auf dieses Ziel ausgerichteten Untersuchungen Historischer Anthropologie liefern einen wichtigen Beitrag zum Selbstverständnis und zur Selbstauslegung von Kultur und Gesellschaft heute. In diesem Prozeß kultureller Selbstverständigung müssen diese Forschungen darauf achten, nicht hinter den Stand ihrer eigenen Erkenntnisse zurückzufallen. Daher bedarf es der Reflexion ihrer Eingebundenheit in die Zusammenhänge von Macht und Wissen und der Aufdeckung der ungewollten normativen Implikationen ihrer Untersuchungen. Anthropologiekritik ist daher ein wichtiges Element Historischer Anthropologie, das zu einer gewollten Verunsicherung führt und den Zweifel

---

16 Vgl. H. BÖHME, P. MATUSSEK, L. MÜLLER, Kulturwissenschaft: Was sie kann, was sie will, Reinbek bei Hamburg 2000.
17 Vgl. u.a. D. KAMPER, Geschichte und menschliche Natur. Die Tragweite gegenwärtiger Anthropologiekritik, München 1973; G. GEBAUER, D. KAMPER, D. LENZEN u.a., Historische Anthropologie: Zum Problem der Humanwissenschaften heute oder Versuche einer Neubegründung; CH. WULF (Hg.), Vom Menschen. Handbuch Historische Anthropologie, Weinheim, Basel 1997 [franz. u. ital. Übers. 2002]; G. GEBAUER (Hg.), Anthropologie, Leipzig 1998.
18 Vgl. H.-G. SOEFFNER, Gesellschaft ohne Baldachin. Über die Labilität von Ordnungskonstruktionen, Weilerswist 2000; A. HAHN, Konstruktionen des Selbst, der Welt und der Geschichte, Frankfurt am Main 2000.

nährt an der Übereinstimmung zwischen dem Namen des Menschen und dem Namen des Seins, der Logik des identifizierenden Begriffs, der Reichweite der Hermeneutik, der „Geschichte als kontinuierlicher Fortschritts- und Aneignungsgeschichte der Vernunft" und an dem „Subjekt als selbst- und weltkonstitutivem monozentral verfaßtem Bewußtseinsfeld".[19]

Am Beispiel der drei Themenfelder Körper, Mimesis, Ritual und Performativität sollen Ansatzpunkte, methodisches Vorgehen und Ergebnisse historisch-anthropologischer Forschung verdeutlicht werden.

1. Körper

Nach dem Ende einer allgemeinen normativen christlichen Anthropologie steht seit dem ersten Viertel des vorigen Jahrhunderts der Körper im Mittelpunkt der Anthropologie. Max Scheler charakterisierte die Situation, die dazu führte, wie folgt: „Wir sind in der ungefähr zehntausendjährigen Geschichte das erste Zeitalter, in dem sich der Mensch völlig und restlos ‚problematisch' geworden ist; in dem er nicht weiß, was er ist, zugleich aber auch weiß, daß er es nicht weiß."[20] Der Körper ist die Be- [|1105] dingung menschlicher Existenz, die auch dann gegeben ist, wenn diese Existenz in jeder Hinsicht zweifelhaft geworden ist. In der Auseinandersetzung mit dem Körper soll ein Wissen gewonnen werden, das in dieser Situation des Nicht-Wissens, wer der Mensch sei, dazu beiträgt, etwas über den Menschen zu erfahren, das trotz allen Zweifels als Grundlagenwissen angesehen werden kann.[21] Auch in der Historischen Anthropologie wurde der Körper zum Ausgangspunkt der Forschung. Mit der „Wiederkehr des Körpers" wurde in den Geistes- und Sozialwissenschaften ein Untersuchungsfeld aufgetan, das bis heute zentral ist. Nun war es jedoch der historisch und kulturell unterschiedlich geformte Körper, der in den Kulturwissenschaften zum Thema wurde. Wichtig wurde die Untersuchung der *Vielfalt menschlicher Körper* mit ihren in kultureller und historischer Hinsicht unterschiedlichen Darstellungs- und Ausdrucksformen.[22] Die Diskussionen der letzten Jahrzehnte oszillieren zwischen Auffassungen, die die Materialität der Körper betonen, und solchen Positionen, die vor al-

---

19 M. WIMMER, Die Kehrseite des Menschen. Probleme und Fragen der Historischen Anthropologie, in: W. MAROTZKI, J. MASSCHELEIN, A. SCHÄFER (Hg.), Anthropologische Markierungen, Weinheim 1998, 85–112.
20 M. SCHELER, Zur Idee des Menschen, Gesammelte Werke, Bd. 3, Bern 1955, 62.
21 Vgl. auch H. SCHMITZ, System der Philosophie, Bd. II, 1: Der Leib, Bonn 1965; Bd. III, 1: Der leibliche Raum, Bonn ²1988; B. WALDENFELS, In den Netzen der Lebenswelt, Frankfurt am Main 1985.
22 D. LE BRETON, Anthropologie du corps et modernité, Paris 1990; B. HUISMAN, F. RIBES (Hg.), Les philosophes et le corps, Paris 1992; M. FEATHERSTONE, M. HEPWORTH, B. TURNER (Hg.), The Body. Social Process and Cultural Theory, London 1991.

lem infolge der neuen Medien und der Technologien des Lebendigen eher von nachhaltigen Veränderungen dieser Materialität ausgehen.[23]

Unabhängig von der Einschätzung zukünftiger Entwicklungen besteht Übereinstimmung über die zentrale Bedeutung des Körpers für die Prozesse kultureller Selbstthematisierung und Selbstauslegung. In historischen Analysen wurde die Entstehung der modernen Körper mit den sie hervorbringenden Prozessen der Distanzierung und Disziplinierung, der Sichtbarmachung des Inneren und der Selbstbeobachtung, des Willens zum Wissen und der Ausbreitung der Macht nachgezeichnet.[24] Im Mittelpunkt des Interesses stehen gegenwärtig Fragen der Entmaterialisierung, Technologisierung, Fragmentarisierung, Geschlechtlichkeit und Performativität des Körpers.

Nachhaltig wirken die neuen Medien an der *Entmaterialisierung* körperlicher Wahrnehmungen und Erfahrungen mit. Die Anfänge dieses Prozesses lassen sich bei der Literalisierung der Gesellschaft und bei der Verbreitung der Schrift infolge der Einführung des Buchdrucks und der Durchsetzung der allgemeinen Schulpflicht nachweisen.[25] Mit der Verbreitung der Bildmedien nehmen Prozesse der Entmaterialisierung insofern zu, als nicht mehr die körperliche Präsenz, sondern die Transformation des Körpers ins Bild angestrebt wird. Diese Verwandlung schreibt sich in einen Prozeß ein, in dem die Welt zum Bild wird und den bereits Heidegger antizipiert hat; als er schrieb: „Das Weltbild wird nicht von einem vormals mittelalterlichen zu [|1106] einem neuzeitlichen, sondern dies, daß überhaupt die Welt zum Bild wird, zeichnet das Wesen der Neuzeit aus."[26] In den neuen Medien führt diese Transformation ins Bild zur Möglichkeit weltweiter Ubiquität und Simultaneität der menschlichen Körper.[27] Die Bildsucht der Gegenwart und die neuen Formen der Idolatrie sind die Folgen dieser Entwicklung.[28]

---

23 M. BERNARD, Der menschliche Körper und seine gesellschaftliche Bedeutung. Phänomen, Phantasma, Mythos, Bad Homburg 1980; G. BÖHME, Aisthetik, München 2001; F. RÖTZER (Hg.), Die Zukunft des Körpers, in: Kunstforum 132 und 133, 1996.

24 N. ELIAS, Über den Prozeß der Zivilisation. Soziologische und psychogenetische Untersuchungen, 2 Bde., Frankfurt am Main [5]1978; M. FOUCAULT, Sexualität und Wahrheit, Frankfurt am Main 1977; DERS., Überwachen und Strafen. Die Geburt des Gefängnisses, Frankfurt am Main [2]1977; DERS., Mikrophysik der Macht. Über Strafjustiz, Psychiatrie und Medizin, Berlin 1976.

25 S. STING, Schrift, Bildung, Selbst. Eine pädagogische Geschichte der Schriftlichkeit, Weinheim 1998.

26 M. HEIDEGGER, Die Zeit des Weltbildes, in: DERS., Holzwege, Frankfurt am Main [6]1980, 88.

27 A. KECK, N. PETHES (Hg.), Mediale Anatomien. Menschenbilder als Medienprojektionen, Bielefeld 2001; N. MIRZOEFF (Hg.), The Visual Culture Reader, New York, London 1998; S. KRÄMER (Hg.), Medien, Computer, Realität, Frankfurt am Main 1997.

28 H. BELTING, Bild-Anthropologie, München 2001; H. BELTING, D. KAMPER (Hg.), Der zweite Blick. Bildgeschichte und Bildreflexion, München 2000; G. SCHÄFER, CH. WULF (Hg.), Bild – Bilder – Bildung, Weinheim 1999; K. MOLLENHAUER, CH. WULF (Hg.), Aisthesis/Ästhetik, Zwischen Wahrnehmung und Bewußtsein, Weinheim 1996; G. BOEHM (Hg.), Was ist ein Bild, München 1994; W. J. T. MITCHELL, Picture Theory, Chicago 1994; W. WELSCH (Hg.), Die Aktualität des Ästhetischen, München 1993; R. DEBRAY, Vie et mort de l'image, Paris 1992.

In diesem Prozeß der Abstraktion spielt die *Technologisierung* des Lebens eine wichtige Rolle. Hier sind es vor allem die Prozesse der körperlichen Angleichung an Maschinen, die für die zukünftige Entwicklung bestimmend sind.[29] Ziel der Technologien des Lebendigen ist eine immer weiter reichende Verlagerung der Schnittstellen zwischen Körper und Maschine ins Körperinnere.[30] In diesem Prozeß spielen Prothesen eine wichtige Rolle, mit denen krankheitsbedingte körperliche Unzulänglichkeiten kompensiert werden.[31] Doch die Entwicklung geht weiter: Langfristig werden die Technologien des Lebens[32], und hier besonders die *Gentechnologien* und *Reproduktionstechnologien*, den menschlichen Körper nachhaltig verändern.[33]

Mit diesen Prozessen einer geht die *Fragmentarisierung* der menschlichen Körper. Vorangetrieben wird sie in der Werbung und in den neuen Medien. Nicht mehr ganze Körper, sondern Körper in Teilen kommen hier zum Einsatz. Nach Deutung verlangen die Prozesse der Zerteilung, die rituelle Praktiken mit Körperteilen, die Fetischisierung und die Erotisierung der einzelnen Körperteile. Insgesamt geht es um das Verhältnis von Darstellungsmedium und Körper, von Ausdruck und Inkorporierung.[34]

Die Differenzierung zwischen „sex" und „gender" und die Problematisierung dieser Unterscheidung in der feministischen Theorie und in der Queer-Theorie zeigen[35], daß selbst die menschliche *Geschlechtlichkeit* nicht natürlich ist, sondern daß sie wie Sprache und Einbildungskraft in einem historisch-kulturellen Prozeß entsteht. [|1107] Von Anfang an steht der menschliche Körper in Beziehung zum sexuellen Diskurs, doch wird er nicht durch ihn konstituiert. Er ist keine passive Matrix für kulturelle Prozesse; seine Geschlechtlichkeit entsteht in einem aktiven Prozeß, in dessen Verlauf es zur Materialisierung des geschlechtlichen Körpers kommt. Der Körper erscheint als Ergebnis von Ausschlüssen auf der Basis sexueller Differenz und sozialer Regulierungen sowie früher Erfahrungen.[36]

---

29 K. MEYER-DRAWE, Menschen im Spiegel ihrer Maschinen, München 1996; E. LIST, E. FIALA (Hg.), LeibMaschineBild, Wien 1997.

30 B. STAFFORD, Body Criticism: Imaging the Unseen in Enlightenment Art and Medicine, Cambridge 1991; A. BARKHAUS, A. FLEIG (Hg.), Grenzverläufe. Der Körper als Schnittstelle, München 2002.

31 M.-A. BERR, Technik und Körper, Berlin 1990.

32 D. HARAWAY, Die Neuerfindung der Natur. Primaten, Cyborgs und Frauen, Frankfurt am Main 1995; C. H. GRAY (Hg.), The Cyborg Handbook, New York, London 1995.

33 A. LÖSCH, Genomprojekt und Moderne. Soziologische Analysen des bioethischen Diskurses, Frankfurt am Main, New York 2000.

34 C. BENTHIEN, CH. WULF (Hg.), Körperteile. Eine kulturelle Anatomie, Reinbek bei Hamburg 2001; vgl. auch C. BENTHIEN, A. FLEIG, I. KASTEN (Hg.), Emotionalität. Zur Geschichte der Gefühle, Wien 2000.

35 A. JAGOSE, Queer Theory, New York 1996.

36 Vgl. u.a. E. LIST, Die Präsenz des Anderen. Theorie und Geschlechterpolitik, Frankfurt am Main 1993; G. LINDEMANN, Das paradoxe Geschlecht. Transsexualität im Spannungsfeld von Körper, Leib und Gefühl, Frankfurt am Main 1993; J. BUTLER, Körper von Gewicht, Frankfurt am Main 1997; DIES., Haß spricht. Zur Politik des Performativen, Berlin 1998.

Zentral ist heute die Frage nach der *Performativität* menschlicher Körper und nach den performativen Dimensionen kultureller Produktion.[37] Untersucht wird Performativität als soziale Praxis und Materialisierung des In-Szene-Setzens von Möglichkeiten.[38] Menschen stellen in Szenen und Arrangements körperlich dar, wie sie ihr Verhältnis zu anderen Menschen und zur Welt begreifen und welches implizite Wissen sie dabei leitet. Der Aufführungs- und der ludische Charakter sozialen Handelns werden wichtig. Dabei spielen Kontingenzen und Kontinuitäten eine wichtige Rolle.[39]

Entmaterialisierung, Technologisierung, Fragmentarisierung, Geschlechtlichkeit und Performativität sind miteinander verschränkte Prozesse, die für das Verständnis des Körpers in den westlichen Gesellschaften heute zentral sind. In diesem Kontext hat der Körper nicht mehr die normierende Funktion, die er noch am Anfang des Jahrhunderts in der Philosophischen Anthropologie hatte. Mehr denn je ist er zum Problem geworden; einst feste Vorstellungen haben sich verflüssigt. *Von welchem Körper ist die Rede, wenn vom Körper gesprochen wird,* so lautet die entscheidende Frage. Angesichts seiner Komplexität entzieht sich der menschliche Körper insgesamt immer wieder der Erkenntnis, so daß seine Erforschung zu den nicht zu Ende kommenden Aufgaben historisch-anthropologischer Untersuchungen gehört.

2. Mimesis

Ein eng mit dem Körper und den Sinnen verbundenes zentrales Aufgabenfeld Historischer Anthropologie liegt in der Untersuchung *mimetischer Prozesse.* Nachdem gezeigt werden konnte, daß „Mimesis" nicht nur ein ästhetischer, sondern auch ein anthropologischer Begriff ist, der nicht Phänomene der bloßen Imitation und Prägung, sondern Prozesse kreativer Nachahmung bezeichnet, ist es möglich, mit Hilfe [|1108] dieses Begriffes viele Erscheinungen des individuellen und des sozialen Lebens besser zu verstehen.[40]

Nach Platons Überzeugung haben mimetische Prozesse auf den einzelnen einen so nachhaltigen Einfluß, daß er sich ihnen nicht entziehen kann. Der Grund

---

37 Vgl. R. GOLDBERG, Performance Art, London 1988; J. TULLOCH, Performing Culture, London 1999.
38 Paragrana, Internationale Zeitschrift für Historische Anthropologie 7/1, 1998: Kulturen des Performativen und 10/1, 2001: Theorien des Performativen; G. GEBAUER, CH. WULF (Hg.), Praxis und Ästhetik, Frankfurt am Main 1993; H. WILLEMS, M. JURGA (Hg.), Inszenierungsgesellschaft, Opladen 1998; P. BOURDIEU, La misère du monde, Paris 1993; DERS., Méditations Pascaliennes, Paris 1997.
39 CH. WULF, M. GÖHLICH, J. ZIRFAS (Hg.), Grundlagen des Performativen. Eine Einführung in die Zusammenhänge von Sprache, Macht und Handeln, Weinheim, München 2001.
40 G. GEBAUER, CH. WULF, Mimesis. Kultur, Kunst, Gesellschaft, Reinbek bei Hamburg 1992, 2. Aufl. 1998; DIES., Spiel, Ritual, Geste. Mimetisches Handeln in der sozialen Welt, Reinbek bei Hamburg 1998; CH. WULF, Einführung in die Anthropologie der Erziehung, Weinheim 2001, bes. Teil 2; DERS., Mimesis in der Erziehung, in: DERS., Einführung in die pädagogische Anthropologie, Weinheim 1994, 22–44.

dafür liegt in der starken mimetischen Veranlagung der Menschen, die besonders im frühen Kindesalter die motorische, sinnliche, sprachliche sowie die soziale, geistige, emotionale Entwicklung ermöglicht. Kinder und Jugendliche lernen soziales Handeln in der Begegnung mit anderen Menschen und im mimetischen Bezug auf deren Verhalten. In diesen Prozessen werden Werte und Einstellungen mit allen Sinnen aufgenommen und inkorporiert. Ähnliche Auswirkungen haben Vorbilder, die zum Nacheifern anregen. Als solche dienen reale Menschen, aber auch literarische Gestalten und fiktive Bilder. Sie bewirken, daß Menschen den Unterschied zwischen sich und ihren Vorbildern als Unzulänglichkeit erfahren, die sie überwinden möchten. Die Triebkraft dieser Prozesse des Ähnlich-Werdens ist das Begehren, die Differenz zwischen sich und den Vorbildern aufzuheben.

Die mimetischen Fähigkeiten von Kindern, Jugendlichen und Erwachsenen beruhen auf körperlichen Prozessen und wirken den Tendenzen zur gesellschaftlichen Abstraktion entgegen. Sie schlagen eine Brücke zum Außen, zur Welt und zum anderen Menschen; sie mindern die harte Subjekt-Objekt-Spaltung und die Schärfe des Unterschieds zwischen Sein und Sollen. Sie zielen auf ein Verständnis des „Zwischen"[41], das in der „Anähnlichung"[42] des Subjekts an die Außenwelt bzw. an einen anderen Menschen erfahren wird. Mimetische Prozesse enthalten rationale Elemente, erschöpfen sich jedoch nicht in ihnen; im mimetischen Verhalten tritt der Mensch aus sich heraus, gleicht sich der Welt an und hat die Möglichkeit, die Außenwelt in seine Innenwelt hineinzuholen sowie seine Innenwelt auszudrücken. Mimetische Prozesse führen zu einer Annäherung an die Objekte und an den anderen und sind somit notwendige Bedingungen von Verstehen.

Während das moderne rationale Denken auf das einzelne isolierte Erkenntnissubjekt bezogen ist, sind mimetische Prozesse eine Angelegenheit eines Beziehungsgeflechts von Personen. Die mimetische Erzeugung einer symbolischen Welt nimmt Bezug auf andere Welten und ihre Schöpfer und schließt andere Personen in die eigene Welt ein. Sie anerkennt den Austausch zwischen Welt und Mensch und den darin enthaltenen Aspekten der Macht. Die Geschichte der Mimesis ist eine Geschichte der Auseinandersetzung um die Macht über die Erzeugung symbolischer Welten, um die Macht, sich und andere darzustellen und die Welt nach den eigenen Vorstellungen zu deuten. Insofern gehört Mimesis, insbesondere im Bereich der Erziehung und der Sozialisation, zur Geschichte der Machtverhältnisse. Mimetische Prozesse verlangen eine individuelle Gestaltung durch das Kind, den Jugendlichen oder den Erwachsenen. Dabei variiert das Maß individueller Differenz. [|1109]

Mimetische Prozesse sind prinzipiell ambivalent. Als Prozesse der Mimikry führen sie einerseits zur Anpassung an Vorgegebenes, Erstarrtes, Lebloses;[43] andererseits tragen sie zur lebendigen Erfahrung der Außenwelt, des anderen und der eigenen Person bei. Mimetische Prozesse initiieren Bewegungen mit gebrochenen Intentionen, bieten Raum für das Nicht-Identische, schaffen Möglichkei-

---

41 J. DERRIDA u.a., Mimésis des articulations, Paris 1975.
42 TH. W. ADORNO, Ästhetische Theorie, Frankfurt am Main 1970.
43 M. HORKHEIMER, TH. W. ADORNO, Dialektik der Aufklärung, Frankfurt am Main 1971.

ten zu einem nicht-instrumentellen Umgang mit der Welt, in dem das Partikulare gegenüber dem Universellen geschützt und Dingen und Menschen Schonung gewährt wird. Beim gegenwärtigen Stand gesellschaftlicher Entwicklung ist die Ambivalenz mimetischer Prozesse nicht aufhebbar.

Fragt man nun danach, wie die Erforschung mimetischer Prozesse aussehen muß, damit sie als Teil Historischer Anthropologie gelten kann, so ergeben sich unterschiedliche methodische Ansatzpunkte, die sich sowohl von der Philosophischen Anthropologie als auch von der Mentalitätsgeschichte und der Kulturanthropologie inspirieren.

Aristoteles begreift die mimetischen Fähigkeiten des Menschen als eine allgemeine anthropologische Konstitutionsbedingung des Menschen im Sinne der Philosophischen Anthropologie, wenn er darauf hinweist, daß Mimesis dem Menschen angeboren ist. „Sie zeigt sich von Kindheit an, und der Mensch unterscheidet sich dadurch von den übrigen Lebewesen, daß er in besonderem Maße zur Nachahmung befähigt ist und seine ersten Kenntnisse durch Nachahmung erwirbt – als auch durch die Freude, die jedermann an Nachahmung hat."[44] Diese Argumentation aufgreifend, ließe sich zeigen, daß die mimetischen Fähigkeiten an die Frühgeburt des Menschen und seine dadurch bedingte Angewiesenheit auf Lernen, an seine residuale Instinktausstattung und den Hiatus zwischen Reiz und Reaktion gebunden sind.

So wichtig diese Betrachtungsweise sein mag, bliebe man bei ihr stehen, würde man den Ansprüchen Historischer Anthropologie nicht gerecht werden. Um diesen zu entsprechen, gilt es, den historischen und den kulturellen Charakter mimetischer Phänomene herauszuarbeiten. So sind z.B. die historischen Entstehungsbedingungen des Begriffs und der mit ihm bezeichneten Erscheinungen zu rekonstruieren. Nach den vorliegenden Untersuchungen läßt sich die Verwendung des Mimesis-Begriffs und seiner Wortfamilie erstmals im 5. vorchristlichen Jahrhundert in Neugriechenland nachweisen. Der Ursprung der *mimeisthai-Gruppe* liegt im Wort *mimos* (Mime). Es bezeichnet entweder einen Vortrag mit verschiedenen von einer Person vorgetragenen Teilen oder eine dramatische, von zweien oder mehreren vollzogene Aufführung. Wahrscheinlich trat der Mime bei den Festmahlen reicher Männer auf. Die Themen der Vorführung stammten oft aus der Lebenswelt der einfachen Leute. Der Mime zeigte das menschliche Leben so, „wie es ist". Seine Darstellungen unterscheiden sich von den Inhalten der Tragödien und Komödien, die in der einen oder anderen Richtung Ereignisse zuspitzen. Statt dessen stellt der Mime den Lebensalltag dar; er vereinfacht, betont und karikiert. Der Mime führt eher allgemeine Phänomene und Charakterzüge vor Augen, in deren Darstellung sicherlich auch individuelle Züge eingehen. Beim Versuch, einen lüsternen Alten darzustellen, wird diese [|1110] Unterscheidung deutlich. Um diesen seinen Zuschauern vor Augen zu führen, muß der Mime wissen, wie sich ein lüsterner Alter verhält und welches die charakteristischen Merkmale sind, die zu seiner Darstellung herangezogen werden sollen. Bei seinen Aufführungen kommt es also auf die Stimmigkeit der Ähnlichkeitsrelationen, auf die Überein-

---

44 ARISTOTELES, Poetik, hg. v. M. FUHRMANN, Stuttgart 1984, 11.

stimmung der dargestellten Charakterzüge eines lüsternen Alten mit den für diesen typischen Merkmalen.

Sørboms Untersuchung, in der er nachweist, daß im 5. Jahrhundert vor Christus von 63 überlieferten Textstellen nur 19 in einem ästhetischen Kontext stehen, stützt die hier vertretene These von der grundsätzlich anthropologischen Bedeutung der Mimesis, die erst allmählich hinter die Verwendung des Begriffs in ästhetischen Zusammenhängen zurücktritt.[45] Charakteristisch ist hier die Ähnlichkeit zwischen dem Ergebnis des mimetischen Prozesses und einem anderen, auf das sich dieser Prozeß bezieht und in bezug auf das in seinem Verlauf die Ähnlichkeit hergestellt wird. Somit findet man schon hier die Bestimmung von „nachahmen" als „sich ähnlich machen" einer Person oder Sache. Nach einer Analyse von Else lassen sich für diese Zeit drei Bedeutungsvarianten des Mimetischen festhalten:

„1) Mimetisches Verhalten meint die direkte Nachahmung des Aussehens, der Handlungen und der Äußerungen von Tieren und Menschen durch Rede, Lied und/oder Tanz ...,
2) Die ‚Nachahmung' der Handlungen einer Person durch eine andere in einem ganz allgemeinen Sinne ...,
3) die Nachschaffung eines Bildes oder eines Bildes einer Person oder einer Sache in materieller Form ..."[46]

Vor Xenophon und Platon läßt sich ein eindeutig ästhetischer Gebrauch der *mimesthai*-Wortgruppe nicht feststellen.

Will man nun im Rahmen einer historisch-anthropologischen Untersuchung die Wandlungen des Mimesis-Verständnisses rekonstruieren, so stößt man bei einem begriffsgeschichtlichen Vorgehen schon bald auf die Grenzen des Möglichen. Zu sehr ändern sich je nach historischem und kulturellem Kontext die Bedeutungen des Begriffs. Um dennoch an diesem Ziel festhalten zu können, bietet sich der Rückgriff auf Wittgensteins Konzept der „Familienähnlichkeit" an. Danach wird man zwar nicht sagen können, was das Gemeinsame aller mimetischen Prozesse ist. Doch man wird „Ähnlichkeiten, Verwandtschaften sehen, und zwar eine ganze Reihe".[47] „Familienähnlichkeit" bedeutet, daß man mit Hilfe eines Merkmals zu einem anderen Mitglied der Familie weitergehen kann, und dann abermals mit einem weiteren Merkmal zu einem weiteren Verwandten. So bilden auch mimetische Prozesse fortlaufende Beziehungen zwischen verschiedenen Prozessen der gleichen Art. Die Fruchtbarkeit eines solchen Verfahrens im Rahmen historisch-anthropologischer Forschung besteht darin, daß Merkmale entdeckt werden, die die Zugehörigkeit zu einer Familie ausmachen. Beim „Spinnen eines Fadens", bei dem „Faser an Faser" (|1111] gedreht wird, kommt es dazu, daß „viele Fasern einander übergreifen". Umfang und Bedeutung der mimetischen

---

45 G. SØRBOM, Mimesis and Art. Studies in the Origin and Early Development of an Aesthetic Vocabulary, Uppsala 1966.
46 G. F. ELSE, Imitation in the 5th Century, in: Classical philology, 53/2, 1958, 79.
47 L. WITTGENSTEIN, Philosophische Untersuchungen, in: DERS., Schriften, Bd. l, Frankfurt am Main 1960, § 66.

Bezugnahme sind nicht prinzipiell begrenzt. Vielmehr können immer wieder neue Konstellationen und mimetische Ketten entdeckt werden.[48]

In dieser Perspektive lassen sich im Rahmen einer historisch-anthropologischen Untersuchung die Wandlungen der Mimesis-Vorstellungen in verschiedenen historischen Perioden und unterschiedlichen Kulturen darstellen. Dadurch gewinnt die zunächst als „conditio humana" eingeführte Mimesis an Präzision. Unterschiedliche Konzepte von Mimesis werden in ihren jeweiligen historischen Kontexten sichtbar. Eine beträchtliche Vielfalt und Komplexität im Verständnis mimetischer Prozesse und ihrer anthropologischen Bedeutung wird möglich. So wird z.B. deutlich, daß sich beim Übergang von der oralen zur literalen Kultur das Mimesis-Verständnis verändert. Entsprechendes geschieht in der Renaissance, in den für das heutige Mimesis-Verständnis nach wie vor wichtigen Schriften Benjamins[49], Adornos[50] und Derridas[51] und bei der Ausarbeitung des Mimesis-Konzepts als eines zentralen Begriffs sozial- und kulturwissenschaftlicher Forschung.[52]

Die Fruchtbarkeit des Mimesis-Konzepts zur Erklärung bestimmter sozialer Erscheinungen und sozialer Handlungen haben in der kulturanthropologischen Forschung unter anderen Kramer[53], Taussig[54] und Henn[55] in verschiedenen kulturellen Kontexten in Afrika und Asien empirisch nachgewiesen. So ähneln – wie Taussig gezeigt hat – z.B. Figurinen der Cuna im Aussehen und in der Kleidung den weißen Kolonisatoren. Indem die Cuna durch einen mimetischen Akt Repräsentationen der Weißen in Form von Figurinen schaffen, gelingt es ihnen, die weißen Kolonisatoren zu verkleinern und ihnen ihren bedrohlichen Charakter zu nehmen. Mit Hilfe magischer Verfahren sind sie nun in der Lage, Macht über die als übermächtig erlebten Weißen auszuüben. In diesem Fall findet eine Annäherung an die Weißen dadurch statt, daß eine sie darstellende Figuration geschaffen wird. Mit ihrer Erzeugung werden diesen gegenüber Gefühle und Einstellungen zum Ausdruck gebracht und dargestellt. Die Weißen werden in die eigene Symbolwelt überführt; die Beziehung zu ihnen wird verkörperlicht. In der figurativen Darstellung wird etwas sichtbar gemacht, das vorher nicht greifbar war. Die Herstellung einer Repräsentation der Weißen ist daher keine bloße Imitation, sondern eine Handlung, durch die unter Bezug auf Vorgegebenes Neues entsteht. Der mimetische Akt ist keine einfache [|1112] Wiederholung, sondern eine eigene sozia-

---

48 Ebd., § 67.
49 Vgl. W. BENJAMIN, Lehre vom Ähnlichen und Über das mimetische Vermögen, in: Gesammelte Schriften, Bd. 2, Frankfurt am Main 1980; DERS., Berliner Kindheit um Neunzehnhundert, Gesammelte Schriften, Bd. 4.
50 TH. W. ADORNO, Ästhetische Theorie, Frankfurt am Main 1970.
51 DERRIDA, Mimésis (wie Anm. 41).
52 GEBAUER, WULF, Mimesis (wie Anm. 40); DIES., Spiel, Ritual, Geste (wie Anm. 40).
53 F. KRAMER, Der rote Fez. Über Besessenheit und Kunst in Afrika, Frankfurt am Main 1987.
54 M. T. TAUSSIG, Mimesis and Alterity. A Particular History of the Senses, New York, London 1993.
55 A. HENN, Wachheit der Wesen. Politik, Ritual und Kunst der Akkulturation in Goa, Münster, Hamburg, London 2002.

le Handlung. Die Herstellung dieser Figuration der Weißen ist ein Versuch, mit ihrer Fremdheit umzugehen. Hinter der Hervorbringung dieser Repräsentation stehen Irritation, Verunsicherung und der Wunsch, das Unbekannte und Faszinierende der Europäer durch ihre figurative Darstellung und deren Bezug auf die eigene Symbolwelt zu begrenzen. In dieser Mimesis der Weißen geht es den Cuna nicht darum, die Europäer in den Motiven ihres Handelns und in den Werten und Symbolisierungen ihrer Kultur zu verstehen, als vielmehr darum, deren Bedeutung für die Cuna zum Ausdruck zu bringen und darzustellen. Der mimetische Akt der Schaffung dieser Repräsentationen ist eine imaginäre und symbolische Inbesitznahme der Europäer, die aus dem Bedürfnis der Klärung der Beziehungen zu den Weißen entsteht.

In mimetischen Prozessen wird ein „Abdruck" einer vorhandenen Welt genommen und zur Herstellung einer eigenen Handlung verwendet. Dabei vollziehen sich mimetische Prozesse vor allem sinnlich, aisthetisch. Sie verändern nicht die Welt, auf die sie sich beziehen, sondern erzeugen eine neue Welt unter Bezug auf eine vorhergehende, die sie selbst jedoch unverändert lassen. Die mimetischen Prozesse haben häufig einen darstellenden Charakter, der – wie die Figurinen der Cuna – auch neue ästhetische Qualitäten haben kann.

Wie schwierig häufig historische und vor allem zeitgeschichtliche Forschungen von kulturanthropologischen zu unterscheiden sind, zeigt bereits das Beispiel der Figurinen der Cuna. Der französische Historiker Paul Veyne hat sich daher entschieden für die Aufhebung der traditionellen Grenzziehungen zwischen der Geschichte und den Sozialwissenschaften eingesetzt und eine Perspektive entwickelt, die mit der hier vertretenen Auffassung von historisch-anthropologischer Forschung eine Reihe von Berührungspunkten hat.[56] Der problematische Charakter solcher traditionellen disziplinären Grenzziehungen zeigt sich vor allem bei zeitgeschichtlicher Forschung. Seit der Entwicklung der *oral history* überzeugt die Beschränkung der historischen Forschung auf schriftlich oder bildlich fixierte Quellen nicht mehr; es kommt zu Überschneidungen mit ethnographischen Methoden. In deren Mittelpunkt stehen mit „Teilnehmender Beobachtung", „Videoaufzeichnung" und „Photographien" visuelle Verfahren sowie mit „narrativen Interviews" und „Gruppeninterviews" sprachliche Verfahren. In beiden Fällen werden die den weiteren Interpretationen zugrundeliegenden Materialien erst ethnographisch mit qualitativen Methoden erzeugt.[57]

Die methodische Vielfalt der Untersuchung mimetischer Prozesse im Rahmen Historischer Anthropologie wird noch erweitert, wenn sich die Forschungen auf aktuelle Zusammenhänge beziehen. So spielen z.B. mimetische Prozesse eine zentrale Rolle für die Entstehung eines praktischen rituellen Wissens, das es Menschen ermöglicht, Rituale zu inszenieren und aufzuführen. Insofern sich gesellschaftliche Institutionen mit Hilfe von Ritualen und Ritualisierungen in ihren An-

---

56 P. VEYNE, Geschichtsschreibung. Und was sie nicht ist, Frankfurt am Main 1990.
57 Vgl. u.a. R. BOHNSACK, Rekonstruktive Sozialforschung, Opladen ⁴2000; U. FLICK, E. V. KARDORFF, I. STEINKE (Hg.), Qualitative Forschung. Ein Handbuch, Reinbek bei Hamburg 2000; U. FLICK, Qualitative Sozialforschung. Eine Einführung, Reinbek bei Hamburg 2002.

gehörigen und Adressaten verkörpern, kommt Ritualen und dem sich in ihnen vollziehenden mime- [|1113] tischen Erwerb von Habitusformen eine erhebliche Bedeutung zu. Dies gilt in den Institutionen, die für die Sozialisation und Erziehung der nachwachsenden Generation eine wichtige Rolle spielen. Zu diesen gehören vor allem Familie, Schule, Medien und Jugendkultur. Im Rahmen einer umfangreichen Untersuchung der Rolle von Ritualen im Sozialisationsprozeß wurde auch die Bedeutung mimetischer Prozesse mit Hilfe qualitativer Methoden untersucht.[58] In einer Einzelstudie der szenischen Aufführung des *Mambos No 5* im Rahmen eines schulischen Sommerfestes konnte gezeigt werden, wie nachhaltig mimetische Prozesse das Erwachsenwerden junger Mädchen beeinflussen.[59] In einer im Rahmen einer schulischen Projektwoche inszenierten musikalisch-tänzerischen Aufführung des populären Mambos führen die Mädchen eine „Performance" auf, für die sie in der Schulöffentlichkeit viel Beifall erhalten. In mimetischen Prozessen beziehen sie sich auf einen ihrer Aufführung zugrunde liegenden Video-Clip und inszenieren sich entsprechend. Insofern es sich bei den Tänzerinnen des Video-Clips um junge attraktive Frauen handelt, wird deutlich, in welche Richtung das Begehren der Mädchen weist und wie ihm in ihrer Inszenierung und Aufführung Ausdruck verliehen wird. Dabei spielt die mimetische Koordinierung der Körperrhythmen, Bewegungen und Gesten für die performative Darstellung der Gruppe eine zentrale Rolle.

Darüber hinaus ist in der qualitativen Sozialforschung mehrfach auf die Bedeutung mimetischer Prozesse für das Verständnis und die Interpretation der visuell und sprachlich gewonnenen Materialien aufmerksam gemacht worden.[60]

3. Ritual und Performativität

Aus der Sicht der Philosophischen Anthropologie bedarf die menschliche Weltoffenheit, die sich als Folge des extrauterinen Frühjahrs und des damit verbundenen Hiatus zwischen Reiz und Reaktion begreifen läßt, einer Einschränkung. Arnold Gehlen hat darauf verwiesen, daß der menschliche Antriebsüberschuß mit Hilfe von Institutionen und Ritualen „aufgefangen" und strukturiert werden muß.[61] Institutionen und Rituale schränken die Plastizität des menschlichen Antriebsüberschusses ein und bieten dem Menschen einen Außenhalt. Im Unterschied zu den das Verhalten der Tiere steuernden Instinkten erzeugt der Mensch diesen Außenhalt und die Lenkung seines Verhaltens durch ein arbeitsteiliges institutionelles

---

58 CH. WULF, B. ALTHANS, K. AUDEHM u.a., Das Soziale als Ritual. Zur performativen Bildung von Gemeinschaften, Opladen 2001.
59 CH. WULF, Rituelles Handeln als mimetisches Wissen, ebd., 325–338.
60 Vgl. R. BOHNSACK, Rekonstruktive Sozialforschung. Eine Einführung in Methodologie und Praxis qualitativer Forschung, Opladen ³1999; U. FLICK, Triangulation in der qualitativen Forschung, in: FLICK, KARDORFF, STEINKE, Qualitative Forschung (wie Anm. 57) 309–318; U. FLICK, Konstruktion und Rekonstruktion. Methodologische Überlegungen zur Fallkonstruktion, in: K. KAIMER (Hg.), Die Fallkonstruktion, Frankfurt am Main 2000, 179–200.
61 A. GEHLEN, Urmensch und Spätkultur, Wiesbaden ⁵1996.

und rituelles Handeln. In dieser Sicht ist kein menschliches Zusammenleben ohne die Bildung von [|1114] Institutionen und Ritualen möglich. Diese gehören zu den *conditiones humanae*, die für alle Gesellschaften konstitutiv sind. Mit unterschiedlicher Begründung haben diese Position auch James Frazer und Emile Durkheim vertreten.[62]

Rituale sind in vielen Wissenschaften untersucht worden.[63] Wenn sie zum Thema Historischer Anthropologie werden, so führt dies häufig zu einer Ausweitung der Fragestellung und der Komplexität der Forschung. Folgt man der Einschätzung Gerd Althoffs, so haben z.B. in der Mediävistik Rituale nicht die Aufmerksamkeit gefunden, die ihnen aus heutiger Sicht zukommen sollte.[64] Seit langem sind sie jedoch im Zentrum der Kulturanthropologie, die deren Bedeutung für das Verständnis fremder Kulturen betont und dazu beigetragen hat, daß Rituale zu einem wichtigen Bereich sozial- und geisteswissenschaftlicher Forschung geworden sind.[65]

Als Thema Historischer Anthropologie gilt es den geschichtlichen und kulturellen Charakter der untersuchten Rituale sowie die Historizität und Kulturalität der eigenen Forschung aufeinander zu beziehen. Angesichts der Diskussionen über den Verfall des Sozialen, den Verlust der Werte und die Krise kultureller Identität führt die Wiederentdeckung der Rituale in den Humanwissenschaften zu neuen Einsichten in das Verhältnis von gesellschaftlicher Kontinuität und sozialem Wandel. Angesichts der Komplexität dieser Prozesse überrascht es nicht, daß es keine allgemein anerkannte Theorie des Rituals gibt. Dennoch lassen sich in einer historischen Analyse vier Schwerpunkte der Ritualforschung identifizieren, in denen jeweils unterschiedliche Perspektiven entwickelt wurden. Bei dem ersten werden Rituale im Zusammenhang mit Religion und Mythos gesehen.[66] Beim zweiten Schwerpunkt werden sie darauf hin untersucht, welchen Beitrag sie zur Bildung von Gesellschaftsstrukturen leisten.[67] Beim dritten werden Rituale als Text gelesen; hier werden deren soziale Dynamik und deren kulturelle Symboli-

---

62 J. FRAZER, Der Goldene Zweig. Das Geheimnis von Glauben und Sitten der Völker, Reinbek bei Hamburg 1989; E. DURKHEIM, Die elementaren Formen des religiösen Lebens, Frankfurt am Main ³1984.

63 Einen Überblick bietet R. L. GRIMES, Readings in Ritual Studies, Upper Saddle River 1996.

64 G. ALTHOFF, Baupläne der Rituale im Mittelalter. Zur Genese und Geschichte ritueller Verhaltensmuster, in: CH. WULF, J. ZIRFAS (Hg.), Die Kultur des Rituals. Inszenierungen, Praktiken, Symbole, München 2004, 177–197.

65 Zu einer allgemeinen Orientierung über Ritualtheorien vgl. A. BELLINGER, D. J. Krieger (Hg.), Ritualtheorien, Opladen 1998.

66 FRAZER, Der Goldene Zweig (wie Anm. 62); R. OTTO, Das Heilige. Über das Irrationale in der Idee des Göttlichen und sein Verhältnis zum Göttlichen, München 1963; M. ELIADE, The Myth of Eternal Return or Cosmos and History, Princeton 1954.

67 E. DURKHEIM, Die elementaren Formen (wie Anm. 62); A. V. GENNEP, Übergangsriten, Frankfurt am Main, New York 1986; R. TURNER, The Ritual Process. Structure and Anti-Structure, New York 1969 [dt. 1989].

sierungen herausgearbeitet und analysiert.[68] An dieser Stelle setzten auch viele neuere Untersuchungen an.[69] Der vierte Schwerpunkt wird durch die Erforschung der inszenatorischen und performativen Seite der Rituale bestimmt. Dabei geht es um die Formen rituellen Handelns und die [|1115] in ihnen bestehenden Möglichkeiten, Differenzen bearbeiten und so Gemeinschaften erhalten und verändern zu können.[70]

In dieser Sicht spielt die körperliche Seite der Rituale, ihr performativer Charakter, eine entscheidende Rolle. Die hier ansetzenden Untersuchungen knüpfen an frühere Forschungen in der Historischen Anthropologie über Körper und Mimesis an und führen diese mit neuer thematischer und methodischer Ausrichtung fort. Der performative Charakter der Rituale entfaltet in mimetischen Prozessen seine Wirkungen; in deren Verlauf entsteht ein praktisches rituelles Wissen, das die Inszenierung und Aufführung ritueller Handlungen und Arrangements ermöglicht.[71]

In der Darstellung und Analyse von Familienritualen, schulischen Ritualen, rituellen Medieninszenierungen und Ritualen in Kinder- und Jugendgruppen wird der performative Gemeinschaft bildende Charakter von Ritualen deutlich.[72] Rituale haben eine körperliche, szenische, expressive, spontane, symbolische Seite; sie sind regelhaft, routiniert, nicht-instrumentell, effizient. Rituale sind nicht eindeutig; im allgemeinen verbinden sie in ihrer szenischen Gestaltung Unterschiede oder sogar Widersprüche. Einerseits wiederholen sie szenische Arrangements und mit ihnen traditionelle Ordnungen und Strukturen mit den ihnen inhärenten Machtverhältnissen. Andererseits bilden sie sich neu, sind spontan und artikulieren innovative Kräfte; Widerstandsrituale jugendlicher Subkulturen, Rituale des Lebensstils sind dafür Beispiele. Mit Hilfe von Unterscheidungen wie rational und irrational, logisch und emotional, kognitiv und affektiv lassen sich Rituale nur unzulänglich charakterisieren. Als Formen sozialen Handelns sind sie komplexer, als daß sie mit derartigen Unterscheidungen beschrieben werden können. Weiterführend sind Überlegungen, Ritual und Ritualisierung als Dimension des Sozialen zu verstehen. In dieser Perspektive werden die genannten Merkmale der Rituale als Aspekte sozialen Handelns begriffen, ohne die das Soziale nicht möglich ist. *Wiederholung, Routinisierung, szenisches Arrangement, symbolischer Charakter*

---

68 C. GEERTZ, The Interpretation of Cultures, New York 1973; DERS., Dichte Beschreibung. Beiträge zum Verstehen kultureller Systeme, Frankfurt am Main 1983; M. SAHLINS, Culture and Practical Reason, Chicago 1976 [dt. 1981].
69 R. L. GRIMES, Research in Ritual Studies, Methuen 1985; C. BELL, Ritual Theory, Ritual Practice, New York, Oxford 1992; DIES., Ritual. Perspectives and Dimensions, New York, Oxford 1997; H.-G. SOEFFNER, Die Ordnung der Rituale, Frankfurt am Main ²1995.
70 R. SCHECHNER, Theater-Anthropologie. Spiel und Ritual im Kulturvergleich, Reinbek bei Hamburg 1990 [engl. 1985]; P. BOURDIEU, Les rites comme actes d'institution, in: Actes de la recherche en sciences sociales, 43, 1982, 58–63; WULF, ALTHANS, AUDEHM, Das Soziale als Ritual (wie Anm. 58).
71 Vgl. ebd. und CH. WULF, Mimesis und performatives Handeln, in: DERS., M. GÖHLICH, J. ZIRFAS (Hg.), Grundlagen des Performativen. Eine Einführung in den Zusammenhang von Sprache, Macht und Handeln, München, Weinheim 2001, 253–272.
72 WULF, ALTHANS, AUDEHM, Das Soziale als Ritual (wie Anm. 58).

und Expressivität – Ritualisierungen werden dann als konstitutive Elemente sozialen Handelns und des Sozialen überhaupt angesehen.

Wenn vom performativen Charakter der Rituale die Rede ist, so liegt der Schwerpunkt der Aufmerksamkeit bei einem Verständnis sozialen Handelns als körperlicher Inszenierung und Aufführung. Werden Rituale als kulturelle Aufführung verstanden, so ergeben sich daraus Veränderungen für das Begreifen sozialer Prozesse. In diesem Fall finden die Körperlichkeit der Handelnden sowie der Ereignis- und inszenatorische Charakter ihrer Handlungen stärkere Aufmerksamkeit. Soziales Handeln ist mehr als die Verwirklichung von Intentionen. Dieses „Mehr" besteht u.a. in der Art und Weise, in der Handelnde ihre Ziele verfolgen und realisieren. In diesen Prozeß gehen unbewußte Wünsche, frühe Erfahrungen und Empfindungen ein. Trotz der [|1116] intentional gleichen Ausrichtung einer Handlung zeigen sich in dem *Wie* ihrer Durchführung, in der Inszenierung ihrer körperlichen Aufführung, erhebliche Unterschiede. Zu den Gründen dafür gehören einerseits allgemeine historische, kulturelle und soziale Rahmenbedingungen, andererseits besondere, mit der Einmaligkeit der Handelnden verbundene Merkmale. Das Zusammenwirken beider Faktorengruppen erzeugt den performativen Charakter sozialen und sprachlichen Handelns und dessen ungewollte Nebenwirkungen. In seinem Ereignis- und Prozeßcharakter werden die Grenzen der Planbarkeit und Voraussehbarkeit sozialen Handelns sichtbar.

Der Charakter und die Qualität rituellen Verhaltens hängen wesentlich davon ab, wie Menschen beim Handeln ihren Körper einsetzen, welche körperlichen Abstände sie einhalten, welche Körperhaltungen sie zeigen, welche Gesten sie entwickeln. Über diese Merkmale vermitteln Menschen anderen Menschen vieles von sich. Sie teilen ihnen etwas mit von ihrem Lebensgefühl, ihrer Art und Weise, die Welt zu spüren, zu sehen und zu erleben. Trotz ihrer zentralen Bedeutung für die Wirkungen rituellen Handelns fehlen diese Aspekte körperlicher Performativität in vielen Handlungstheorien, in denen die Handelnden unter Absehung der sinnlichen und kontextuellen Bedingungen ihres Tuns noch immer auf ihr Bewußtsein reduziert werden.[73] Will man diese Reduktion vermeiden, muß man untersuchen, wie rituelles Handeln emergiert, wie es mit Sprache und Imagination verbunden ist, wie seine Einmaligkeit durch gesellschaftliche und kulturelle Muster ermöglicht wird und wie sich sein Ereignischarakter zu seinen repetitiven

---

73 Diese Fragen zum performativen Wissen und zum Performativen des Körpers werden zur Zeit im Rahmen unseres Sonderforschungsbereichs „Kulturen des Performativen" an der Freien Universität Berlin in einem mit ethnographischen Methoden durchgeführten Projekt „Die Entstehung des Sozialen in Ritualen" erforscht. Hier untersuchen wir Rituale und Ritualisierungen in den vier großen Sozialisationsfeldern *Familie, Schule, Medien und Kinderkultur*. In diesen Untersuchungen wollen wir die zentrale Bedeutung von Ritualen und Ritualisierungen für die Entstehung, Erhaltung und Veränderung des Sozialen zeigen und damit einen Beitrag zur Korrektur eines reduktionistischen Verständnisses von Ritualen liefern, das diese lediglich im Zusammenhang von Herrschaft, Unterdrückung, Ein- und Ausgrenzung sieht. Vgl. WULF, ALTHANS, AUDEHM, Das Soziale als Ritual (wie Anm. 58); WULF, GÖHLICH, ZIRFAS, Grundlagen des Performativen (wie Anm. 71); E. LIEBAU, D. SCHUMACHER-CHILLA, CH. WULF (Hg.), Anthropologie pädagogischer Institutionen, Weinheim 2001; Paragrana 10/1, 2001: Theorien des Performativen.

Aspekten verhält. Nachgehen muß man der Frage, wie weit sich Sprechen und Kommunikation als Handeln begreifen lassen und welche Rolle Ansprache und Wiederholung für die Herausbildung geschlechtlicher, sozialer und ethnischer Identität spielen. In einer solchen Perspektive wird Handeln als körperlich-sinnliche Nachahmung, Teilnahme und Gestaltung kultureller Praktiken begriffen.

Pierre Bourdieu hat verschiedentlich deutlich gemacht, daß der performative Charakter der Sprache mit dem performativen Charakter ritueller Inszenierungen und Aufführungen verschränkt ist. Die Gesellschaft gestaltende Macht der Sprache liegt im Glauben der sozialen Akteure begründet, „auf Grund dessen sie die Legitimität der autorisierten Sprache und die Kompetenz der Sprechenden anerkennen. Damit ist die performative Kraft der Wörter nicht in einer innersprachlichen Logik [|1117] zu finden, sondern sie liegt in der Macht der Sprechenden."[74] Bourdieu verdeutlicht die performative Magie der Sprache am Beispiel von Einsetzungsriten. Diese schaffen Grenzen zwischen denen, die in eine gesellschaftliche Funktion eingesetzt sind, und denen, die es nicht sind. Mit ihrer Hilfe wird Autorität delegiert; in performativen Äußerungen findet daher nicht in erster Linie die sprachliche, sondern die soziale Kompetenz der Akteure Anerkennung. Sprechen und Handeln erfolgen in einem von gesellschaftlichen Konflikten durchzogenen Raum, in dem um Macht und Einfluß gestritten wird. Auch die menschlichen Körper sind in diese Auseinandersetzungen zwischen dem ökonomischen, sozialen, kulturellen und symbolischen Kapital und den verschiedenen Formen der gesellschaftlichen Arbeit eingespannt. Mit Hilfe des in Ritualen körperlich aufgeführten sozialen Handelns werden soziale Hierarchien etabliert und in die Körper der an ihnen beteiligten Menschen eingeschrieben. In diesen Prozessen, die in hierarchisierten sozialen Räumen stattfinden, werden entsprechende Habitusformen ausgebildet. In diesen werden die menschlichen Körper einerseits zu Produkten gesellschaftlicher Machtverhältnisse; andererseits wirken sie ebenso an deren Erhaltung und Gestaltung mit. Über die Herausbildung „feiner Unterschiede" in Geschmack und Lebensstil werden Habitusformen inkorporiert und das in ihnen enthaltene praktische Wissen auf Dauer gestellt. Mit Hilfe der performativen Magie der Sprache erhalten Rituale und die in ihnen impliziten Hierarchien und Machtverhältnisse den Anschein von „Natürlichkeit". Dadurch wird ihr gesellschaftlicher, prinzipiell veränderbarer Charakter verdeckt.

In Ritualen und Ritualisierungen stellen sich Menschen dar. Wer sie sind und wie sie ihr Verhältnis zu anderen Menschen und zur Welt begreifen, bringen sie in rituellen Inszenierungen und Arrangements zum Ausdruck. Viele dieser Prozesse vollziehen sich unbewußt, manche geraten ins Bewußtsein, andere werden absichtsvoll gestaltet. Viele institutionelle rituelle Prozesse lassen sich als szenische Aufführungen performativen Handelns begreifen, in deren Rahmen den Mitgliedern der Institutionen unterschiedliche Aufgaben zufallen. Häufig konkurrieren mehrere Rituale und deren szenisches Arrangement miteinander. Neben ihren offiziellen Aufgaben haben Angehörige von Institutionen auch heimliche Ziele,

---

74 K. AUDEHM, Die Macht der Sprache. Performative Magie bei Pierre Bourdieu, in: WULF, GÖHLICH, ZIRFAS, Grundlagen des Performativen (wie Anm. 71) 102.

Darstellungs- und Ausdrucksbedürfnisse, die die Form ihrer rituellen Aufführung mitbestimmen. Manche Inszenierungen sind spontan. Sie entstehen, ohne daß erkennbar wäre, warum sie gerade in diesem Augenblick so vollzogen werden. Andere rituelle Aufführungen lassen sich nur aus ihrem Kontext heraus verstehen, zumal wenn sie im Zusammenhang mit einer identifizierbaren Vorgeschichte stehen.

Bei rituellen Arrangements spielen Kontingenzen zwischen den Szenen von Ritualen eine wichtige Rolle. So bestehen szenische Aufführungen zwar aus spezifischen Elementen, ohne daß diese aber in jedem Fall unersetzbar wären; oft hätten die rituellen Arrangements auch andere Elemente umfassen können. Wegen des ludischen Charakters ritueller Aufführungen stehen einzelne ihrer Elemente in einer kontingenten Beziehung zueinander. Werden rituelle Aufführungen als Folge von [|1118] Kontingenzen verstanden, wird eine Reduktion dieser performativen Handlungen auf kausale oder finale Erklärungen vermieden.

Rituale gehören zu den wichtigsten Formen performativen Handelns. Sie wirken in erster Linie über die Inszenierung und Aufführung der Körper der beteiligten Menschen. Selbst wenn die Deutung des Rituals bei diesen verschieden ist, gehen von der Tatsache, daß das Ritual vollzogen wird, *gemeinschaftsbildende Wirkungen* aus. Ein Blick auf die Rituale des Weihnachtsfestes verdeutlicht dies. Unabhängig von den Unterschieden in der Wahrnehmung von Weihnachten zwischen kleinen Kindern, die noch das Christkind oder den Weihnachtsmann erwarten, deren Eltern, die sich an dem Glück ihrer Kinder erfreuen, dem halbwüchsigen Sohn, der das weihnachtliche Geschehen als abgestanden und leer erlebt, der Großmutter, die sich an die Feste ihrer Jugend erinnert, hat die Inszenierung und Aufführung des Weihnachtsrituals eine alle Beteiligten verbindende Wirkung. Diese Wirkung besteht vor allem darin, daß im Vollzug des Rituals die Differenzen zwischen den am Ritual beteiligten Personen bearbeitet werden. Trotz unterschiedlicher Befindlichkeit, differenter Deutungen, grundlegender Unterschiede erzeugt die rituelle Handlung eine (Fest-)Gemeinschaft. Dies wird dann besonders deutlich, wenn das Ritual mißlingt, die zwischen den Personen bestehenden Spannungen und Aggressionen die Oberhand gewinnen und damit das Weihnachtsfest destruiert wird.

Zur Inszenierung und Aufführung von Ritualen gehört eine angemessene *Rahmung*, die erkennen läßt, in welchem Zusammenhang das Ritual mit vorausgehenden Handlungen steht, und die Hinweise darauf gibt, wie das Ritual zu verstehen ist. Die Rahmung erzeugt den Unterschied zu anderen Alltagshandlungen, schafft den herausgehobenen Charakter des Rituals und sichert den magischen Charakter des rituellen Geschehens. Dieser resultiert aus dem Glauben aller Beteiligten an das Ritual, sei es, daß es wie beim Weihnachtsfest eine Gemeinschaft schafft, sei es, daß es wie bei Einsetzungsriten eine Grenze zieht, an deren Bestehen und Legitimität die Betroffenen glauben, und dies unabhängig davon, ob sie zu den Begünstigten oder den Ausgeschlossenen gehören. Doch auch bei gemeinschaftsstiftenden Ritualen wird eine Grenze zwischen den an dem rituellen Arrangement Beteiligten und den davon Ausgeschlossenen gezogen. Diese Grenzziehung kann spontan erfolgen; sie kann Durchlässigkeit erlauben oder diese auch dauerhaft ausschließen.

Rituelle Aufführungen erfordern *Bewegungen* des Körpers, mit deren Hilfe Nähe und Distanz sowie Annäherung und Entfernung zwischen den Teilnehmern des Rituals in Szene gesetzt werden. In diesen Körperbewegungen kommen soziale Haltungen und soziale Beziehungen zum Ausdruck. So erfordern hierarchische, von Machtunterschieden bestimmte Beziehungen andere Bewegungen des Körpers als freundschaftliche oder gar intime Beziehungen. Durch die Beherrschung sozialer Situationen mit Hilfe von Körperbewegungen wird auch der Körper durch sie beherrscht; er wird zivilisiert und kultiviert. Mit den Bewegungen des Körpers werden *soziale Situationen* geschaffen. Wegen ihres figurativen Charakters sind solche Situationen besonders gut erinnerbar und bieten sich daher auch für Wiederaufführungen an. In rituellen Inszenierungen wirkt ein *ostentatives Element* mit; die am Ritual Beteiligten möchten, daß ihre Handlungen gesehen und angemessen gewürdigt werden. [|1119] In den Bewegungen der Körper soll das Anliegen der Handelnden zur Darstellung und zum Ausdruck kommen.

Rituelle Handlungen sind körperliche Aufführungen, die an bestimmten Orten und zu bestimmten Zeitpunkten stattfinden, die das Zusammenleben der Menschen in *Raum und Zeit* gestalten.[75] Ihren szenischen Arrangements liegen gesellschaftliche Bedingungen, d.h. ökonomische, politische und soziale Voraussetzungen und die in ihnen enthaltenen *Machtstrukturen* zugrunde. In Ritualen und Ritualisierungen werden soziale Ordnungen und kognitive und affektive Dimensionen des Erlebens inkorporiert. Vermittelt werden Auffassungen und Sichtweisen, die dazu beitragen, die Welt als „real" zu begreifen, ohne daß die dieser Welt zugrundeliegenden Formen der Macht bewußt werden. In Äußerungen wie „Halt dich gerade"[76] wird in einer scheinbar belanglosen Formulierung die Befolgung einer Maxime verlangt, deren Wirkungen jedoch nachhaltig sind. Nicht nur ergeht eine Aufforderung, eine bestimmte Körperhaltung einzunehmen; zugleich zielt diese Äußerung auf eine soziale Einstellung, auf entsprechende Werte und Wahrnehmungsweisen. Die Wiederholung solcher Aufforderungen verinnerlicht die in der geforderten Körperhaltung enthaltenen Einstellungen und Werte. Mit Hilfe der Inszenierung ritueller Aufführungen werden Sprache, Bilder und Rhythmen, kulturelle Räume und Zeitordnungen einverleibt. Der Körper wird zum *Gedächtnis der Kultur*. Normen und Werte, Schemata und Strategien werden inkorporiert. Über die *performative Konstruktion* des Körpers wird sein Verhältnis zur Welt, zum anderen und zu sich selbst gebildet.

---

75 Vgl. E. LIEBAU, G. MILLER-KIPP, CH. WULF (Hg.), Metamorphosen des Raums, Weinheim 1999; J. BILSTEIN, G. MILLER-KIPP, CH. WULF (Hg.), Transformationen der Zeit, Weinheim 1999.
76 Vgl. P. BOURDIEU, Entwurf einer Theorie der Praxis, Frankfurt am Main 1976.

4. Perspektiven

Historisch-anthropologische Forschung kann sowohl disziplinär als auch interdisziplinär organisiert sein. Als Beispiele für systematische historisch-anthropologische disziplinäre Forschung seien die Geschichtswissenschaft[77] und die Erziehungswis- [|1120] senschaft[78] genannt. Doch auch in den Literaturwissenschaften[79] finden sich immer mehr Forschungen, die anthropologischen Fragestellun-

---

[77] Zum Überblick G. DRESSEL (Hg.), Historische Anthropologie. Eine Einführung, Wien 1996; R. VAN DÜLMEN, Historische Anthropologie. Entwicklung, Probleme, Aufgaben, Köln, Weimar, Wien 2000.
Exemplarische Untersuchungen: J. RÜSEN: Lebendige Geschichte, Göttingen 1989; HABERMAS, MINKMAR, Das Schwein (wie Anm. 11); M. MIDDELL, Alles Gewordene hat Geschichte, Leipzig 1994; CH. CONRAD, M. KESSEL (Hg.), Geschichte schreiben in der Postmoderne, Stuttgart 1994; A. LÜDTKE, L. KUCHENBUCH (Hg.), Historische Anthropologie. Kultur. Gesellschaft. Alltag, Köln, Weimar, Wien 1995; A. LÜDTKE, Einleitung: Was ist und wer treibt Alltagsgeschichte? In: DERS. (Hg.), Alltagsgeschichte. Zur Rekonstruktion historischer Erfahrungen und Lebensweisen, Frankfurt am Main, New York 1989; J. MARTIN, Der Wandel des Beständigen. Überlegungen zu einer historischen Anthropologie, in: Freiburger Universitätsblätter 126, 1994, in diesem Band S. 143–157; H. MEDICK, „Missionare im Ruderboot"? Ethnologische Erkenntnisweisen als Herausforderung an die Sozialgeschichte, in: A. LÜDTKE (Hg.), Alltagsgeschichte. Zur Rekonstruktion historischer Erfahrungen und Lebensweisen, Frankfurt am Main, New York 1989, 48–84, in diesem Band S. 183–210; D. E. BROWN, Human Universals, New York 1991.
International: P. BURKE, Offene Geschichte. Die Schule der ‚Annales', Berlin 1991; DERS.: History and Social Theory, Ithaca, New York 1992; M. DE CERTEAU, Das Schreiben der Geschichte, Frankfurt am Main, New York 1991; P. CHAUNU, G. DUBY, Leben mit der Geschichte, Frankfurt am Main 1989; J. LE GOFF (Hg.), La Nouvelle Histoire, Paris 1978; DERS., Für ein anderes Mittelalter, Weingarten 1987; DERS. (Hg.), Histoire et mémoire, Paris 1988.

[78] Vgl. die Veröffentlichungen der Kommission Pädagogische Anthropologie der Sektion Allgemeine Erziehungswissenschaft der Deutschen Gesellschaft für Erziehungswissenschaft im Deutschen Studienverlag Weinheim: J. BILSTEIN (Hg.), Anthropologie und Pädagogik des Spiels, 2005; CH. WULF, H. MACHA, Formen des Religiösen. Pädagogisch-anthropologische Annäherungen, 2004; E. LIEBAU, Natur. Pädagogisch-anthropologische Perspektiven, 2003; M. GÖHLICH, System, Handeln, Lernen unterstützen. Eine Theorie der Praxis pädagogischer Institutionen 2001; LIEBAU, SCHUMACHER-CHILLA, WULF, Anthropologie (wie Anm. 73); SCHÄFER, WULF, Bild – Bilder – Bildung (wie Anm. 28); BILSTEIN, MILLER-KIPP, WULF, Transformationen (wie Anm. 75); LIEBAU, MILLER-KIPP, WULF, Metamorphosen (wie Anm. 75); J. ZIRFAS, Die Lehre der Ethik. Zur moralischen Begründung pädagogischen Denkens und Handelns 1999; B. DIECKMANN, S. STING, J. ZIRFAS (Hg.), Gedächtnis und Bildung. Pädagogisch-anthropologische Zusammenhänge 1998; S. STING, Schrift, Bildung und Selbst. Eine pädagogische Geschichte der Schriftlichkeit 1998; CH. LÜTH, CH. WULF (Hg.), Vervollkommnung durch Arbeit und Bildung? Anthropologische und historische Perspektiven zum Verhältnis von Individuum, Gesellschaft und Staat 1997; E. LIEBAU, CH. WULF (Hg.), Generation. Versuch über eine pädagogisch-anthropologische Grundbedingung, 1996; CH. WULF (Hg.), Anthropologisches Denken in der Pädagogik 1750–1850, 1996; MOLLENHAUER, WULF, Aisthesis (wie Anm. 28). In Arbeit ist eine weitere Untersuchung zu dem Thema „Liebe".

[79] Vgl. u.a. C. BENTHIEN, Historische Anthropologie, in: DERS., H. R. VELTEN (Hg.), Germanistik als Kulturwissenschaft. Eine Einführung in neue Theoriekonzepte, Reinbek bei Hamburg 2002, 56–83; W. RÖCKE, Literaturgeschichte – Mentalitätsgeschichte, in: H. BRACKERT,

gen folgen. Viele dieser Untersuchungen wählen von ihren Disziplinen ausgehend transdisziplinäre Perspektiven.

Mit dem in den Geistes- und Sozialwissenschaften sowie in der Philosophie wachsenden Interesse an historisch-anthropologischer Forschung und der damit einhergehenden Ausweitung und Umstrukturierung von Themen, Methoden und Forschungsansätzen wächst auch das Bemühen um multi-, inter- und transdisziplinäre Forschung. Denn für viele der in der Historischen Anthropologie behandelten Themen gibt es keine disziplinäre Zuständigkeit.[80] Deshalb sind Grenzüberschreitungen in diesen Forschungen unerläßlich. Der Versuch, statt der Geschichte die Vielfalt von Geschichten, statt der Kultur die Mannigfaltigkeit von Kulturen, statt der Kindheit viele Kindheiten, statt einer Wissenschaft die Pluralität der Wissenschaften zu betonen, erzeugt eine anthropologische Komplexität, deren Ansprüche die Möglichkeiten disziplinär organisierter Wissenschaften übersteigen. Zwar hat sich wohl die Organisation des Wissens in Fachdisziplinen bewährt, doch bilden sich neue Fragestellungen und Einsichten oft an deren Rändern oder zwischen den Fachwissen- [|1121] schaften oder in der Zusammenarbeit verschiedener Wissenschaften in interdisziplinären Forschergruppen und Sonderforschungsbereichen. Erforderlich sind Such- und Forschungsbewegungen, deren inter- bzw. transdisziplinärer Charakter auch die fachwissenschaftliche Forschung zu neuen Fragestellungen, Themen und Methoden anregt. Zu solchen gehören z.B. auch die Bände *Logik und Leidenschaft* und *Vom Menschen. Handbuch Historische Anthropologie*[81] sowie zahlreiche Publikationen des Sonderforschungsbereichs „Kulturen des Performativen".[82]

Historische Anthropologie umfaßt keinen eindeutig begrenzten Gegenstandsbereich. Sie ist eher durch gemeinsame Fragen und Betrachtungsweisen gekennzeichnet. In der gegenwärtigen Situation der Wissenschaftsentwicklung ist dies eher ein Vorteil, der dazu beiträgt, neue Fragestellungen und Themen zu entdecken und in weiterführender Perspektive zu bearbeiten. In diesem Prozeß spielen die Materiallage, die Themenauswahl und die Forschungsintention sowie Ent-

---

J. STÜCKRATH (Hg.), Literaturwissenschaft. Ein Grundkurs, Reinbek bei Hamburg [4]1996, 639–649; D. BACHMANN-MEDICK (Hg.), Kultur als Text. Die anthropologische Wende in der Literaturwissenschaft, Frankfurt am Main 1996; H.-J. SCHINGS (Hg.), Der ganze Mensch. Anthropologie und Literatur im 18. Jahrhundert, Stuttgart 1994; W. RIEDEL, Anthropologie und Literatur in der deutschen Spätaufklärung. Skizze einer Forschungslandschaft. Internationales Archiv für Sozialgeschichte der deutschen Literatur, Sonderheft 6 Forschungsreferate 3, 1994, 93–157. R. BEHRENS, R. GALLE (Hg.), Historische Anthropologie und Literatur. Romanische Beiträge zu einem neuen Paradigma der Literaturwissenschaft, Tübingen 1995.

80 Zum Beispiel für die Fragen der Gewalt; vgl. dazu M. WIMMER, CH. WULF, B. DIECKMANN (Hg.), Das zivilisierte Tier. Zur historischen Anthropologie der Gewalt, Frankfurt am Main 1995; B. DIECKMANN, CH. WULF, M. WIMMER (Hg.), Violence. Nationalism, Racism, Xenophobia, Münster, New York 1996.

81 WULF, Vom Menschen (wie Anm. 17).

82 Genannt seien hier in exemplarischer Absicht u.a. Paragrana. Internationale Zeitschrift für Historische Anthropologie 7/1, 1998: Kulturen des Performativen; 9/2, 2000: Inszenierungen des Erinnerns; 10/1, 2001: Theorien des Performativen; 11/1, 2002: (ver)Spiel(en). Felder – Figuren – Regeln; 12/1 und 2, 2003: Wirklichkeiten des Rituals.

scheidungen über Methoden und Verfahren eine bestimmende Rolle. Da viele Fragen menschlicher Existenz in unterschiedlichen historischen und kulturellen Kontexten zum Ausgangspunkt der Forschung werden, ist das Spektrum möglicher Themen, Materialien und Methoden breit.

Wenn diese Forschungen den Kontext disziplinären Wissens mit seinen bewährten inhaltlichen und methodischen Qualitätsmaßstäben verlassen, können ihre Ergebnisse leicht zum Gegenstand kontroverser Diskussion werden. So fürchtete noch vor einigen Jahren eine Reihe Literatur- und Kunstwissenschaftler die Funktionalisierung von Texten und Bildern und die sich daraus ergebende mangelnde Berücksichtigung ihrer ästhetischen Qualität und wehrte sich gegen Versuche, literarische Texte oder Kunstwerke zur Untersuchung anthropologischer Phänomene heranzuziehen. Desgleichen bezweifelten einige Sozialwissenschaftler den Aussagewert literarischer Texte und Bilder für wissenschaftliche Untersuchungen. Mittlerweile hat sich die Literaturwissenschaft für anthropologische Fragen geöffnet und stellen Sozialwissenschaftler den Wert der Verwendung literarischer und bildlicher Quellen für die Erforschung anthropologischer Fragen und Phänomene kaum noch in Frage.

Der konzeptuelle und methodische Austausch zwischen den anthropologisch orientierten Wissenschaften bringt neue Forschungsansätze hervor, ohne daß dadurch die Anwendung klassischer hermeneutischer oder dekonstruktiver Verfahren an Bedeutung verlöre. Zu diesen neuen Verfahren gehören u.a. die Entdeckung des ethnologischen Blicks, die Anwendung der Methoden ethnographischer bzw. qualitativer Sozialforschung sowie der diachrone und synchrone Vergleich. Der ethnologische Blick verfremdet Vertrautes, läßt neue Fragen entstehen und macht neue Perspektiven möglich. Die Rezeption ethnologischer Fragestellungen und Forschungs- [|1122] verfahren[83] führt zur Anwendung und zur Weiterentwicklung der qualitativen Sozialforschung.[84] Der Vergleich trägt schließlich dazu bei, das Spezifische einer Situation bzw. eines Phänomens zu erfassen, seine Eigenart zu begreifen und darzustellen, so daß ihm als methodischem Verfahren zunehmend Bedeutung zu kommt.[85]

Auch die internationale bzw. transnationale Ausrichtung der historisch-anthropologischen Forschung gewinnt zunehmend an Bedeutung; die Globalisierungs- und die Europäisierungsdynamik schaffen dafür wichtige Voraussetzungen. Jedoch liegen die inneren Gründe für das wachsende Interesse an transnationaler Kooperation in der Relativierung normativer Anthropologien und der da-

---

83 Vgl. u.a. R. JESSOR, A. COLBY, R. A. SHWEDER (Hg.), Ethnography and Human Development, Chicago, London 1996; N. K. DENZIN, Y. S. LINCOLN (Hg.), Handbook of Qualitative Research, Thousand Oaks 1994.

84 Vgl. u.a. FLICK, Qualitative Sozialforschung (wie Anm. 57); BOHNSACK, Rekonstruktive Sozialforschung (wie Anm. 57); FLICK, KARDORFF, STEINKE, Qualitative Forschung (wie Anm. 57); H.-H. KRÜGER, W. MAROTZKI (Hg.), Handbuch erziehungswissenschaftliche Biographieforschung, Opladen 1999; B. FRIEBERTSHÄUSER, A. PRENGEL (Hg.), Handbuch Qualitative Forschungsmethoden in der Erziehungswissenschaft, Weinheim, München 1997.

85 Seine Bedeutung für die qualitative Sozialforschung betont vor allem BOHNSACK, Rekonstruktive Sozialforschung (wie Anm. 57).

durch entstehenden Offenheit für neue anthropologische Fragen, Methoden und Erkenntniszusammenhänge. Der in der transnationalen Zusammenarbeit entstehende Komplexitäts- und Erkenntniszuwachs ist in der historisch-anthropologischen Forschung auf die prinzipielle Unergründbarkeit des Menschen und die sich daraus ergebenden Grenzen humanwissenschaftlicher Forschung bezogen.

NACHWEIS DER DRUCKORTE

Editorische Notiz: Die hier abgedruckten Texte wurden in ihren Fußnoten und Literaturzitaten behutsam vereinheitlicht. Bei dem Text von Oskar Köhler handelt es sich nur um einen kurzen Ausschnitt eines umfangreichen Aufsatzes, zu dem mehrere Autoren einen Beitrag lieferten. Alle anderen Texte sind vollständig wiederabgedruckt. Die in eckigen Klammern gegebenen Zahlen in den Texten verweisen auf die Seitenzählungen der im folgenden angeführten Ausgaben, denen sie entnommen sind.

Wenn hier – trotz Recherchen – nicht alle Copyrightangaben genannt sein sollten, bitten wir die betroffenen Rechtsträger, sich mit dem Verlag in Verbindung zu setzen.

Jürgen Habermas, Philosophische Anthropologie
Aus: ders., Kultur und Kritik. Verstreute Aufsätze, Frankfurt am Main: Suhrkamp 1973, 89–111; zuerst in: Fischer Lexikon Philosophie, Frankfurt am Main: Fischer 1958, 18 ff.

Clifford Geertz, Kulturbegriff und Menschenbild
Aus: Rebekka Habermas, Nils Minkmar (Hg.), Das Schwein des Häuptlings. Sechs Aufsätze zur Historischen Anthropologie, Berlin: Wagenbach 1992, 56–82; zuerst u.d.T.: The Impact of the Concept of Culture on the Concept of Man, in: J. Platt (Hg.), New Views of the Nature of Man, Chicago: The University of Chicago Press 1966, 93–118; wieder in: Clifford Geertz, The Interpretation of Cultures. Selected Essays, New York: Basic Books 1973, 33–54.

Bernd Herrmann, Zwischen Molekularbiologie und Mikrohistorie. Vom Ort der Historischen Anthropologie
Aus: Jahrbuch 2000 der Deutschen Akademie der Naturforscher Leopoldina 46, Stuttgart: Wissenschaftliche Verlags-Gesellschaft 2001, 391–408.

Thomas Nipperdey, Bemerkungen zum Problem einer historischen Anthropologie
Aus: Ernst Oldemeyer (Hg.), Die Philosophie und die Wissenschaften. Festschrift Simon Moser zum 65. Geburtstag, Meisenheim am Glan: Verlag Anton Hain 1967, 350–370.

Alfred Heuß, Zum Problem einer geschichtlichen Anthropologie
Aus: Hans-Georg Gadamer, Paul Vogler (Hg.), Neue Anthropologie. Bd. 4: Kulturanthropologie, Stuttgart: Thieme 1973, 150–194; wieder in: Alfred Heuß, Gesammelte Schriften. Bd. 3, Stuttgart: Steiner 1995, 2367–2411.

Oskar Köhler, Versuch einer „Historischen Anthropologie"
Aus: Saeculum 25, Freiburg, München: Karl Alber 1974, 129–246.

Jochen Martin, Der Wandel des Beständigen. Überlegungen zu einer historischen Anthropologie
Aus: Freiburger Universitätsblätter 33 (126), Freiburg: Rombach 1994, 35–46.

André Burguière, Historische Anthropologie
Aus: Jacques Le Goff u. a. (Hg.), Die Rückeroberung des historischen Denkens. Grundlagen der Neuen Geschichtswissenschaft, Frankfurt am Main: Fischer 1990, 62–102; zuerst u.d.T.: L'anthropologie historique, in: Jacques Le Goff u.a. (Hg.), La nouvelle histoire, Paris 1978, 37–61.

Hans Medick, „Missionare im Ruderboot"? Ethnologische Erkenntnisweisen als Herausforderung an die Sozialgeschichte
Aus: Alf Lüdtke (Hg.), Alltagsgeschichte. Zur Rekonstruktion historischer Erfahrungen und Lebenswelten, Frankfurt am Main, New York: Campus 1989, 48–84; frühere Fassung in: Geschichte und Gesellschaft 10, Göttingen: Vandenhoeck & Ruprecht 1984, 295–319.

Thomas Sokoll, Kulturanthropologie und Historische Sozialwissenschaft
Aus: Thomas Mergel, Thomas Welskopp (Hg.), Geschichte zwischen Kultur und Gesellschaft. Beiträge zur Theoriedebatte (Beck'sche Reihe Nr. 1211), München: Verlag C. H. Beck 1997, 233–272.

Wolfgang Sofsky, Systematische und historische Anthropologie. Adnoten zu Hans Medicks „Quo vadis Historische Anthropologie?"
Aus: Historische Anthropologie 9, Köln: Böhlau 2001, 457–461.

Andre Gingrich, Werner Zips, Ethnohistorie und Historische Anthropologie
Aus: Bettina Beer, Hans Fischer (Hg.), Ethnologie. Einführung und Überblick. Neufassung, Berlin: Dietrich Reimer 2003, 273–293.

Christoph Wulf, Grundzüge und Perspektiven Historischer Anthropologie. Philosophie, Geschichte, Kultur
Aus: Dietmar Kamper, Christoph Wulf (Hg.), Logik und Leidenschaft. Erträge Historischer Anthropologie (Historische Anthropologie Sonderband), Berlin: Dietrich Reimer 2002, 1099–1122.

BIBLIOGRAPHIE

Die Zusammenstellung konzentriert sich – wie die der Texte dieses Bandes insgesamt – auf die (z.T. ganz unterschiedlichen) konzeptionellen Überlegungen, die den Titel „historische/Historische Anthropologie" für sich reklamieren oder Bezug darauf nehmen. Konkrete sich als historisch-anthropologisch bezeichnende Einzeluntersuchungen zu bestimmten Epochen oder Gesellschaften sind nicht aufgenommen. Das gleiche gilt für diejenigen Arbeiten v.a. der Psycho-, Mentalitäten-, Körper-, Kultur-, Sitten-, Alltags- oder Mikrogeschichte sowie der historisch orientierten Ethnologie, die thematisch und methodisch ähnlich ansetzen, ohne jedoch die Bezeichnung „historische/Historische Anthropologie" zu führen, so z.B. auch die Arbeiten von Norbert Elias, Michel Foucault und Pierre Bourdieu. Umfangreiche weitere Literaturangaben finden sich in den Einführungen von Dressel (1996), Tanner (2004) und Wulf (2004).

ASSMANN, ALEIDA u.a., Historische Anthropologie, in: Deutsche Forschungsgemeinschaft. Perspektiven der Forschung und ihrer Förderung. Aufgaben und Finanzierung 1997–2000, Weinheim 1997, 93–120.

BURGHARTZ, SUSANNA, Historische Anthropologie/Mikrogeschichte, in: JOACHIM EIBACH, GÜNTHER LOTTES (Hg.), Kompaß der Geschichtswissenschaft. Ein Handbuch, Göttingen 2002, 206–218.

BURGUIÈRE, ANDRÉ, Historische Anthropologie, in: JACQUES LE GOFF u.a. (Hg.), Die Rückeroberung des historischen Denkens. Grundlagen der Neuen Geschichtswissenschaft [1978, 1988], Frankfurt am Main 1990, 62–102 [in diesem Band S. 159–182].

COHN, BERNHARD S., History and Anthropology. The State of Play, in: Comparative Studies in Society and History 22, 1980, 198–221.

DANIEL, UTE, Alltagsgeschichte, Historische Anthropologie, in: DIES., Kompendium Kulturgeschichte. Theorien, Praxis, Schlüsselwörter, Frankfurt am Main 2001, 298–313.

DINGES, MARTIN, „Historische Anthropologie" und „Gesellschaftsgeschichte". Mit dem Lebensstilkonzept zu einer „Alltagskulturgeschichte" der frühen Neuzeit? in: Zeitschrift für Historische Forschung 24, 1997, 179–214.

DRESSEL, GERT, Historische Anthropologie. Eine Einführung, Wien u.a. 1996.

DERS. (Hg.), Mensch – Gesellschaft – Wissenschaft. Versuche einer Reflexiven Historischen Anthropologie, Innsbruck 1999.

DÜLMEN, RICHARD VAN, Historische Anthropologie. Entwicklung, Probleme, Aufgaben, Köln u.a. ²2001 [1. Aufl. 2000].

DUX, GÜNTER u.a., Anthropologie als Natur- und Kulturgeschichte des Menschen, in: Freiburger Universitätsblätter 139, 1998.

EVANS-PRITCHARD, EDWARD E., Anthropology and History. A Lecture, Manchester 1961.

GADAMER, HANS-GEORG, PAUL VOGLER (Hg.), Neue Anthropologie, 7 Bde., München 1972–1975.

GEBAUER, GUNTER u.a., Historische Anthropologie. Zum Problem der Humanwissenschaften heute oder Versuche einer Neubegründung, Reinbek bei Hamburg 1989.

GEERTZ, CLIFFORD, Kulturbegriff und Menschenbild [1966], in: REBEKKA HABERMAS, NILS MINKMAR (Hg.), Das Schwein des Häuptlings. Sechs Aufsätze zur Historischen Anthropologie, Berlin 1992, 56–82 [in diesem Band S. 47–66].

DERS., Dichte Beschreibung. Beiträge zum Verstehen kultureller Systeme, Frankfurt am Main 1983.
DERS., History and Anthropology, in: New Literary History 21, 1990, 321–335.
GEHRKE, HANS-JOACHIM, Anthropologie menschlicher Gemeinschaften – zwischen Kultur und Natur, in: Deutsche Forschungsgemeinschaft. Perspektiven der Forschung und ihrer Förderung. Aufgaben und Finanzierung 2002–2006, Weinheim 2002, 175–186.
GINGRICH, ANDRE, WERNER ZIPS, Ethnohistorie und Historische Anthropologie, in: BETTINA BEER, HANS FISCHER (Hg.), Ethnologie. Einführung und Überblick. Neufassung, Berlin 2003, 273–293 [in diesem Band S. 245–263].
GROEBNER, VALENTIN, Historische Anthropologie diesseits und jenseits der Wissenschaftsrhetorik: Ein Ort, irgendwo? in: Historische Anthropologie 10, 2002, 303–304.
GROH, DIETER, Anthropologische Dimensionen der Geschichte, Frankfurt am Main 1992.
GUREVICH, ARON, Geschichtswissenschaft und Historische Anthropologie, in: Gesellschaftswissenschaften 16, 1990, 70–90.
HABERLAND, EIKE, Historische Ethnologie, in: HANS FISCHER (Hg.), Ethnologie. Einführung und Überblick, Berlin ²1988, 287–311.
HABERMAS, JÜRGEN, Philosophische Anthropologie [1958], in: DERS., Kultur und Kritik. Verstreute Aufsätze, Frankfurt am Main 1973, 89–111 [in diesem Band S. 31–46].
HABERMAS, REBEKKA, NILS MINKMAR (Hg.), Das Schwein des Häuptlings. Sechs Aufsätze zur Historischen Anthropologie, Berlin 1992.
HAUSEN, KARIN, Historische Anthropologie – ein historiographisches Programm? in: Historische Anthropologie 5, 1997, 454–462.
HERRMANN, BERND, Zwischen Molekularbiologie und Mikrohistorie. Vom Ort der Historischen Anthropologie, in: Jahrbuch 2000 der Deutschen Akademie der Naturforscher Leopoldina 46, 2001, 391–408 [in diesem Band S. 67–80].
HEUSS, ALFRED, Zum Problem einer geschichtlichen Anthropologie, in: HANS-GEORG GADAMER, PAUL VOGLER (Hg.), Neue Anthropologie. Bd. 4: Kulturanthropologie, München, Stuttgart 1973, 150–194 [in diesem Band S. 101–135].
Historische Anthropologie. Kultur – Gesellschaft – Alltag 1 ff., 1993 ff.
IMMELMANN, KLAUS, THOMAS IMMELMANN, Historische Anthropologie aus biologischer Sicht, in: Saeculum 36, 1985, 70–79.
KÖHLER, OSKAR, Versuch einer „Historischen Anthropologie", in: Saeculum 25, 1974, 129–246 [in diesem Band S. 137–141].
KOCKA, JÜRGEN, Historisch-anthropologische Fragestellungen – ein Defizit der Historischen Sozialwissenschaft? in: HANS SÜSSMUTH (Hg.), Historische Anthropologie. Der Mensch in der Geschichte, Göttingen 1984, 73–83.
KOSELLECK, REINHART, Erfahrungswandel und Methodenwechsel. Eine historisch-anthropologische Skizze [1988], in: DERS., Zeitschichten. Studien zur Historik, Frankfurt am Main 2000, 27–77.
LAPOUGE, G. DE, Grundfragen der historischen Anthropologie, in: Politisch-Anthropologische Revue 3, 1904/05, 220–229.
LEPENIES, WOLF, Geschichte und Anthropologie. Zur wissenschaftshistorischen Einschätzung eines aktuellen Disziplinenkontakts, in: Geschichte und Gesellschaft 1, 1975, 325–343.
LEPENIES, WOLF, Probleme einer historischen Anthropologie, in: REINHARD RÜRUP (Hg.), Historische Sozialwissenschaft. Beiträge zur Einführung in die Forschungspraxis, Göttingen 1977, 126–159.
LORENZ, MAREN, Wozu Anthropologisierung der Geschichte? Einige Anmerkungen zur kontraproduktiven Polarisierung der Erkenntnisinteressen in den Geisteswissenschaften, in: Historische Anthropologie 11, 2003, 415–434.
LÜDTKE, ALF, Alltagsgeschichte, Mikro-Historie, Historische Anthropologie, in: HANS-JÜRGEN GOERTZ (Hg.), Geschichte, ein Grundkurs, Reinbek bei Hamburg 1998, 557–578.
MARTIN, JOCHEN, Das Institut für Historische Anthropologie, in: Saeculum 33, 1982, 375–380.

DERS., Probleme historisch-sozialanthropologischer Forschung, in: HANS SÜSSMUTH (Hg.), Historische Anthropologie. Der Mensch in der Geschichte, Göttingen 1984, 43–48.

DERS., Der Wandel des Beständigen. Überlegungen zu einer historischen Anthropologie, in: Freiburger Universitätsblätter 126, 1994, 35–46 [in diesem Band S. 143–157].

MEDICK, HANS, „Missionare im Ruderboot"? Ethnologische Erkenntnisweisen als Herausforderung an die Sozialgeschichte [1984], in: ALF LÜDTKE (Hg.), Alltagsgeschichte. Zur Rekonstruktion historischer Erfahrungen und Lebensweisen, Frankfurt am Main, New York 1989, 48–84 [in diesem Band S. 183–210].

DERS., Quo vadis Historische Anthropologie? Geschichtsforschung zwischen Historischer Kulturwissenschaft und Mikro-Historie, in: Historische Anthropologie 9, 2001, 78–92.

DERS., Historische Anthropologie, in: STEFAN JORDAN (Hg.), Lexikon Geschichtswissenschaft. Hundert Grundbegriffe, Stuttgart 2002, 157–161.

MITTERAUER, MICHAEL, Historisch-anthropologische Familienforschung. Fragestellungen und Zugangsweisen, Wien u.a. 1999.

MÜLLER, KLAUS E., Grundzüge des ethnologischen Historismus, in: WOLFDIETRICH SCHMIED-KOWARZIK, JUSTIN STAGL (Hg.), Grundfragen der Ethnologie. Beiträge zur gegenwärtigen Theorie-Diskussion, Berlin ²1993, 197–232.

NIPPERDEY, THOMAS, Bemerkungen zum Problem einer historischen Anthropologie, in: ERNST OLDEMEYER (Hg.), Die Philosophie und die Wissenschaften. Festschrift Simon Moser zum 65. Geburtstag, Meisenheim am Glan 1967, 350–370 [in diesem Band S. 81–99].

DERS., Kulturgeschichte, Sozialgeschichte, historische Anthropologie, in: VSWG 55, 1968, 145–164.

DERS., Die anthropologische Dimension der Geschichtswissenschaft [1973], in: DERS., Gesellschaft, Kultur, Theorie. Gesammelte Aufsätze zur neueren Geschichte, Göttingen 1976, 33–58, 418 f.

NITSCHKE, AUGUST, Fragestellungen der historischen Anthropologie. Erläutert an Untersuchungen zur Geschichte der Kindheit und Jugend, in: HANS SÜSSMUTH (Hg.), Historische Anthropologie. Der Mensch in der Geschichte, Göttingen 1984, 32–42.

DERS. (Hg.), Die Bedeutung der Biologie für eine Historische Anthropologie, in: Saeculum 36, 1985, 3–111.

Paragrana. Internationale Zeitschrift für Historische Anthropologie 1 ff., 1992 ff.

PEUCKERT, DETLEV, Neuere Alltagsgeschichte und Historische Anthropologie, in: HANS SÜSSMUTH (Hg.), Historische Anthropologie. Der Mensch in der Geschichte, Göttingen 1984, 57–72.

RAULFF, ULRICH, ‚Historische Anthropologie'. Ein Programm und eine Zeitschrift, in: Rechtshistorisches Journal 15, 1996, 65–79.

REINHARD, WOLFGANG, Der Erde Kind und des sternenglänzenden Himmels. Neue Anthropologie als Focus der Wissenschaften, in: Freiburger Universitätsblätter 158, 2002, 65–73.

DERS., Lebensformen Europas. Eine historische Kulturanthropologie, München 2004.

SAHLINS, MARSHALL, Andere Zeiten, andere Sitten. Die Anthropologie der Geschichte [1983], in: DERS., Inseln der Geschichte, Hamburg 1992, 47–78.

SCHLEE, GÜNTHER, Historische Ethnologie, in: THOMAS SCHWEIZER u.a. (Hg.), Handbuch der Ethnologie, Berlin 1993, 441–457.

SCHNEPEL, BURKHARD, Ethnologie und Geschichte. Stationen der Standortbestimmung aus der britischen Social Anthropology, in: Historische Anthropologie 7, 1999, 109–128.

SCHOLZE-IRRLITZ, LEONORE, Moderne Konturen Historischer Anthropologie. Eine vergleichende Studie zu den Arbeiten von Jacques Le Goff und Aaron J. Gurjewitsch, Frankfurt am Main 1994.

SOFSKY, WOLFGANG, Systematische und historische Anthropologie. Adnoten zu Hans Medicks: „Quo vadis Historische Anthropologie", in: Historische Anthropologie 9, 2001, 457–461 [in diesem Band S. 239–244].

SOKOLL, THOMAS, Kulturanthropologie und Historische Sozialwissenschaft, in: THOMAS MERGEL, THOMAS WELSKOPP (Hg.), Geschichte zwischen Kultur und Gesellschaft. Beiträge zur Theoriedebatte, München 1997, 233–272 [in diesem Band S. 211–236].
SPRANDEL, ROLF, Kritische Bemerkungen zu einer historischen Anthropologie, in: Saeculum 25, 1974, 247–250.
DERS., Historische Anthropologie. Zugänge zum Forschungsstand, in: Saeculum 27, 1976, 121–142.
STEFFENS, ANDREAS, Das Innenleben der Geschichte. Anläufe zur Historischen Anthropologie, Essen 1984.
SÜSSMUTH, HANS (Hg.), Historische Anthropologie. Der Mensch in der Geschichte, Göttingen 1984.
TANNER, JAKOB, Historische Anthropologie. Zur Einführung, Hamburg 2004.
THOMAS, NICHOLAS, Out of Time. History and Evolution in Anthropological Discourse, Cambridge 1989.
VIAZZO, PIER PAOLO, Introduzione all'antropologia storica, Roma, Bari 2000.
VOGEL, JAKOB, Historische Anthropologie, in: CHRISTOPH CORNELISSEN (Hg.), Geschichtswissenschaften. Eine Einführung, Frankfurt am Main 2000, 295–306.
WEISS, GABRIELE, Gedanken zu Oskar Köhlers „Versuch einer Historischen Anthropologie", in: Mitteilungen der anthropologischen Gesellschaft in Wien 111, 1981, 93–98.
DIES., Zur Klärung des Begriffes „Historische Anthropologie", in: KARL R. WERNHART (Hg.), Ethnohistorie und Kulturgeschichte. Ein Studienbehelf, Wien, Köln 1986, 69–87.
WERNHART, KARL R., WERNER ZIPS, Ethnohistorie und Kulturgeschichte. Diskussion der theoretischen und methodologischen Grundlagen, in: WOLFDIETRICH SCHMIED-KOWARZIK, JUSTIN STAGL (Hg.), Grundfragen der Ethnologie. Beiträge zur gegenwärtigen Theorie-Diskussion, 2. Aufl., Berlin 1993, 255–272.
DIES. (Hg.), Ethnohistorie. Rekonstruktion und Kulturkritik. Eine Einführung, Wien 1998.
WULF, CHRISTOPH (Hg.), Vom Menschen. Handbuch Historische Anthropologie, Weinheim, Basel 1997.
DERS., Grundzüge und Perspektiven Historischer Anthropologie. Philosophie, Geschichte, Kultur, in: DIETMAR KAMPER, CHRISTOPH WULF (Hg.), Logik und Leidenschaft. Erträge Historischer Anthropologie (Historische Anthropologie Sonderband), Berlin 2002, 1099–1122 [in diesem Band S. 265–290].
DERS., Anthropologie. Geschichte, Kultur, Philosophie, Reinbek bei Hamburg 2004.
DERS., DIETMAR KAMPER (Hg.), Logik und Leidenschaft. Erträge Historischer Anthropologie, Berlin 2002.
WUNDER, HEIDE, Kultur-, Mentalitätengeschichte, Historische Anthropologie, in: RICHARD VAN DÜLMEN (Hg.), Fischer Lexikon Geschichte, Frankfurt am Main ²1995, 65–86.

REGISTER

1. Sachregister

Affekte s. Emotionen
Alltagsgeschichte s. Geschichte
Alltagskultur s. Geschichte
Alter s. Lebensalter
Annales 22, 78, 159, 162–164, 166 f., 190, 265, 267
Anthropologie
- Biologische 12 f., 16, 31, 33, 39, 67–80, 145–147
- Kultur- 12 f., 45, 81, 139, 154 f., 185, 188–193, 200 f., 208 f., 211–236, 245, 249, 255, 265 f., 268, 276, 278, 281
- Philosophische 14, 28, 32–46, 92, 102 f., 121, 148–150, 189, 214, 265 f., 276, 280
- Sozial- 12 f., 154, 188–193, 200 f., 209, 211–236, 245, 247, 255
- Strukturale 150 f., 156, 240
- Systematische 10 f., 17, 20, 26, 38, 81, 102, 139, 144, 145–151, 155 f., 240, 242, 244, 287

Arbeit 35, 40, 43, 45, 224
Attitüden 91, 93, 140
Aufklärung 9, 47 f., 52, 61, 63 f., 70, 159–161, 239

Bedeutung 112, 180, 197, 203–206, 209 f., 224
   vgl. Sinn(dimensionen)
Beständigkeit s. Konstanz
Bewußtsein 83, 91 f.
   vgl. Themenfelder
Biologie (Disziplin) 15, 67–80, 170, 241, 265
Biologische Anthropologie s. Anthropologie, Biologische
Bräuche s. Sitten
Bundesrepublik s. Deutschland

Conditio humana 239, 265, 278, 281

DDR s. Deutschland
Demographie, historische 170 f., 175–177, 190, 231

Deutschland (wissenschaftsgeschichtlich) 144, 186, 189, 218 f., 221, 246 f., 265
Dichte Beschreibung 155, 196–199, 212 f., 219–224, 227–236
Diffusionismus 246
DNA 72, 74, 76

Ehe s. Verwandtschaft
Emotionen 42, 62, 95, 112, 151
Empfindung s. Wahrnehmung
Empirismus 246
Enkulturation 17, 28, 91, 95
Erkenntnis(theorie) 14, 21, 101 f., 109 f., 121, 220, 236
Ernährung 77, 159, 167–170
Erziehung s. Sozialisation
Erziehungswissenschaft 27, 96, 287
Ethnographie s. Ethnologie
Ethnohistorie s. Ethnologie
Ethnologie 11, 12 f., 14, 23, 26, 31, 47, 56, 90, 102, 123, 150, 160, 162, 164, 170, 183–210, 213, 215–218, 220, 222, 225, 227, 230, 233 f., 236, 240, 244, 245–262, 265, 268 f., 279
   vgl. Kulturanthropologie
   vgl. Sozialanthropologie
Ethnozentrismus s. Euro(pa)zentrismus
Ethologie s. Verhaltensforschung
Euro(pa)zentrismus 183, 189, 191, 249 f., 270
Evolution 59, 61, 65, 68, 70
   vgl. Stammesgeschichte
Evolutionismus 246
Existentialismus s. Existenzphilosophie
Existenzphilosophie 33, 101

Familie s. Verwandtschaft
Frankreich (wissenschaftsgeschichtlich) 22, 91, 144, 159–182, 220, 225, 265
Frauengeschichte s. Geschlechtergeschichte
Fremdheit 152–154, 181, 185, 189, 193–195, 198 f., 209, 234, 250, 262, 268 f.
Funktionalismus 183 f., 207, 211, 216–219, 240, 245 f.

Gegenstände s. Themenfelder
Geistesgeschichte s. Geschichte
Gender s. Geschlecht
Genetik 9, 57–63, 75 f., 146, 273
Gentechnologie s. Genetik
Geschichte (Disziplin)
- Alltags- 97, 145, 163 f., 166, 193 f., 200 f., 206, 213, 228, 252
- Geistes- 86–89, 140
- Geschlechter- 192
- Ideen- 92
- Kultur- 86 f., 122, 144, 152, 212, 228, 265
- Mikro- 78 f., 201, 228, 230, 232
- Sozial- 18, 76 f., 80, 122, 141, 144, 152, 159, 164, 166, 169, 184–189, 195 f., 200, 209, 211–236, 267
- Wirtschafts- 164, 166, 169
Geschlecht 76, 152 f., 273
    vgl. Geschlechtergeschichte
    vgl. Sexualität
Geschlechtergeschichte s. Geschichte
Gesundheit s. Krankheit
Globalisierung 9, 207, 248 f., 262, 269, 289
Gott s. Religiosität
Großbritannien (wissenschaftsgeschichtlich) 215, 225, 245, 247, 265
Grundbefindlichkeiten 9, 12, 21, 51, 55, 81, 83, 145, 151 f., 156, 190, 240, 242

Habitus 102, 106 f., 117, 208, 254, 256–260
Handeln 24, 44, 62, 83, 85, 89 f., 103–105, 115, 119–123, 127, 131 f., 134, 137, 140, 149, 162, 185, 187, 194, 198, 208 f., 211 f., 250, 253–256, 259 f., 267, 274, 282–284
    vgl. Verhalten
Hermeneutik 71, 89, 94, 98, 186, 195–197, 209, 221 f., 227, 233 f., 236
Herrschaft 69, 113 f., 116–118, 122–124, 128 f., 133, 138, 140, 143, 163, 193, 242, 254, 257, 260–262, 275, 286
Historische Sozialwissenschaft s. Geschichte
Historismus 56, 85, 88, 90, 94, 101, 141, 186, 239, 255
Hochkulturen 119, 124 f., 127, 183
Homo sapiens s. Stammesgeschichte

Idealismus 34, 89 f., 114
Ideengeschichte s. Geschichte
Informatik 57
Instinkt s. Trieb

Institutionen 48, 55, 75, 81, 89, 92, 103–106, 116–124, 128 f., 133, 160–165, 235, 266, 280, 284
Interview s. Oral History
Invarianz s. Konstanz

Jugend s. Lebensalter

Kindheit s. Lebensalter
Koevolution 15, 28
Kolonialismus 213, 220, 240, 249, 257
Konstanz 9, 11, 21, 26, 44, 45, 48 f., 51–55, 77, 80, 81, 83, 91, 110, 118, 125 f., 130, 137–139, 141, 143–156, 239 f., 243, 247, 268 f., 281
    vgl. Wandel
Körper 37, 41, 50 f., 62, 70, 102, 116, 152, 170–173, 242, 243, 265, 271–274, 283 f., 286
Krankheit 107 f., 152, 171 f.
Krise 131 f.
Kultur (Begriff) 15, 47–66, 87, 92, 187, 212, 214 f., 219, 223, 234, 240, 268
Kulturanthropologie s. Anthropologie
    vgl. Ethnologie
Kulturgeschichte s. Geschichte
Kunst 113, 121, 241
Kybernetik 57

Lebensalter 154
    vgl. Themenfelder
Leib s. Körper
Longue durée 78, 91, 144, 181

Macht s. Herrschaft
Männergeschichte s. Geschlechtergeschichte
Marxismus 104, 180, 130, 154, 247
Maschine 270, 273
Menschenaffe s. Tier
Mentalität(en) 152, 162, 178, 180, 206, 228, 265, 267, 276
Mikrogeschichte s. Geschichte
Mimesis 40, 274–280

Nationalsozialismus 19, 109, 246
Natur (menschliche) s. Konstanz
Neukantianismus 101, 117, 137
Normen 48, 62, 68, 98, 115, 118, 121, 143, 168, 175–177, 200, 202, 286

Oral History, Oral Tradition 251 f., 255–257, 279

Performanz s. Ritual
Performativität s. Ritual
Philosophie (Disziplin) 31–46, 103, 288
   vgl. Philosophische Anthropologie
Philosophische Anthropologie s. Anthropologie
Politik 85, 127–132, 151, 181
Positivismus 162
Praxis s. Handeln
Prozeß, historischer s. Wandel
Psychoanalyse s. Psychologie
Psychologie 17, 46, 50 f., 81, 84, 95 f., 97, 101, 108–110, 140, 154, 244

Rassenkunde 19, 109, 140, 246
   vgl. Nationalsozialismus
Rationalität 34, 183
Religiosität 53, 80, 106, 129, 152 f., 176 f., 180, 281
Renaissance 278
Ritual 165, 182, 198, 241, 279, 280–286

Schmerz 243
Sex s. Geschlecht
   vgl. Sexualität
Sexualität 105, 174–177, 242
Sinn(dimension) 19, 90, 112–114, 120–122
   vgl. Bedeutung
Sitten 48, 50 f., 88, 115, 122, 125, 160 f., 165 f., 180
Sozialanthropologie s. Anthropologie
   vgl. Ethnologie
Sozialgeschichte s. Geschichte
Sozialisation 117, 170, 173, 254, 258, 260, 275, 280
Soziologie (Disziplin) 12, 45 f., 93, 104, 161, 218, 242
Sprache 39, 41, 62, 143, 150
Stammesgeschichte 16, 31, 58–60, 68 f., 102, 123, 125, 130, 145 f., 170, 239
   vgl. Evolution
Sterben s. Tod
Strukturalismus 184
Strukturen 22, 80, 85, 91, 111, 122, 159, 185–188, 194, 208 f., 211 f., 235, 250, 254, 258–260, 267
Symbol 58, 60 f., 64, 75, 92, 180–182, 200, 223
Systematische Anthropologie s. Anthropologie

Teilnehmende Beobachtung 23, 196 f., 216, 279
Themenfelder 17, 22, 26 f., 81, 95, 141, 145, 151, 154, 159, 165 f., 190, 227 f., 242, 271 f.
   vgl. Emotionen
   vgl. Geschlecht
   vgl. Krankheit
   vgl. Mentalität(en)
   vgl. Ernährung
   vgl. Körper
   vgl. Religiosität
   vgl. Sexualität
   vgl. Sozialisation
   vgl. Verwandtschaft
Tier 33–41, 43, 51, 57–61, 75, 102, 104, 110, 114 f., 265 f.
Tod 107, 152
Trieb 34–40, 44, 105, 114, 117, 151

Universalien s. Konstanz
Untersuchungsgegenstände s. Themenfelder
USA (wissenschaftsgeschichtlich) 91, 215, 225, 245, 247, 265

Varianz s. Wandel
Veränderung s. Wandel
Vergleich 21, 145, 155, 219, 225, 233, 240, 269
Verhalten 57, 83, 106, 137, 143, 161, 165, 173, 185, 190, 224, 241, 268
Verhaltensforschung 38 f., 75, 95, 103 f., 110, 112, 140, 146, 244
Vernunft s. Rationalität
Verstehen s. Hermeneutik
Verwandtschaft 76, 124, 143, 150, 178 f., 225, 231
Volkskultur s. Alltagskultur

Wahrnehmung 149, 153, 162
Wandel 18, 19, 21, 45, 49 f., 57, 70, 80, 82, 123, 125–127, 130, 134, 137–139, 143–156, 162–164, 176, 181, 239 f., 268, 281
   vgl. Konstanz
Werte s. Normen
Wirtschaftsgeschichte s. Geschichte

Zeichen s. Symbol
Zeit 151 f., 180, 207, 224 f., 233, 240
Zeremoniell s. Ritual

2. Personenregister

Adorno, Theodor W. 40, 278
Agulhon, Maurice 181
Anaxagoras 33
Ariès, Philippe 176 f., 179
Aristoteles 148, 276
Aron, Jean-Paul 169

Benedict, Ruth 31, 56
Benjamin, Walter 278
Bentham, Jeremy 223
Berg, J. H. van dem 96
Bloch, Marc 56, 164 f., 168 f., 178
Blumenbach, Johann-Friedrich 147
Boas, Franz 245, 251
Boon, James 196
Bourdieu, Pierre 29, 209, 230, 236, 254, 259–261, 284
Braudel, Fernand 91, 166, 184, 201, 267
Burckhardt, Jacob 83, 86 f., 149
Burguière, André 22

Cohn, Bernhard S. 183
Comte, Auguste 84

Daniel, Ute 214
Davis, Nathalie Z. 193, 227, 235
Derrida, Jacques 278
Dilthey, Wilhelm 83, 86, 89, 101 f., 110 f., 236
Droysen, Johann Gustav 236
Duby, Georges 178, 180
Dülmen, Richard van 228
Durkheim, Emile 281

Elias, Norbert 18, 29, 173, 179
Ericson, Eric 97
Evans-Pritchard, Edward E. 188, 224, 236

Febvre, Lucien 159, 162, 168, 180
Feuerbach, Ludwig A. 34
Foucault, Michel 29, 176
Franklin, Alfred 163, 166
Frazer, James 281
Freud, Sigmund 105, 173

Gadamer, Hans-Georg 221, 236
Geertz, Clifford 15, 153, 155, 196–199, 212, 220–223, 227, 230, 235 f., 248
Gehlen, Arnold 37–40, 44 f., 92 f., 103–106, 117, 214, 266, 280

Gellner, Ernest 247
Gingrich, Andre 26
Ginzburg, Carlo 78 f., 195, 229, 267
Goody, Jack 225
Grendi, Edoardo 79
Grimm, Jacob 88

Habermas, Jürgen 14
Hammel, Gene 225
Hegel, Georg F. W. 35, 40, 43, 45, 50, 83 f., 86, 88–90, 130, 149
Heidegger, Martin 39, 101, 272
Hémardinquer, Jean-Jacques 167
Herder, Johann G. 33 f., 35, 37, 44 f., 104, 266
Herrmann, Bernd 16
Herodot 125, 161
Heuß, Alfred 19, 140 f.
Horkheimer, Max 40
Huizinga, Johan 83, 86 f.

Imhof, Arthur E. 190
Isaac, Rhys 202

Kant, Immanuel 32
Kierkegaard, Sören 34
Kluckhohn, Clyde 52–55
Kocka, Jürgen 194, 201
Köhler, Oskar 20, 145, 153
Koselleck, Reinhart 151

Lamprecht, Karl 84, 214
Laslett, Peter 225
Le Goff, Jacques 173, 180 f.
Le Roy Ladurie, Emmanuel 167, 170, 172 f., 178, 181, 229, 267
Legrand d'Aussy, Jean-Baptiste 159 f.
Lepenies, Wolf 147, 152, 190
Lévi-Strauss, Claude 15, 31, 47, 150, 179, 220, 236
Litt, Theodor 39
Lovejoy, Arthur O. 48
Lüdtke, Alf 230
Luhmann, Niklas 29

Macfarlane, Alan 225
Malinowski, Bronislaw 52 f., 216–220, 223, 225 f., 236, 245
Marcuse, Herbert 46
Markl, Hubert 75, 77

Marquardt, Odo 141, 149
Martin, Jochen 21, 213
Marx, Karl 34 f., 40, 43, 45, 90, 220, 236
Mauss, Marcel 236
Mayr, Ernst 73
Mead, George H. 38, 58
Mead, Margaret 214
Medick, Hans 23, 78 f., 212 f., 221, 230
Meinecke, Friedrich 90, 101
Michelet, Jules 162
Mintz, Sidney 204–206
Mitterauer, Michael 190
Montesquieu, Charles-Louis de Secondat, Baron de La Brède et de 160
Mühlmann, Wilhelm E. 215, 246

Niebuhr, Barthold G. 122
Nietzsche, Friedrich 32
Nipperdey, Thomas 17, 109, 137, 140 f., 144, 152, 214
Nitschke, August 11, 213

Parsons, Talcott 54, 93, 218
Platon 274, 277
Plessner, Helmuth 32, 33, 36–37, 40 f., 46, 102 f., 266
Polanyi, Karl 236

Radcliffe-Brown, Alfred R. 218, 245
Reinhard, Wolfgang 23
Rickert, Heinrich 101
Riesman, David 214
Rothacker, Erich 42 f., 45, 103, 214
Rousseau, Jean-Jacques 160

Sabean, David 212 f., 229–232

Sahlins, Marshall 189, 203 f., 220, 230, 248, 268
Sartre, Jean-Paul 32
Scheler, Max 33, 35 f., 37 f., 102, 151, 266, 271
Seignobos, Charles 163
Sewell, William 200
Sofsky, Wolfgang 25
Sokoll, Thomas 25
Spengler, Oswald 88
St. Simon, Claude Henri de Rouvroy, Comte de 43
Stone, Lawrence L. 186 f.

Thompson, Edward, P. 194, 224–227, 235
Thurnwald, Richard 31, 215, 246

Uexküll, Jakob J. von 35

Veyne, Paul 279
Vidal-Naquet, Pierre 181
Voltaire (François-Marie Arouet) 83, 86, 160

Weber, Max 133, 155, 199, 220, 236
Wehler, Hans-Ulrich 108, 201
Wernhart, Karl R. 247
Windelband, Wilhelm 101
Wittgenstein, Ludwig 277
Wolf, Eric 207, 248 f.
Wulf, Christoph 27
Wundt, Wilhelm 84

Xenophon 277

Zips, Werner 26